2023
中国汽车市场展望

国家信息中心 编

机械工业出版社

本书是研究中国汽车市场 2022 年状况与 2023 年发展趋势的权威性书籍，是汽车及相关行业众多专家、学者分析研究成果的集萃。全书分为宏观环境篇、市场预测篇、细分市场篇、市场调研篇、专题篇及附录（与汽车行业相关的统计数据等）六大部分。

本书全面系统地论述了 2022—2023 年中国汽车市场的整体态势和重、中、轻、微各型载货汽车，大、中、轻、微各型载客汽车，高级、中级、普通级、微型等各种档次轿车市场的发展态势，以及汽车市场的重点需求地区和主要需求区域的市场运行特征。

集研究性、实用性、资料性于一体的《2023 中国汽车市场展望》，是政府部门、汽车整车制造商、零部件制造商、汽车研究部门、汽车相关行业、金融证券等领域研究了解中国汽车市场和汽车工业发展趋势的必备工具书。

图书在版编目（CIP）数据

2023 中国汽车市场展望 / 国家信息中心编. — 北京：机械工业出版社，2023.3
ISBN 978-7-111-72775-0

Ⅰ．①2… Ⅱ．①国… Ⅲ．①汽车-国内市场-市场预测-中国-2023 Ⅳ．①F724.76

中国国家版本馆 CIP 数据核字（2023）第 045100 号

机械工业出版社（北京市百万庄大街 22 号　邮政编码 100037）
策划编辑：贺　怡　　　　　责任编辑：贺　怡　吕德齐
责任校对：李　杉　王　延　　封面设计：鞠　杨
责任印制：刘　媛
北京盛通商印快线网络科技有限公司印刷
2023 年 4 月第 1 版第 1 次印刷
184mm×260mm・34.5 印张・1 插页・551 千字
标准书号：ISBN 978-7-111-72775-0
定价：180.00 元

电话服务	网络服务
客服电话：010-88361066	机　工　官　网：www.cmpbook.com
010-88379833	机　工　官　博：weibo.com/cmp1952
010-68326294	金　　书　　网：www.golden-book.com
封底无防伪标均为盗版	机工教育服务网：www.cmpedu.com

《2023 中国汽车市场展望》
主办单位

国家信息中心
东风汽车有限公司
神龙汽车有限公司
东风日产乘用车公司
一汽-大众销售有限责任公司
一汽解放汽车有限公司
上海汽车集团股份有限公司乘用车公司
上海大众汽车有限公司
上汽通用汽车有限公司
广汽丰田汽车有限公司
广汽传祺汽车销售有限公司
广汽本田汽车有限公司
重庆长安汽车股份有限公司
比亚迪汽车有限公司
奇瑞汽车销售有限公司
浙江吉利控股集团销售公司
江西五十铃汽车有限公司
北京北辰亚运村汽车交易市场有限公司
中国汽车流通协会
中国车辆进出口有限公司
中国公路车辆机械有限公司
中国汽车技术研究中心
机械工业农用运输车发展研究中心
江苏省汽车流通协会
河南新未来投资有限公司
安徽汽车商会
重庆市汽车商业协会
中国机电产品进出口商会
上海自贸区汽车进出口流通协会

《2023 中国汽车市场展望》
编委会成员

主任委员　　刘宇南　国家信息中心主任

副主任委员　徐长明　国家信息中心副主任

委　　员　　（排名不分前后）
　　　　　　　　黄路明　国家信息中心信息化和产业发展部副主任
　　　　　　　　刘　明　国家信息中心信息化和产业发展部副主任
　　　　　　　　庄菁雄　上汽通用汽车有限公司副总经理
　　　　　　　　聂　强　一汽-大众销售有限责任公司总经理
　　　　　　　　赵国清　一汽解放汽车有限公司总经理助理
　　　　　　　　俞经民　上海上汽大众汽车销售有限公司总经理
　　　　　　　　尚顺事　东风日产乘用车公司商品规划部部长
　　　　　　　　邓振斌　江西五十铃汽车有限公司规划部部长
　　　　　　　　尹高武　北京北辰亚运村汽车交易市场有限公司书记、总经理
　　　　　　　　刘景安　上汽集团乘用车公司产品规划及政策调研部总监
　　　　　　　　袁小华　广汽本田汽车有限公司副总经理
　　　　　　　　杜　文　广汽丰田汽车有限公司销售本部规划部部长
　　　　　　　　陈随州　神龙汽车有限公司网络及营销支持部部长
　　　　　　　　刘国强　广汽传祺汽车销售有限公司销售部部长
　　　　　　　　江爱群　长安汽车战略规划部总经理
　　　　　　　　吴会肖　长城汽车股份有限公司商品战略副总裁
　　　　　　　　路　天　比亚迪汽车王朝网销售事业部总经理
　　　　　　　　马顺兵　长安欧尚汽车副总经理
　　　　　　　　李学用　奇瑞汽车股份有限公司总经理助理/营销公司总经理
　　　　　　　　蒋　腾　吉利汽车市场研究部部长
　　　　　　　　叶永青　上海自贸区汽车进出口流通协会高级顾问
　　　　　　　　宋金刚　中国公路学会客车分会理事长

《2023 中国汽车市场展望》
编辑工作人员

主　　编　　徐长明

副 主 编　　黄路明　刘　明

编辑人员　　潘　竹　黄立栋　马　莹　李伟利　赵君怡　谢国平
　　　　　　　管晓静　黄玉梅　包嘉成　丁　燕　王光磊　李睿昕
　　　　　　　张桐山　张振翼　周　祺　路　遥　张文评　朱文秀
　　　　　　　李　敏　杨依菲　廖　琨　孙　田　苑伟超　石　旭
　　　　　　　李　婷　刘天淼　李鋆丰　李姝萍　王泽伟　贾　炜
　　　　　　　顾晓翠　徐　波　程依涵　李　强　张晓聪　欧阳若男

前言

2022年1—11月我国汽车市场销量为2226.2万辆，较2021年同期下降1.5%。2022年汽车市场内部呈现"乘用车涨、商用车降"的态势。2022年1—11月，乘用车市场销量为1940.7万辆，同比增长7.6%；商用车市场销量为248.4万辆，同比下降38.8%；微型客车市场销量为37.9万辆，同比下降26.9%。

2022年是充满挑战的一年，国际环境错综复杂，美国等发达经济体为应对新型冠状病毒疫情冲击而采用了宽松政策，引发全球高通货膨胀，也导致大部分重要经济体被迫进入加息周期；俄乌冲突也冲击了全球能源供应安全和产业链稳定，全球经济复苏前景充满不确定性。国内也面临需求收缩、供给冲击、预期转弱的三重压力，经济恢复基础仍不牢固。2023年，全球疫情尚未消退，再叠加地缘冲突影响，国际政治、经济贸易格局将加速演进，国内也面临着较大的稳增长压力，经济增长困局亟待破解。我国将出台宏观政策以积极应对新变化，合理统筹经济社会发展。在如此纷繁复杂的国内外形势下，汽车市场将如何发展，会出现哪些亮点，需要大家共同探讨。

2023年，在碳达峰、碳中和的战略愿景之下，推动汽车产业碳减排的政策还将陆续出台，带来汽车产业广泛且深刻的变革，带来研发、生产、制造、使用、回收等全产业链的深刻变化，新能源汽车也将乘势而上，加速发展。其次，智能网联汽车的政策体系也在持续完善，规范和支持行业健康发展。《关于做好智能网联汽车高精度地图应用试点有关工作的通知》指出，将在北京、上海、广州、深圳、杭州、重庆六个城市开展智能网联汽车高精度地图应用试点，鼓励管理创新、技术创新和服务业态创新，支持不同类型地图面向自动驾驶应用多元化路径探索。《国家车联网产业标准体系建设指南（智能网联汽车）（2022年版）》（征求意见稿）指出：到 2025 年，系统形成能够支撑组合驾驶辅助和自动驾驶通用功能的智能网联汽车标准体系；到 2030 年，全面形成能够支撑实现单车智能和网联赋能协同发展的智能网联汽车标准体系。因此，汽车产业将发生什么变化，传统汽车将如何发展，新能源汽车和智能网联汽车将迎来哪些机遇，需要汽车产业和相关行业共同研讨。

为使社会各界对 2023 年我国汽车市场的发展趋势有一个深入的认识和了解，国家信息中心组织编写了本书，期望本书能为汽车行业主管部门和生产、经销企业提供有价值的决策参考依据。本书将汽车市场与宏观经济运行环境紧密地结合在一起，采用定量与定性相结合的研究方法，从不同角度对 2023 年的汽车市场进行了深入分析和研究。

本书中的 GDP 数据未包括香港、澳门特别行政区和台湾省的地区生产总值数据。

由于时间仓促，书中难免有疏漏之处，敬请读者批评指正。

2023 年 1 月 20 日

目 录

前言

宏观环境篇

2022年我国宏观经济形势分析及2023年展望……………张宇贤 王远鸿 牛犁 闫敏 3
陈彬 邹蕴涵
2022年世界经济形势分析与2023年展望……………………………………程伟力 14
2022年金融运行分析与2023年展望…………………………………………李若愚 24
2022年工业运行分析及2023年展望…………………………………………魏琪嘉 31
2022年我国对外贸易形势分析及2023年展望………………………………闫敏 36
2022年固定资产投资分析及2023年展望……………………………………胡祖铨 42
2022年消费形势分析及2023年展望…………………………………………邹蕴涵 52
2022—2023年区域经济发展分析………………………………………………胡少维 59

市场预测篇

2022—2023年汽车市场形势分析与预测……………………………………徐长明 71
2022年客车市场现状及2023年基本判断……………………………………佘振清 91
2022年微型车市场分析与2023年展望………………………………………冉碧林 102
2022年中重型货车市场分析及2023年展望…………………丰永刚 姜智勇 108
2022年轻型载货车市场分析与2023年展望…………………………………王帆 114
2022年皮卡市场分析及2023年展望…………………………………………邓振斌 119
2022年豪华汽车市场分析及2023年展望……………………叶永青 蒋睿毅 128
2022年SUV市场分析及2023年展望…………………………………………张亚磊 138
2022年MPV市场分析及2023年展望…………………………………………王钦 149
2022年PHEV市场分析及2023年展望…………………………………………钟志华 159
2022年三轮汽车市场分析及2023年展望……………………………………张琦 167
2022年专用汽车市场分析及2023年展望……………………任海波 张秀丽 172

细分市场篇

2022年北京市汽车市场分析及2023年展望	郭咏	199
2022年上海市乘用车市场分析及2023年预测	俞滨	216
2022年江西省乘用车市场分析及2023年展望	顾晓翠	225
2022年河南省乘用车市场回顾及2023年预测	朱灿锋 王彦彦	236
2022年江苏省乘用车市场回顾及2023年预测	徐士刚 张圣荣	244
2022年安徽省乘用车市场分析及2023年预测	韩震	251
2022年重庆市汽车市场分析及2023年预测	陈学勤	259
三线城市新能源汽车市场需求现状与前景初探	李婷	268
2022年我国进口汽车市场分析及2023年展望	中国车辆进出口有限公司 王存	273
2022年我国汽车出口市场分析及2023年展望	陈菁晶 孙晓红	282
2022年二手车市场分析及2023年预测	罗磊	297

市场调研篇

上汽大众产品市场调研报告	张曙	317
2022年一汽-大众（大众品牌）产品调查报告	李艳双	325
2022年上汽通用汽车产品市场调研报告	霍媛 符逸	341
2022年广汽丰田产品市场调查报告	陆俊超	353
2022年广汽本田产品市场调研报告	毛玉晶	364
2022年东风日产产品市场调研报告	陈泽茂	374
2022年神龙汽车市场调查报告	李锦泉	382
2022年奇瑞主销产品市场调研报告	房冬冬	393
2022年广汽传祺产品市场调研报告	邬菊英 黄怡青 刘小磊	405
2022年吉利汽车产品调研报告	马振国	411
2022年荣威及MG产品市场调查报告	刘尔田 宋礼秀	428
2022年长安汽车产品市场调查报告	蔡景平 金凌志	438

专题篇

汽车行业数字化转型实践与展望	穆天宇	447
新能源汽车爆发式增长凸显动力蓄电池回收利用亟须加强	包嘉成 李婷	456
新冠疫情下新能源汽车的区域市场分析	牛碧理	460
基于大数据与需求洞察的汽车消费者审美趋势分析	杜华睿 张婧 黄玉梅	467
换电补能方式的发展前景预判	王波阳子	475
电动智能时代如何基于用车场景定义用户的创新体验	张晓聪 张桐山	480

附 录

附录 A	与汽车行业相关的统计数据	489
表 A-1	主要宏观经济指标(绝对额)	489
表 A-2	主要宏观经济指标(增长率)	489
表 A-3	现价国内生产总值	491
表 A-4	国内生产总值 GDP 增长率(不变价)	492
表 A-5	现价国内生产总值(GDP)构成	494
表 A-6	各地区生产总值(现价)	495
表 A-7	各地区生产总值占全国比例	496
表 A-8	各地区生产总值增长率	497
表 A-9	全部国有及规模以上非国有工业企业总产值(当年价)	499
表 A-10	历年各种经济类型固定资产投资	499
表 A-11	2012—2021 年各地区工业产值占地区生产总值的比例	500
表 A-12	各地区全社会固定资产投资(现价)	502
表 A-13	各地区固定资产投资占全国的比例(全国＝100%)	504
表 A-14	2021 年分地区货物进出口总额(按收发货人所在地分)	505
表 A-15	各季度各层次货币供应量	506
表 A-16	各地区农村居民家庭人均可支配收入	507
表 A-17	各地区城镇居民家庭人均可支配收入	508
表 A-18	2021 年底各地区分等级公路里程	509
表 A-19	历年货运量及货物周转量	510
表 A-20	历年客运量及客运周转量	511
表 A-21	各地区公路货运量	512
表 A-22	各地区公路货运量占本地区全社会货运量的比例	514
表 A-23	各地区公路货物周转量	515
表 A-24	公路货物周转量占全社会货物周转量的比例(分地区)	517
表 A-25	2010—2021 年底全国民用汽车保有量	518
表 A-26	各地区历年民用汽车保有量	520
表 A-27	各地区民用货车保有量	521
表 A-28	各地区民用客车保有量	522
表 A-29	2021 年各地区私人汽车保有量	523
表 A-30	历年汽车产量	524
表 A-31	2021 年全国汽车产销分类构成	526
表 A-32	历年低速货车产销情况	527
表 A-33	能源生产总量及其构成	528
表 A-34	历年分车型汽车进口数量	528

表 A-35	历年汽车进口数量及金额	529
表 A-36	主要国家历年汽车产量及品种构成	530
表 A-37	1990—2021年国外主要国家商用车产量	532
附录 B	国家信息中心汽车研究与咨询业务简介	533

宏观环境篇

宋版伤寒论

2022 年我国宏观经济形势分析及 2023 年展望

2022 年以来，面对更趋复杂严峻的国际环境和国内疫情持续反复等多重挑战，在以习近平同志为核心的党中央的坚强领导下，各地区、各部门坚决贯彻落实党中央、国务院决策部署，高效统筹疫情防控和经济社会发展，加力落实稳住经济一揽子政策和接续政策措施，国民经济顶住压力稳步恢复，经济结构持续优化，创新能力不断增强，物价水平保持稳定。展望 2023 年，二十大精神激发各方积极性，政策效应、缺口效应和基数效应逐步释放，我国经济有望保持稳步回升态势，经济运行处于合理区间。

一、2022 年宏观经济运行呈现波动恢复态势

2022 年一季度，我国经济平稳开局，GDP（国内生产总值）增长 4.8%，前两个月主要经济指标表现亮眼，3 月受新型冠状病毒（简称新冠）疫情反复等冲击，经济出现放缓。二季度，我国经济顶住压力实现正增长 0.4%，4 月"需求收缩、供给冲击、预期转弱"三重压力叠加"疫情反复和乌克兰危机"两大超预期因素带来严重冲击，主要经济指标出现深度下滑。面对经济形势超预期下滑，中共中央政治局会议提出"疫情要防住、经济要稳住、发展要安全"的要求，国务院加紧出台六方面 33 条稳住经济一揽子政策措施，5 月经济形势边际改善，6 月较快恢复。三季度，宏观经济恢复向好，GDP 增长 3.9%，7 月恢复势头有所趋缓，8、9 月重回升势。进入四季度，受冬季季节性影响，新冠疫情新发多发，但疫情防控更加精准科学，加之政策效应逐步释放，我国经济保持稳步恢复态势。

1. 供给侧呈现逐步恢复态势

工业生产波动回升。面对疫情冲击，工业生产在波动中总体稳定恢复，边际向好态势持续巩固，高技术制造等新动能逐步成为增强工业韧性的重要力量，汽车、电气机械和器材等传统制造业表现较好。2022 年 1—10 月，全国规模以上工

业增加值同比增长 4.0%，比上半年加快 0.6 个百分点，延续了波动回升走势。高技术制造业同比增长 8.7%，高于规模以上工业 4.7 个百分点。汽车制造业、电气机械和器材制造业分别增长 8.1% 和 11.9%，较上半年分别加快 10 个和 2.2 个百分点。前三季度，整体工业增加值占 GDP 比例为 33.7%，对经济增长的贡献率为 40%，拉动 GDP 增长 1.2 个百分点。

服务业生产缓慢恢复。受疫情持续多发散发的影响，服务业受到较大冲击。2022 年 1—10 月，全国服务业生产指数同比仅增长 0.1%，其中，信息传输、软件和信息技术服务业，金融业生产指数分别增长 11.1%、5.3%。前三季度，服务业增加值增长 2.3%，远低于过去两年同期 4.8% 的平均增长率，占 GDP 比例为 53.5%，对经济增长的贡献率为 41.9%，拉动 GDP 增长 1.3 个百分点。

2. 需求侧动力明显分化

固定资产投资稳定增长。在加大项目要素保障力度、积极发挥重大项目牵引和政府投资撬动作用、多层次金融支持政策发力等因素的带动下，固定资产投资保持了较快增长。2022 年 1—10 月，固定资产投资同比增长 5.8%，快于过去两年同期 3.8% 的平均增长率。其中，基础设施投资增长 8.7%，连续六个月回升；制造业投资增长 9.7%，电气机械和器材、纺织服装服饰等行业投资保持快速增长；房地产投资下跌 8.8%，累计跌幅呈持续扩大态势。前三季度，资本形成总额对经济增长的贡献率为 26.7%，拉动经济增长 0.8 个百分点。

消费需求明显收缩。2022 年居民消费经历了"平稳运行→二次探底→波动恢复"的过程。1—10 月，社会消费品零售总额累计同比增长 0.6%，远低于过去两年同期 4.0% 的平均增长率。从住行来看，商品房市场深度调整，1—10 月，商品房销售面积和销售额分别同比下降 22.3% 和 26.1%；6 月起，乘用车车辆购置税减半等政策带动汽车市场强势反弹，汽车销量增长率由前 5 个月的同比下降 12.2% 跃升为 6—10 月的增长 23.3%。前三季度，全国居民人均消费支出同比实际增长 1.5%，低于过去两年同期 3.7% 的平均增长率，最终消费支出对经济增长的贡献率为 41.3%，拉动经济增长 1.2 个百分点。

外贸出口快速增长但边际变弱。东南亚国家联盟（东盟）、印度、拉丁美洲国家（拉美）等贸易伙伴需求旺盛、疫情冲击下存在部分订单转移至国内的贸易替代效应，以及机电、新能源车等出口商品较强的竞争力，使得我国外贸出口保持快速增长。2022年1—10月，我国出口总额（按美元计价）同比增长11.1%，这是在过去两年同期平均增长14.9%的高基数基础上实现的，实属不易。当然，随着美国、欧洲、日本等国家和地区经济不断减速下行，外需减弱趋势已经出现，10月当月出口增长率由正转负同比下降0.3%，结束了连续28个月的正增长。前三季度，货物和服务净出口对经济增长的贡献率为32%，拉动经济增长1个百分点。

3. 消费物价温和上涨，工业品价格高位回落

居民消费价格温和回升。受输入性通货膨胀（简称通胀）、疫情散发、猪肉价格上涨、极端天气等影响，消费价格呈温和回升态势。2022年1—10月，CPI（消费价格指数）同比上涨2.0%，涨幅同比提高1.3个百分点，由1月的0.9%温和回升至9月的2.8%，10月回落至2.1%。其中，食品价格上涨2.5%，生猪市场供需发生短期变化，下半年以来猪肉价格再度上涨；非食品价格中消费品价格上涨较多，特别是国际能源价格持续处于高位带来汽油、柴油价格保持两位数上涨。扣除食品和能源价格的核心CPI上涨0.9%，保持基本稳定。我国CPI涨幅明显低于其他主要经济体，同期美国、欧元区、日本CPI分别同比上涨8.3%、8.1%和2.2%，俄罗斯、巴西、南非、印度CPI同比分别上涨14.1%、10.0%、6.9%和6.8%。

工业生产者出厂价格稳步回落。国际大宗商品价格呈先升后降态势，全球供应链效率下降，商品运输和交易成本上升，输入性通胀压力较大，基数因素前高后低，国内能源、粮食等重点商品保供稳价工作成效显著，工业品价格总体呈逐月稳步回落走势。2022年1—10月，PPI（生产价格指数）同比上涨5.2%，涨幅同比放缓2.1个百分点，由1月的9.1%逐月回落至10月的-1.4%。其中，生产资料价格上涨6.4%，生活资料价格上涨1.4%。我国PPI涨幅显著低于其他主要经济体，同期美国、欧元区、日本PPI分别同比上涨10.1%、36.9%和9.5%，俄罗斯、南非、巴西PPI分别同比上涨16.6%、14.2%和13.2%。

二、当前经济发展面临的主要矛盾和问题

当前，我国经济运行总体延续恢复态势，部分经济指标呈现积极改善迹象，然而经济发展过程中仍存在一些深层次矛盾和问题，需要予以高度关注。

1. 国际环境存在"五重风险"

（1）**全球疫情不确定性及放松防控加大我国"外防输入"压力**　当前，新冠病毒仍在持续变异，全球疫情仍处于流行状态，特别是随着奥密克戎变异株在全球快速传播，变异病毒传染性、隐匿性和免疫逃逸能力急剧增强，造成全球疫情流行始终难以有效控制，疫情最终走向还存在很大不确定性。与此同时，由于多国已放松疫情防控，人员流动频率加快以及流动范围扩大将加速疫情传播，甚至不排除新冠病毒与人类长期伴生。因此，我国外防输入的压力持续加大，防疫形势依然极其复杂严峻。

（2）**世界经济减速及贸易替代效应减弱导致外贸出口放缓**　全球疫情冲击持续、地缘冲突加剧、极端异常天气、主要经济体激进加息，世界经济持续面临异常巨大的下行压力，部分国家发生经济衰退，甚至金融债务危机的风险上升。国际货币基金组织（IMF）秋季报告预计，2023 年世界经济增长 2.7%，较上年放缓 0.5 个百分点，也低于过去 40 多年 3.5%的平均增长率。世界经济减速导致国际市场需求收缩。同时，部分国家放松疫情防控，产业链、供应链逐步恢复，我国出口订单转入的贸易替代效应将会减弱。因此，外部需求减少及贸易替代效应减弱，使得我国外贸出口面临较大的下行压力。

（3）**主要经济体激进加息的滞后影响显现**　为抑制通胀持续攀升，美欧等主要经济体货币政策大力度收紧。美联储高频率大幅度加息，截至 11 月，联邦基金利率上调至 3.75%～4%，为 40 多年来最大密集加息幅度。继美联储之后，欧洲中央银行（中央银行简称央行）、英国、加拿大、印度、巴西、南非等国的央行采取加息措施，日本、韩国等国对外汇市场进行干预。主要国家加息滞后效应逐步显现：在持续大幅加息紧缩货币政策的背景下，部分国家经济衰退的概率上升；部分国家将面临本币贬值、资本流出、主权债务危机等风险，中外利差扩大削弱了人民币金融资产对外资的吸引力，加剧短期资本流出和人民币汇率贬值压力；全球利率水平上升导致流动性趋紧，市场风险偏好降低，国际金融市场动荡风险加大。

（4）**乌克兰危机加剧地缘政治局势动荡风险**　随着俄罗斯总统普京签署部分动员令、顿涅茨克等四地公投、北溪管道爆炸、美西方不断增加对乌克兰军事援助等一系列事件升级，俄乌双方军事角力和利益诉求进入胶着状态，乌克兰危机走向更加难以预料。从地缘政治看，乌克兰危机及美西方对俄制裁加速打破欧洲政治平衡，欧洲国家被迫与美国战略利益捆绑，导致全球地缘政治格局的深度调整。从经济影响看，乌克兰危机及美西方对俄制裁对全球产业链、供应链稳定，对全球能源及粮食供应安全的威胁显著上升，严重干扰正常国际经贸合作。

(5) 美国对我国战略围堵打压加剧大国博弈风险　美国《国家安全战略报告》提出，中国是美国面对的"最严重的地缘政治挑战"，中国也是唯一一个既有意愿也有能力重塑国际秩序的竞争者。美国对我国战略围堵打压从点到面、全方位、系统性增强。一是美国加大对华全方位科技脱钩和打压，美国众议院通过《芯片与科学法案》，美国商务部出台限制31家中国公司、研究机构和其他团体获得美国半导体技术，提出了限制所有美国芯片生产设备制造商向中国出口14nm及以下芯片的生产设备等一系列新措施；二是美国利用劳工问题进行打压，美国出台所谓"维吾尔强迫劳动预防法案"，推动对新疆企业和人员的制裁；三是美国挑动台湾海峡（简称台海）等地区紧张局势，美国频繁涉足台海、南海等问题，美国国会众议长南希·佩洛西窜访中国台湾地区，推出"2022年台湾政策法案"，其"以台制华"意图明显；四是强化盟友联合围堵，正式启动"印太经济框架（IPEF）"，重振盟友关系，在供应链重塑、数字经济和数字贸易，以及地区基础设施等方面强化对华地缘政治经济竞争。

2. 我国经济运行面临"四大挑战"

(1) 内需收缩和外需收缩相碰头　国内消费需求明显收缩。疫情反复导致餐饮、娱乐等接触性、聚集性消费场所面临随时停业的风险，旅游消费者面临被隔离滞留在旅游区的风险，部分服务领域面临"无法消费"现象。疫情冲击、预期不佳等影响消费意愿，消费信心指数跌至历史低点，居民储蓄倾向明显上升，出现"无意消费"现象。部分群体、部分行业结构性失业问题突出，疫情持续冲击下居民对未来收入预期下降，股票市场低迷导致居民财富缩水，居民收入减少导致消费能力削弱，出现"无力消费"问题。外部需求出现明显减弱趋势。受地缘政治冲突、部分发达经济体加快收紧货币政策等影响，全球经济下行压力不断加大，导致外部需求减弱，自2022年8月起我国外贸出口增速明显放缓。2022年9月摩根大通全球制造业PMI（采购经理指数）降至49.8，为26个月以来首次降至荣枯线以下。此外，虽然人民币对美元出现一定幅度贬值，但对欧元、英镑、日元、韩元等其他主要货币仍然呈现升值态势，不利于我国对相关国家与地区的出口。在内需收缩的同时外需开始减弱，对我国经济平稳增长带来较大挑战。

（2）订单转移和产能转移相叠加　订单转移趋势显现。在国内外疫情反复的背景下，部分发达经济体放松防疫政策，实施带疫复产，同时东南亚等地区制造业发展势头较好，国内企业订单出现向海外转移的现象。纺织服装、家居建材、消费电子等行业企业反映订单外流明显。我国纺织品进出口商会企业问卷调查显示，有26%的企业表示客户订单外移比例在30%以上，90%以上的企业表示当前在手订单较2021年下半年有所缩减。产能出现向外转移。疫情冲击和贸易摩擦影响全球产业布局，跨国公司调整国际产业链、供应链分布，部分国内外资企业产能向海外转移。同时，随着国内人工、原材料成本上涨，以及东南亚等国劳动力成本低廉、营商环境和基础设施条件逐步改善，部分本土企业选择在国外设厂经营。当前订单和产能向海外转移相叠加，不利于保持我国产业链、供应链的完整性，影响国内工业生产稳步恢复。

（3）企业缩表和居民缩表相同步　企业投资和生产意愿不足。需求收缩、预期转弱等因素导致企业扩大生产意愿不足，投资回升动力趋弱。国务院发展研究中心调查显示，未来一段时间计划增加投资的企业占比仅为26%（多年平均水平不低于40%），较2021年底下降12.2个百分点。尽管当前货币流动性充裕，但企业新增贷款来扩大生产的意愿不强，导致部分资金难以进入生产领域。居民资产负债表收缩。2022年以来，部分房贷业主开始提前偿还房贷，房地产市场深度调整使得新增房贷放缓，反而居民储蓄存款较快增加。中国人民银行发布的《2022年第三季度城镇储户问卷调查报告》显示，第三季度，城镇储户倾向于"更多储蓄"的居民占58.1%，处于历史高位；倾向于"更多消费"的居民占22.8%，比上季度减少1.0个百分点。企业和居民部门同时收缩资产负债表导致国内消费、投资需求增长乏力，经济增长动能减弱。

（4）财政风险和金融风险相交织　地方财政收支平衡压力加大。经济增长承压、工业品价格走低、房地产遇冷等因素交织导致地方财政增收困难加大。2022年1—10月，地方一般公共预算收入扣除留抵退税因素后增长5.4%，按自然口径计算下降3.6%；特别是国有土地使用权出让收入同比下降25.9%。与此同时，疫情防控、民生保障等财政支出刚性增长，因而地方财政收支平衡压力明显上升。局部金融风险开始暴露。当前，我国房地产市场深度调整，商品房销售量大幅下跌，房企面临资金链断裂、债务违约等风险，造成相关项目烂尾停工，不能按期交付，部分购房业主出现停供房贷现象，引发金融风险和社会问题。河南、安徽等地村镇银行出现取款难，辽阳农商行等进入破产程序，中小银行资产质量、资本充足水平、公司治理等问题突出，中小金融机构风险逐步暴露。地方财政收支压力和金融风险相交织，势必压缩财政金融政策稳增长的空间，掣肘宏观政策的效能。

三、2023年宏观经济有望稳步回升

展望2023年，党的二十大胜利召开后，各地鼓足干劲、迎难而上，高效统筹疫情和经济社会发展，宏观经济有望稳步回升，生产端恢复加快，需求端动能增强，物价水平保持平稳。

1. 经济增速将稳步恢复

"四大效应"助力2023年经济增长。一是政治效应。党的二十大科学谋划了未来5年乃至更长时期党和国家事业发展的目标任务和宏伟蓝图，对经济持续发展、社会长治久安具有重大意义，将极大改善社会预期、鼓舞社会信心、激发生产积极性。二是政策效应。各项稳住经济一揽子政策措施的叠加效果、累积效果和延后效果将进一步释放，支持宏观经济平稳运行，增强经济发展韧性。三是缺口效应。根据国家信息中心测算，"十四五"时期我国经济潜在增长率为5.5%左右。受世界疫情冲击，当前我国实际经济增速与潜在经济增速存在较大缺口。而我国劳动力、资本、全要素生产率等生产要素支撑能力并未发生实质性改变，随着疫情防控的科学化、精准化，2023年经济增速将向潜在经济增长率逐步回归。四是基数效应。2022年受疫情反复和乌克兰危机等超预期因素冲击，我国经济出现显著下滑，2023年经济增速将在低基数基础上呈现出恢复性增长态势。预计2023年我国经济将增长5.2%左右。

2. 生产端恢复较快

工业生产增势向好。在疫情对生产的影响持续降低、各地区各部门落实稳经济的主观能动性增强、助企纾困政策持续发力、积极疏通产业链、供应链堵点卡点等因素带动下，工业将保持较好增势。与此同时，我国工业体系完备，制造能力强等优势能够较快适应外部需求变化，新产业、新业态、新模式对生产的拉动作用持续增强，工业领域数字化、网络化、智能化转型成效持续显现。预计2023

年规模以上工业增加值增长 5.5%左右。

服务业波动修复。在不发生大范围大强度疫情反弹的情况下，居民出行意愿增强，前期积累的餐饮、旅游、住宿、交通等接触性服务行业需求将逐步得到释放。同时，前期服务业纾困政策的积极作用仍在持续，服务业企业压力进一步减轻，经营状况将有所好转。预计 2023 年服务业增加值增长 5.2%左右。

3. 需求动能有所增强

投资保持稳定增长。从基建投资看，前期大力增加政策性开发性金融工具、将新型基础设施纳入地方专项债适用范围、积极推动银行业金融机构增加融资支持等举措将持续为基建投资增长增添动力。同时，交通运输、沿江沿边、城市更新等领域投资需求仍然较大，有利于进一步扩大基建投资需求。从制造业投资看，企业生产经营压力依然较大，利润回补有待进一步增强，部分行业企业亏损情况依然较重，企业信心仍待重振，制造业投资增长面临较大压力。与此同时，继续落实好制造业新增留抵退税政策，直接增加企业现金流，加快设备更新改造贷款投放，制造业投资总体将保持较快增长。从房地产投资看，国家出台"金融 16 条"促进房地产市场平稳发展，在部分需求政策放松后，全国房地产市场销售将有望降幅收窄、逐步回暖。主要房企已度过境外债券融资到期高峰，偿债压力有所缓解，但房企经营困难依然较大，房地产投资降幅将有望收窄。预计 2023 年固定资产投资增长 6.0%左右。

消费需求温和恢复。在疫情逐步好转的情况下，居民消费有望保持恢复性增长。从服务消费看，旅游、休闲、娱乐等接触性、聚集性服务消费有望回暖向好，餐饮消费加快修复。从重点商品看，新能源汽车车辆购置税优惠延期到 2023 年底等政策有利于释放社会购车需求；各地对绿色智能家电、绿色建材等予以适度补贴或贷款贴息，部分耐用品消费将趋于好转；住房消费将有所回暖，对家具家电、建筑装潢等相关消费的带动力有所增强。预计 2023 年社会消费品零售总额增长 5.0%左右。

外贸增长稳步放缓。受乌克兰危机、全球停滞性通货膨胀（简称滞胀）压力加大以及主要国家宏观政策过快转向等因素影响，全球经济增长趋于放缓，增长前景的不确定性显著加大，海外市场需求增长将更加乏力，我国出口面临更多压力。同时，疫情以来，贸易替代效应也随着周边国家生产恢复而进一步降低。预计2023年货物出口增长3%左右。

4. 物价涨幅总体平稳

居民消费价格延续温和上涨。一是粮食产量和库存双高有利于食品价格保持稳定，奠定物价稳定的基础；二是目前猪肉价格正处于周期性上涨阶段，将维持高位运行态势，但由于后期猪肉供给有保障，将抑制肉价大幅上涨；三是居民消费进一步恢复，市场活跃度有所回升，将对物价涨幅形成一定支撑；四是货币环境总体宽松，流动性保持合理充裕。总体看，居民消费价格将延续温和上涨态势，预计2023年CPI上涨2.0%左右。

工业生产者出厂价格走低。一是全球经济减速下行、需求疲软、运价高位回落、全球流动性收紧等因素导致本轮全球大宗商品价格已经见顶，将呈现震荡回落走势，输入性通胀压力将减少。二是国内能源、粮食等重要商品保供稳价成效显著，通胀预期回落将抑制工业品价格。三是宏观经济将稳步恢复，经济活力进一步增强，工业品需求有所回升将对工业品价格形成一定支撑。总体看，国内工业品价格将延续走低态势。预计2023年PPI下跌1.0%左右。2022—2023年我国主要宏观经济指标预测表见表1。

表1 2022—2023年我国主要宏观经济指标预测表

时间	2022年1—10月 实际（%）	2022年 预测（%）	2023年 预测（%）
GDP	3.0	3.3	5.2
第一产业	4.2	4.3	3.9
第二产业	3.9	4.3	5.5
第三产业	2.3	2.4	5.2
规模以上工业增加值	4.0	4.1	5.5
固定资产投资	5.8	5.7	6.0
房地产开发投资	−8.8	−9.0	−3.0
社会消费品零售总额	0.6	1.3	5.0
出口/亿美元	11.1	8.6	3.0
进口/亿美元	3.5	2.6	3.5
居民消费者价格	2.0	2.0	2.0
工业生产者出厂价格	5.2	4.3	−1.0

四、政策建议

针对新冠疫情不确定性较强、经济下行压力依然存在等问题，2023年宏观政策仍需保持力度，持续出台稳经济接续政策，积极的财政政策更加有为，稳健的货币政策注重成效。

1. 财政货币政策加力稳定经济大盘

一是适度增加财政支出强度，提前发行2023年地方专项债，支持一批重点项目建设，提高政府投资资金使用效率，发挥"十四五"规划重大项目带动引领作用，撬动社会资本共同参与经济建设。二是落实好技改贷款财政贴息政策，提高实体经济创新发展能力，持续支持关键核心技术研发应用，增强经济发展后劲。三是进一步深化退税减税降费政策，切实减轻企业经营负担。四是综合运用数量型和价格型金融工具，灵活精准施策，推动金融机构降低实际贷款利率水平，切实降低企业融资成本，增强信贷总量增长的稳定性。五是用好设备更新改造专项再贷款，支持经济社会发展薄弱领域设备更新改造。六是保持人民币汇率在合理均衡水平上的基本稳定。

2. 需求政策加力提升效率

一是稳定社会就业，积极扩大就业渠道，鼓励创业带动就业，发挥失业保险助企扩岗作用，保持居民收入稳定增长，夯实消费需求释放基础。二是拓展乡村消费空间，实施好汽车、绿色家电下乡活动，拓宽耐用消费品销售渠道。三是持续创新消费业态和模式，扩大升级信息消费，大力推进智慧零售、智慧旅游、智慧餐饮、数字文化及"互联网+消费"等消费模式，增强消费活力。四是超前布局重大基础设施建设，打造新型基础设施网络体系，论证推进一批重要农业、水利、交通、能源等基础设施建设项目，加强5G等新型基础设施体系布局。五是围绕补短板、强弱项，加快推进关键核心技术攻关项目投资，支持制造业技术改造投资，加大重点行业节能降碳项目投资，加强社会民生、生态环保等领域建设。六是有效督查监管重大投资项目进展情况，加强在建项目后续建设，避免出现半拉子工程。七是统筹利用外经贸发展专项资金，加大出口信用保险支持力度，发挥外贸创新平台作用，保障防疫、用能、用工、物流等环节顺畅，支持外贸企业保生产保履约，确保订单交付。

3. 房地产政策加力防范风险

一是积极推进保交楼建设，明确项目、房屋交付时间表，推动项目早复工、早交付。二是加强协同监管，严防风险外溢，加强市场监管和土地、金融等政策协同，加强部门和地方协调联动、信息共享，加强对房地产领域相关风险的预测、预警、预防。三是优化完善房地产信贷政策，进一步缓解房地产企业融资困难，促进房地产业良性循环和健康发展。四是开展房地产市场质量监管行动。强化全产业链监管，保证房地产项目原材料、施工、安装等工序质量，严打不良项目违规问题。

（作者：张宇贤 王远鸿 牛犁 闫敏 陈彬 邹蕴涵）

2022 年世界经济形势分析与 2023 年展望

　　2022 年全球经济增速高位回落，增长格局出现新变化；美欧与亚洲国家通胀表现泾渭分明，结构性矛盾凸显；发达国家失业率显著降低，人力资本短缺问题突出；全球贸易增速大幅下滑，贸易格局正在发生变化。展望 2023 年，全球经济面临诸多不利因素，一是货币政策具有滞后效应。二是全球经济进入高成本时代。三是未来财政支出空间有限。四是充分就业预示增长空间有限，2023 年全球经济仍然面临滞胀压力。不过，全球金融体系相对稳健，新兴与发展中经济体具有较强的韧性，亚太地区将在 2023 年引领全球经济增长。建议尽快消除国际国内结构性障碍，从而实现"调结构、反通胀、稳增长"三者的有机统一。

一、2022 年世界经济形势分析

1. 全球经济增速高位回落，增长格局出现新变化

　　根据国际货币基金组织（IMF）的测算，2021 年全球经济增长 6%，2022 年急剧回落到 3.2%。但是，不同经济体之间经济表现出现较大差异，这一差异对探寻未来经济复苏路径具有较强的启发意义。

　　（1）美欧经济增速同步回落，但内部出现一定分化　2022 年前两季度，美国 GDP 环比折年增长率分别为-1.6%与-0.6%，进入技术性衰退，第三季度环比折年增长 2.6%，IMF 预计美国 GDP 2022 年全年增长 1.6%，这与 2021 年的 5.7% 形成了鲜明对比。欧元区前两季度经济仍然表现出较强的增长态势，环比分别增长 0.7%与 0.8%，但第三季度下滑到 0.2%，预计第四季度为负增长。

　　不过，葡萄牙和希腊已将财政赤字减少逾半以上，且因俄罗斯天然气供应中断的风险程度也低于欧洲大多数地区，2022 年经济增长表现出较强的韧性。希腊经济受到外资增加的提振以及旅游业的复苏，2022 年前两季度 GDP 同比分别增长 9%和 7.8%，预计全年增长超过 5.2%。葡萄牙大刀阔斧改革退休金制度，并以"黄金签证"吸引大批移民，2022 年前两季度 GDP 同比分别增长 11.4%和 7.9%，第三季度环比增长 0.4%，预计全年增长 6.8%左右。意大利、西班牙和爱尔兰的

经济同样表现出较强的韧性,预计2022年全年增长率分别为4.2%、6.8%和11%,均远远高出欧元区3.1%的平均增长率。

(2) 多重因素推动日本经济持续复苏　同为发达经济体的日本则表现出相对较强的增长态势。前三季度GDP同比分别增长0.6%、1.7%、1.8%,IMF预计日本GDP 2022年全年增长1.7%左右,与2021年相同,是主要发达经济体中唯一没有出现增速下滑的国家。究其原因主要有四点:一是企业设备投资坚挺,对第二产业复苏发挥了至关重要的作用;二是灵活的防疫政策促进了餐饮和旅游住宿等第三产业的持续恢复;三是始终坚持零利率,货币政策没有受到欧美央行的影响;四是全球通胀让日本摆脱了长期通货紧缩的困扰,产品涨价和日元贬值改善了大多数制造业的业绩。

(3) 部分亚洲新兴和发展中经济国家异军突起　从东盟国家的情况来看,2022年10月东盟国家制造业PMI为51.6,连续13个月高于50,说明东盟国家制造业连续13个月处于扩张状态,经济增长态势良好,其中越南和印度尼西亚(以下简称印尼)尤为突出。

近年来越南大举投资基础设施,跨国公司纷纷在越南投资。2022年前三季度GDP同比分别增长5.3%、6.4%和8.8%,预计全年增长约7%。由于自然资源丰富,印尼也是大宗商品涨价的受益者,庞大人口的内需市场也为经济提供了强大支撑。同时,相对于其他发展中经济体,印尼债务相对很低,本币汇率异常稳定,2022年前三季度GDP分别增长5%、5.5%和5.7%,全年经济增长将超过5%,将位居G20(二十国集团)国家之首。

(4) 中东、北非与中亚的经济活动仍具有弹性　中东和中亚一些产油国受益于石油行业的超额利润,预计2022年至2026年间,这些超额利润将达1万亿美元。海湾阿拉伯国家经济增长速度或较2021年增长一倍以上,2022年经济增长率预计可达6.5%。

受海湾国家经济提振的拉动,中东和北非地区2022年GDP增长率预计将从2021年的4.1%增长至5%。但考虑到全球经济状况恶化的影响,预计该地区2023年GDP增长率将放缓至3.6%。

2. 欧美与亚洲国家通胀表现泾渭分明,结构性矛盾凸显

(1) 欧美国家通胀愈演愈烈,成为遏制全球经济健康发展的重要因素　2022年欧美国家延续并加剧了肇始于2021年的通胀,不断刷新上一轮全球滞胀以来的纪录。2022 年 6 月,美国 CPI 同比上涨 9.1%,10 月同比涨幅虽然回落到 7.7%,但 9、10 两个月环比增长率分别为 0.2%、0.4%,从动态的角度来看通胀压力仍未消退,距离 2%的调控目标仍遥遥无期。欧元区情况比美国更为严重,2022 年以来逐月上涨,10 月调和 CPI 同比上涨 10.7%,环比涨幅高达 1.5%,创有该项统计指标以来最高纪录。脱离欧盟的英国在通胀方面则与欧元区比翼双飞,9 月 CPI 同比上涨 10.1%。

(2)亚洲国家通胀温和可控,对世界经济发展做出了重要贡献　与欧美国家形成鲜明对比的是亚洲国家表现出温和可控的特点。从亚洲发达国家来看,2022 年 10 月日本和韩国 CPI 同比涨幅分别为 3%与 5.7%,远远低于欧美发达国家。从东盟国家来看,2022 年 10 月越南和印度尼西亚 CPI 同比分别上涨 4.3%和 5.7%,10 月之前越南各月 CPI 涨幅均在 1.4%与 3.9%之间(见图 1)。从我国情况来看,10 月 CPI 同比上涨 2.1%,仍处于宏观调控目标范围之内。由于亚洲制造业在全球占据举足轻重的地位,亚洲物价的稳定对世界经济的发展做出了重要贡献。如果亚洲通胀与欧美保持同一水平,全球经济则是另外一番景象。

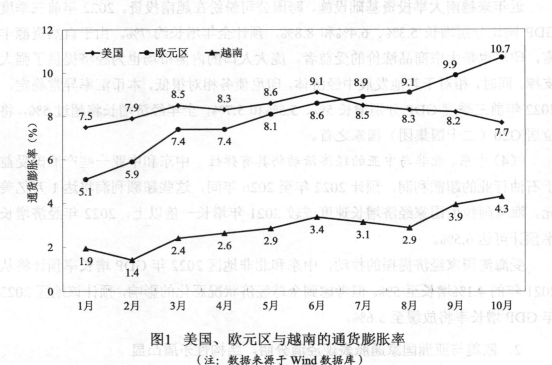

图 1　美国、欧元区与越南的通货膨胀率

(注:数据来源于 Wind 数据库)

(3)影响欧美通胀的深层结构性因素凸显　从宏观层面来看,欧美经济刺激政策扩大了总需求、全球供应链梗堵以及俄乌冲突都是导致本轮通胀的重要原因。但是,在上述因素影响的逐步弱化之后通胀压力仍未消散,说明还存在深层结构性矛盾。

一是新兴部门与传统部门的矛盾。新兴部门可以通过提高劳动生产率在实现工资上涨的同时保持价格稳定,传统部门产出因劳动力向新兴部门转移而相对下降,从而导致价格上涨。2021年以来,欧美国家低收入服务行业工人的跳槽及货车司机短缺成为工资成本上升的先导,2022年这一矛盾仍在加剧。

二是贸易部门与非贸易部门问题。非贸易部门劳动生产率增速缓慢,其通胀水平主要由工资水平决定,这往往表现为非贸易部门具有较强的提价能力。事实上,当前欧美发达国家通胀也符合这一特征,表现为餐饮、运输、仓储、电力等非贸易部门价格率先上涨,然后再传导至其他部门。

三是价格体系扭曲是导致通胀此起彼伏的重要原因。结构学派的观点认为,不同职位、不同行业之间工资绝对水平存在差异是合理的,但工资增速应保持一致。从当前欧美国家的情况来看,公司的管理层通过股价上涨提高了股权收益,普通员工则通过跳槽实现工资的上涨与福利的改善,企业招聘新员工又不得不进一步提高工资水平,从而演化为工资螺旋式地上涨。从行业情况来看,欧美国家房地产价格持续多年的上涨必然导致其他行业价格的上涨(见图2)。

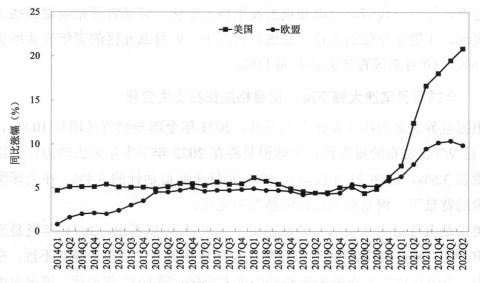

图2 美国、欧盟房价季度同比涨幅

(注:数据来源于 Wind 数据库)

3. 发达国家失业率显著降低，就业繁荣的背后蕴藏着问题

从失业率来看，2022年发达国家就业市场在不断改善，9月欧元区的失业率降至6.6%，这是该机构自1998年4月开始编制该数据以来的最低水平。同期英国失业率为3.5%，降至1974年以来的最低水平，日本失业率只有2.6%，美国失业率为3.5%。10月美国失业率虽然上升到3.7%，但仍处于较低水平。但是，就业市场"繁荣"的背后隐藏着诸多问题。

（1）劳动力参与率下降　　以美国为例，2022年10月，美国劳动力参与率为62.2%，比2019年10月下降1个百分点。下降的原因也是多方面的，一是长期疾病的增加导致劳动力退出就业市场。根据据布鲁金斯学会2022年8月的报告，估计多达400万人因"长新冠"而失业。二是人口结构问题。根据英国就业研究所的报告，一方面年轻人接受教育的年限增长，另一方面老年人按期甚至提前退出劳动力市场，这导致英国劳动人口比疫情暴发之前大幅减少。三是疫情导致劳动密集型服务业出现大量工人流失，如餐饮、养老院等行业容易被感染且收入较低，劳动者就业意愿降低。

（2）结构性失业问题突出　　以美国为例，2022年10月职位空缺1072万人，但仍有561万的失业人口，说明存在劳动力供给和需求不匹配问题。一方面，技术、数字、绿色经济领域需要大量高素质劳动力，但大量失业人员不符合要求；另一方面，年轻一代劳动力就业观念发生巨大变化，劳动者开始规避那些工作时间不灵活、工资水平低的岗位。在这种情况下，9月欧元区的青年失业率仍然高达14.6%，10月美国青年失业率为11%。

4. 全球贸易增速大幅下滑，贸易格局正在发生变化

根据世界贸易组织（WTO）的统计，2021年全球货物贸易增长10.8%，2022年10月WTO发布的报告预计全球贸易将在2022年下半年失去动力，货物贸易量将增长3.5%，但2023年仅增长1%，远低于此前估计的3.4%。在全球贸易急剧下滑的背景下，贸易格局也在悄然发生变化。

美国是全球最大的货物贸易逆差国，从表1可以看出，2021年贸易逆差比2017年增长38%，美国货物进口仍然是拉动全球贸易的重要力量。不过，在过去四年中，美国货物贸易逆差来源地发生重大变化。同2017年相比，美国对中国大陆的贸易逆差下降了4.7%，但对北美、欧洲以及亚洲（不含中国大陆）分别增长了86.0%、64.1%、76.7%。

表 1　美国货物贸易逆差来源地　　　　　　（单位：亿美元）

	全球	中国大陆	亚洲（不含中国大陆）	欧洲	北美
2017 年	7243	3438	1786	1598	781
2018 年	7924	3825	1821	1855	887
2019 年	7716	3084	1994	2065	1190
2020 年	8355	2823	2472	2290	1157
2021 年	9997	3276	3155	2622	1453
四年增幅（%）	38.0	-4.7	76.7	64.1	86.0

注：数据来源于美国商务部。

从2022年前三季度数据来看，发生了细微的变化。一是美国对欧洲贸易逆差在下降；二是美国对中国大陆的贸易逆差在增加，但对亚洲（不含中国大陆）则以更大的幅度在增长，且对亚洲（不含中国大陆）的贸易逆差超过中国大陆（见表2），这也是在过去五年不曾发生的现象。

表 2　美国货物贸易逆差来源地　　　　　　（单位：亿美元）

	全球	中国大陆	亚洲（不含中国大陆）	欧洲	北美
2021 年前三季度	7876	2535	2479	2125	1122
2022 年前三季度	9097	3092	3291	1692	1628
增幅（%）	15.5	22.0	32.8	-20.4	45.1

注：数据来源于美国商务部。

5. 俄乌冲突对全球经济发展影响深远

俄乌冲突为业已疲软的全球经济雪上加霜。一是在推高国际油价方面起到了推波助澜的作用。二是扰乱了全球化肥产业链，对全球农业生产产生了较大的负面冲击。三是扰乱了全球粮食和食品供应链，进一步推高了国际粮食价格，依赖粮食进口的国家，尤其是非洲国家将面临严峻的挑战。四是加剧了欧洲能源危机及通胀压力，欧洲乃至全球经济都受到了严重冲击。不过，俄乌冲突也让世界各国更加重视经济安全以及基础产业的发展，未来全球经济有望在新兴与传统产业之间形成新的平衡。

二、2023 年世界经济影响因素分析及展望

1. 2023 年全球经济发展的主要影响因素分析

（1）货币政策具有滞后效应，累计滞后效应将在 2023 年充分显现 经济理论表明，货币政策具有滞后效应，著名的经济学家弗里德曼的研究结论是，货币政策实施后，市场经济活动和相应的价格需要长达 24 个月才能做出反应。2022 年各大央行实施紧缩性货币政策之后，尚未出现经济放缓或失业加剧的情况，预计紧缩性货币政策的累计效应将在 2023 年甚至 2024 年充分显现。

从现实的经济逻辑来看，以美联储为代表实施的加息政策将带来如下负面的影响：一是政府将为承担的债务支付更多的利息，削弱了财政支持经济发展的能力；二是加息将提高企业的借贷成本，在削弱利润空间的同时也会抑制企业投资，商品和服务的供应水平可能减少，实体经济发展必将受到严重冲击；三是家庭和个人贷款利息增加，削弱了消费需求；四是美元升值使其他国家的进口商品更加昂贵，增加了现有的通胀压力；五是美联储加息迫使其他国家的央行提高利率。

（2）通胀压力短期难以消除，全球经济进入高成本时代 紧缩性货币政策可以抑制总需求，在一定程度上缓解通胀压力，但却无助于解决能源价格上涨、去全球化、供应链中断、劳动力市场紧张等影响本轮通胀的关键问题。因此，通胀压力在短期难以根本消除，2023 年通胀水平不可能回落到各大央行的调控目标。

即使 2023 年全球通货膨胀率有所回落，但全球也将进入高成本时代。一是逆全球化行为提高了成本。受贸易摩擦、疫情以及俄乌冲突等多重因素的影响，全球生产链和供应链的布局不再遵循效率最高、成本最低的市场原则，这无疑会提高全球生产和消费成本。二是老龄化及劳动力供求不平衡必将进一步提高全球人力成本。三是应对全球气候变暖的政策也将推动能源价格居高不下。

（3）应对疫情的经济刺激政策退出，未来财政支出空间有限 疫情暴发后，超常规的刺激虽然避免了经济停摆和崩溃，但重点都不在于解决供给问题，因此对解决当前全球性供应链问题和长期增长动力问题作用甚微。同时，财政刺激带来的个人收入和支出不具有可持续性。展望未来，一方面发达经济体由于债务过重财政空间将非常有限，不可能再采取大规模的刺激政策；另一方面，为应对高通胀带来的社会问题，未来发达国家财政政策必将着力于缓解生活成本压力，对

经济可持续增长的贡献也很低。

（4）充分就业预示未来增长空间有限　从经济增长函数来看，劳动力是重要变量，2022年不少国家达到或接近于充分就业状态，劳动力市场普遍紧张，经济发展缺乏相应的劳动力。这一矛盾在2021年已经显现，2022年尤为突出，近期也难以缓解，这意味着劳动力对2023年经济增长的边际贡献接近于零。与此同时，在利率不断提高的背景下，投资也将受到影响。受劳动力和资本双重因素影响，2023年经济增长空间将非常有限。

（5）全球金融体系相对稳健，新兴与发展中经济体具有较强的韧性　尽管世界经济发展面临较大压力，但全球金融体系相对稳健。同2008年之前相比，一是抵押贷款质量高，次级抵押贷款大幅降低；二是银行杠杆率相对较低，目前银行将资本充足率大约提高至之前的三到四倍。全球金融体系相对稳健，即使出现动荡，也不会达到爆发金融危机的程度。换言之，金融与资本市场仍然是支持未来经济复苏的重要力量。

同时，在本轮加息周期中，新兴与发展中经济体表现出较强的韧性，这与过去四十多年的表现迥异。例如，20世纪80年代初，美联储收紧货币政策以抑制通胀，拉丁美洲国家因无力偿还美元债务而陷入危机。1994年，美国加息引发了墨西哥金融危机。2013年，美联储试图缩减债券购买规模，引发了"缩减恐慌"，恐慌的外国投资者纷纷逃离包括巴西、印度和印尼在内的脆弱经济体。但是，2022年美联储开启加息周期以来，新兴与发展中经济体金融市场几乎没有受到影响，实体经济也表现出较强的韧性，未来仍将成为全球经济发展的稳定器。

2. 2023年世界经济增长趋势判断

从以上分析可以看出，2023年全球增长动力明显不足，经济增速存在继续下行趋势，与此同时，欧美国家仍面临较大的通胀压力，全球经济滞胀特征明显。

2022年10月国际货币基金组织发布了《世界经济展望报告》，报告预计2022全球经济增长3.2%，与2021年的6%相比大幅回落，2023年将下降到2.7%；2023年发达经济体增长率下滑到1.1%，比2022年下降1.3个百分点，意味着经济增长接近停滞；2023年新兴与发展中经济体经济增长3.7%，与2022年持平。全球货物与服务贸易增速继续下滑，预计2023年增长2.5%，比2022年下降1.8个百分点。全球通胀压力虽然有所减轻，但仍位居高位，预计2023年全球消费者价格指数将上涨 6.5%，比 2022 年回落 2.3 个百分点。

尽管国际货币基金组织的报告比较悲观，但世界经济发展并不缺乏亮点，2022 年 10 月，标准普尔全球市场情报发布报告指出："在区域自由贸易协定、高效供应链和具有竞争力的成本的支持下，亚太地区 GDP 占世界 GDP 的 35%，将在 2023 年主导全球经济增长。"

三、政策建议

从历史经验来看，一旦经济陷入通胀与增长停滞并存的滞胀局面，传统宏观政策将面临无计可施的尴尬局面。如果实施扩张性政策，必然会加大通胀压力；如果实施紧缩性政策，又会打击本来业已不振的经济。正因为在滞胀环境中传统的宏观政策难以奏效，所以 20 世纪西方发达国家经历了漫长而痛苦的滞胀调整期。但是，这并不意味着经济政策无所作为，我们可以通过对国际国内经济社会的改革消除结构性障碍，从而实现"调结构、反通胀、稳增长"三者的有机统一。

（1）加强国际政策协调，尽快消除各种贸易壁垒　穆迪投资者服务公司的研究表明，美国消费者承担了对中国商品加征关税近 93% 的成本，只有 7.6% 的增加成本被中国吸收。根据彼得森国际经济研究所的数据，2018 年之前，美国对从中国进口产品的平均关税仅为 3.1%。但特朗普对从工业品到玩具的各种进口商品加征关税后，这个数字已上升到 19.3%。中国征收的报复性关税则将其对美国制造商品的关税从 8% 提高到 20.7%。这些关税无疑成为美国消费者的负担，推动了物价上涨。如果能回到正常状态，那么对降低美国通胀压力的效果是立竿见影的。

（2）高度重视基础产业，寻找传统与新兴产业之间的平衡点　疫情及地区冲突再次揭示了化肥、粮食、能源、水利等基础产业在国民经济与社会发展中的重要性，未来经济发展需要寻找传统与新兴产业之间的平衡点。以能源为例，新能源固然是社会进步的需要，但在近期内却不能替代化石能源，对原油开采及炼油产业投资的不足加剧了全球通胀压力。

（3）加快设备投资，探寻经济发展新动力　不论是作为发达经济体的日本，还是作为新兴经济体的东盟国家，设备投资都为经济发展提供了新动力。2023 年建议重点做好如下工作：一是加速设备折旧，鼓励企业设备更新。二是制定有关设备投资税收优惠政策，降低企业成本。三是对先进技术设备实施免税政策。四是综合采取各种措施，切实降低企业融资成本。五是加快发展设备租赁业，解除中小企业资金瓶颈。

(4) 进一步加强人力资本投资　从上文分析可以看出，人力资本不足是制约全球经济增长的重要障碍，但是发达国家应对疫情以及通胀的财政支出更多用于了补贴消费者的日常生活，成了"吃饭财政"。建议今后逐步改变这一局面，加大对各类人力资本的投资，从而促进全球经济的可持续发展。

（作者：程伟力）

2022 年金融运行分析与 2023 年展望

2022 年以来，稳健的货币政策"总量宽松、定向发力"，推动货币供应量加快增长、社会融资规模放量、市场利率与社会综合融资成本下行；受美元超常走强影响，人民币对美元汇率出现快速贬值。展望 2023 年，美联储加息将继续扰动国际金融市场，外部冲击风险不容忽视；我国经济运行持续面临需求收缩和预期转弱的压力，房地产市场下行问题较为突出。货币政策应以"稳增长"为首要目标，通过"宽信用""降成本"积极稳定宏观经济大盘。

一、2022 年金融运行情况及特点

1. 货币政策宽松推动货币信贷加快增长

2022 年以来，稳健的货币政策不断加大对实体经济的支持力度，呈现总量宽松、定向发力的政策特点。总量方面，我国央行向中央财政上缴结存利润超过 1 万亿元，主要用于留抵退税和增加对地方转移支付；4 月和 11 月两次全面降准各 0.25 个百分点，累计 0.5 个百分点；持续开展公开市场逆回购操作和中期借贷便利（MLF）操作投放流动性。结构方面，央行年内创设科技创新再贷款、普惠养老专项再贷款、交通物流专项再贷款三项新的政策工具；为支持基建投资，调增政策性银行 8000 亿元信贷额度，支持国家开发银行、农业发展银行分别设立金融工具，规模共 6000 亿元；允许地方"一城一策"灵活运用信贷等政策，合理支持刚性和改善性住房需求。在政策引导和推动下，货币供应量和信贷增速明显加快。10 月末，广义货币 M2 余额同比增长 11.8%，狭义货币 M1 余额同比增长 5.8%，比上年末分别高 2.8 个和 2.3 个百分点。10 月末，人民币贷款余额同比增长 10.5%，比上年同期低 0.8 个百分点。前 10 个月人民币贷款累计新增 18.7 万亿元，同比多增 1.15 万亿元。

2. 货币财政政策齐发力推动社会融资规模放量

2022 年 10 月末，社会融资规模余额同比增长 10.3%，与上年末持平。前 10 个月社会融资规模增量累计为 28.7 万亿元，比上年同期多 2.31 万亿元。从结构

来看，表内贷款增长平稳，表外融资明显好于上年同期。前 10 个月对实体经济发放的人民币贷款增加 18.33 万亿元，同比多增 7265 亿元；表外融资（包括委托贷款、信托贷款和未贴现的银行承兑汇票）累计减少 2408 亿元，同比少减 1.37 万亿元。作为积极财政政策的重要抓手，地方专项债发行力度加大，推动政府债券融资多增较多，前 10 个月累计 6.19 万亿元，同比多 1.16 万亿元。直接融资中，股票融资表现平稳，企业债券融资略显低迷。前 10 个月，非金融企业境内股票融资 8988 亿元，同比多 539 亿元；企业债券净融资 2.43 万亿元，同比少 2349 亿元。

3. 利率政策引导市场利率与社会综合融资成本下行

2022 年央行利率政策趋于宽松，公开市场逆回购操作和 MLF 中标利率于 1 月和 8 月出现两次下调，每次均下调 0.1 个百分点，累计 0.2 个百分点。受公开市场操作利率下调与央行通过全面降准和 MLF 操作等加大流动性投放的双重影响，货币市场利率稳中有降。作为代表性利率，4 月以来，隔夜上海银行间同业拆放利率（SHIBOR）和银行间 7 天质押式回购加权平均利率基本上一直在 2%以下运行，利率最低分别触及 0.96%和 1.44%。债市利率随之下行，1 年期和 10 年期国债到期收益率 10 月末降至 1.73%和 2.64%，比上年末下降 0.50 个和 0.13 个百分点。Wind 数据显示，10 月公司债、企业债、中期票据和短期融资券发行利率分别为 3.05%、3.87%、3.18%和 2.06%，比上年 12 月分别下降 0.64 个、0.64 个、0.72 个和 0.87 个百分点。在央行下调 MLF 中标利率等政策推动下，1 年期和 5 年期贷款市场报价利率（LPR）年内下行 0.15 个百分点，5 年期以上 LPR 下行 0.35 个百分点。

4. 人民币对美元汇率出现两轮快速贬值

2022 年人民币对美元汇率出现两轮快速贬值。一轮是在 4 月中旬至 5 月中旬，人民币对美元汇率经历了近一个月的加快贬值，即期汇率由 4 月 15 日的 6.37 下跌至 5 月 16 日的 6.8，累计下跌 6.3%。另一轮是 8 月中旬以来，人民币对美元汇率再现贬值压力，先后跌破 6.8、6.9、7.0、7.1、7.2 和 7.3 的关口。截至 10 月 31 日，人民币对美元即期汇率（CNY）收于 7.2985，年内累计贬值幅度达 12.7%。美元超常走强是人民币对美元汇率快速贬值的主要原因。迫于通胀压力的快速上升，美联储自 2022 年 3 月开启了 40 年来最为猛烈的加息周期。美元指数由 2022

年 3 月底的 97.8 升至 10 月底的 111.6，累计上升 14.1%。美元走强的对立面是非美货币普遍对美元大幅贬值。但与其他主要货币相比，由于人民币对美元贬值幅度相对要小，因而相对其他主要货币出现明显升值，一篮子人民币汇率指数表现相对稳定。截至 10 月 31 日，年内日元、英镑和欧元对美元贬值幅度分别高达 22.6%、15.3%和 13.1%，人民币对日元和英镑累计升值分别为 12.7%、2.2%，对欧元贬值 0.3%，CFETS 人民币汇率指数累计贬值 2.5%。

二、2023 年金融运行面临的环境和问题

1. 美联储加息持续扰动国际金融市场，外部冲击风险不容忽视

迫于美国通胀压力的快速上升，美联储于 2022 年 3 月开启本轮加息周期，于 6 月开始减持美国国债和抵押支持证券（MBS），推动其资产负债表规模收缩。由于美元具有世界货币地位，美联储政策紧缩导致美元走强、资金回流美国、全球流动性和资金条件收紧，加之欧洲央行、英国央行等发达经济体跟进加息，对国际金融市场形成剧烈冲击。2022 年非美货币掀起对美元贬值潮，美国和欧洲等地的债券市场普遍跌入熊市，美债、欧债收益率大幅走高。例如，截至 10 月末，10 年期美国、英国国债收益率与欧元区公债收益率分别升至 4.1%、3.7%和 2.4%，比上年末分别提高 2.6 个、2.7 个和 2.4 个百分点。

未来，随着美国通胀减弱和经济衰退压力上升，美联储加息和缩表的步伐有望趋缓，但 2023 年加息路径仍有不确定性。一方面，美国短期通胀上升势头仍未受到遏制，未来通胀恶化的可能性尚不能完全排除。2022 年 10 月美国 CPI 同比涨幅为 7.7%，核心 CPI 涨幅高达 6.3%。同时，美国就业数据表现强劲，劳动力市场结构性供给不足仍在推升薪资和服务价格。而且地缘政治复杂多变，不能排除未来出现"黑天鹅"事件并带来新增供给冲击的可能。另一方面，美国基准利率水平短期快速抬升，对需求产生较强的抑制作用，加大经济衰退风险。2022 年三季度美国房地产、制造业活动、消费支出均已出现不同程度的放缓。综合判断，2023 年上半年，美联储政策调整仍将以控制通胀为重点，保持一定的加息和缩表力度。2023 年下半年，如果短期通胀升势被彻底扭转，美联储政策将更多考虑经济增长的要求，会停止加息甚至转为降息。总体来看，美联储政策调整将继续困扰 2023 年国际金融市场，美股"超级泡沫"有破裂的危险，美元指数波动加大，全球汇市、债市和股市也将随之动荡不堪。受美联储持续加息与我国货币政策趋

于宽松的影响，中美国债收益率利差自2022年二季度开始出现倒挂，且倒挂程度迅速拉大。例如，2022年10月31日美国10年期国债收益率为4.1%，高于同期中国（2.6%）1.5个百分点。中国利率水平下降削弱了人民币金融资产对外资的吸引力，加剧短期资本流出和人民币汇率贬值压力。2023年（尤其是上半年）国际金融市场风险因素不减，中美货币政策将持续反向并推动中美利差倒挂趋于严重，人民币汇率和跨境资金流动保持稳定面临的外部形势仍较为严峻，要防范外资异动并对股市和债市产生冲击，防止发生汇债股市场联动齐跌的共振局面。

2. 经济运行仍面临需求收缩压力，"稳增长"需货币政策加力

2022年，受外部环境变化和国内疫情波动带来的超预期因素冲击，二季度我国经济下行压力明显加大。5月底以来，国务院接连推出33项稳经济一揽子政策和19项接续政策。在政策托底之下，三季度经济运行恢复向好，但需求收缩问题仍未有效缓解。2023年，我国面临的国内外需求环境仍然严峻，"稳增长"压力不减。一是全球经济下行带来外需减弱，出口对我国经济增长的支撑作用将下降。IMF、世界银行、世界贸易组织、联合国贸易和发展会议等国际机构已接连对"世界性经济衰退"的前景发出警告。外需减弱之下，我国出口增长前景不容乐观。二是疫情反复对居民消费需求冲击较大。2022年前10个月，社会消费品零售总额仅增长0.6%。餐饮等受疫情冲击大的行业持续低迷，前三季度餐饮收入同比下降4.6%，国内旅游收入（旅游总消费）同比下降27.2%，交通运输完成营业性客运量同比下降30.9%。三是民间投资增长持续放缓。2022年民间投资累计同比增长率逐月下行，10月回落至1.6%，比上年全年低5.4个百分点。

我国货币政策调控有充分就业、稳定物价、经济增长和国际收支平衡四项目标。其中，前三项为内部均衡目标，国际收支平衡为外部均衡目标。就内部目标来看，2023年，在需求趋弱的压力下，我国通胀形势将平稳温和，经济下行风险仍然存在并拖累就业。就外部目标来看，在美联储持续收紧政策带来的国际金融动荡之下，外资流出和人民币贬值压力加大，我国国际收支平衡面临的问题和挑战增多。总体来看，内外均衡目标冲突加大，金融调控面临"不可能三角"（开放经济下，一国不能同时实现资本流动自由、保持货币政策的独立性和汇率的稳定性）困境。但也要看到，稳健的国内基本面是国际收支保持基本平衡的坚实基础。尽管外部牵制因素增多，内外均衡目标冲突加大，我国货币政策未来仍要坚定"以

我为主",坚持以"稳增长"为首要目标。政策出台要注意时机,选择合适的时间窗口,避免与美联储紧缩政策"相撞"。

3. 居民和企业预期趋弱,货币政策宽松效果面临微观约束

从金融数据表现来看,居民和企业预期转弱问题较为突出。一是货币流动性比例（M1/M2）下降反映企业和居民的货币需求更具预防动机。M1 包括流动性强、可以随时用于支付的流通中现金和单位活期存款,对应了货币需求中的交易需求。M2 则由 M1 和流动性较差的准货币（包括储蓄存款、单位定期存款和其他存款）组成。准货币主要对应了货币需求中的预防需求。2022 年 10 月末,货币流动性比例为 25.3%,比上年末下降 1.9 个百分点。二是企业存款定期化倾向和居民储蓄存款快速增长反映出微观主体防御性储蓄欲望增强。2022 年 10 月末,非金融企业定期及其他存款余额同比增长 13.9%,比上年同期提高 5.9 个百分点,定期及其他存款占全部非金融企业存款比例为 66.2%,占比比上年同期提高 1.8 个百分点；储蓄存款余额同比增长 15.3%,比上年同期提高 4.7 个百分点。

货币供应宽松和银行增加信贷投放有利于增加企业和居民的货币购买力,但只有企业和居民将手中的货币资金进行投资和消费,货币政策宽松才能对终端需求起到促进作用。企业和居民预防和储蓄动机增强是其预期转弱的表现,会压低居民消费倾向和企业投资意愿,从而影响货币政策宽松效果。一方面,企业和居民有效贷款需求减弱,信贷政策对银行放贷的推动作用受到制约。央行银行家问卷调查结果显示,2022 年三季度贷款需求指数为 59%,比上年同期低 9.3 个百分点。另一方面,居民和企业选择增加储蓄和持有银行存款,货币投放更多变为储蓄存款和定期存款等"货币沉淀",无法有效刺激总需求。

4. 房地产市场持续疲软,妥善化解房地产金融风险面临挑战

房地产在我国经济增长、固定资产投资和金融等方面有着重要的地位和影响。仅就金融来看,房地产占用了大量的社会资金,是现阶段我国金融风险方面最大的"灰犀牛"。2022 年,我国房地产市场持续调整,市场预期较为低迷。前 10 个月全国房地产开发投资同比下降 8.8%,房屋新开工面积下降 38.0%,商品房销售面积下降 22.3%,商品房销售额下降 26.1%,房地产开发企业到位资金下降 24.7%。房地产下行风险是我国金融平稳运行面临的突出问题。随着房地产市场持续调整,房地产金融风险日渐暴露。为妥善化解房地产金融风险,2022 年 9 月以来,央行

与中国银行保险监督管理委员会（简称银保监会）积极引导金融机构支持房地产企业合理融资需求，推动金融机构降低个人住房贷款利率、更好满足刚性和改善性住房需求，通过政策性银行专项借款方式支持"保交楼"。上述房地产金融政策的边际调整和放松有利于房地产市场筑底企稳，但现有政策力度还难以逆转其低迷态势。主要原因在于，一是在预期转弱的情况下，居民加杠杆购房意愿不强。根据中指研究院监测，2022年前10个月全国已有超300个地区优化调整政策超900次，政策涉及优化限购、降低首付比例、降低房贷利率、提高公积金贷款额度、发放购房补贴、降低限售年限等方面。不过，居民贷款购房意愿未明显改善，9月末个人住房贷款余额同比增长4.1%，比上年末低7.2个百分点，增势持续低迷。10月住户中长期贷款（主要是个人住房贷款）仅增加332亿元，同比少增3889亿元。二是民营房企融资困境难解。与央企和国企相比，民营房企资金困境尤为突出。尽管为房企融资松绑的政策信号不断释放，但从实际情况来看，融资条件宽松尚未有效传导至民营房企。中指研究院发布的数据显示，2022年前10个月，央企、国企是房地产企业发债主体，两者发行债券总额在总发行中的占比为87.1%。在房地产行业持续下行近一年后，房企债务压力和风险明显加大，截至2022年10月31日，房地产企业在未来一年内到期的债券合计9552.8亿元。在当前房地产销售没有明显回暖、民营房地产企业融资困难、房地产企业面临偿债压力的情况下，2023年房地产金融风险仍需高度关注。

三、2023年金融调控政策建议

1. 稳健的货币政策要持续加力"稳增长"

稳健的货币政策要全面落实"疫情要防住、经济要稳住、发展要安全"的要求，稳字当头、稳中求进，及时发力，积极作为，强化跨周期和逆周期调节，发挥总量和结构双重功能，通过"宽信用""降成本"稳定宏观经济大盘。综合运用各种货币政策工具，保持社会流动性平稳充裕，保持货币供应量和社会融资规模合理增长，建议2023年M2余额和社会融资规模存量增长10%左右。数量调控可采取适当下调法定存款准备金率和加大MLF操作力度等措施，及时释放宽松信号，提振市场信心和预期。利率调控可择机下调公开市场操作和MLF利率等央行政策利率进而引导LPR适度走低，发挥贷款市场报价利率改革效能和指导作用，发挥存款利率市场化调整机制重要作用，推动降低企业综合融资成本和个人消费信贷成本。持续缓解银行信贷供给的流动性、资本和利率三大约束，引导金融机构按照市场化、审慎经营原则，加大对实体经济的信贷支持力度。用足用好结构性政策工具，强化对重点领域、薄弱环节和受疫情影响行业的支持。

2. 积极维护人民币汇率在合理均衡水平上的基本稳定

深化汇率市场化改革，增强人民币汇率弹性，发挥汇率调节宏观经济和国际收支的自动稳定器作用。引导企业和金融机构坚持"风险中性"理念。加强预期管理，及时出手进行引导和纠偏，保持人民币汇率在合理均衡水平上的基本稳定。在关键时刻及时采取下调外币存款准备金率、上调远期售汇业务外汇风险准备金率等措施，向市场展示调控意图和决心，防止形成单边贬值预期。加强对国际金融市场、跨境资金流动的高频监测，密切关注外部环境发展变化，加强外汇形势监测评估，完善跨境资本流动监测、预警和响应机制。

3. 持续优化调整房地产金融政策

积极稳定房地产市场，坚持房子是用来住的、不是用来炒的定位，因城施策，用足用好政策工具箱，支持刚性和改善性住房需求，视需要适当扩大"保交楼"专项借款规模。推动房地产企业风险处置，引导金融机构支持房企特别是民营房企合理融资需求，校正过度避险行为，保持房地产融资平稳有序。引导和督促商业银行执行好房地产金融审慎管理制度，区分项目风险与企业集团风险，不盲目抽贷、断贷、压贷，加大对长租房市场、保障性住房建设的金融支持力度。

（作者：李若愚）

2022 年工业运行分析及 2023 年展望

当前，工业运行保持稳定恢复态势，对提振市场预期发挥了重要作用。但影响工业稳定运行的因素仍然存在，"意料之中"与"意料之外"嵌套，确定性与不确定性交织，工业稳定恢复的基础尚不牢固。政策需根据形势变化持续加力，并及时做好不同情景条件下的政策预研储备。要把实施扩大内需战略同深化供给侧结构性改革有机结合起来，以推动传统产业改造提升、提高制造业核心竞争力为路径，以促进重大工业项目落地、尽快形成更多实物工作量为抓手，着力畅通供需循环，着力提升产业链、供应链韧性和安全水平，为稳定工业运行持续提供支撑。

一、总的来看，当前工业经济运行边际企稳，恢复态势进一步巩固，但稳定工业运行仍然需要应对三类风险挑战

工业产需改善态势持续显现，企稳的态势在进一步巩固。2022 年 1—10 月，规模以上工业增加值同比增长 4%，比 1—9 月提高 0.1 个百分点。分行业看，制造业增加值同比增长 3.4%，比 1—9 月提高 0.2 个百分点。分产品看，新材料、新能源等产品产量实现较快增长。从利润看，工业利润呈现结构改善的特点，装备制造业等行业利润景气程度开始回升，前三季度装备制造业利润同比增长 0.6%，2022 年以来首次由降转增，拉动规模以上工业企业利润增长率较 1—8 月回升 0.8 个百分点。

当前工业经济边际企稳，与以下四方面因素密切相关：一是疫情发展仍存不确定性，但对消费的冲击力边际减弱，消费领域的积极改善对稳定工业终端需求具有一定的正面意义。散发疫情对消费的影响虽然较大，消费成为各类变量中恢复速度较慢者，但从当前消费恢复的情况看，2022 年 1—10 月，社会消费品零售总额 360575 亿元，同比增长 0.6%。消费企稳向好，对工业需求起到的是拉动作用。

二是出口增速有回落压力，但结构性亮点仍然存在，工业出口保持较为稳定

的增长。2022年1—10月，工业企业实现出口交货值127458亿元，同比增长8.7%，与此同时，欧洲能源成本高企，对高能耗产品进口需求或增加，对于我国对欧出口有望形成一定支撑。

三是基建投资提速，实物工作量形成进度加快，从产业链循环的角度看，为制造业提供了坚实的市场需求。2022年8月下旬以来，高温天气缓解，疫情影响逐渐减退，财政资金支持基建力度边际加大，高频数据显示实物工作量形成的进程明显加快。

四是制造业投资韧性凸显，升级趋势不改。2022年1—10月制造业固定资产投资增长率达9.7%，保持较强韧性。制造业技改投资同比增长10.4%，高于全部制造业投资0.7个百分点。另外，我国经济转型升级在加速展开，政府正在加大对关键技术及核心零部件的投入和攻关，制造业产业链在突破"卡脖子"工程方面、提升核心竞争力方面仍有较大空间，制造业投资还有较大潜力。

但仍要清醒看到，不确定、难预料的因素仍然较多，对工业经济稳定运行带来一定的风险挑战。主要有三个方面的风险，这三个方面风险在一定程度上还可能叠加共振而催生出其他次生风险。

一是世界经济衰退风险加剧导致外需不振。发达经济体的紧缩政策对全球负面外溢冲击正不断扩大，并在叠加新冠疫情和乌克兰危机等负面因素之后，不断推升全球经济衰退的可能性。联合国贸易和发展组织、世界银行、国际货币基金组织等多家机构均下调世界经济增速预期，并发出全球经济正危险地逼近衰退的预警。外部经济陷入低迷，外需不振直接影响我国出口市场，今后和未来一段时间出口面临较大的下行压力。

二是乌克兰危机不确定性进一步增强。乌克兰危机变数增加，局势变得更加复杂，远超危机发生之初的全球预期。乌克兰危机持续时间越长，对全球产业链、供应链特别是粮食、能源供给造成的冲击和影响越大，影响全球产业链、供应链稳定。乌克兰危机对我国产业链、供应链造成的外溢效应，直接体现为引发原油、天然气、有色金属以及部分半导体原材料价格过快上涨。

三是企业经营状况分化仍在持续。受需求收缩、供给冲击、预期转弱三重压力冲击，企业的景气状况也是不同的，在经济下行压力加大的情况下，这种状况有进一步持续的趋势，须引起政策上的高度重视。数据显示，2020年3月至2022年10月的32个月里，大型企业PMI只有2个月处于荣枯线之下，而中型企业

PMI 有 11 个月处于荣枯线之下，小型企业有 25 个月处于荣枯线之下，不同规模企业经营分化的趋势在进一步加强。

考虑到工业和国民经济总体增速的匹配关系，以及考虑到基数、翘尾等因素影响，预计 2023 年规模以上工业增加值增长率在 5.5%左右，第二产业增加值增长率在 5.3%左右。

二、稳定工业运行、提质增效的政策思路导向、抓手和路径

当前，各类风险仍在不断叠加交织，稳定工业运行对于宏观经济平稳运行具有关键意义，工业相关政策需根据形势变化持续加力，并及时做好不同情景条件下的政策预研储备。

当前和今后一个时期的政策思路导向是：把稳定、扩大工业需求同深化工业领域供给侧结构性改革有机结合，稳速、提质同步推进。注重储备一些增量政策，根据形势变化果断出手，有效对冲外部不确定性对工业平稳运行产生的冲击，确保工业增速在合理区间运行。

细化、实化三个方面的政策抓手：一是着力扩大工业品需求。要大力支持新能源汽车消费，加快充电桩、换电站等配套设施建设，推动公共领域车辆全面电动化城市试点。抓好制造业稳外贸工作，多措并举帮助制造业企业尤其是中小微企业保订单、稳预期，不断巩固和拓展国际市场。二是着力夯实制造业投资。持续推进振作工业经济运行各项举措落实落细，完善资金信贷、土地、用能、人力资源等要素支撑保障，支持产业链主导企业投资关键产品和零部件。要着力抓好"十四五"规划、区域重大战略规划确定的产业领域重大工程和重大项目实施，指导各地用好地方政府专项债和中央预算内投资以及政策性开发性金融工具，撬动更多社会投资，为制造业提供需求保障。三是抓实抓细制造业助企纾困政策落实。推动金融机构结合制造业生产周期特点提供更精准的信贷服务，有效解决贷款资金期限错配等问题，更好满足企业信贷需求。做好各类政策的落实效果反馈工作。

按照政策传导机制规律，着力从五个环节细化落实有关政策、推进相关工作：一是原材料投入环节。关键是动态跟踪大宗原材料国际市场风吹草动，着力健全重要原材料的储备体系。二是生产加工环节。关键是树立以传统产业升级改造为重点的政策导向，切实提高生产效率和质量。三是供应链环节。持续推动上下游

企业的供应链建设，提升顺畅衔接和配合程度，加强大、中、小企业协同。四是扩大工业再生产环节。关键是引导企业合理确定积累、投资、消费的重大比例关系，促进实现三者之间良性循环。五是推动政策直达落实环节。关键是贯通政策落实的"最后一公里"。这些"最后一公里"涉及营商环境优化、具体政策推广、政策评估、督促考核等方面，直接决定着各项工业政策效果。

三、相关增量政策建议

储备增量工具的目的，是应对随时可能出现的各类风险挑战，确保工业大盘总体保持稳定，抓紧时间窗口推进产业转型升级。以政策的确定性对冲风险的不确定性，提振市场主体信心。总的来看，可根据三类不同情形进行增量储备，每种情形的侧重点有所不同。

情形一：该情形下，工业领域政策除推进前期已出台的各项政策外，增量政策应着力侧重利用宝贵窗口期，推动产业改造升级，建议新增的政策工具有五个方面：一是持续推动技术改造综合奖补，为制造业企业技术改造和转型升级提供全方位支持。二是深入实施制造业质量和品牌提升行动。聚焦重点产品、重点行业，分批组织开展标准提档升级工作。三是推动制造业中期流动资金贷款增量扩面，优化期限管理和还款方式。四是推广智能制造成功案例。总结一批深化人工智能、5G、工业互联网等新一代信息技术与制造业融合发展的典型案例并予以推广，加强对智能制造的场景应用指导。五是优化关键物资生产力区域布局和产能储备。

情形二：世界经济衰退风险加大，乌克兰危机进一步加剧，并对全球产业链、供应链造成较为严重的冲击。在该情形下，工业领域增量政策应着力侧重保产业链、供应链稳定、稳定出口，对冲输入性影响的冲击。建议新增的政策工具有六个方面：一是整合工业领域各专业协会、大型国有企业力量，形成工业生产所用重要原材料物资价格数据"一本账"，动态反映大宗商品价格变化趋势，有力支撑苗头性、倾向性问题研判。二是储备体系建设方面，分类做好工业生产必需的大宗原材料的应急投放预案，根据可能出现的不同情景有序开展投放工作，做好市场预期引导，快速向市场投放有关原材料，迅速平抑原材料价格上涨和保持供应稳定。三是指导保险机构建立快速反应机制，及时为出口企业提供风险保障，做到应保尽保。四是支持出口产品转内销，着力破解标准认证和商品流通难题，支持外贸企业依托生产加工优势，开发面向国内市场的产品。五是研究出台政策，进一步提高出口退税税率。同时，由商业银行增加外贸应收账款、出口退税账户、保单融资，拓展外贸供应链金融服务，拓宽融资渠道。六是启动新一轮家电下乡、汽车下乡。对二手车经销企业减按1%税率征收增值税。

情形三：需要出台更大力度政策稳定工业运行。在该情形下，工业领域增量政策应着力把稳增长放在最突出的位置，确保工业经济运行不失速。精准高效统筹疫情和经济社会发展，保障产业链、供应链稳定安全。建议新增的政策工具有七个方面：一是制定应急预案，以省为单位，确保辖区内工业园区生产不中断。工业园区快速实现疫情状态下的闭环运转，确保运输环节畅通。二是多措并举帮助企业拓展替代供应渠道，加强国内资源挖掘对接，支持企业增加关键物料备货，保障企业正常生产经营。三是加大无还本续贷支持力度。符合国家产业发展方向，有市场、有技术、有前景的企业，在科学评估企业风险的基础上，按照特事特办原则，积极给予无还本续贷支持，加大支持力度，缓解企业资金压力。无还本续贷业务规模超过2020年。推动地方完善续贷转贷相关配套政策措施，为金融机构开展无还本续贷业务提供必要支持。四是持续增加政府性投资，着力发挥对扩大有效投资的引领带动作用。五是启动对制造业中小企业紧急救济机制，研究建立产业链上游大型资源型国有企业支持中下游中小型企业的联动机制。六是整合各类资金，集中推动一批制造业重大项目落地并形成实物工作量，加大"以工代赈"政策力度。七是降低制造业增值税税率和企业所得税，在现行税率基础上下调1~2个百分点。形成的税收缺口通过划转部分国有资本进行充实。

（作者：魏琪嘉）

2022 年我国对外贸易形势分析及 2023 年展望

2022 年以来,我国对外贸易快速增长,贸易结构持续优化,创新能力进一步升级,进出口成为拉动宏观经济增长的重要因素,对稳定经济运行起到了至关重要的作用。展望 2023 年,由于国际环境更加错综复杂,海外市场需求减少,汇率波动性加大,叠加订单转移、基数偏高等因素影响,我国对外贸易增长将呈现稳中放缓趋势。建议加大稳外贸政策力度,推动贸易多元化,探索新型贸易方式。

一、当前对外贸易保持较快增长

1. 贸易总量创历史同期新高

2022 年以来,新冠疫情形势一波三折,国际环境逐步转差,海外市场需求稳定性减弱,面对不利局面,我国积极实施稳增长政策,加大稳外贸措施力度,外贸发展内生动力强劲。2022 年前三季度,我国进出口总值 31.11 万亿元人民币,比上年同期(下同)增长 9.9%;出口 17.67 万亿元,同比增长 13.8%;进口 13.44 万亿元,同比增长 5.2%。对外贸易在上年高增长的基础上,继续实现平稳较快增长,成绩的取得来之不易。2022 年前三季度,我国净出口对国民经济贡献率达到 32%,拉动 GDP 增长 1 个百分点,为稳定宏观经济大盘做出了积极贡献。

2. 贸易结构持续优化

从出口产品看,我国外贸出口产品不断升级,产品附加值进一步提升。2022 年前三季度,机电产品出口 10.04 万亿元,同比增长 10%,占我国出口总值的 56.8%,长期保持主导地位。其中,自动数据处理设备及其零部件、手机等高技术产品出口增长态势较好,汽车出口继续高速增长。同期,由于国际市场需求结构呈现变化,我国出口劳动密集型产品同比增长 12.7%,服装及衣着附件、纺织品、塑料制品等产品出口平稳增长。与此同时,钢铁、原油等资源能源性产品出口降速。从贸易方式看,前三季度,我国一般贸易进出口 19.92 万亿元,同比增长 13.7%,

占我国外贸总值的 64%，比上年同期提升 2.1 个百分点。我国以保税物流方式进出口 3.83 万亿元，同比增长 9.2%。部分新型贸易方式进出口比例逐步提高。从企业性质来看，民营企业进出口 15.62 万亿元，同比增长 14.5%，占我国外贸总值的 50.2%，比上年同期提升 2 个百分点，提升幅度较大。

3. 贸易多元化趋势明显

在新冠疫情全球流行，部分国家经济出现阶段性波动，局部地区动荡不安和防疫管理政策全球分化的背景下，我国积极推进贸易多元化举措，对东盟、欧盟、美国、日本、"一带一路"沿线国家、"RCEP（《区域全面经济伙伴关系协定》）"国家、南美和非洲国家普遍开展经贸合作，搭建博鳌论坛、进口博览会、广交会等国际交流平台，不仅深耕传统市场，而且进一步拓展新兴市场，对外贸易"朋友圈"显著扩大。2022 年前三季度，东盟是我国第一大贸易伙伴，我国与东盟的贸易总值同比增长 15.2%，占我国外贸总值的 15.1%；欧盟是我国第二大贸易伙伴，我国与欧盟的贸易总值同比增长 9%，占我国外贸总值的 13.6%；美国为我国第三大贸易伙伴，我国与美国的贸易总值同比增长 8%，占我国外贸总值的 12.2%；我国对"一带一路"沿线国家合计进出口贸易总值同比增长 20.7%，显著高于进出口平均水平。

4. 服务贸易平稳增长

伴随产业升级和货物贸易发展，我国服务贸易高质量发展特征更趋明显，目前服务出口居世界第三位。2022 年 1—8 月，我国服务贸易继续保持平稳增长，进出口总额同比增长 20.4%，其中出口同比增长 23.1%，进口同比增长 17.9%。服务出口增幅大于进口 5.2 个百分点，带动服务贸易逆差下降 29.5%。我国积极推动创新型国家建设，科技水平显著提高，高技术行业快速成长，带动知识密集型服务贸易增长，出口增长率达到 15.7%，知识产权使用费、电信计算机和信息服务增势良好。受疫情影响，旅行服务进出口同比增长 7.1%。剔除旅行服务，我国服务进出口同比增长 22.8%。

二、2023 年对外贸易发展环境及展望

1. 国际环境复杂严峻

2023 年，国际环境复杂严峻，我国外需发展面临世界经济增长减速导致需求

收缩、主要经济体货币政策变化外溢风险上升、地缘政治冲突错综复杂、国际打压限制明显增多等多重压力，外部发展环境的复杂性、严峻性、不确定性上升。

（1）世界经济增长减速，国际市场需求收缩　世界经济复苏乏力，疫情冲击、气候异常、地缘冲突和主要经济体大幅加息等众多因素导致经济增长下行。国际货币基金组织 2022 年 10 月报告预计 2022 年世界经济增长 3.2%（2023 年增长 2.7%，较 2022 年 7 月预测值下调了 0.2 个百分点）；世界银行 2022 年 6 月预计 2022 年世界经济增长 2.9%，较 2022 年 1 月预测下调了 1.4 个百分点。

世界经济减速导致国际市场需求收缩。美国、欧洲经济硬着陆预期升温，高通胀明显削弱市场消费意愿，生活成本上升致使商品消费见顶回落。美国部分月份个人消费实际同比增长率已经转负，持续加息推高融资成本导致企业投资意愿下降。欧元区经济衰退风险加剧，能源短缺形势严峻，严重干旱致使航运受阻，制造业景气度趋降。主要经济体市场需求萎缩将导致国际贸易活跃程度下降，对我国外贸出口造成冲击，外贸新订单减少等问题将逐步显现，外贸发展面临的困难将加大。

（2）主要国家激进加息，外溢风险逐步积累　为抑制通胀持续上升，美欧等主要国家货币政策收紧进程提速。美联储 2022 年年内实施了 6 次加息，其中四次宣布上调联邦基金利率 75 个基点，目前其基准利率水平达到 3.75%~4%，为 2008 年初以来的最高水平。2023 年，研究表明美国仍处于加息周期，加息步伐可能放缓，但仍维持高利率水平。继美联储之后，英国、瑞士、挪威、南非、卡塔尔、菲律宾、约旦、印尼等国央行先后宣布提升利率，日本、韩国等国对外汇市场进行干预。

主要国家加息溢出效应逐步显现：一是在持续大幅加息背景下，美国经济 2023 年大概率出现衰退。彭博新闻社在 2022 年 10 月进行的经济模型推演结果表明，美国在未来 12 个月内发生经济衰退的概率为 100%，《华尔街日报》调查结果显示，美国在未来一年内遭遇经济衰退的概率为 63%。二是全球经济面临高通胀低增长甚至负增长的"滞涨"风险，亚洲大部分国家将面临本币贬值、资本流出、经济衰退、通货膨胀和主权债务危机等风险。三是全球利率水平上升导致流动性趋紧，市场风险偏好降低，避险情绪上升，国际金融市场脆弱性显现，震荡幅度加大。我国人民币汇率在此背景下，对美元呈现快速贬值，对其他主要经济体出现相对升值，汇率因素导致我国外贸进出口风险加大。

(3) 乌克兰危机风险上升，地缘局势动荡不安　乌克兰危机正在从局部地区军事对抗走向更大范围武装参与行为。北溪天然气管道爆炸、克里米亚大桥爆炸、俄对乌进行大规模远程打击、乌克兰投掷脏弹、美西方增加对乌军事援助等一系列事件显示局部军事冲突的参与范围、使用武器、对抗强度、风险等级在不断扩大和升级，未来走势更加难以控制，不排除爆发更大范围战争的可能性。乌克兰危机对全球经济、政治版图将产生长期、深层次影响，欧洲大陆呈现分化，美欧联系更加紧密；乌克兰危机推高全球粮食、能源价格，部分区域出现能源、粮食短缺，对居民生活和国家安全造成威胁；乌克兰危机冲击全球产业链、供应链，造成部分国际航道阻滞，国际经贸合作受到抑制。

2. 国内环境总体有利

(1) 宏观经济有望较快恢复，外贸发展基础坚实　党的第二十次全国代表大会，是在进入全面建设社会主义现代化国家新征程的关键时刻召开的一次十分重要的大会。会议科学谋划了未来五年乃至更长时期党和国家事业发展的目标任务和大政方针，对经济持续发展、社会长治久安起到重大作用，将极大提高社会预期、鼓舞社会信心。

2022年实际经济增速与潜在经济增速存在缺口。受疫情冲击，我国总需求呈现收缩，但劳动力、土地、资本、全要素生产率等生产要素支撑能力并未发生实质性改变，产能水平并未出现明显缩减。2023年各项稳增长政策的叠加效果、累积效果和延后效果将进一步释放。2022年和2023年两年支持宏观经济平稳运行的政策措施叠加效果将持续显现，政策红利将不断释放，进一步增强经济发展韧性。在经济持续恢复的背景下，2023年经济实际增长速度将向潜在增长区间合理回归。

(2) 稳外贸政策发挥效果，外贸政策环境有利　党的二十大报告提出"推进高水平对外开放。依托我国超大规模市场优势，以国内大循环吸引全球资源要素，增强国内国际两个市场两种资源联动效应，提升贸易投资合作质量和水平。"我国积极出台稳定外贸发展的政策措施，按照党中央、国务院稳外贸工作部署，有关部门积极作为，我国出台了若干促进外贸保稳提质措施，包括《关于推动外贸保稳提质的意见》《支持外贸稳定发展若干政策措施》等，各地也及时推出务实管用的配套措施。2023年，我国将持续积极扩大开放，进一步加力稳定外贸发展，促进外贸保稳提质。政策支持有利于巩固外贸产业基础，畅通贸易物流网络，提高

3. 2023年我国对外贸易运行稳中趋缓

2023年，我国外贸将继续保持平稳运行，但进出口在以下三重效应的影响下，增速略有放缓。

（1）外部效应　世界市场需求收缩、主要国家货币政策收紧、全球通胀水平居高不下、国际金融市场波动震荡、大宗商品供给局部受阻和美西方限制打压频繁等外部环境不利于我国外贸出口较快增长。

（2）基数效应　新冠疫情发生后，我国率先控制住疫情、率先复工复产、率先在世界主要经济体中实现经济正增长，2021—2022年，我国外贸均呈现较快增长，贸易总量持续创历史新高，占国际市场的份额保持高位。在较高基数的基础上，2023年对外贸易进一步实现快速增长的难度加大。

（3）订单效应　在国内外疫情反复的背景下，部分发达经济体放松防疫政策，实施带疫复产，同时东南亚制造业快速发展，国内企业订单向海外转移有所加快。

与此同时，我国宏观经济环境平稳健康、稳外贸政策持续发力、贸易主体创新能力增强、贸易国际多元化格局稳定，初步预计，2023年我国出口（按人民币计价，下同）同比增长6%左右，进口同比增长5%左右。

三、政策建议

1. 推动内外贸融合发展

按照构建以国内大循环为主体、国内国际双循环相互促进的新发展格局要求，统筹内需和外需发展，依托我国超大规模市场以及中高端产业发展优势，支持有条件的企业、行业组织、专业机构等开展国内国际标准比对，参与国际标准制定，推进中外标准互认。综合统筹国际和国内市场需求，培育内外贸一体化经营企业，在产品研发设计、生产经营、售后服务等方面实现国内、国际市场无障碍切换。提高产业链、供应链数字化水平，实现国内市场与国际市场产业链、供应链、销售链互融，建立内外贸企业联盟。发挥高水平对外开放平台的示范引领作用，开展一批内外贸一体化试点，提供内外贸政务服务统一化公共服务和一站式综合服务。

2. 支持外贸市场主体发展

进一步做好银行、企业对接工作，利用好外经贸发展专项资金，搭建重点外贸企业与外资银行沟通交流的平台和合作对接桥梁，鼓励金融机构探索以应收账款、出口退税单据、出口信贷保单、境外资产等为担保抵押的融资手段，降低企业融资成本。积极推进外贸货物运输保通保畅工作，高效疏通海空港等集疏运，优化作业流程，保障防疫、用能、用工、物流等环节顺畅，支持外贸企业保生产保履约、确保订单交付。加大出口信用保险、进出口信贷支持，扩大出口信用保险短期险规模，指导政策性金融机构不盲目惜贷、抽贷、断贷、压贷。

3. 增强外贸创新能力

提高外贸发展创新能力，持续扩大跨境电商平台和试点覆盖范围，为国内外客户建立统一的投诉和争端解决平台，构建跨境电商信用评价体系。建立健全新技术、新产品、新业态、新模式知识产权保护规则，探索完善互联网领域知识产权保护制度。增设国家进口贸易促进创新示范区，创新外贸发展模式，提高服务质量。提高海外仓数字化、智能化水平，优化跨境物流履约服务，形成政府、企业、组织等全国统一可调配的海外仓系统。创新展会、展览、宣介方式，充分利用在线、云端等模式拓展全球客户范围，扩大参与面，创造新贸易机会。

（作者：闫敏）

2022年固定资产投资分析及2023年展望

2022年以来，固定资产投资增长加快，稳定经济增长的关键性作用更加彰显，基础设施投资强劲增长，制造业投资快速增长，房地产开发投资同比下降。当前需要密切关注投资增长内生动力不足、房地产市场不确定性较大、低效无效投资项目有所增多等问题。展望2023年，在经济加快恢复、逆周期调节发力、开施工项目推进、有效投资空间涌现等利好因素带动下，固定资产投资有望增长6%左右。建议更加注重改善提升民间资本、服务业、房地产等薄弱环节的投资环境，更好发挥投资稳增长作用。

一、投资增长加快，关键性作用更加彰显

在2022年年初公布的2022年国民经济和社会发展计划草案中，投资的主基调定位为"积极扩大有效投资"，延续了2018年以来不再设立全社会固定资产投资预期增长目标的做法（见表1），并部署了适度超前开展基础设施投资、加大社会民生领域补短板力度、做好用地用能等要素保障、优化投资结构等重点工作。

表1 全社会固定资产投资的预期目标与完成情况

年份	预期目标（%）	主基调	完成增长率（%）	是否完成
2009	20.0	保持投资较快增长	30.0	√
2010	20.0	保持合理的投资规模	23.8	√
2011	18.0	保持合理的投资规模	23.8	√
2012	16.0	进一步优化投资结构	20.3	√
2013	18.0	发挥好投资对经济增长的关键作用	19.3	√
2014	17.5	促进投资稳定增长和结构优化	15.3	×
2015	15.0	着力保持投资平稳增长	9.8	×
2016	10.5左右	着力补短板、调结构，提高投资有效性	7.9	×
2017	9.0左右	精准扩大有效投资	7.0	×
2018	—	聚焦重点领域优化投资结构	5.9	—
2019	—	聚焦关键领域促进有效投资	5.1	—
2020	—	积极扩大有效投资	2.7	—
2021	—	增强投资增长后劲	4.9	—

年份	预期目标（%）	主基调	完成增长率（%）	是否完成
2022	—	积极扩大有效投资	预测 5.7	—

注：投资计划预期目标是政府对年度固定资产投资发展期望达到的目标。预期目标本质上是导向性的，在反映投资发展基本趋势的同时，主要是向社会传递宏观调控的意图，以引导市场主体行为，不等同于预测值。

2022 年 1—10 月，全国固定资产投资额为 47.1 万亿元，同比增长 5.8%（见图1），较 2020 年和 2021 年的平均增长率（3.9%）高出 1.9 个百分点，较上年全年增长率（4.9%）高出 0.9 个百分点。分季度看，2022 年一季度同比增长 9.3%、二季度同比增长 4.2%、三季度同比增长 5.5%，季度间呈现出"V 形"走势，与宏观经济受超预期因素影响呈现回稳向上的趋势基本一致。分领域看，基础设施投资强劲增长、制造业投资快速增长有效抵消了房地产开发投资大幅收缩的负面影响。分区域看，东部、中部、西部和东北地区投资分别同比增长 4.2%、9.8%、6.1%、0.3%，部分受疫情明显冲击的省市自治区投资大幅下滑，上海、吉林、天津、广东、海南、西藏、青海投资分别同比下降 5.9%、5.1%、9.2%、1.4%、1.9%、26.2% 和 3.3%。从贡献率来看，投资在稳增长中的关键性作用更加彰显，2022 年前三季度资本形成总额对经济增长贡献率为 26.7%，较上年同期提高 11.1 个百分点，拉动 GDP 增长 0.8 个百分点。

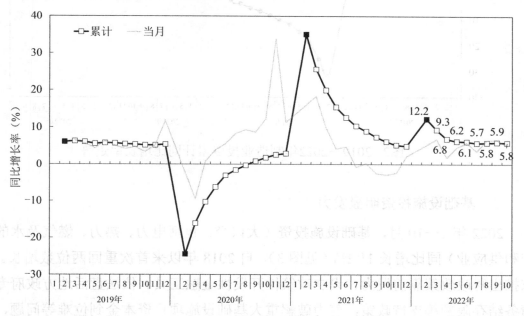

图1 2019—2022年固定资产投资增长率走势

1. 制造业投资较快增长

2022年1—10月,制造业投资同比增长9.7%(见图2),较2020年和2021年的平均增长率(4.0%)大幅提高5.7个百分点。制造业投资对全部投资增长的贡献率为42.7%,拉动投资增长2.5个百分点。在扩大制造业中长期贷款投放、加快制造业增值税留抵退税、设立设备更新改造专项再贷款和财政贴息等支持性政策的带动下,制造业投资保持较好增势。截至9月末,制造业中长期贷款余额同比增长30.8%,较全部中长期贷款余额增长率高出20.5个百分点。分领域看,新动能投资表现亮眼,高技术制造业投资同比增长23.6%;制造业技改投资同比增长10.4%,占全部制造业投资比例达到40.9%。

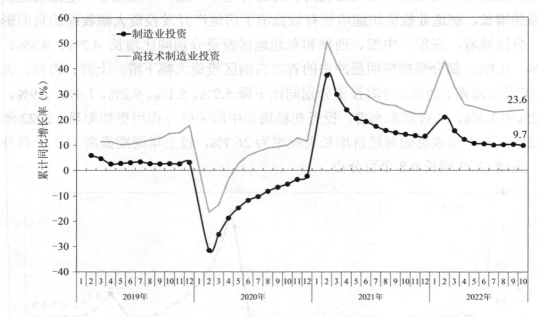

图2 2019—2022年制造业投资累计同比增长率走势

2. 基础设施投资明显发力

2022年1—10月,基础设施投资(大口径,包括电力、热力、燃气及水的生产和供应业)同比增长11.2%(见图3),自2018年以来首次重回两位数增长。国家推出财政政策靠前发力、设立政策性开发性金融工具、依法盘活地方政府专项债务结存限额等支持政策,着力破解重大基础设施项目资本金到位难等问题,促进基建项目加快落地。一般公共预算和政府性基金支出合计同比增长7.4%,远高于2021年同期的–1.1%。2022年10月末政策性开发性金融工具已投放7400亿元，有力补充了交通、能源、水利、市政等领域重大项目的资本金。全年新增地方政府专项债首次超过4万亿元，包括新增专项债3.65万亿元以及专项债务结存限额5000多亿元。分大类行业看，电力、热力、燃气及水的生产和供应业投资同比增长18.9%，交通运输、仓储和邮政业同比增长6.3%，水利环境和公共设施管理业同比增长12.6%。

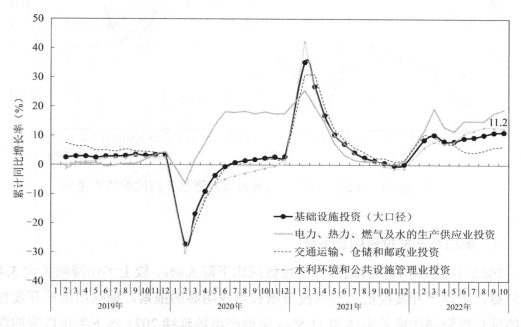

图3　2019—2022年基础设施投资累计同比增长率走势

3. 补短板、固底板，投资快速增长

国家统筹发展与安全，加大补短板、固底板投资，着力补齐经济社会发展和风险防控的薄弱环节。2022年1—10月，社会领域投资同比增长13.2%（见图4），自2003年发布大类行业投资统计数据以来均保持了两位数增长。教育、卫生和社会工作、文化体育等公共服务设施加快补齐短板，更好服务人的全面发展和满足人民美好生活需要。其中，卫生和社会工作投资同比增长29.1%。能源保供能力进一步加强，能源领域投资力度不断加大。煤炭开采和洗选业投资同比增长27.5%，油气开采业投资同比增长12.7%，火电工程投资同比增长47.5%，太阳能发电工程投资同比增长3.5倍。国家储备体系加快完善，战略和应急物资储备基地建设

明显提速,带动仓储业投资同比增长17.2%。

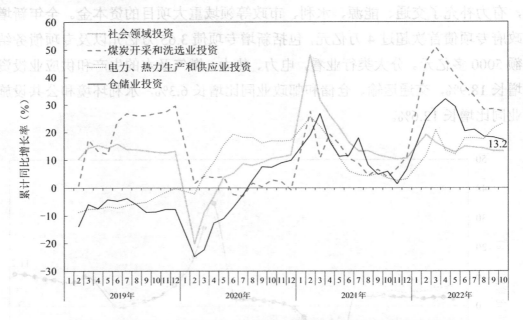

图4　2019—2022年短板、底板领域投资累计同比增长率走势

4. 房地产开发投资同比下降

2022年1—10月,房地产开发投资同比下降8.8%,较上半年降幅扩大3.4个百分点。房地产开发投资对整体投资增长形成明显的拖累,剔除房地产开发投资后的项目投资同比增长率达到11.5%。房地产市场延续2021年下半年以来的深度调整趋势,一些前期盲目扩张的房企资金链比较紧张,部分地方出现房屋交付困难等问题,叠加疫情期间居民收入增长显著放缓,房地产市场预期持续低迷不振。商品房销售面积、销售额分别同比下降22.3%、26.1%,销售面积当月同比增长率已经连续16个月下降。2022年10月,70个大中城市新建商品房住宅价格环比下降0.4%,最近14个月均未录得上涨情况。

5. 民间投资实现增长

2022年1—10月,民间投资同比增长1.6%(见图5),较上半年增长率回落1.9个百分点。民间投资占固定资产投资的比例为56.9%,较上年同期回落2.3个百分点。近三成民间投资集中在房地产开发领域,受房地产市场调整影响,民间投资增长相对疲弱。国有及国有控股单位投资同比增长10.8%,远高于民间投资增长率,两者增长率差在年内逐月扩大。

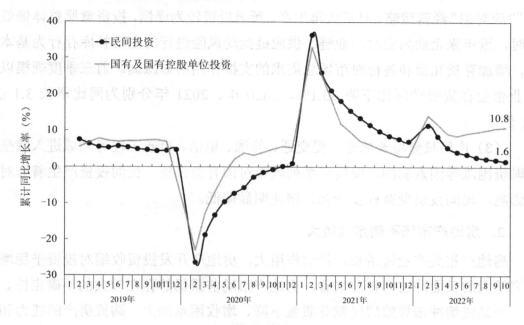

图5 民间投资累计同比增长率走势

综合判断,2022年固定资产投资将保持平稳增长,预计全年同比增长5.7%左右,分别较2020—2021年两年平均增长率、2021年全年增长率高1.8个百分点、0.8个百分点。

二、当前投资领域需要关注的问题

1. 投资增长内生动力不足

当前国际环境更加复杂严峻,国内经济下行压力有所增大,在市场总需求增长放缓的大背景下,企业发展预期普遍转弱、观望情绪浓厚,投资增长动力不足,对投资增长的可持续性带来挑战。

(1)世界经济增长放缓 受疫情冲击、地缘冲突、主要经济体大幅加息等因素叠加影响,世界经济增长预期明显下行。国际货币基金组织2022年10月报告预计2023年世界经济将增长2.7%,明显低于2001—2019年的平均增长率(3.7%),是2001年以来最为疲弱的经济增长表现。世界经济低迷对我出口导向型企业的投资意愿带来不利影响。

(2)国内总需求恢复迟缓 2020—2022年国内新发疫情不断出现,市场需求恢复持续偏慢，叠加能源原材料价格快速上涨，导致部分市场主体倾向"收缩式""应对型"经营策略，对扩大再生产、新增投资较为谨慎，投资意愿整体偏低。同时，近年来企业为应对产业链、供应链扰动风险进行的主动补库存行为基本完成，增加存货冗余和备份对市场总需求的支撑作用明显减弱。前三季度规模以上工业企业存货变动同比下降33.1%，2020年、2021年分别为同比增长3.1倍、4.1倍。

（3）民间投资增长低迷　　受交通、能源、电信、市政工程等领域进入壁垒以及融资困难等因素制约，促投资系列政策对国有类投资、民间投资产生着非对称性影响，民间投资受益程度较弱、增速明显偏低。

2. 房地产市场不确定性较大

房地产相关产业链条长，带动作用大，房地产开发投资收缩对投资平稳增长带来较大的负面冲击。目前来看，房地产市场前景仍然存在较大的不确定性。

一是疫情冲击导致居民就业质量下降、增收困难加大，购置房产的能力和意愿均明显下降。近三年，16~24岁青年调查失业率平均高达14.8%，2020—2021年全国居民人均可支配收入年均名义增长6.9%，2022年前三季度增长5.3%，均明显低于疫情出现以前三年的平均增长率（8.9%）。第三季度央行城镇储户问卷调查显示，未来三个月打算购房的居民占比仅为17.1%，持续处在较低水平。

二是房地产市场景气度仍在惯性下降。房地产销售和投资下降的趋势尚未扭转，房企融资还没有出现实质性改善，多数房企资金面仍较为紧张，债务违约风险持续发酵。居民二套房利率仍然偏高，对释放改善性住房需求形成一定制约。

三是坚持"房住不炒"定位和构建长效机制，决定了房地产政策调整以满足刚性和改善性住房需求为方向，以新市民、青年人等为目标群体，进一步放松的空间已经不大。

3. 低效、无效投资项目有所增多

政府类投资在我国稳投资大局中发挥着重要的引导和撬动作用。当前政府类投资中出现了无效、低效项目增多的苗头性倾向。无效、低效投资项目的共性特点主要有：项目主要建设内容与国家政策要求出现严重偏离；项目建设任务不清晰，同质性项目扎堆出现；项目可研报告编制只为可批性而忽略可行性的问题非常突出；项目论证不成熟，前期工作开展多年仍不具备开工条件；项目前期工作

不扎实，开工后需要变更设计方案，造成工程停滞。这既对当前的稳投资效应产生负面影响，也给未来的投资价值实现带来挑战，应予以高度重视。

三、2023年固定资产投资分析预测

展望2023年，固定资产投资将实现平稳增长。一是宏观经济加快恢复。国家加力落实稳经济各项举措，宏观经济有望加快趋近潜在增长水平。宏观环境改善将带动市场信心修复，有利于增强投资内生动能。二是逆周期发力更加精准。国家加大逆周期调节力度，落实稳经济一揽子政策和接续措施，制定并出台支持民间投资发展、金融支持房地产等针对性政策，有望改善投资环境、破解融资瓶颈，推动投资项目落地实施。三是项目开施工情况向好。2022年1—10月，新开工项目、施工项目计划总投资分别同比增长23.1%和12.0%，有利于投资持续稳定增长。四是有效投资空间不断涌现。投资流向先进制造业、数字经济、乡村振兴、粮食能源供应安全、绿色低碳、公共服务等领域的趋势越发明显，高质量投资的成色越来越足。

综合判断，2023年固定资产投资将增长6%左右，重点领域投资增长将更加均衡，制造业投资、基础设施投资引领投资增长，房地产开发投资增长有望筑底企稳。

四、政策建议

建议2023年固定资产投资工作围绕"着力保持投资平稳增长"的思路展开，加大制造业、基础设施、社会领域等重点领域的投资支持力度，更加注重改善提升民间资本、服务业、房地产等薄弱环节的投资环境，充分发挥和释放出投资稳增长的关键性作用，以及发挥补短板、调结构、带消费、扩就业的积极效应，促进经济向潜在增长水平回归。

1. 贯彻投资逆周期调控理念

用好用足近年来稳定宏观杠杆率、控制地方政府债务赢得的政策空间，支持地方政府依法盘活债务限额空间，适当提升对政府债务融资的容忍度，增强对合法合规政府投资项目可能出现损失的包容性，适度超前开展基础设施投资，扩大支持有一定经济可行性的投资项目。

2. 探索创新投资调控方式

在方向引导的基础上，增加投资数量调控工具，研究在地方政府专项债券、政策性开发性金融工具的投放上，明确不低于一定比例（可考虑细分行业近五年民间投资比例的平均值）用于支持民营资本控股的项目，激发民间投资活力。创新地方政府专项债使用方式，地方政府债务限额空间形成的资金额度，在国家明确的支持领域范围内，由各省级政府自主确定支持内容、标准、具体项目等，为更多支持县乡（镇）等基层投资项目、小零散投资项目创造制度条件。支持投资类项目尽可能多地实施以工代赈，帮助当地群众就近实现务工增收。

3. 进一步提升促投资政策效能

扩大地方政府专项债券使用范围，提高地方政府专项债券用作资本金的比例，进一步降低项目投资门槛。坚持市场化方式用好政策性开发性金融工具，发挥好推进有效投资重要项目协调机制的重要作用，高效推进资金投放、项目开工建设和形成更多实物工作量。调整优化重点领域投资项目最低资本金要求，对民生保障、应急储备、绿色低碳项目，普遍降低项目最低资本金比例 5 个百分点。民生保障领域包括保障性住房、城市停车场、教育、医疗健康、文化体育、养老托育等，应急储备领域包括粮食、基本生活物资、公共卫生应急物资、备灾物资、能源资源等的仓储基地，绿色低碳项目比照《绿色债券支持项目目录（2021 年版）》执行。

4. 加大服务业投资支持力度

顺应服务业受疫情冲击更大、修复更慢的客观规律，阶段性地提升服务业纾困扶持政策力度，拉平制造业与服务业支持政策的差异，提高政策普惠性，促进企业设备更新、技术改造和研发投入。固定资产加速折旧优惠政策，将适用范围从制造业以及信息传输、软件和信息技术服务业扩大至所有行业；研发费用加计扣除政策，将适用范围扩大至所有行业（即增加烟草制造业、住宿和餐饮业、批发和零售业、房地产业、租赁和商务服务业、娱乐业），加计扣除比例统一为 100%。

5. 着力改善房地产市场预期

落实《关于做好当前金融支持房地产市场平稳健康发展工作的通知》，因城施策完善房地产政策，有效满足房企合理融资需求，重点支持居民的刚性和改善性住房需求。压实地方政府责任,以"保交楼""保民生"为主要目标,妥善化解房企债务风险,督促停建、缓建项目尽快开工、复工,切实保障购房者利益。加大保障性住房建设力度,增加保障性租赁住房供给,着力解决人口净流入、房价偏高的大城市中的新市民、青年人等群体的住房困难。

(作者:胡祖铨)

2022 年消费形势分析及 2023 年展望

2022 年以来，疫情给我国经济发展带来较大挑战，对消费的影响明显加大，消费恢复的波动性显著增大，在遭遇连续三个月的负增长后，消费呈现回暖态势，但整体复苏仍偏缓慢。综合研判，后续消费修复仍面临较多困难，消费信心、能力、流通、环境等方面均出现了新变化、新挑战，影响消费恢复的可持续性，需引起高度重视。在持续做好精准防疫的基础上，加快落实系列促消费政策，多措并举恢复消费信心，巩固提升消费能力。预计 2023 年社会消费品零售总额增长 5%左右。

一、2022 年消费二次探底后实现反弹

2022 年以来，我国消费市场经历"平稳运行→二次探底→波动复苏"的过程，复苏态势波动性显著加大。具体来看，服务消费再遭冲击，重点商品消费走势分化，新型消费保持增势。

1. 二次探底后波动回弹

2022 年前三季度，全国居民人均消费支出增长 1.5%，较二季度累计增长率回升了 0.7 个百分点，但仍然低于 2020 年和 2021 年的平均增长率 2.2 个百分点，其中二季度增长率已经降至 2021 年以来新低。2022 年 1—10 月，消费品零售总额同比增长 0.6%，扣除价格因素后，社会消费品零售总额仍然实际同比负增。分城乡来看，城镇消费增长乏力特征较为突出，农村消费显示出一定的抗风险能力，但都仍低于上年同期水平。前三季度，城镇居民人均消费支出同比下跌 0.2%，农村居民人均消费支出同比增长 4.3%，与上年同期的两年平均增长率 1.9%和 6.9%相比，仍有明显差距。

2. 服务消费恢复再遇挑战

国内疫情的波及面和严重程度明显高于上年同期，服务消费所受影响最为严重，恢复态势面临较大不确定性。

旅游消费再遇较大冲击。2022年以来，旅游消费复苏的不确定性进一步加大，修复进度较上年同期有所倒退。"五一"假期国内旅游出游同比下降30.2%，旅游收入仅恢复至2019年同期的44%；"十一"假期全国旅游收入同比下降26.2%，仅恢复至2019年同期的44.2%。且受多地疫情反弹影响，2022年暑期旅游尚未过半就突然中断。

餐饮消费逐步恢复。多地疫情大规模反弹再次带来餐饮等线下聚集型业态"瞬间冻结"，餐饮消费转线上趋势更加明显，短期内部分抵消禁止堂食带来的负面影响。2022年1—10月，全国餐饮收入同比下跌5%，跌幅在逐步缩小，其中限额以上单位餐饮收入恢复相对更快，2022年8月当月同比增长率达到12.9%。

文化娱乐消费有所恢复。从电影消费看，2022年"五一"档电影票房总收入同比下降82.5%，为2019年同期水平的19%，降至近十年来较低水平。2022年6月以来，电影消费实现了一定恢复性增长，暑期档电影票房达到91.3亿元，已经超过上年暑期档总票房。但随后受疫情影响，国庆档票房为14.96亿元，低于上年同期约30亿元。

3. 耐用品消费恢复出现分化

在疫情影响逐步减退以及政策补贴支持增强等因素的影响下，汽车消费实现了较快恢复，总体呈现"淡季不淡，旺季重现"的态势。2022年1—10月，汽车销售累计同比增长4.6%，其中6月汽车销售达到近期峰值，10月汽车销售同比增长6.9%，延续了良好发展势头。新能源车消费增长迅速，2022年前10个月累计增长率达到110%，市场占有率稳步提升。与此同时，由于房地产市场仍处于调整期，叠加疫情影响，全国住房销量尚未出现实质性转暖。2022年1—10月商品房累计销售额同比跌幅仍有26.1%，由此建筑装潢、家具等住房相关消费也没有明显转暖趋势。2022年1—10月，限额以上建筑及装潢材料零售额同比下跌5.3%，跌幅显现再次扩大的苗头。

4. 新兴消费激发新活力

作为消费中增长动力较强的部分，网购消费和信息消费均保持温和增长。物流不畅等因素对网购消费的影响明显缓解，网购消费保持了缓步恢复的态势，2022年1—10月全国网上零售额同比增长4.9%，较上月累计增长率提升0.9个百分点，已连续 5 个月稳步提速；其中实物网上零售额同比增长 7.2%，较上月累计增长率提高 1.5 个百分点。信息消费在 6 月和 7 月实现增长改善后，增长势头再次出现波动，显示出增长基础较为脆弱。2022 年 1—10 月，限额以上通信器材类零售额同比下跌 0.9%，明显低于上年同期。

二、消费恢复的可持续性面临挑战

新冠疫情的持续反复、就业增收压力持续加大给居民消费信心和消费能力带来较大影响，消费流通和消费环境也出现新问题，使得消费恢复的可持续性受到影响，稳消费面临多重问题。

1. 消费信心持续低位

持续不断的疫情考验着居民的忍耐力和承受力，社会消费预期较为谨慎保守，消费意愿未能持续修复，反而有所倒退，对未来的担忧增多给消费潜力释放带来了更多障碍。国家统计局数据显示，2022 年 9 月消费者信心指数为 87.2、已经连续 6 个月位于 90 以下的历史低位，且从 6 月起消费者信心指数持续下滑。中国人民银行调查显示，2022 年第三季度居民选择更多储蓄的比例为 58.1%，虽然较第二季度略有回落，但仍处于历史高位；居民未来就业预期指数降至 45.3，居民未来收入信心指数为 46.5，也都处于历史低位。

2. 消费能力增长承压较大

2022 年 10 月全国城镇调查失业率为 5.5%，高于上年同期 0.6 个百分点。2022 年前三季度，全国居民可支配收入实际同比增长 3.2%，低于上年同期两年平均增长率 1.9 个百分点，其中经营性收入恢复较慢。在这种情况下，居民消费能力对消费增长的支撑作用不够强劲，特别是重点群体消费能力增长较为困难。

（1）青年群体压力大　2022 年 10 月 18~24 岁人口调查失业率为 17.9%，仍处于历史新高。市场调查显示，2022 年毕业生月平均薪酬比上年同期下跌 12%，本来最具消费活力的青年群体的消费能力受到显著影响。

（2）农民工群体就业增收压力大　由于国内经济持续承压、外需放缓势头显现，制造业特别是出口型制造业企业新增用工需求明显收缩，中型企业的 PMI 从业人员指数在 2022 年 5 月触底后回升但波动较大，小型企业的 PMI 从业人员指数尚未止住下滑态势。截至 2022 年 9 月末，制造业平均用工人数累计同比下降

1%，自 2022 年第二季度以来增速下滑态势尚未改变。总体来看，农民工就业市场上供不应求的"招工难"问题已经转变为供大于求的"找工难"问题。

（3）**大龄劳动者群体困难多**　在新冠疫情持续反复、部分企业面临新冠疫情以来最大生存压力的情况下，大于四十五岁的大龄劳动者的失业问题日渐突出。一方面，受终端销售疲软、房地产市场谷底盘整、服务业反复遭受疫情直接冲击等因素影响，吸纳大龄劳动者较多的制造业、建筑业和基础服务业等产业就业吸纳能力有所下降，从业者也面临较大失业风险；另一方面，由于这部分群体就业技能不适应转岗需求，其再就业难度也明显大于其他群体。

3. 消费品流通环节仍存阻滞

2022 年 3 月以来，由于疫情大范围反弹，特别是以上海为中心的长三角地区疫情较重，虽然物流保通、保畅工作已经取得显著成效，全国范围内大面积物流阻滞情况基本消失，前期国内货运受阻、物流不畅等影响消费的突出问题已经明显缓解，但物流通畅仍存在一定问题。一方面，"最后一公里问题"依然存在，导致消费仍受较大负面影响；另一方面，不能发货问题依然突出，部分电商平台和快递企业对有疫情地区（市县）的发货管理仍需更加精准，"出现一例，全市停发"的现象依然存在，直接影响了网购消费。

4. 消费环境有所转差

消费市场乱象更为频发多发，在居民就业收入承压较大的情况下，进一步影响消费意愿释放，特别是服务业出现多种问题。一是涨价太快。市场数据显示，国庆期间北京部分郊区酒店房价上涨超千元，民宿房价最高达到平日的近两倍。二是服务质量跟不上。由于硬件、软件维护都较欠缺，酒店旅游等相关服务业面对较大客流时，服务质量不能满足顾客需要，引发较多意见。三是在线平台预订价格存在不合理差异。某线上旅游平台不同手机机型预订同样酒店客房时价格相差较多，差价接近一倍。与此同时，消费者在电商平台、网络直播频繁遭遇购买预售商品不发货、售后退货难等问题，影响了线上购物热情。总体来看，在新冠疫情反复的情况下，下游消费品企业以涨价来弥补亏损的动机日益增强，消费市场秩序平稳运行遭遇更大挑战。

三、2023年消费将呈现温和回升态势

展望2023年，预计新冠疫情仍存局部散发的可能性，宏观经济下行压力依然存在，经济增长回归正常区间仍需克服较多困难。在这种情况下，消费需求将保持温和回升态势，对经济增长的支撑作用有望进一步恢复。

1. 2023年重点领域消费恢复态势不一

在新冠疫情不出现大范围反弹的情况下，居民消费有望呈现温和回升态势，增长态势较2022年持续改善，但恢复的波动性依然较大。从主要商品看，在补贴政策的激励下，汽车消费仍将保持一定增势，但大概率已经度过本轮政策刺激作用的高点，政策作用逐步减弱，且芯片短缺已经明显缓解，制约汽车消费的主要因素再次回归至需求侧能力不足，导致趋势性的下行；新能源汽车车辆购置税优惠延期到2023年底等政策有利于释放社会购车需求。同时，住房消费较难出现显著回暖，仍处于底部盘整阶段，建筑装潢、家具等住房相关消费的内生增长动力不足，增速较难实现明显回升。从服务消费看，休闲、旅游、娱乐等线下接触性、聚集性服务消费受疫情反复的影响仍将持续，间歇性复苏成为主要特征，且居民收入受到疫情影响，非必需品消费将适当后延，不利于升级类服务消费增长，餐饮消费修复速度相对加快。从结构来看，占社会消费品零售总额60%以上的限额以下零售业态恢复相对偏慢，小门店、小超市等恢复态势受疫情直接影响。预计2023年社会消费品零售总额增长5%左右。

2. 有利因素助推消费恢复

在面临较大困难的同时，消费恢复也存在一定有利因素。一方面，促消费政策发挥实效，对消费的影响带动力进一步增强。从中央层面看，车辆（燃油汽车、新能源汽车）购置税减免政策成为刺激汽车消费的重要因素，新能源汽车免征车辆购置税政策延期至2023年年底等接续政策将进一步激发消费热情。从地方层面看，各地因地制宜推出消费券、购物节等活动，以财政补贴带动商家优惠，激发餐饮、旅游、家电等消费加快恢复。另一方面，消费业态模式不断创新助力挖掘消费潜力。疫情之下，移动互联网技术加快应用，对居民消费的激发带动已经不仅局限于商品消费，部分服务消费也加快转向线上，同时还显著降低农村消费障碍，极大提高了农村居民消费便利度，形成了新的消费增长点。

四、多出实招快招稳消费促消费

在持续做好精准防疫的基础上,加快落实一系列促消费政策,并结合各地实际,多措并举恢复消费信心,巩固消费能力,进一步提升消费政策的实效性和针对性。

1. 降低疫情对消费的负面影响

总结前期各地出现疫情时的主要经验教训,加强与主要物流电商平台沟通协作,形成一套行之有效的打通消费"最后一公里"的举措预案,有效降低疫情对消费的负面影响。加强跨部门跨地区协调,落实好保障货运物流特别是重要生产生活物资的运输畅通等政策。研究建立物流监测反馈机制,针对瓶颈梗阻做到时查时改。

2. 多途径稳就业稳收入

针对就业领域出现的新情况,加大对中年群体就业、城市外来人员就业的帮扶支持力度,进一步增强就业技能再培训力度,降低对参与培训人员的各类限制要求,创新线上技能培训方式。对受疫情影响较大、基本生活出现困难的外来就业人口,加大基本生活托底保障力度。进一步维护资本市场的健康稳定发展,稳定居民财产性收入,进一步发挥资本市场的财富效应。

3. 有效提升消费券发放实效

结合各地发放消费券的主要经验,总结分析影响消费券发放效果的关键因素,进一步指导地方优化消费券的发放时机、发放节奏、发放方式,有效提升各地消费券发放实效,支持零售、餐饮、文旅、住宿等领域消费的有序恢复,增强消费驱动的政策效应。扩大消费券政策覆盖面,支持线上线下联动,积极引导小微企业加入,让更加需要帮扶的小型个体商家入驻消费券平台,同步依托小型个体商家搭建场景,扩大农村县域覆盖面。鼓励地方财政发放符合本地消费特色的地方消费券,将餐饮、旅游、家电、汽车等消费恢复作为重点支持领域。重视强化数字科技赋能和企业补贴协同,优化政策设计,提升精准度和乘数效应。

4. 进一步释放耐用品消费潜力

研究启动新一轮农村电网升级工程,由中央财政支持户均配变容量低问题最为突出的农村地区实现电网再升级,为挖掘农村消费潜力降低障碍。在切实坚守

"房住不炒"的原则下,进一步推进因城施策、因需施策,合理满足居民刚性住房需求,支持改善性住房需求合理释放。开展 5G、绿色节能等产品的补贴推广活动,深度激发城镇居民的绿色大家电需求,促进大家电更新换代。

5. 紧抓平台建设,提升消费能级

加快推进国际消费中心城市培育建设,推动步行街高质量发展,建设城市一刻钟便民生活圈,开展便利店升级改造,提升中国国际消费品博览会消费促进平台的功能,让城市生活更有品质、更有温度。紧紧围绕补齐县域商业发展短板,完善县乡村物流配送网络,延伸优化供应链体系,提升农产品上行能力,支持发展农村电商、农产品冷链和快递物流,提升便利化水平,释放乡村消费潜力。

(作者:邹蕴涵)

2022—2023年区域经济发展分析

2022年，在国家区域战略的指引下，各区域加强协作，一体化进程加快，区域协调发展取得积极进展。受新冠疫情多点散发、国际局势动荡以及南方旱情等偶发性因素影响，各地区经济增速普遍不及预期。展望2023年，国际环境以及新冠疫情仍是两大不确定性因素，对我国经济增长将形成极大的扰动，若疫情影响弱化，2023年经济增长将出现一定幅度反弹。四大区域中，东部地区由于在创新能力、营商环境等方面占有一定优势，民营经济发达、第三产业占比高，加上2022年受新冠疫情影响较大，估计2023年其经济增幅可能领先；中西部特别是中部地区受益于产业转移以及新型城镇化的持续推进，经济增幅有望保持稳定；东北地区依然增幅最低。

一、2022年区域经济发展基本态势

2022年以来，各地区认真贯彻落实党中央、国务院的决策部署，坚持稳中求进的工作总基调，统筹推进新冠疫情防控和经济社会发展，经济韧性进一步提高，区域协调有所进展。

1. 区域协调发展取得新进展

2022年4月10日,《中共中央 国务院关于加快建设全国统一大市场的意见》发布，明确了建设全国统一大市场的指导思想、工作原则、主要目标、重点任务和实施保障，不仅为区域经济一体化、加强区域合作提供了战略方向，而且指出在维护全国统一大市场的前提下，优先开展区域市场一体化建设工作，建立健全区域合作机制，积极总结并复制推广典型经验和做法。国家发展与改革委员会（以下简称国家发改委）印发的《长三角国际一流营商环境建设三年行动方案》便是践行这一思想的具体行动。

随着对区域发展规律认识的不断深化、发展理念的不断升华，区域协调发展

政策已改变传统财政补贴、用地倾斜等做法，着重细化政策单元，立足区域发展实际，分类指导、精准施策，更注重"有的放矢"而非"大水漫灌"；区域协调发展也摆脱单纯追求经济增长的局限，转向"基本公共服务均等化、基础设施通达程度比较均衡、人民生活水平大体相当"等多维目标。随着区域发展格局的不断完善，各区域比较优势充分发挥、东西南北中联动协调的发展势能正进一步显现，长三角、京津冀、粤港澳大湾区等重点区域协同发展驶入快车道。

2. 中部地区经济增长相对亮眼

在新冠疫情多点散发、能源价格上涨的背景下，2022年各地区经济增幅与上年相比普遍出现下降。分四大区域看，2022年前三季度，中部地区经济增幅最高，高于平均水平1.29个百分点；西部地区经济增幅高于平均水平0.23个百分点；东部地区经济增幅低于平均水平0.49个百分点；东北地区低于平均水平1.63个百分点（见表1）。

表1 四大区域地区生产总值季度累计增长率 （单位：%）

地区	2021年				2022年		
	第一季度	前两季度	前三季度	全年	第一季度	前两季度	前三季度
地区合计	18.36	12.80	9.68	8.02	4.82	2.60	3.03
东部	18.21	12.80	9.80	8.15	4.49	1.82	2.54
中部	22.73	14.67	10.80	8.71	5.82	3.96	4.32
西部	15.60	11.49	8.70	7.46	5.49	3.70	3.26
东北	13.27	10.20	7.65	6.07	0.75	−0.03	1.40

2022年前三季度，在所统计的31个省市自治区中，上海、海南、吉林的GDP为负增长（见图1），都是受疫情影响所致，对上海的影响主要在第二季度，对海南的影响在第三季度，吉林一、二季度都受到了影响。西藏由上半年增长4.8%下降至前三季度的0.2%，也是受新冠疫情影响。前三季度，这31个省市自治区中18个省市自治区增长率跑赢了平均水平，其中山西省的增长率领跑，福建第二，内蒙古和江西并列第三。增长率前10中（增长率在4%及以上），中部6省占了4席，西部占据4席，东部除福建排在第2外，仅有山东排在第10位。

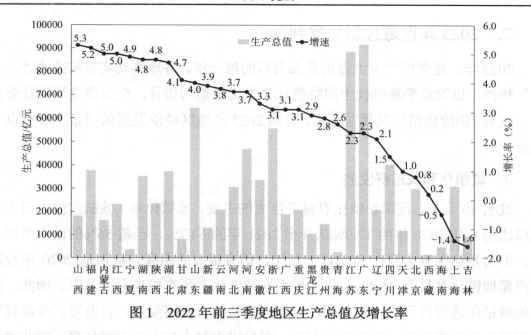

图 1　2022 年前三季度地区生产总值及增长率

中西部地区经济增幅相对较高，一是在油气、煤炭价格上扬的前提下，山西、内蒙古、陕西等资源大省经济总量和增长率纷纷逆势上升。二是中西部地区工业增长较快，对经济增幅贡献较大，2022 年 1—9 月规模以上工业累计增幅排在前 11 位的均为中西部地区，青海、西藏达到 14% 以上，山西增长 9.7%，内蒙古、宁夏、陕西、云南增幅在 8% 以上，湖北、新疆、江西和湖南增幅也在 7% 以上。三是中西部地区出口形势比较好，成为拉动地方经济发展的重要动力。

从 2022 年前三季度与上半年的比较来看，经济增幅整体上出现企稳回升态势，但一些省市自治区，主要是西部地区由于受新冠疫情以及特殊天气影响，经济增幅出现下滑。前三季度增幅比上半年下降的有：宁夏下降 0.4 个百分点，甘肃下降 0.1 个百分点，新疆下降 1 个百分点，重庆下降 0.9 个百分点，贵州下降 1.7 个百分点，四川下降 1.3 个百分点，西藏下降 4.6 个百分点，海南下降 2.1 个百分点。

从全年情况来看，随着一系列稳经济政策措施的逐步显效，我国经济迈向高质量发展的态势不会改变，各地区全年经济仍然会保持恢复态势。在各地落实稳增长政策措施的推动下，2022 年第四季度东部地区经济增长有望出现更大力度的反弹，但区域经济增长格局不会发生大的变化。

二、2023年区域经济发展判断

2023年，是党的二十大做出新部署后的第一年，各地将切实贯彻落实"二十大"精神，以习近平新时代中国特色社会主义思想为指导，全面推进经济社会高质量发展。剔除疫情以及偶发因素，影响2023年地区经济发展的因素主要有以下几点：

1. 城镇化和城市群发展

过去40余年，我国城镇化取得了巨大的进展，城镇化率（城镇常住人口占总人口比例）从1978年的17.9%跃升至2021年的64.7%，已超56%的世界平均水平。但与发达国家大都在80%以上相比，仍有很大的距离。特别是2020年我国的户籍城镇化率只有45.4%，离世界平均城镇化率还有相当大的差距。因此，我国的城镇化进程虽已步入中后期，但还有很长的一段路要走。目前看，今后我国的城镇化将以建设城市群为新的方向，即促进农村人口向城市群集聚，而非就近向中小城镇转移。国家发改委印发的《"十四五"新型城镇化实施方案》中提出，要深入实施京津冀协同发展、长三角一体化发展、粤港澳大湾区建设等区域重大战略，加快打造世界一流城市群；积极推进成渝地区双城经济圈建设，显著提升经济实力和国际影响力；实施长江中游、北部湾等城市群发展"十四五"实施方案，推动山东半岛、粤闽浙沿海、中原、关中平原等城市群发展；引导哈长、辽中南、山西中部、黔中、滇中、呼包鄂榆、兰州-西宁、宁夏沿黄、天山北坡等城市群稳步发展。这意味着城市群的地位将进一步凸显，成为强大的经济增长引擎。分区域来看，东部发达地区城市群的发展相对成熟，对经济增长的拉动力更强，中西部地区更多地还是依赖于城镇化水平提高带来的红利。

2. 营商环境

一个地区的营商环境是经济发展的晴雨表，因为营商环境的背后，无不折射出思想观念、体制机制、经济结构等问题。"深化商事制度改革研究"课题组发布的《中国营商环境调查报告（2022）》显示，2021年市场主体投票得票率最高的前5个省市分别为：广东（44%）、上海（42%）、浙江（35%）、北京（24%）、江苏（23%）。其他省市自治区得票率明显低于前5个省市自治区，且得票率均未超过10%。其中，黑龙江、吉林、西藏、宁夏、青海这5个省市自治区得票率为0。从数据来看，营商环境得票率高的省市自治区多为南方沿海地区，得票率低的省市自治区多为北方及西部地区,地域分化较为明显。尽管各地都在不断改善营商环境,但短时间内东强西弱的格局不会发生变化,高端人才、有竞争力的人力资本依然会向发达地区集中流动,进一步促进这些地区的经济增长。

3. 人口因素

高质量的劳动力和充足的劳动力数量,在激发区域经济活力中起着重要的作用,劳动力参与经济活动的机会越多,就越有利于推动经济增长。伴随城市化进程的加速,区域间人口流动愈趋频繁、规模日益增大,对区域经济发展造成了极大的影响。近几年,受疫情影响,人口流动量略有下降,特别是东部产业持续向中西部转移,中西部地区就业机会和吸引力不断增加,农民工跨省迁移数量明显减少。但一旦疫情缓解甚至结束,劳动力向东流的趋势依然会出现。

4. 市场化程度

区域市场化程度与制度创新能力的差异,是造成区域经济增长率差异和区域差距扩大的重要原因,区域经济发展与制度变迁之间存在互动循环。从区域看,我国东部地区市场化程度高,国有企业占的比例相对较小,制度创新能力强,制度变迁产生了巨大的经济绩效,促进了区域经济的发展。而我国其他区域,特别是老工业基地地区,由于制度变迁的滞后,制度因素对区域经济的增长贡献不大。2021年,京津冀、长三角、粤港澳大湾区的生产总值分别达9.6万亿元、27.6万亿元、10.1万亿元,总量超过了全国的40%,发挥了全国经济压舱石、高质量发展动力源、改革试验田的重要作用。这三大地区规模经济效益明显,创新要素快速集聚,高水平人才密集,对外开放走在前列,成为我国科技创新的主要策源地和制度型开放的先行引领者。2023年,这种态势将继续强化。

5. 区域创新能力

当前创新已经成为经济增长的核心驱动力,科技创新投入强度不同在一定程度上导致了区域经济增长差异。当前研发投入强度省级间差异巨大,比如东北地区略有下降,西南地区上升。《中国区域创新能力评价报告2021》显示,2021年,广东区域创新能力排名第1位,北京、江苏分列第2位和第3位。整体上看,广东、江苏、浙江等东南部沿海省份及北京、上海等特大型城市,依然是创新能力领先地区;山东、湖北、安徽齐头并进、相差无几,山东的领先优势在缩小;四川、陕西、湖南、重庆、福建、河南紧随其后;贵州、云南等西部地区追赶势头迅猛，创新步伐不断加快。总的来看，多中心的区域创新体系基本形成，区域相对差距在缩小，但绝对差距仍在变大。

6. 金融支持力度

2021年末，全国社会融资规模存量为314.1万亿元，同比增长10.3%。分区域看，东部、中部、西部和东北地区社会融资规模增量占全国的比例分别为62.3%、17.8%、18.7%和1.3%。从新增直接融资占全国的比例看，2021年东部、中部和西部地区分别为76.5%、14.7%和9.9%，东北部为-1.1%。而从地区生产总值占全国比例看，东部、中部、西部和东北地区分别为52.1%、22.0%、21.1%和4.9%。显然，东部地区更受金融机构青睐，得到的金融支持力度更大。2021年末，东部地区不良贷款率为1.16%，低于全国银行业平均水平0.57个百分点。在金融机构利益偏好与风险控制方面，东部地区有一定优势，预计2023年其得到金融资本支持的力度依然会强于其他区域。

7. 双碳影响

双碳是我国进入新发展阶段、贯彻新发展理念、构建新发展格局、建设绿色低碳循环发展的现代经济体系的重要抓手，将推动经济、能源、产业结构转型升级，推动经济社会的系统性变革，也将重塑区域比较优势及竞争格局。碳达峰、碳中和将重塑生产力要素价值及其利用方式，如荒漠化地区发展农业面临着水资源制约，却具备"光伏+"等多种模式产业发展的有利条件。同时，可再生能源分布的地域差异将带来产业格局的变化。我国建设了从西部外送清洁能源的特高压直流输电通道，青海、甘肃、宁夏、内蒙古等省份及自治区成为清洁能源的外送基地。太阳能、水能等可再生能源分布在我国西南地区，成为高载能产业集聚和生产的吸引要素。双碳目标将导致产业"西进"，产业链、供应链将出现新变化，粗钢、氧化铝、乙烯等产业的生产将伴随可再生能源供给而变化，并影响区域经济版图。

8. 产业结构

区域产业结构合理化对经济增长的促进作用较为普遍和明显，为了实现经济"又好又快"发展，产业结构转型势在必行。由于东南沿海地区率先调整优化产业结构，大力培育发展新动能，积极服务和融入新发展格局，在推动高质量发展上发挥着引领作用；东南沿海地区是改革开放的前沿，为改革开放探索新途径、积累新经验,发挥着先行先试、敢闯敢试的示范带动作用;产业结构相对合理,增长韧性强。而中西部地区特别是北方地区,产业上是以资源型重化工为主体,产权上是以国有经济成分为主体,企业规模上是以大中型企业为主体。随着我国经济进入新常态,传统动能减弱,而去产能调结构,培育新动能,转型升级的时间要长于轻型产业非资源依赖的南方地区,经济结构调整的阵痛期要长。

9. 需求因素

(1) 固定资产投资　目前,西部地区的开放意识已逐渐提升,产业发展水平也得到了改善,加上国家政策方面的支持,比如国家"十四五"规划纲要中提出,要加强中西部地区开放通道和开放平台建设,支持部分中西部省市自治区建设内陆开放型经济试验区、开发开放先导区和内陆地区开放高地,鼓励东部沿海发达产业向中西部转移带动外资转移、引导中西部参与'一带一路'建设等。中西部地区要素成本低的相对优势开始显现,而且随着人员的跨区域流动,中西部地区劳动力的技术和熟练度也在不断提高。商务部数据显示,2022年1—9月,全国实际使用外资金额为10037.6亿元人民币,按可比口径同比增长15.6%,折合1553亿美元,增长18.9%。从区域分布看,东部、中部、西部地区实际使用外资分别增长13.3%、34.8%和33%,中西部地区外资增长率已连续数月高于东部地区。中西部地区受到越来越多外资的青睐,意味着中西部地区较大的市场潜力正在逐步释放,将带动其投资稳步增长。

东部地区尽管2022年投资增幅低于中西部地区,但由于其民间投资占比更高,制造业相对发达,高新技术产业发展也远超其他区域,一旦疫情缓解、市场信心恢复,其反弹力度也会更大,预计2023年东部地区投资增幅与中西部地区差距缩小。

东北地区2022年投资增幅在四大区域中最低,预计2023年这种局面也很难改善。其原因在于,从投资环境看,东北在经历了一段时间的沉沦之后,无论是硬件还是软件,与其他地方尤其是经济发达地区相比都存在比较大的差距,从而影响了东北的外在形象,让投资者不太愿意到东北投资。尽管东北已经充分认识到投资环境不佳的危害,已经在改善投资环境上下功夫,且已经取得了比较明显的成效,但要改变大家形成的印象,非短时间内可以完成。

(2) 消费　2022年前三季度,新冠疫情冲击下多个省市自治区社会消费品零售额出现负增长。在所统计的31个省市自治区中,仅有16个省市自治区社会消费品零售额增长率为正，最高的江西也仅为6%，最低的上海为–10.7%，高于全国平均水平的有15个省市自治区。其中，东部10个省市自治区中5个累计同比增长率为负；中部6个省市自治区中增长率为正的有5个，山西零增长；东北3省增长率全部为负；西部四川、甘肃、贵州、新疆、西藏和青海为负增长。总体来看，2022年消费增长与新冠疫情散点多发密切相关。2023年，接触性服务业回归常态，各地消费将出现较大幅度反弹，特别是2022年低基数的地区。从四大区域看，东部地区反弹力度可能会更大一些，中西部地区次之，东北地区由于经济发展相对低迷，增幅可能依然低于其他区域。

（3）对外贸易 2022年3月以来，由于长三角、珠三角等"外贸重镇"不同程度受到疫情的影响，加上上年同期高基数、俄乌冲突和大宗商品价格大涨等因素，外贸一度承压减速。为了帮助外贸企业保订单、保市场、保信心，党中央、国务院密集部署一系列稳外贸举措，围绕物流保通保畅、加大财税金融支持力度、加快出口退税和通关效率等方面落实落细助企纾困政策，有效助力稳住外贸基本盘。外贸"主力军"民营企业进出口占我国外贸总值的比例提升，顺差贡献率上升；与"一带一路"沿线国家经贸往来更为密切；一些高技术、高附加值的产品出口保持较快增长。2023年，在外部环境变化不大的情况下，预计供应链压力将会得到缓解，对外贸易依旧会是中国经济增长的重要引擎之一，民营企业将继续发挥主导作用。东部地区作为我国对外贸易的绝对主力，民营经济发达，高技术产品有相对优势，加之2022年增速相对不高，2023年其对外贸易将平稳增长。一系列举措打通了中西部地区连接国内、国际人流、物流和信息流的渠道，减少了国际物流时间，降低了运输成本，提升了运输效率。例如，中欧班列将我国内陆到西欧国家货运时间压缩近50%，陆海新通道使货物从重庆到新加坡的时间比经东部地区出海节约10天左右。受益于"一带一路"，中西部地区出口增幅有望继续保持领先。东北地区中随着黑龙江对俄罗斯外贸活跃，也将保持一定增速。

10. 总体判断

综合考虑上述影响因素，对2023年我国区域经济增长判断如下：

随着区域重大战略的加快实施，东部地区率先建立现代化经济体系的活力将进一步增加。在影响区域经济增长的几个主要因素中，城市群发展、区域创新能力、营商环境、人口因素、金融支持力度等，东部地区明显占优。加之东部地区第三产业占比高，服务业支撑作用明显。2021年，东部地区三次产业增加值比例结构为 4.5：39.1：56.4，其中，北京、上海、海南第三产业增加值占比分别达到81.7%、73.3%、61.5%，名列全国前三。这几年，由于受疫情影响，第三产业增幅不高，2023年其反弹会更大些。整体来看，2023年东部地区经济增幅将出现领跑局面。

在长江经济带、中部崛起、西部大开发等国家战略的推动下，中部地区在制造业产业链上正向中高端迈进。自贸区与中欧班列的联动以及积极融入"一带一路"建设，进一步推动陆海双向开放，将助推中西部地区外向型经济高质量发展。丰富的资源优势将持续吸引产业转移，叠加城市化进程的持续推进，加之国内需求保持稳定增长，中部地区2023年仍将维持相对比较高的增幅。由于2022年中部地区相对较高的增速基数，因此其增幅与东部地区基本相当，西部地区增幅将略低于东部和中部地区。

东北地区随着营商环境的不断改善，国有企业改革的持续深化，新旧动能转换的不断推进，加之向北开放的"桥头堡"的特殊地位，东北地区经济增长将逐步向好，但增幅仍将落后于其他区域。

三、促进区域经济协调发展的政策建议

尽管我国区域协调发展取得了积极成效，但仍存在许多问题，需要进一步采取针对性措施。

1. 立足差异，促进区域协调发展

实施新时期区域协调发展战略，要发挥各区域的特点，在发挥多种优势与特色的基础上，形成全国的整体优势，使整个国家的空间组织效能上新台阶，走上协同发展与整体竞争力提高的高质量发展之路。要把握区域经济发展规律，根据要素禀赋、历史、人文条件，把各自比较优势充分地发挥出来，发展特色产业，通过特色产业集聚人才、资金和各种要素，加强交流和互助，实现优势互补、互利共赢。

2. 围绕"三链"协同，优化布局

逆全球化暗流汹涌，地缘矛盾频出，加上疫情冲击，全球产业链、供应链、创新链从"效率"主导转向"安全"主导，出现了产业链集群化、供应链本土化、创新链自主化演进趋势。各地应以此为契机，围绕"三链"协同，优化区域产业结构和空间布局，推动跨区域产业梯度转移和承接，形成合理分工、竞争有力的

生产力一体化布局，并以生产力一体化带动各地联动发展，将区域发展位势差转化为区域协调发展内生动力。深化国内价值链分工，培育更多的能够引领价值链分工的跨区域企业，延伸和拓展全球价值链的国内环节，让中西部和东北地区能够更深参与全球价值链分工和国内价值链分工，促进不同区域价值链分工的深度融合和协同升级。继续积极承接国外和东部地区的产业转移，加快其重化工业价值链的转型升级和新价值链的重构。

3．构建科学评价体系，分类施策

由于不同区域在美丽中国建设中的功能定位不同，有的地区更多是履行生态安全屏障功能，有的地区则以生产粮食为主，有的地区按照自然规律和社会经济规律成为人口和经济集聚的区域，这导致在经济收益上存在巨大差异。过去往往生态保护越重要的地方、提供商品粮比例越高的地方，收益越低。需要进行体制机制改革，通过落实生态产品价值的系列制度创新实现收益，通过粮食产品补贴实现收益，通过财政转移支付实现收益，还需要通过基本公共服务均等化托底。因此，需要对目前基本以经济增长为主的评价体系进行重构，构建符合新发展理念的地方评价体系，引导各地方发挥各自优势，加强合作。同时，也可根据各地区的实际情况，分类施策，提高政策针对性与有效性。

4．大力支持中西部地区数字化发展，缩小"数字鸿沟"

在市场一体化不断加强、数字经济蓬勃发展的环境下，落后地区可以借力在新经济、新动能培育构造中摆脱落后状态、占领制高点。数字经济的发展，为一些落后地区跨越传统产业体系基础，在新经济、新动能培育发展中与发达地区比肩并跑，甚至超前领跑，提供了机遇。因此，应从广度和深度上强化数字赋能，缩小地区间"数字鸿沟"，让各地均能共享数字经济发展机遇，推动发展机会均等化；加大新基建推进力度，推进传统产业数字化转型，加快大数据产业化应用，着力培育新产业、新业态、新模式；提高政府数字治理能力，并通过数字技术强化各地经济、技术联系，为各地区联动发展提供有力支撑。

（作者：胡少维）

市场预测篇

布政使司篇

2022—2023 年汽车市场形势分析与预测

2022 年，我国汽车市场表现出"乘商分化"的特征，乘用车市场恢复增长，商用车市场大幅下跌，拖累汽车市场同比整体下降，全年汽车内需量为 2454 万辆，较 2021 年同比下降 2.8%。新能源汽车销量继续保持高速增长，销量为 625 万辆，同比增长 91.3%，新能源汽车市场渗透率也达到了 25.5%。2023 年，我国汽车市场"乘商分化"的局面将逆转，乘用车市场将因燃油汽车车辆购置税减半政策退出而缺乏增长动力，商用车市场则有明显恢复，综合来看，预计全年汽车销量为 2555 万辆，同比增长 4.1%。

一、2022 年汽车市场评价

1. 汽车市场总体平稳运行，但乘用车与商用车表现不同

2022 年我国汽车市场稳中有降，内需总量为 2454 万辆，同比下降 2.8%（见图 1）。但是汽车市场内部表现出"乘商分化"的特点，乘用车市场实现超经济运行，而商用车需求则大幅下滑。

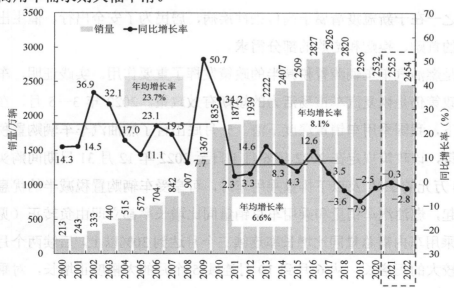

图 1 2000—2022 年我国汽车市场销量（内需量）及同比增长率

（注：内需量=国产批发量+进口量−出口量）

（1）乘用车市场超经济运行　2022年我国乘用车内需量为2142万辆，同比增长5.6%。在2022年主要消费品行业中，汽车表现亮眼，零售额逆势增长，比上年增长3.8%，其他主要消费品，如通信器材、家具、餐饮、金银珠宝和服装的零售额与上年相比，都是负增长，甚至是深度负增长，其零售额增长率分别为–1.7%、–4.3%、–6.3%、–5.6%和–9.4%。从经济运行情况看，我国GDP增长率从2020—2021年的平均5.3%下降到2022年的3.0%，2022年第1—4季度的GDP增长率分别为4.8%、0.4%、3.9%和2.9%，一直在5.0%以下运行。容纳大量就业人数的第三产业增长率最低，仅有2.3%，低于第一产业、第二产业的4.1%和3.8%。而且从2022年下半年开始，中小企业PMI就一直在荣枯线以下运行，民间投资累计同比增长率也呈现持续下行的态势。

乘用车市场能够超经济运行，主要有以下两方面原因。

一是新冠疫情令居民把出行时的健康安全放在突出位置，带来了一定数量的首购需求、增购需求和换购需求的提前释放。2008年受全球金融危机影响，我国经济增长降速，乘用车市场受到严重冲击，2008年下半年连续几个月市场表现疲弱。2015年我国乘用车销量也一度因为经济增长率下滑而受到影响。但2022年我国乘用车市场表现不同以往，经济增长虽然降速，但汽车市场仍逆势上涨，重要原因之一在于新冠疫情属于高传染性疾病，居民为了安全出行，催生出超过正常水平的首购、换购和增购的部分需求。

二是燃油汽车车辆购置税减半的政策发挥了重要作用。实践证明，车辆购置税优惠政策仍是恢复汽车市场活力的短期有效政策。2022年3—5月，在新冠疫情冲击下，我国乘用车销量深度下滑。5月底出台了燃油汽车车辆购置税减半征收的政策，该政策规定在2022年6月1日至2022年12月31日期间购买价格不超过30万元的2.0L及以下排量乘用车时，可享受车辆购置税减半的优惠。2022年6月起，燃油汽车销量和乘用车总销量同比增长率都立即由负转正（见图2和图3），乘用车内需总量同比增长率连续三个月达到30%以上，后续两个月仍然保持幅度较大的正增长。从6月到10月连续5个月的大幅度正增长，对乘用车全年的较快增长起到了重要保证作用，如果不是年底疫情的原因，政策作用将会更大。

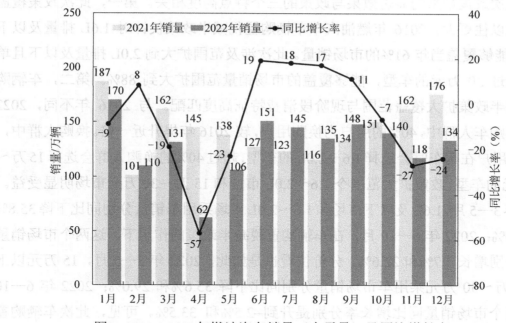

图2 2021—2022年燃油汽车销量（内需量）及同比增长率

（注：内需量=国产批发量+进口量-出口量）

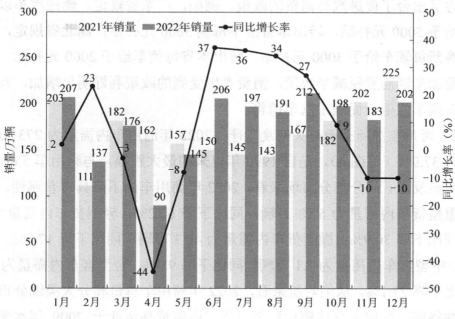

图3 2021—2022年乘用车总体销量（内需量）及同比增长率

（注：内需量=国产批发量+进口量-出口量）

这次政策带来的显著效果与政策的三个特点高度相关。第一，此次政策覆盖范围较以往更大。2016年燃油汽车车辆购置税减半政策仅针对1.6L排量及以下车型，能够覆盖当年61%的市场销量。此次涉及范围扩大到2.0L排量及以下且单价不超过30万元的车型，能够覆盖的市场销量范围扩大到88%。第二，车辆购置税减半政策扩大覆盖范围与现阶段消费特征高度匹配。与2016年不同，2022年我国购车人群中，40%的用户为换购用户，较2016年提升近一倍。换购人群中，40%的用户在购车时会选择1.6~2.0L的车型，超过40%的换购人群会选择15万~30万元的车型，政策扩大范围令1.6~2.0L市场和15万~30万元市场明显受益。2022年3—5月，1.6L及以下市场和1.6~2.0L市场乘用车销量分别同比下降35.8%和31.9%；2022年6—10月，在车辆购置税减半政策的作用下，这两个市场销量同比分别增长3.7%和22.6%。分价位看也是如此，2022年3—5月，15万元以下和15万~30万元乘用车市场销量分别同比下降35.6%和29.0%；2022年6—10月，两个市场销量同比增长率分别提升到-2.5%和33.5%。可见，此次车辆购置税减半政策对1.6~2.0L排量市场和15万~30万元市场的带动作用显著高于1.6L及以下排量市场和15万元以下市场。第三，此次车辆购置税减半政策实施期间，很多地方又出台了促进汽车消费的政策。例如，广东省规定，燃油汽车以旧换新每辆车给予5000元补贴，转出本省给予每辆3000元补贴；湖北省规定，燃油汽车以旧换新每辆车给予3000元补贴，转出本省每辆车给予2000元补贴。这些政策，再叠加车辆购置税减半政策，消费者感受到的政策利好明显增加，有力促进了消费者购车欲望，促进了汽车销售。

(2) 商用车市场全面超大幅度下降 2022年商用车内需量为273万辆，比上年下降37.9%（见图4），是自1990年以来的最大跌幅，与乘用车5.6%的正增长形成明显反差。从分细分市场来看，2022年商用车的下降具有普遍性。货车方面，中重型货车内需量为57.8万辆，同比下降60.2%；轻型货车内需量为132.4万辆，同比下降30.9%；微型货车内需量为48.3万辆，同比下降17.5%。客车方面，大、中型客车内需量为7.1万辆，同比下降9.0%；轻型客车内需量为27.3万辆，同比下降27.1%。从绝对量来看，2022年商用车总量和分大类细分市场都跌入周期性谷底，商用车总体销量和轻型货车内需量甚至低于2009年水平，是近14年以来的最低点，中重型货车内需量甚至低于2008年水平，是近15年以来的最低点。

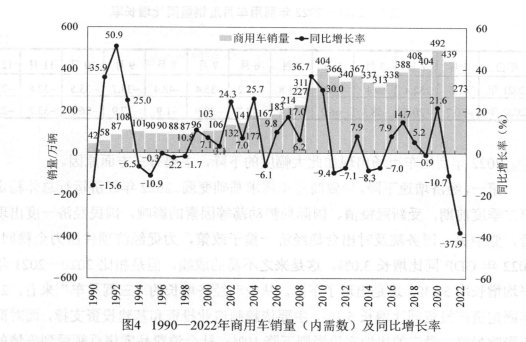

图4 1990—2022年商用车销量（内需数）及同比增长率

从月度销量走势来看，2022年各月份商用车销量持续处于低迷态势，所有月份销量均为同比负增长（见表1）。受疫情、政策等因素干扰，商用车的季节规律也基本被打破，呈现明显的"旺季不旺"特征（见图5）。

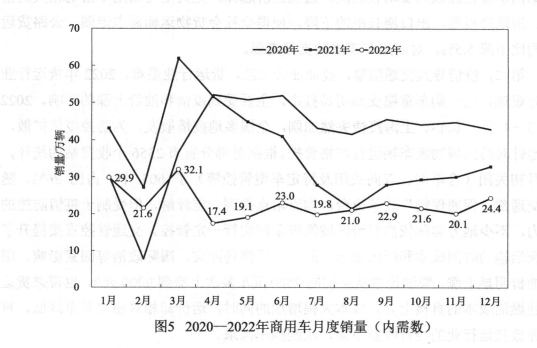

图5 2020—2022年商用车月度销量（内需数）

表 1　2021—2022 年商用车月度销量同比增长率

（%）

年份	1月	2月	3月	4月	5月	6月	7月	8月	9月	10月	11月	12月
2021年	41.6	252.4	69.1	−1.0	−11.8	−21.2	−35.4	−48.4	−38.7	−33.5	−32.8	−23.2
2022年	−30.7	−20.6	−48.3	−66.2	−57.4	−43.7	−28.9	−1.9	−17.9	−26.5	−33.2	−25.9

2022 年商用车市场出现如此大幅度的下降，主要有三方面原因。

第一，经济增速下降，导致商用车需求基础变弱。2022 年经济运行总体稳定，第二季度前期，受新冠疫情、国际局势动荡等因素的影响，国民经济一度出现下滑，党中央、国务院及时出台稳经济一揽子政策，力促经济顶住压力企稳回升，2022 年 GDP 同比增长 3.0%，这是来之不易的成绩，但是相比 2020—2021 年的平均增长率 5.2%，还是出现了下降。从拉动经济增长的"三驾马车"来看，2022 年固定资产投资同比增长 5.1%，主要依赖制造业投资和基建投资支撑，而对商用车影响最深、最广的房地产投资则下降 10%；社会消费品零售总额受到疫情的反复干扰，在第二季度和第四季度均为负增长，全年同比下降 0.2%；出口金额（按美元计价）同比增长 7%，相比 2021 年 29.6% 的高速增长出现了明显回落，尤其到第四季度已经跌入负增长区间。宏观经济总体，尤其是与商用车密切相关的消费、房地产投资、出口增长率的下降，使得全社会货物运输需求走弱，公路货运量同比下降 5.5%，对商用车需求的支撑走弱。

第二，疫情导致交通阻塞，叠加油价上涨，货运行业艰难。2022 年货运行业十分艰难，用户购车意愿受到明显打击，主要受到疫情和油价上涨的影响。2022 年 3—4 月，长春、上海疫情突然加剧，全国多地疫情散发，为防控疫情扩散，各地针对跨区域物流车辆进行严格管控。根据对部分省市 2356 个收费站的统计，4 月初关闭（含单向、双向关闭及特定车型管控等）了 605 个，占比 26%。随着交通部"保通保畅"政策出台，物流堵点得到一定纾解，但受制于疫情防控的压力，不少地方实际依然对跨区域物流车辆实行一定管控。交通管控直接提升了物流运输的时间成本和经济成本。此外，受俄乌冲突、国际政治等因素影响，国际油价明显上涨，柴油价格从年初的 7500 元/t 多次上涨到 9000 元/t，也带来货运行业燃油成本的直接上升。成本大幅增加的同时，运价却相对稳定甚至降低，直接导致货运行业的经营收益下降，压制购车需求。

第三，正向刺激政策消失，还需消化前期政策导致的需求透支。2019—2021年，在高速公路按轴收费、疫情下高速公路免费、国Ⅲ淘汰、国Ⅵ升级、蓝牌轻型货车新规等多重因素影响下，商用车需求出现了超经济水平的增长，体现在货车保有量的增长明显快于公路货运量的增长，"车多货少、运力过剩"的局面非常严重。2022年，不仅没有能够刺激商用车增长的新政策出现，还需消化前期政策导致的大量需求透支，也是造成商用车需求跌入周期性谷底的重要原因。

2. 自主品牌正在向上突破、竞争力全面提升，引发国内市场格局从量变向质变发展

此前，在燃油汽车市场和混合动力汽车市场，自主品牌凭借感官品质好、配置齐全及智能化优势与合资品牌竞争，都未能实现突破。但2021年，比亚迪DM-i超级混合动力车型一经推出便引爆市场，这与其较高的技术水平及性价比优势密不可分。比亚迪秦DM-i在2022年以13.4万元的平均售价大幅度提升了竞争力，使得秦系列轿车整体上实现34.9万辆的销量，在A级轿车市场，其销量仅次于轩逸、朗逸，排名第三，成为完全可以与主流合资品牌燃油热销车抗衡的轿车，是自主品牌轿车的巨大突破。比亚迪宋PLUS DM-i在2022年以17.0万元的平均售价实现竞争力的大幅度提升，宋系列SUV全年销量达48万辆，其销量一举超越与其价位基本处于同一水平的本田CR-V、威兰达、丰田RAV4等主流合资品牌燃油热销车型，在A级SUV市场首次排名第一。可见，新一代插电式混合动力技术令自主品牌成功打入此前合资品牌更具优势的A级轿车市场和A级SUV市场，并且与同级别合资车型在同一价位段竞争，成功抢夺了份额。这充分表明，自主品牌已经在数量规模最大且一直被合资品牌主导的A级车市场实现了竞争力的历史性突破。

目前，自主品牌在BEV和PHEV技术路线上已形成优势，再叠加自主品牌在感官品质、智能网联配置方面的优势，竞争力正在快速提升，这是汽车电动化、智能化发展趋势带来的。

自主品牌竞争力提升体现在两方面。一是自主品牌份额正在提升（表2）。在燃油汽车市场，2020—2022年自主品牌份额分别为30.8%、32.1%和30.2%，相对稳定（见表3）；在新能源汽车市场，2020—2022年自主品牌份额分别为73.4%、79.7%和84.7%（见表4），呈快速上升态势。随着汽车电动化、智能化的快速发展，自主品牌份额还将继续提升，待自主品牌在乘用车市场的份额从当前的45.2%

提升到50%以上时，整个市场将会产生质变。

表2 2019—2022年乘用车分品牌类型市场份额

(%)

品牌类型	2019年	2020年	2021年	2022年
自主品牌	34.6	33.3	39.3	45.2
合资品牌	50.8	49.9	42.9	38.3
豪华品牌	14.5	16.9	17.8	16.5

注：数据来源于乘用车内需数据，下同。

表3 2019—2022年燃油汽车分品牌类型市场份额

(%)

品牌类型	2019年	2020年	2021年	2022年
自主品牌	31.9	30.8	32.1	30.2
合资品牌	53.2	52.4	49.4	51.0
豪华品牌	14.8	16.8	18.4	18.8

表4 2019—2022年新能源汽车分品牌类型市场份额

(%)

品牌类型	2019年	2020年	2021年	2022年
自主品牌	83.6	73.4	79.7	84.7
合资品牌	7.5	8.8	6.2	5.0
豪华品牌	8.9	17.7	14.1	10.3

二是自主品牌价格正在提升。自主品牌乘用车的单车平均价格，2019年为10.5万元，2020年提高到10.8万元，2021年快速提高到12.2万元，2022年进一步大幅度提升至14万元（见图6）。而合资品牌的均价是相对稳定的，因此自主品牌单车平均价格与合资品牌单车平均价格的差距在快速缩小（见图7）。

自主品牌单车平均价格的提高，主要得益于电动化和智能化的发展。在燃油汽车市场，自主品牌主要占据低价位市场，自主品牌在10万元以下、10万~15万元、15万~20万元、20万~30万元、30万元以上市场的份额分别为60.4%、42.1%、20.3%、9.5%和2.1%。但在新能源汽车市场，自主品牌在各个价位段均占据主导地位，自主品牌在10万元以下、10万~15万元、15万~20万元、20万~30万元、30万元以上市场的份额分别为100.0%、98.3%、94.2%、65.9%和50.4%（见图8），电动汽车的发展有效拉高了自主品牌的单车平均价格。

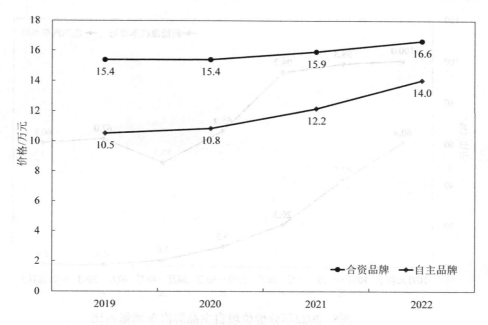

图6 2019—2022年合资品牌和自主品牌汽车平均价格

（注：数据来源于乘用车价格数据，乘用车内需数据）

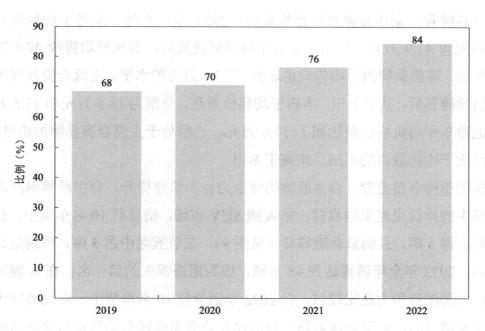

图7 2019—2022年自主品牌汽车平均价格占合资品牌的比例

（注：数据来源于乘用车价格数据，乘用车内需数据）

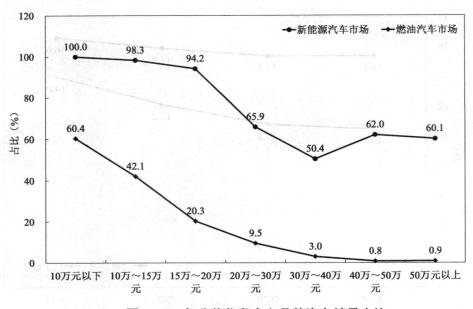

图8　2022年分价位段自主品牌汽车销量占比

（注：数据来源于乘用车内需数据。新能源汽车和燃油汽车各价位段市场份额分别为100%）

分品牌看，豪华品牌平均售价最高，2022年，奔驰、宝马平均售价分别为48.1万元和41.9万元，但国内新造车品牌紧随其后，蔚来平均售价47.5万元，接近奔驰，理想品牌的平均售价也达到了37.8万元的水平。主流合资品牌单车平均价格紧随其后，其中丰田、本田平均售价最高，分别为18.5万元和17.5万元，比亚迪单车平均价格已经达到了17.6万元，已经处于主流合资品牌的价格区间，而且仅次于均价最高的丰田，略高于本田。

从销量排名角度看，自主品牌的竞争力也在快速提升，自主品牌单产品销量在市场中的排位也越来越靠前。在A级SUV市场，销量前10名车型中，自主品牌产品占据5席，且销量普遍靠前（见图9），在前五名中占3席，特别是比亚迪宋系列，2022年全年销量达到48万辆，成为遥遥领先的第一名；在A级轿车市场，自主品牌竞争力还比较弱，但2022年销量前10名车型中，自主品牌也占据3席（见图10），特别是排名第三位的比亚迪秦系列轿车的销量与前两名的差距在迅速缩小。

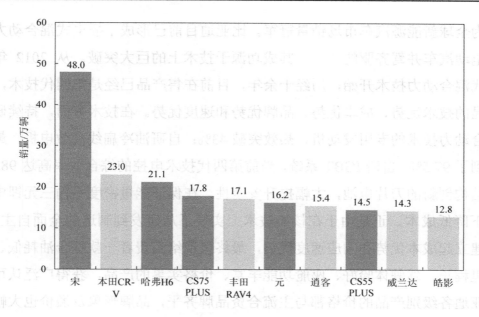

图9　2022年A级SUV市场销量前10名车型

（注：数据来源于乘用车内需数据）

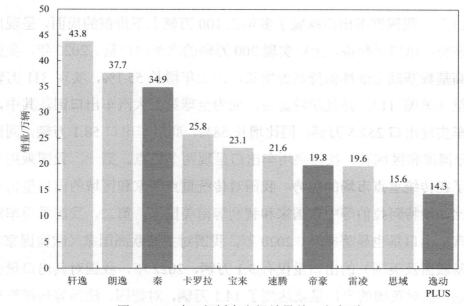

图10　2022年A级轿车市场销量前10名车型

（注：数据来源于乘用车内需数据）

分企业看，2022年企业总销量排名前10位中，自主品牌企业占据4席，其中3个企业排名前5位。电动汽车市场前10名企业中，只有特斯拉一个外资品牌，其他均是自主品牌企业。比亚迪更是占据国内新能源汽车市场30.3%的份额，并成为全球新能源汽车市场销量冠军。比亚迪目前已形成了插电式混合动力汽车和纯电动汽车并驾齐驱的局面，其成功源于技术上的巨大突破。从 2012 年投放第一代混合动力技术开始，历经十余年，目前在售产品已经是第四代技术，形成了明显的技术优势、成本优势、品牌优势和速度优势。在技术方面，持续研发适合混合动力技术的专用发动机，热效突破 43%；自研油冷扁线高效电机，最高效率达到了 97.5%；自研 IGBT 系统，当前第四代技术电控的综合效率高达 98.5%；采用结构创新的刀片电池，大幅提升安全性，在保证能量密度不输三元锂电池的前提下降低成本。正是由于在核心技术上实现了从研发到制造的全面自主可控，成功建立起成本优势和响应速度优势，最终呈现给消费者一款综合油耗低、纯电续驶里程长、驾驶体验好、座舱功能丰富、价格实惠的产品，获得广泛认可。当前比亚迪各级别产品的价格都与主流合资品牌齐平，品牌形象及溢价也大幅提升。

3. 汽车出口继续跨越式发展，已经并将继续对国际汽车市场格局产生有可见度的影响

2021 年，我国汽车出口摆脱了多年在 100 万辆上下徘徊的局面，呈现出爆发式增长态势，出口量翻番，全年实现 200 万辆的汽车出口量。2022 年，我国汽车出口在高基数基础上继续保持高速增长，比上年增长 55.1%，实现 311 万辆的汽车出口量（见图 11），并且超越德国，成为全球第二大汽车出口国。其中，2022 年乘用车实现出口 252.5 万辆，同比增长 58%，商用车出口 58.1 万辆，同比增长 45%。分国家和区域看，我国乘用车出口呈现两个特点。第一，我国乘用车进一步夯实了在传统重点市场的优势。我国对传统重点国家和区域的出口量仍在快速提升，比如沙特阿拉伯等中东国家和智利等南美国家。第二，我国乘用车对发达国家的汽车出口量也显著提升。2020 年，我国对主流欧洲国家（欧盟国家、欧洲自由贸易联盟及英国）的出口量仅有 9.1 万辆，2022 年，我国对其出口量已达到 63.8 万辆，仅对英国的出口量就达到了 14.1 万辆，对德国、法国等传统汽车强国也都实现了一定量的出口。2022 年对北美的乘用车出口也达到了 28.4 万辆的水平，这是历史性的新突破。

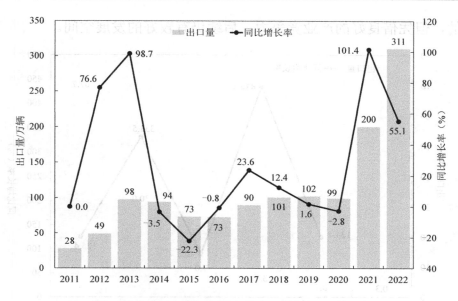

图11 2011—2022年我国汽车出口量及同比增长率
（注：数据来源于中国汽车工业协会）

2022年，我国汽车出口能够实现高速增长有三方面原因。第一，填补了国际市场的空白。2022年，俄乌冲突、新冠疫情、原材料价格大涨、芯片短缺等因素都为欧美汽车产业链带来冲击，而我国汽车产业链全面、稳定、可靠的优势则令中国品牌有机会对国际品牌形成产能替代。第二，中国品牌产品竞争力有效提升。全球经济低迷、通胀加剧下，出口目的国用户的购买力受到制约，中国汽车产品的高性价比优势得以发挥。第三，主机厂加大出口力度。近年国内汽车市场进入销量平台期，市场竞争激烈，各大主机厂纷纷加大海外市场运营力度，将出口作为对冲国内市场低迷的重要举措。

2022年，我国新能源汽车也在2021年形成的高平台上继续保持高速增长，全年实现出口量67.7万辆，同比增长125.4%（见图12）。其中，新能源乘用车出口64.8万辆，同比增长126%，新能源商用车出口2.9万辆，同比增长111%。我国新能源汽车成功进入发达国家市场。2022年，我国新能源乘用车出口前10名的国家中，有9个发达国家，分别是比利时（以转港贸易为主）、英国、斯洛文尼亚、西班牙、澳大利亚、以色列、阿联酋、法国和德国。但是新能源汽车产业当前已成为大国竞争的战略高地，对于德国、日本、美国、韩国、法国等汽车工业强国来说，汽车工业是其战略性产业，为保持自身竞争优势，很有可能通过限制资源供应、技术打压和产业链重构等方式遏制我国汽车新能源产业崛起，并通过碳足迹、碳关税等方式构建新型贸易壁垒。因此我国新能源汽车出口不会是一帆风顺的，但凭借良好的产业竞争力，后续仍有较好的发展空间。

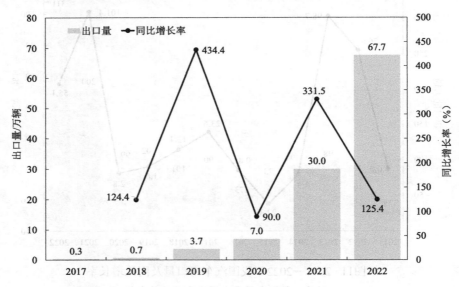

图12　2017—2022年我国新能源汽车出口量及同比增长率

（注：数据来源于中国汽车工业协会）

二、2023年汽车市场预测

1. 2023年乘用车市场预测

（1）汽车市场的变化与经济形势高度关联　在一国乘用车千人保有量达到150辆之前，乘用车市场潜在增速较高，即使经济降速，乘用车市场销量仍能保持正增长。但当一国乘用车千人保有量达到150辆之后，乘用车市场潜在增速会明显下降，此时，经济降速则会导致乘用车市场销量零增长甚至负增长，经济下滑幅度越深，汽车市场下降程度越深。先导国家乘用车市场在千人保有量150辆之后形成的需求平台期主要就是由经济降速引发的。因此我国乘用车销量增速也与经济表现高度相关。

（2）经济的恢复是一个渐进的过程　疫情影响减弱后，餐饮、娱乐等生活性服务业率先恢复，之后，普通消费品需求会得到恢复，然后工业企业开始投资扩产，进而带动工业生产的恢复。2023年，社会消费品零售总额分季同比增速预计分别为3.6%、13.0%（有低基数的扰动影响）、2.0%和9.5%，前低后高，全年增速7.0%，消费逐步恢复的过程中把利好传导到投资端和工业生产端，固定资产投资总额和工业增加值全年预计可分别实现4.9%和5.5%的增速。可见，从生活性服务业恢复到投资生产恢复，到经济全面恢复是一个缓慢的过程，2023年，

GDP 增速也将呈现前低后高的走势，预计可实现 3.3%、8.4%（有低基数的扰动影响）、4.1%和5.1%的分季增长，或者更高。

（3）经济恢复传导到汽车市场还需要时间　三年新冠疫情影响了经济运行，也影响了居民的购买能力和购买信心。将全国家庭按收入等分为五个收入段，当前，高收入家庭和中等偏上家庭百户拥车量已分别达到 99 辆和 58 辆，普及程度较高，中等收入家庭百户拥车辆为 40 辆，低于全社会平均水平，是目前乘用车普及的重点人群。这类人群以生活性服务业从业者为主，收入受疫情冲击较大，影响了购买能力和购买信心。当前疫情管控虽然放开，但中等收入家庭的购买力积累和购买信心恢复还需要时间，短时间内购车意愿提升较慢。从全社会消费者信心指数来看，2022 年 4 月疫情冲击后，消费者信心指数一直处于低位，恢复程度不理想。

综合分析，2023 年乘用车市场将呈现前低后高、逐步回升的过程。分季度看，第一季度是全年谷底、第二季度开始恢复、下半年趋于正常。考虑部分政策因素，预计 2023 年乘用车内需将达到 2200 万辆作用，同比增长 2.7%。

2．2023 年商用车市场预测

2023 年预计商用车市场销量实现恢复性增长，全年内需量为 320 万辆，同比增长 17.3%。主要得益于三个方面的支撑。

第一，宏观经济复苏向好，支撑商用车需求回升。2022 年 12 月召开的中央经济工作会议指出，2023 年经济工作要突出做好稳增长、稳就业、稳物价，有效防范化解重大风险，推动经济运行整体好转，实现质的有效提升和量的合理增长，为全面建设社会主义现代化国家开好局、起好步。从国际环境来看，受发达经济体通货膨胀和加息的影响，2023 年全球经济下行压力仍将持续，全球贸易放缓甚至萎缩几成定局。在外需下降的预期下，中央经济工作会议指出"着力扩大国内需求，要把恢复和扩大消费摆在优先位置"，预计 2023 年随着疫情影响的减弱，消费信心将逐步回升，推动整体消费反弹，利好消费类运输车型，如牵引车和各类载货车。在投资领域，中央经济工作会议明确"要通过政府投资和政策激励有效带动全社会投资"，预计 2023 年基建投资仍将是投资增长的主要动力源，且基建的实物工作量也会脱离疫情的干扰而明显回升。房地产投资方面，2022 年 11 月以来中央层面对房地产行业的金融支撑明显增强，包括六大行向优质房地产企业提供万亿级授信额度，支持各类房企发债，重启房企股权融资、再融资以及 REITs 盘活房企存量资产。地方政府自 2022 年开始就积极对房地产限购、限贷、限价、限售进行优化，从供需两方面支持楼市恢复，预计 2023 年房地产投资有望止跌企稳。随着基建投资的实物量回升，房地产投资止跌企稳，工程建设相关的自卸车及专用车型市场也将随之走出低谷，实现增长。

第二，前期透支效应减弱，"车多货少"边际改善。从周期性来看，前期由于高速公路按轴收费、疫情下高速公路免费、国Ⅲ淘汰、国Ⅵ升级、蓝牌轻型货车新规等多重因素导致的运力过剩，会对 2022—2024 年的购车需求形成透支，而 2022 年是首当其冲、需求透支最为严重的一年。虽然 2023 年仍处于需求透支周期，但是随着宏观经济企稳回升，货运需求随之增长，"车多货少"的矛盾将边际改善，叠加油价下降，货运行业经营状况也将边际改善，有利于购车意愿的提升，从而带动商用车需求低位回升。

第三，政策强化环保、合规和管理优化，形成正向带动作用。2023 年，商用车产业政策主要集中在环保、合规、管理优化等方面，对市场需求将形成正向带动作用。环保方面，《"十四五"节能减排综合工作方案》明确"基本淘汰国Ⅲ及以下排放标准汽车"，2022 年 9 月以来，上海、江苏、浙江、山东、北京等省市再次吹响国Ⅲ柴油货车淘汰的冲锋号，甚至开始加快国Ⅳ柴油货车淘汰，老旧货车的加速淘汰将带来新车的需求机会。2022 年 11 月 14 日，生态环境部等多部门印发《深入打好重污染天气消除、臭氧污染防治和柴油货车污染治理攻坚战行动方案》，相关举措将在 2023 年开始陆续落地，对商用车市场需求的影响包括促进老旧车辆提前更新，促进新能源商用车快速增长，推进"公转铁水"降低大宗商品运输车辆需求。合规方面，2022 年 7 月发布的《"十四五"全国道路交通安全规划》将治理超载超限作为非常重要的部分，政策的落地执行效果将在 2023 年有所体现，非合规车辆将加速退出，单车运能将有所下降，有利于商用车需求的增长。蓝牌轻型货车新规已于 2022 年 9 月 1 日全面落地，旨在从制造层面对产品参数予以一定限制，阻断使用层面超载拉货的可能，有利于保有量的提升，2023 年，轻型货车市场将进入政策平稳期，用户观望情绪减弱，购车需求恢复。管理优化方面，2022 年底全国已经有 280 余个城市完全放开或放宽了皮卡通行限制，2023 年皮卡解禁的范围仍将扩大，有利于皮卡需求的释放和商用车市场规模扩容。

三、新能源汽车市场

我国新能源汽车已经连续两年实现跨越式发展，2022 年内需达到 624.8 万辆（见图 13），新能源渗透率达到 25.5%，较 2021 年提升 12.6 个百分点。

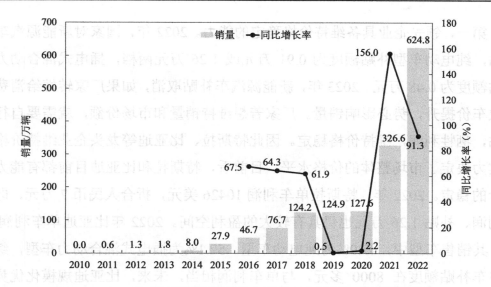

图13　2010—2022年我国新能源汽车销量（内需量）及同比增长率

（注：数据来源于全国乘用车市场信息联席会、中国汽车工业协会、中国海关）

新能源乘用车的市场渗透率最高，2022年已经达到27.6%，市场渗透率已经连续5个月在30%左右的水平，2022年11—12月连续两个月市场渗透率均超过30%（见图14）。

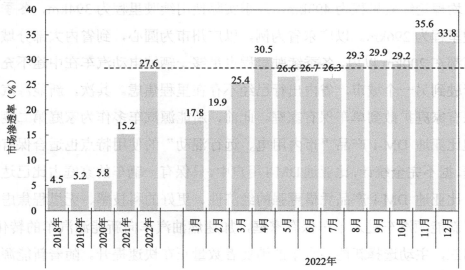

图14　2018—2022年新能源乘用车市场渗透率

（注：数据来源于内需口径销量）

2023年新能源乘用车将继续保持较快发展，渗透率将进一步提高，有四大因素将起到积极的促进作用。

第一，领先企业具备维持价格稳定的能力。2022 年，国家对新能源汽车有所补贴，纯电动车型补贴额度为 0.91 万元或 1.26 万元两档，插电式混合动力车型补贴额度为 0.48 万元。2023 年，新能源汽车补贴取消，如果厂家转嫁给消费者，导致车价提升，势必影响销量。厂家若想维持销量和市场份额，就需要自行消化补贴，牺牲利润，维持价格稳定。因此特斯拉、比亚迪等龙头企业维持价格稳定的实力决定了市场整体的价格水平。目前看，特斯拉和比亚迪目前都有能力维持车价的稳定。2022 年，特斯拉单车利润 10426 美元，折合人民币 7 万元，即使让出利润、补贴 1.26 万元也仍具有较大的盈利空间。2022 年比亚迪单车利润 8854 元，其销售车型中，47.9%为纯电动车型，52.1%为插电式混合动力车型，综合平均单车补贴额度在 8000 多元，与单车利润相当，未来，比亚迪规模化优势将进一步增强，单位利润将进一步上升，即使比亚迪全部自己消化补贴以维持价格稳定，仍可以实现较好的盈利。

第二，新能源汽车使用场景越来越丰富。首先，新能源汽车已从市区、郊区使用无里程焦虑发展到省内使用无里程焦虑。目前，纯电动汽车（不含 A00 级小车）平均理论续驶里程为 493km，夏季实际使用续驶里程为 394km，冬季实际使用续驶里程为 296km。以广东省为例，以广州市为圆心，到省内大部分城市的行驶距离都在 200km 以内，冬季续驶里程也足够一辆纯电动汽车在中途不充电的情况下行驶到另一个城市，省内出行已经不存在里程焦虑。其次，新能源汽车已从复数保有家庭扩散到单车保有家庭。此前，新能源汽车多作为家庭第二辆补充用车，但比亚迪 DM-i 产品"市内用电、远行混动"的使用特点也适合保有一辆车的家庭。据不完全统计，比亚迪 DM-i 用户中，只保有一辆车的家庭占比已达 73%。可见，比亚迪 DM-i 产品凭借更强的经济性、更好的科技感、无里程焦虑等优势推动了新能源汽车进入单车保有家庭，加速燃油汽车向新能源汽车的转化进程。

第三，主动选择新能源汽车的消费者数量正在快速提升。随着新能源汽车保有量的提升，其正面口碑的传播效应也在加大。目前，非限购且非限行城市新能源汽车市场渗透率已达到 22.3%，这是无任何政策引导而主动选择新能源汽车的比例，这一比例较上年提升 11.9 个百分点，发展较快。

第四，新能源汽车产业链更加完善、有实力，正在形成良性互动。新能源汽车销量快速提升带来了产业规模效应提升、单车研发制造成本降低、企业利润提升、售后服务水平提升和服务网络的改善,实现良性互动。

新能源汽车与传统燃油汽车是竞争关系,而非替代关系,纯电动汽车补能不便和续驶里程短的劣势是燃油汽车的优势,两者都将有较大的发展空间。对于纯电动汽车早期购买者来说,补能不便和续驶里程短的劣势影响不大。但随着电动汽车的快速普及,未来潜在购车用户已转变为汽车市场的普通使用者,更看重车辆的经济性和实用性,对电动汽车的偏好弱于早期购买者,燃油汽车也能凭借自身优势守住用户。考虑到从"十五五"开始,汽车需求总量还会提升,新能源汽车和燃油汽车都有较大的市场空间。

2022年,新能源商用车在2021年恢复到历史高位的基础上,也实现了超常规发展,销量规模和渗透率均达到历史新高度(见图15和图16),内需量为28万辆,同比增长83.5%,市场渗透率达10.3%,相比上年提升6.8个百分点。预计2023年新能源商用车仍将延续快速增长态势,内需量达到40万辆规模。

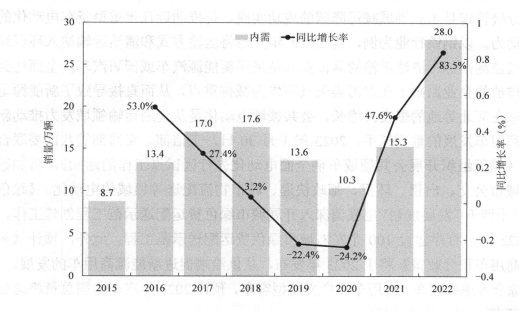

图15　2015—2022年新能源商用车销量及同比增长率

(注:数据来源于中国汽车工业协会)

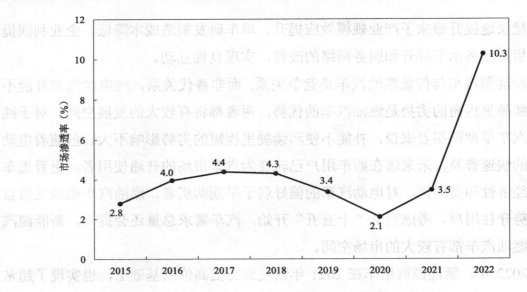

图16 2015—2022年新能源商用车市场渗透率
（注：数据来源于中国汽车工业协会）

与新能源乘用车由市场和政策双驱动不同，近几年新能源商用车持续增长主要靠政策驱动，"双碳"和"环保"是新能源商用车政策的顶层出发点。工业环保分级管理是工业领域减污降碳的成功实践，是推动近几年重型货车电动化的最大动力。以钢铁行业为例，自2019年开始将运输方式和清洁运输纳入环保绩效分级监测指标，清洁运输的具体要求是采用新能源汽车或国Ⅵ汽车，全面达到超低排放的企业原则上在重污染天气不作为减排重点，从而直接导致了新能源重型货车在河北等地的爆发式增长。公共领域电动化是从交通运输领域发力推动新能源商用车发展的重要抓手，2023年1月30日，工信部、交通部等八部委联合发布《关于组织开展公共领域车辆全面电动化先行区试点工作的通知》，将加速推动城市公交、出租、环卫、邮政快递、城市物流配送等领域的电动化。《绿色交通"十四五"发展规划》也强调深入开展城市绿色货运配送示范工程创建工作，到2025年，有序建设100个左右城市绿色货运配送示范工程。此外，预计《新能源商用车积分政策》将于2023年发布，从供给端促进新能源商用车的发展。

综合考虑乘用车、商用车和广义微型客车，预计2023年汽车内需总量将达到2555万辆，同比增长4.1%。

（作者：徐长明）

2022年客车市场现状及2023年基本判断

一、2022年客车市场现状

2022年，中国客车统计信息网的40家企业累计销售5m以上客车128138辆，同比下降17.42%，其中座位客车下降39.02%，校车下降46.01%，公交客车增长20.89%，其他客车下降8.77%（见表1）。在22家企业拥有新能源客车销量中，5m以上新能源客车销量为66553辆，同比增长16.24%。传统客车的销量为55392辆，整体下降37.11%，其中座位客车下降43.55%。在总销量中，大型客车的销量为50324辆，同比增长3.53%，中型客车的销量为33878辆，同比下降12.94%，轻型客车的销量为43936辆，同比下降35.05%。

表1 2022年客车销量同比情况表

比较项目	车型	总计	12m<L	11m<L≤12m	10m<L≤11m	9m<L≤10m	8m<L≤9m	7m<L≤8m	6m<L≤7m	5m<L≤6m
2021年销量/辆	合计	155174	4293	18668	25649	5204	24786	8925	9693	57956
	座位客车	82515	2333	11961	6416	2600	6859	5212	4192	42942
	校车	9374	—	195	1258	1506	546	2445	739	2685
	公交客车	50656	1928	6279	17844	842	16990	663	4582	1528
	其他	12629	32	233	131	256	391	605	180	10801
2022年销量/辆	合计	128138	3501	21244	25579	3267	23766	6845	8054	35882
	座位客车	50319	1665	8650	4849	845	3324	3893	2203	24890
	校车	5061	—	135	845	1176	246	1146	416	1097
	公交客车	61237	1662	12138	19694	950	19778	709	5175	1131
	其他	11521	174	321	191	296	418	1097	260	8764
差额/辆	合计	−27036	−792	2576	−70	−1937	−1020	−2080	−1639	−22074
	座位客车	−32196	−668	−3311	−1567	−1755	−3535	−1319	−1989	−18052
	校车	−4313	—	−60	−413	−330	−300	−1299	−323	−1588
	公交客车	10581	−266	5859	1850	108	2788	46	593	−397
	其他	−1108	142	88	60	40	27	492	80	−2037

（续）

比较项目	车型	总计	12m<L	11m<L≤12m	10m<L≤11m	9m<L≤10m	8m<L≤9m	7m<L≤8m	6m<L≤7m	5m<L≤6m
增长率（%）	合计	−17.42	−18.45	13.8	−0.27	−37.22	−4.12	−23.31	−16.91	−38.09
	座位客车	−39.02	−28.63	−27.68	−24.42	−67.5	−51.54	−25.31	−47.45	−42.04
	校车	−46.01	—	−30.77	−32.83	−21.91	−54.95	−53.13	−43.71	−59.14
	公交客车	20.89	−13.8	93.31	10.37	12.83	16.41	6.94	12.94	−25.98
	其他	−8.77	443.75	37.77	45.8	15.63	6.91	81.32	44.44	−18.86

客车行业属于弱周期行业，行业总量不仅取决于居民出行总量和出行结构，也受国家及地方政策的影响。受新冠疫情干扰、新能源汽车补贴政策变化，以及国内经济发展面临需求收缩、供给冲击、预期转弱三重压力等影响，国内客车行业需求总量逐年下降。影响客车市场表现的主要因素有：一是新冠疫情仍然是影响各行业消费景气趋势的最关键因素，多地疫情暴发，很多居民居家隔离，很多旅游景点关闭，公路客运量出现断崖式下滑。二是受经济下行压力的影响，地方财政紧张，导致购买力缩水。三是受高铁、飞机及私家车等交通工具的挤压，公路客车市场萎缩严重。四是公交客车是同比唯一正增长的车型，原因也是因为上年度基数低，而座位客车和校车同比均较大幅度下滑。

2021年，在国家"双碳"战略下汽车产业加快向绿色低碳转型，智能网联汽车产业标准和体系逐步构建，车用动力蓄电池回收利用、零部件再制造、二手车流通、蓝牌轻型汽车的生产和管理等领域的法规制度进一步规范，对客车行业的发展有深刻意义。为实现美丽中国建设目标和国家"碳达峰、碳中和"目标，中共中央、国务院发布了《关于深入打好污染防治攻坚战的意见》，国务院发布了《2030年前碳达峰行动方案》等文件，未来产业结构和能源结构将持续调整优化。

中华人民共和国工业和信息化部（简称工信部）等部门编制了《关于进一步加强新能源汽车企业安全体系建设的指导意见》《智能网联汽车道路测试与示范应用管理规范(试行)》等文件，部署加强车联网网络安全和数据安全工作，启动新能源汽车换电模式应用试点等工作；中华人民共和国交通运输部（简称交通运输部）印发了《综合运输服务"十四五"发展规划》《绿色出行创建行动考核评价标准》等文件，将进一步加快新能源汽车、智能网联汽车的应用发展。

氢能源作为清洁低碳能源，受到国家的关注和支持。我国发布了多项政策支持氢能源行业发展,各地密集出台鼓励政策,加紧布局,氢能源将迎来高速发展。

交通运输部会同其他部委印发《关于推动农村客运高质量发展的指导意见》,明确推动城市公交线路向乡村延伸和农村客运班线公交化改造,鼓励毗邻县间农村客运班线实现公交化改造,推动具备条件的地区实现全域公交。

新能源公交补贴实施期限延长至2022年底,补贴标准在上一年基础上减少30%,交通领域进一步推广应用新能源车辆,商用汽车企业单次申报购置补贴清算车辆数量应达到1000辆。

15家主流企业中,7家销量同比增长,8家销量同比下跌,除了上海申沃和吉利商用车销量翻倍增长外,其余企业增长幅度较小或下降幅度较大,这基本代表了客车行业的整体状态。15家主流企业销量同比下降17.88%,与行业整体水平一致,从销量数据来看,增幅最大的企业是上海申沃,东风汽车、福田客车和宇通客车的降幅最大(见表2)。随着新能源汽车补贴的结束,2022年12月新能源汽车企业迎来最后的销售高潮,南京金龙和吉利商用车的增长最为亮眼。2022年新冠疫情在持续时间及规模程度上,均超出之前数轮的影响,不少地区的公共交通、旅游客运、校车服务也不得不继续按下"暂停键",但在稳增长的整体基调下,我国经济增长保持着较强的韧性,随着全球疫情影响逐步减弱,市场预期有望回升。

表2 2022年累计销量列前15位的企业

序号	企业名称	2022年销量/辆	2021年销量/辆	增量/辆	增长率(%)
1	郑州宇通集团有限公司	30045	41624	-11579	-27.82
2	北汽福田汽车股份有限公司北京欧辉客车分公司	22496	32552	-10056	-30.89
3	中通客车控股股份有限公司	8957	10049	-1092	-10.87
4	金龙联合汽车工业(苏州)有限公司	8606	9397	-791	-8.42
5	厦门金龙旅行车有限公司	7950	7211	739	10.25
6	厦门金龙联合汽车工业有限公司	7897	7623	274	3.59
7	东风汽车股份有限公司	5511	9323	-3812	-40.89
8	比亚迪汽车工业有限公司	4870	5772	-902	-15.63
9	南京金龙客车制造有限公司	4780	4520	260	5.75
10	中车时代电动汽车股份有限公司	4556	4498	58	1.29
11	安徽安凯汽车股份有限公司	3071	3833	-762	-19.88

（续）

序号	企业名称	2022年销量/辆	2021年销量/辆	增量/辆	增长率（%）
12	扬州亚星客车股份有限公司	2306	2204	102	4.63
13	江西江铃集团晶马汽车有限公司	2009	2099	−90	−4.29
14	上海申沃客车有限公司	2009	825	1184	143.52
15	浙江吉利新能源商用车有限公司客车事业部	1922	921	1001	108.69
	合计	116985	142451	−25466	−17.88

1. 新能源客车销量企稳反弹

2022年，5m以上新能源客车销量为66553辆（其中新能源公交客车销量为54957辆，占82.58%），同比增长16.24%，其中新能源座位客车增长了19.9%，公交客车增长了19.41%（见表3）。2022年是执行新能源汽车补贴政策的最后一年，市场需求尽量释放。无论是客车企业还是私人客户，为了抓住最后的"政策红利"，都尽量创造卖车和买车的市场机会。而2021年新能源客车销量基数低，客观上也提高了2022年的增长率。

随着国家一系列利好新能源汽车市场发展的政策落地，加上"双碳"战略的持续发力，新能源客车市场将持续向好。而随着部分新能源客车退役，催生出了换购需求，前些年推广应用的部分新能源客车已经服役到期，正陆续退出运营，腾出了市场空缺，催生了新的需求。

表3 2022年新能源客车销量与2021年同比情况

比较项目	车型	总计	12m<L	11m<L≤12m	10m<L≤11m	9m<L≤10m	8m<L≤9m	7m<L≤8m	6m<L≤7m	5m<L≤6m
2021年销量/辆	合计	57256	1784	5500	18593	1006	16974	1096	5702	6601
	座位客车	5893	93	1042	1602	299	793	297	1364	403
	校车	—	—	—	—	—	—	—	—	—
	公交客车	46022	1674	4425	16986	696	16172	563	4327	1179
	其他	5341	17	33	5	11	9	236	11	5019

（续）

比较项目	车型	总计	12m<L	11m<L≤12m	10m<L≤11m	9m<L≤10m	8m<L≤9m	7m<L≤8m	6m<L≤7m	5m<L≤6m
2022年销量/辆	合计	66553	1590	10759	21108	418	20273	1881	5510	5014
	座位客车	7066	319	1449	2622	34	1152	422	463	605
	校车	—	—	—	—	—	—	—	—	—
	公交客车	54957	1188	9306	18426	376	19062	680	4949	970
	其他	4530	83	4	60	8	59	779	98	3439
差额/辆	合计	9297	−194	5259	2515	−588	3299	785	−192	−1587
	座位客车	1173	226	407	1020	−265	359	125	−901	202
	校车	—	—	—	—	—	—	—	—	—
	公交客车	8935	−486	4881	1440	−320	2890	117	622	−209
	其他	−811	66	−29	55	−3	50	543	87	−1580
增长率（%）	合计	16.24	−10.87	95.62	13.53	−58.45	19.44	71.62	−3.37	−24.04
	座位客车	19.9	243.01	39.06	63.67	−88.63	45.27	42.09	−66.06	50.12
	校车	—	—	—	—	—	—	—	—	—
	公交客车	19.41	−29.03	110.31	8.48	−45.98	17.87	20.78	14.37	−17.73
	其他	−15.18	388.24	−87.88	1100	−27.27	555.56	230.08	790.91	−31.48

随着"双碳"战略的推动及油价飙升，新能源客车逐渐进入公路客车领域，短期内主要用于团体租赁、短途客运等。各企业的市场表现差异较大：在2022年销量前15名的企业中，福田客车、厦门金旅等9家企业销量实现同比增长，其中增幅超100%的有福田客车、奇瑞万达、上海申沃、吉利商用车、厦门金旅（见表4），福田客车增幅最高，高达208.12%。2022年累计销量突破5000辆的企业仅有宇通客车、苏州金龙和中通客车3家。其中宇通客车成为行业唯一一家累计销售新能源客车超万辆的企业，充分彰显了其在新能源客车领域的强劲实力与引领地位。由于2022年是执行新能源汽车补贴政策的最后一年，整体来说新能源客车市场表现抢眼，新能源客车销量首次超过客车总销量半数以上，在客车市场总销量下降的情况下，主流企业的新能源客车销量同比增长17.37%。

表4 2022年新能源客车销量前15名的企业

序号	企业名称	2022年销量/辆	2021年销量/辆	增量/辆	增长率（%）
1	郑州宇通集团有限公司	12382	12571	−189	−1.50
2	金龙联合汽车工业（苏州）有限公司	5496	3509	1987	56.63
3	中通客车控股股份有限公司	5032	5794	−762	−13.15
4	比亚迪汽车工业有限公司	4870	5772	−902	−15.63
5	南京金龙客车制造有限公司	4780	4520	260	5.75
6	中车时代电动汽车股份有限公司	4546	4418	128	2.90
7	厦门金龙旅行车有限公司	4346	2110	2236	105.97
8	北汽福田汽车股份有限公司北京欧辉客车分公司	4286	1391	2895	208.12
9	厦门金龙联合汽车工业有限公司	3818	3021	797	26.38
10	上海申沃客车有限公司	2009	812	1197	147.41
11	浙江吉利商用车集团客车事业部	1922	921	1001	108.69
12	安徽安凯汽车股份有限公司	1872	2078	−206	−9.91
13	格力钛新能源股份有限公司	1739	2027	−288	−14.12
14	奇瑞万达贵州客车股份有限公司	1685	647	1038	160.43
15	上海申龙客车有限公司	1591	1850	−259	−14.00
	合计	60374	51441	8933	17.37

2．传统客车市场继续回落

2022年，传统客车累计销量为61585辆，同比下降37.11%（见表5），其中：座位客车下降43.55%，校车下降46.01%，公交客车增长35.52%，其他客车下降4.08%。2022年传统客车中，大型客车销量为16867辆，下降25.8%；中型客车销量为11306辆，下降43.01%；轻型客车销量为33412辆，下降39.63%。

2021年，传统客车市场受校车和轻型客车的拉动强势反弹，2022年校车和传统轻型客车的市场表现都不理想，传统客车市场理性回归，基本符合预期。公交客车的增长得益于出口。

表 5 2022 年传统客车销量同比情况

比较项目	车型	总计	12m<L	11m<L≤12m	10m<L≤11m	9m<L≤10m	8m<L≤9m	7m<L≤8m	6m<L≤7m	5m<L≤6m
2021年销量/辆	合计	97918	2509	13168	7056	4198	7812	7829	3991	51355
	座位客车	76622	2240	10919	4814	2301	6066	4915	2828	42539
	校车	9374	—	195	1258	1506	546	2445	739	2685
	公交客车	4634	254	1854	858	146	818	100	255	349
	其他	7288	15	200	126	245	382	369	169	5782
2022年销量/辆	合计	61585	1911	10485	4471	2849	3493	4964	2544	30868
	座位客车	43253	1346	7201	2227	811	2172	3471	1740	24285
	校车	5061	—	135	845	1176	246	1146	416	1097
	公交客车	6280	474	2832	1268	574	716	29	226	161
	其他	6991	91	317	131	288	359	318	162	5325
差额/辆	合计	−36333	−598	−2683	−2585	−1349	−4319	−2865	−1447	−20487
	座位客车	−33369	−894	−3718	−2587	−1490	−3894	−1444	−1088	−18254
	校车	−4313	—	−60	−413	−330	−300	−1299	−323	−1588
	公交客车	1646	220	978	410	428	−102	−71	−29	−188
	其他	−297	76	117	5	43	−23	−51	−7	−457
增长率(%)	合计	−37.11	−23.83	−20.38	−36.64	−32.13	−55.29	−36.59	−36.26	−39.89
	座位客车	−43.55	−39.91	−34.05	−53.74	−64.75	−64.19	−29.38	−38.47	−42.91
	校车	−46.01	—	−30.77	−32.83	−21.91	−54.95	−53.13	−43.71	−59.14
	公交客车	35.52	86.61	52.75	47.79	293.15	−12.47	−71	−11.37	−53.87
	其他	−4.08	506.67	58.50	3.97	17.55	−6.02	−13.82	−4.14	−7.90

传统客车的市场现状有四个特点：一是销量前 15 位的企业中只有江铃晶马 1 家增长，且增量不大（见表 6）。二是市场份额主要集中在前 15 位，前 15 位企业销量合计 61088 辆，占传统客车总销量的 99.19%，虽然仍然有 25 家企业涉及该领域，但在 15 位之后的企业基本可以忽略不计。三是相较于新能源客车，各企

业间传统客车销量差异大,排名在 10 名之外的企业销量只能以百计数。四是宇通客车依旧掌握校车的半壁江山,销量为 2960 辆,占校车总销量的 58.49%,由于疫情影响,校车销量较上年同期下降了 46.01 个百分点。

表6 2022 年传统客车销量前 15 位的企业

序号	企业名称	2022年销量/辆	2021年销量/辆	增量/辆	增长率（%）
1	北汽福田汽车股份有限公司北京欧辉客车分公司	18210	31161	−12951	−41.56
2	郑州宇通集团有限公司	17663	29053	−11390	−39.20
3	东风汽车股份有限公司	4393	8436	−4033	−47.86
4	厦门金龙联合汽车工业有限公司	4079	4602	−523	−11.36
5	中通客车控股股份有限公司	3925	4255	−330	−7.76
6	厦门金龙旅行车有限公司	3604	5101	−1497	−29.35
7	金龙联合汽车工业（苏州）有限公司	3110	5888	−2778	−47.18
8	江西江铃集团晶马汽车有限公司	1594	1505	89	5.91
9	东风超龙（十堰）客车有限公司	1333	1678	−345	−20.56
10	安徽安凯汽车股份有限公司	1199	1755	−556	−31.68
11	扬州亚星客车股份有限公司	771	1038	−267	−25.72
12	桂林客车工业集团有限公司	505	1216	−711	−58.47
13	南京依维柯汽车有限公司	308	419	−111	−26.49
14	潍柴（扬州）亚星新能源商用车有限公司	225	366	−141	−38.52
15	江西博能上饶客车有限公司	169	619	−450	−72.70
	合计	61088	97082	−35994	−37.08

3. 新能源客车出口值得期待

2022 年,各国入境政策逐步放松,人员流动增加,前期积压的刚性公共交通需求逐步释放。2022 年,我国出口各类客车 30297 辆,出口量比上年同期增长 3.03%（见表7）,其中,大中型客车出口 21655 辆,同比增长 24.10%,轻型客车出口 8642 辆,同比下降 26.92%。客车出口销量前 10 位的企业见表8。

表7 2022年客车出口情况

车型	2021年出口量/辆	2022年出口量/辆	增量/辆	增长率（%）
大型客车	11289	16456	5167	45.77
其中：公交客车	5700	10430	4730	82.98
中型客车	6161	5199	47	2.43
其中：公交客车	2384	2791	407	17.07
轻型客车	11957	8642	−1692	−26.92
其中：公交客车	329	220	−109	−33.13
合计	29407	30297	890	3.03
其中：座位客车	20260	15898	−4362	−21.53
公交客车	8413	13441	5028	59.76
校车	369	135	−234	−63.41
其他	365	823	458	125.48

表8 客车出口销量前10位的企业

序号	企业名称	2021年销量/辆	2022年销量/辆	增量/辆	增长率（%）
1	厦门金龙	8047	6919	−1128	−14.02
2	宇通客车	4916	5683	767	15.60
3	厦门金旅	5743	5305	−438	−7.63
4	中通客车	1707	3001	1294	75.81
5	苏州金龙	3611	2589	−1022	−28.30
6	福田客车	939	2329	1390	148.03
7	比亚迪	2363	2060	−303	−12.82
8	扬州亚星	554	777	223	40.25
9	亚星商用车	349	627	278	79.66
10	安凯客车	333	450	117	35.14
	合计	28562	29740	1178	4.12

在客车出口增量中，新能源客车出口贡献最大。2022年新能源客车出口9972辆，同比增长81.18%，占客车出口总量的32.91%（见表9）。其中，大型新能源客车出口7202辆，同比增长113.14%；中型新能源客车出口1990辆，同比增长7.22%；轻型新能源客车出口780辆，同比增长189.96%。

随着"一带一路"倡议的落实发展，我国客车出口市场潜能将被进一步释放。

同时随着新冠疫情的常态化发展，海外市场被压抑的需求会在这两年释放。欧洲规划到 2025 年 45%新公交必须为清洁巴士且零排放车型占一半，美洲和亚洲部分国家已出台客车电动化规划。海外新能源客车市场方兴未艾，将加速发展。

表9　2022 年涉及新能源客车出口的企业销量情况

序号	企业名称	2021年出口量/辆	2022年出口量/辆	增量/辆	增长率（%）
1	厦门金旅	199	2138	1939	974.37
2	比亚迪	2363	2060	−303	−12.82
3	福田客车	464	1787	1323	285.13
4	宇通客车	1076	1159	83	7.71
5	苏州金龙	240	928	688	286.67
6	亚星商用车	340	590	250	73.53
7	中通客车	380	486	106	27.89
8	扬州亚星	180	427	247	137.22
9	厦门金龙	92	202	110	119.57
10	上海申沃	56	53	−3	−5.36
11	东风超龙	—	50	50	
12	桂林客车	—	48	48	
13	丹东黄海	92	18	−74	−80.43
14	吉利商用车	—	17	17	
15	安凯客车	7	6	−1	−14.29
16	广西申龙	12	2	−10	−83.33
17	上海申龙	1	1	—	
18	奇瑞万达	2	—	−2	−100.00
	合计	5504	9972	4468	81.18

二、对2023 年客车市场的基本判断

在 2022 年 12 月 16 日闭幕的 2022 年中央经济工作会议上，新能源汽车作为扩大内需的重点领域再次被提及。会议强调，接下来将把恢复和扩大消费摆在优先位置，支持新能源汽车等消费。新能源汽车补贴退出之际，国家此举明确支持新能源汽车消费，各地方也有望跟进，有利于产业进一步发展，扩大市场规模。

新能源公交市场有被进一步挖掘的潜力，城镇化的发展、公交都市的建设、大运会和亚运会的举办、农村客运公交化等有利因素支撑市场需求，碳中和目标

也将加快传统汽车向新能源汽车的转换,首批燃料电池汽车示范应用城市群的氢能与燃料电池产业发展将迎来重大风口。并且在中央财政购置补贴取消之后,各地也会跟进取消地方补贴,有助于打破地方保护,有利于头部企业进一步发挥优势。

随着疫情防控全面放开,旅游市场将会迎来爆发式增长,旅游、出口将成为行业热点。2024年巴黎奥运会的筹备召开有利于出口的增长。

同时随着补贴不断减少直至取消,客户需求将是车辆研发的主要导向。新能源客车面临六大发展趋势:小型化、定制化、绿色化、电动化、智能化、网联化。定制化的客运班车、公交车及高端商务车辆是市场发展的趋势。

预计2023年客车市场将明显反弹,恢复到2019年和2021年的中间水平,全年5m以上客车销量将达17.3万辆(见图1),同比增长35%。其中,座位客车销量为7.5万辆,同比增长50%;公交客车销量为7.6万辆,同比增长25%;校车销量翻倍,为1万辆;新能源客车销量为8万辆,同比增长20%;出口总量为3.6万辆,同比增长20%。

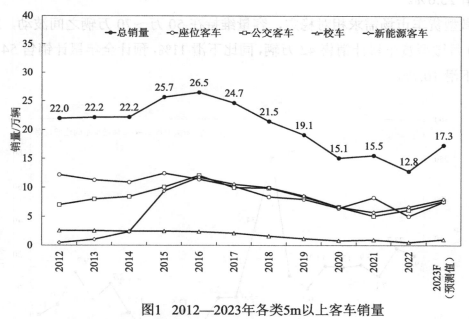

图1 2012—2023年各类5m以上客车销量

(作者:佘振清)

2022 年微型车市场分析与 2023 年展望

一、2022 年微型车市场总体表现

1. 微型车市场销量连续回落，创近 5 年销量新低

（1）微型车市场总体销量滑离 90 万~100 万辆平台　微型车市场在连续下滑后从 2017 年开始进入平台稳定期，市场总体容量维持在 90 万~100 万辆区间内（见图 1）。2022 年 1—10 月，微型车市场累计销售 59.3 万辆，同比下滑 15.4%，预计全年累计销售 75 万辆左右，同比下滑 15.4%。

其中：微型客车市场（交叉型乘用车）容量大幅下滑，2022 年 1—10 月微型客车市场累计销售 17.3 万辆，同比下滑 24.5%，预计全年累计销售 21 万辆，同比下滑 25.6%。

微型货车市场需求相对稳定，容量维持在 50 万~70 万辆之间波动，2022 年 1—10 月微型货车累计销售 42 万辆，同比下滑 11%，预计全年累计销售 54 万辆，同比下滑 10.7%。

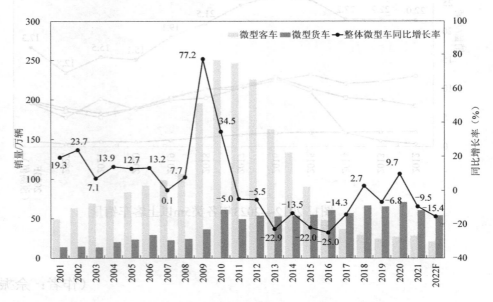

图1　2001—2022年微型车市场销量走势图

（2）从月度趋势来看，整体走势受新冠疫情影响明显　2022年1—2月微型车市场整体好于上年，受疫情影响4—5月同比下滑近50%，6月开始逐步回升，8—9月在微型货车带动下同比小幅上升，10月受疫情影响再次出现同比下滑（见图2），但月销量水平与疫情前的2019年基本持平，市场整体趋势仍然向好。

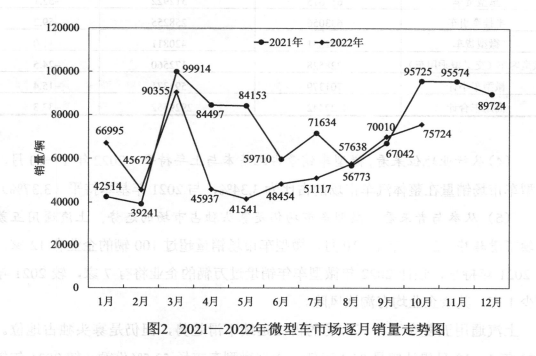

图2　2021—2022年微型车市场逐月销量走势图

（3）同比其他商用车细分市场来看，微型车整体表现好于大部分细分市场　尽管在2022年第二季度，微型车市场销量同比下滑较大，但2022年1—10月其表现好于大部分商用车细分市场。具体来看，微型客车同比表现落后于轻型货车和大型客车市场；微型货车同比表现仅差于大型客车市场（见表1）。

表1　2022年商用车各细分市场销量及同比表现

商用车细分市场	2021年1—10月销量/辆	2022年1—10月销量/辆	同比增长率（%）
客车小计	411134	318121	−22.6
轻型客车	340831	256826	−24.6
中型客车	34620	25567	−26.1
大型客车	35683	35728	0.1

（续）

商用车细分市场	2021年1—10月销量/辆	2022年1—10月销量/辆	同比增长率（%）
货车小计	3687780	2438871	-33.9
轻型货车	1777468	1363026	-23.3
中型货车	150790	83857	-44.4
重型货车	653615	312922	-52.1
半挂牵引车	633056	258255	-59.2
微型货车	472851	420811	-11.0
微型客车（交叉型乘用车）	228528	172560	-24.5
微型车小计	701379	593371	-15.4
商用车合计	4327442	2929552	-32.3

（4）从行业地位来看，微型车销量占比基本与上年持平 2022年1—10月，微型车市场销量在整体汽车市场的占比为3.34%，与2021年基本持平（3.37%）。

（5）从参与者来看，微型车市场仍是寡头独占市场的态势，上汽通用五菱延续下滑趋势 2022年1—10月，微型车市场销量超过100辆的企业有12家，与2021年持平，预计2022年微型车年销量过万辆的企业将有7家，较2021年减少1家，其余企业均有淘汰风险。

上汽通用五菱在微型车市场的占比延续下滑趋势，但仍是寡头独占地位。2022年1—10月累计销量31.1万辆，占据微型车市场52.5%份额，较2021年销量占比下滑2.5个百分点；销量排名前五位的企业合计销量占比达到微型车市场总销量的91.8%，市场集中度仍然非常高。

2. 微型客车下滑较大

（1）微型客车市场总体呈现前强后弱走势 从细分市场容量来看，2022年1—10月微型客车累计销售17.3万辆，同比下滑24.5%，在连续两年同比上升后市场需求大幅回落，但后续趋势仍需进一步观察。

从月度趋势来看，2022年微型客车市场趋势与2021年基本一致，一季度表现好于上年同期，第二季度受疫情、保供等因素影响销量同比大幅下滑，随后市场需求开始震荡回升，但整体销售走势仍然较弱（见图3）。

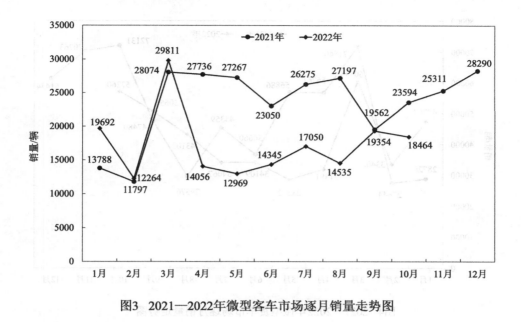

图3 2021—2022年微型客车市场逐月销量走势图

（2）微型客车市场竞争格局未变，但内部表现分化 2022年微型客车市场销量前四大企业（上汽通用五菱、华晨汽车、东风小康、长安）合计占据97.5%的市场份额，较2021年再提升1.75个百分点，市场集中度非常高，市场内其余企业均有淘汰风险。

其中，2022年1—10月，上汽通用五菱累计销量为7.5万辆，同比下滑16.7%；华晨汽车累计销量为5.6万辆，同比下滑23.8%；长安累计销量为2.2万辆，同比下滑10.8%；东风小康累计销量为1.6万辆，同比下滑50.5%。

（3）新能源车型销量快速提升，市场占比接近20% 2022年1—10月，微型客车市场中新能源车型销量突破3万辆，1—10月微型客车EV（电动汽车）车型累计销售3.1万辆，同比上升58.9%，市场占比达到18.1%，占比较2021年翻番。

3. 微型货车在商用车市场表现相对较好

（1）市场总体趋势和2021年基本一致 从细分市场容量来看，2022年1—10月微型货车累计销售42.1万辆，同比下滑11%，但市场整体容量仍处在近几年的正常波动区间（50万~70万辆）。

从月度趋势来看，2022年一季度走势与上年基本一致，二季度受疫情等因素影响，销量同比大幅下滑，随后开启快速回升趋势（见图4）。

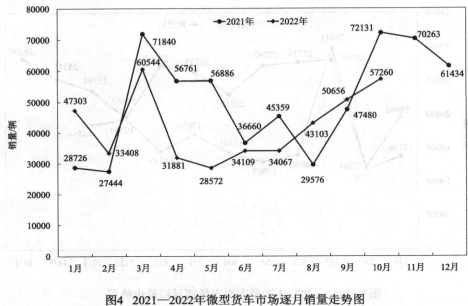

图4　2021—2022年微型货车市场逐月销量走势图

（2）市场竞争格局稳定，上汽通用五菱一家独大　2022年微型货车市场中销量过万辆的企业有6家，较上年减少1家（山东唐骏欧铃），销量前三名的企业（上汽通用五菱、东风汽车、长安汽车）合计占据85.3%的市场份额，较2021年上升0.4个百分点，市场集中度进一步提升。

其中，2022年1—10月，上汽通用五菱累计销量为23.7万辆，同比下滑12.9%；东风汽车累计销量为6.2万辆，同比下滑16.1%；长安汽车累计销量为6万辆，同比上升18.2%。

二、2023年微型车市场展望

（1）刚需还在，疫情影响弱化将带来市场逐步复苏　作为典型的"工具车"市场，微型车市场从2017年开始进入销量稳定波动区间，但近两年受疫情带来的大环境整体影响，市场销量连续两年下跌，随着疫情影响的逐步减弱，预计未来将逐步进入回升期。

（2）市场集中度上升，竞争格局持续稳定　近几年微型车市场基本没有新进入企业，传统弱势企业逐步淘汰，2022年销量排名前五位的企业合计销量占比达到微型车市场总销量的91.8%，同比再提升2.8个百分点，市场集中度非常高。

（3）新产品供给少，新能源汽车将是未来的主要增量来源　近年来微型车市场新产品供给较少，新能源车型成为市场新品的主力军，未来新能源产品将成为市场的主要增量。

（4）低端乘用车价格下移持续对微型车市场带来冲击，特别是微型客车市场　低端MPV（多用途汽车）及低端SUV（运动型多用途汽车）产品在部分功能性上与微型车市场产品存在替代性，同时伴随产品价格持续下移，将持续分流一部分微型车市场客户。

总体来看，随着经济逐步复苏，预计2023年微型车市场将实现需求回升，但总体增幅不会太大，预计不会超过20%。

（作者：冉碧林）

2022 年中重型货车市场分析及 2023 年展望

2021 年中重型货车市场需求规模为 157.4 万辆,总规模较 2020 年行业峰值略有下降。2022 年,受新冠疫情持续反复的影响,经济增长减速,同时,在经历 2020 年和 2021 年行业超高速增长后,物流行业运力过剩、盈利受损,导致 2022 年中重型货车市场大幅下滑。2022 年 1—11 月,中重型货车实现销量 70.8 万辆,比上年同期下降 52.9%(见图 1),创历史最大跌幅。

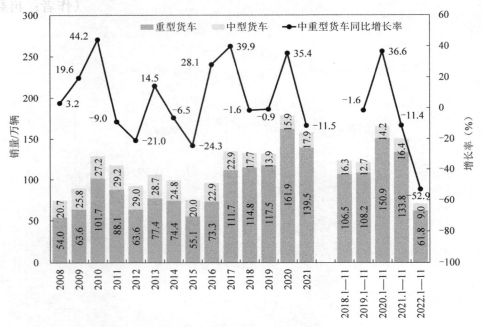

图1 2008—2022 年中重型货车市场销量及增长率

一、2022 年中重型货车市场回顾

1. 市场概况

2022 年 1—11 月中重型货车市场规模为 70.8 万辆,同比下降 52.9%,销量腰斩,创 21 世纪以来最大跌幅。其中,重型货车市场规模为 61.8 万辆,同比下降

53.8%；中型货车市场规模为 9.0 万辆，同比下降 45.1%。2022 年中重型货车月度销量及增长率见图 2。影响市场发展的因素主要有两方面，即宏观经济和政府政策导向。

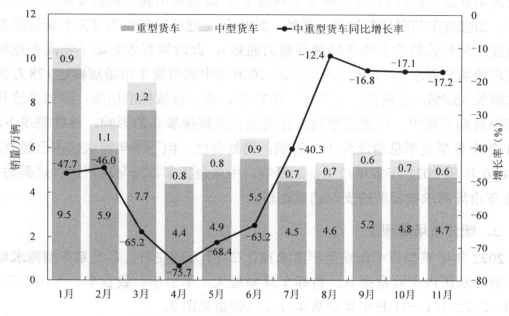

图2 2022年中重型货车月度销量及增长率

宏观经济方面：2022 年前三季度，我国 GDP 同比增长 3.0%，分季度看，一季度同比增长 4.8%，二季度同比增长 0.4%，较一季度下降 4.4 个百分点，上半年累计同比增长 2.5%。2022 年 3 月中旬至 5 月下旬，传染性更强的新冠病毒奥密克戎变异株引发新一轮广泛的疫情传播，受疫情冲击，二季度经济活动受到较大影响，中重型货车月度销量及增速也遭重创。三季度以来，随着疫情逐步得到有效控制，国内防疫政策不断优化，经济延续恢复态势。但受疫情反复、高温干旱、房地产市场收缩等影响，消费信心指数持续低迷，房地产投资持续负增长，内需恢复相对滞后，经济恢复程度不及预期，总体呈现弱复苏态势。三季度 GDP 同比增长 3.9%，虽较二季度上升 3.5 个百分点，但对商用车行业支撑有限。外部环境方面，2022 年前三季度，全球经济下行压力增大，经济增速逐季放缓，高通胀压力下，各主要经济体采取货币紧缩政策，金融市场持续震荡。但由于海外疫情防控政策放松，全球供应链逐步恢复，我国出口增长总体较快，对我国商用车制造及出口形成一定支撑。

政府政策导向方面：2022 年中重型货车市场主要受前期政策余波影响。2018

年，国务院发布《打赢蓝天保卫战三年行动计划》，政策明确到2020年底前，京津冀及周边地区、汾渭平原淘汰国Ⅲ及以下排放标准营运中型和重型柴油货车100万辆以上。2019年国务院办公厅转发交通运输部等部门《关于加快道路货运行业转型升级 促进高质量发展意见的通知》，政策提出要积极稳妥淘汰老旧柴油货车，加强货车超限超载治理。此外，2020年交通运输部发布《关于新冠肺炎疫情防控期间免收收费公路车辆通行费的通知》，此政策有效刺激了物流企业和部分用户的购车需求。多重利好政策叠加，2020年中重型货车市场规模达178万辆，同比增长35.4%，总量创历史新高。2021年，由于排放标准切换，国Ⅵ排放升级带来提前购买需求，但受前期物流行业饱和度持续攀高的影响，终端需求下滑，2021年中重型货车总销量为157万辆，仍处高位，但下半年需求疲态已经显现。受2020年和2021年多重政策叠加影响，中重型货车市场呈现严重"过剩态"，2022年市场需求被提前透支，销量腰斩。

2. 细分市场表现

2022年中重型货车市场全年需求预计在77万辆左右，各品系车型需求均大幅下滑。从国内保险数据看，自卸车降幅最大，牵引车、载货车、专用车次之。2019—2022年1—11月中重型货车分品系销量见图3。

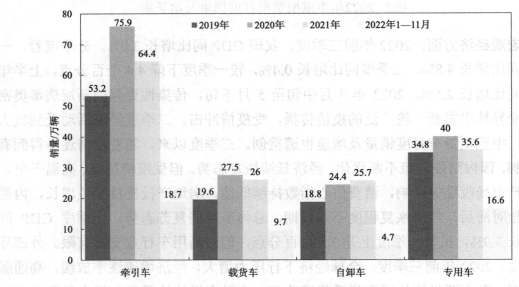

图3 2019—2022年1—11月中重型货车分品系销量

（注：数据来源于国内保险数据）

2022年1—11月，中重型货车分车种看，牵引车和重型自卸车贡献了最大降幅，反映出物流市场和基建领域的惨淡境况。从保险数据看，牵引车销量排名靠前的河北和山东均出现了 60%以上的降幅，河南降幅更是高达 80%。重型自卸车方面，2021 年广东、江苏、四川等 11 个省份销量过万辆，而 2022 年销量最高的江苏省也仅有 3000 余辆，广东省降幅达 93%。2019—2022 年 1—11 月中重型货车分车种销量见图 4。

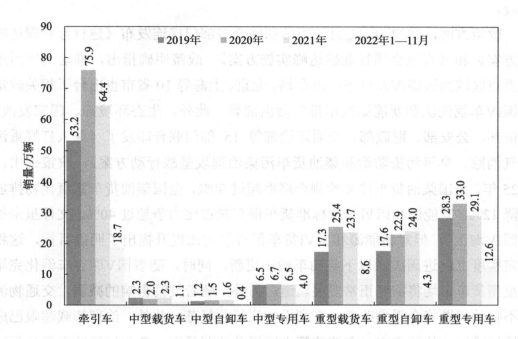

图4　2019—2022年1—11月中重型货车分车种销量

（注：数据来源于保险数）

二、2023 年中重型货车市场需求判断

从中长期看，经济增长、政策影响、出口市场、技术进步等因素将决定中重型商用车的需求。预计 2023 年中重型货车销量将自超低点逐步回升，销量预计达到 85 万辆，仍处于相对较低的水平。

2023 年将是"十四五"规划承前启后的关键节点，是全面贯彻落实党的二十大精神的开局之年，我国将坚持高质量发展的导向，以中国式现代化推动经济行稳致远。预计 2023 年全年 GDP 增长约 5%，较 2022 年（预计全年增长 3%左右）上涨 2 个百分点。党的二十大之后，重大项目前期投资逐步产生实物量，预期基建投资领域有望保持增长，但受制于各级政府财政状况，投资增速预计较 2022 年有所下降。展望 2023 年，疫情影响的减弱将有利于各项生产生活秩序的逐步恢复，服务消费、线下消费将迎来恢复增长期。随着社会经济活动逐步回归正轨，居民收入有望持续恢复，对未来经济增长和消费信心指数的回升均有较大提振作用。此外，房地产市场有望逐步触底回升，呈现"弱复苏"态势，带动相关消费回暖。

政策方面，2022 年 11 月，工信部联合多部门接连发布《建材行业碳达峰实施方案》和《有色金属行业碳达峰实施方案》，政策明确指出，推动大气污染防治重点区域淘汰国 IV 及以下厂内车辆。北京、上海等 10 省市也出台了相关政策，对国 IV 车辆淘汰和新能源汽车推广做出部署。此外，生态环境部、国家发改委、工信部、公安部、财政部、交通运输部等 15 部门联合印发了《深入打好重污染天气消除、臭氧污染防治和柴油货车污染治理攻坚战行动方案》，政策提出，到 2025 年，全国柴油货车排放检测合格率超过 90%，全国柴油货车氮氧化物排放量下降 12%，新能源和国 VI 排放标准货车保有量占比力争超过 40%。文件虽未提及"国 IV 淘汰"，但对新能源和国 VI 货车保有量占比提升提出了明确目标，这将在一定程度上促进国 IV 及以下柴油车淘汰更新。同时，随着国 V 库存车消化完毕，中重型货车市场将回到正常发展轨道。另外，随着疫情影响的减弱，交通物流不通不畅的问题将会得到改善，有利于物流行业复苏。此外，治理超载超限已成为交通运输行业的新常态，在该政策力度提升的背景下，单车运能的下降将带动更多新增需求释放。总体来看，政策方面将有利于中重型货车市场发展。

出口方面，2023 年，全球经济下行压力增大，衰退风险抬升，内生动力缺乏与逆全球化趋势都将对 2023 年消费与投资需求增长产生抑制作用。整体来看，我国出口将面临长期减速趋势，增速放缓的同时，我国将提高出口产品附加值，以汽车为代表的高新技术产品出口将开始增加。在出口地区方面，东盟是我国中重型货车传统出口大市场，随着《区域全面经济伙伴关系协定》合作不断深化，我国对东盟国际投资增长强劲，同时随着东盟在全球出口份额的进一步提升以及全球制造业加速向东盟转移，我国与东盟将增强产业链协同效应，有利于增加我国对其出口，预计 2023 年我国中重型货车将在东盟市场产生较大突破。

技术方面，新能源与智能网联技术仍将是汽车产业发展的主流趋势。在碳达峰、碳中和背景下，高碳排、高污染的燃油中重型货车将成为交通运输行业减碳的重点。目前，氢燃料电池中重型货车和换电重型货车的行业渗透率不断提升，2022 年 1—11 月，新能源中重型货车增速领跑新能源商用车板块，体现出新能源商用车技术的强大市场潜力以及给商用车产品领域带来的结构性变化。此外，未来随着 5G、物联网等技术的应用，物流行业向信息化、智能化发展的进程将加快，车辆运输效率将提升，导致车辆需求减少。

综合来看，2023 年中重型货车需求将较 2022 年有小幅提升，预计全年实现销量 85 万辆左右，同比增长 9.4%，仍处于较低水平。

（作者：丰永刚 姜智勇）

2022年轻型载货车市场分析与2023年展望

根据中国汽车分类国家标准，轻型载货车是指公路运行时厂定最大总质量在1.8～6t之间的载货汽车，主要用于半径400km以内的短距离运输，是城市运输的主力车型。从用途上看，其可作为城市、乡镇、农村物流运输或乡镇、农村的交通工具，还可用于小型工程作业等。在行业统计口径上，皮卡也被归类为轻型载货车，但皮卡乘用化趋势更强，与商用轻型载货车的相关性较低，本文将侧重于分析商用轻型载货车市场。

一、2022年轻型载货车市场回顾

1. 市场发展情况

2022年我国轻型载货车累计销量预计为161万辆，与2021年相比同比下降约23.7%。2022年对轻载货车市场来说是较为艰难的一年，受国内新冠疫情反复、宏观经济下行、消费低迷等因素影响，轻型载货车市场出现了深度调整，销量创2016年以来的低点（见图1）。

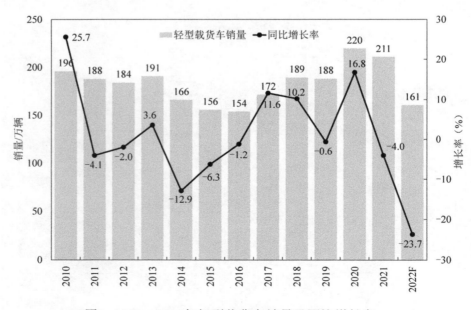

图1　2010—2022年轻型载货车销量及同比增长率

分月度走势看，2022年轻型载货车市场整体呈现低位运行态势。2022年1月12日，工信部和公安部联合发布了《工业和信息化部 公安部关于进一步加强轻型货车、小微型载客汽车生产和登记管理工作的通知》（以下简称《通知》），《通知》针对"大吨小标"的突出问题提出了全面、具体的治理举措，规定2022年3月1日出台且上线实施蓝牌轻型载货车新规，《通知》同时给出了6个月的产品过渡缓冲期，实际上线时间为2022年9月1日。政策的出台对月度行业运行造成了影响，2022年2月以及7—8月，个别车型出现提前批发现象（见图2），综合全年来看，需求透支现象在2022年四季度已经基本消化完毕。

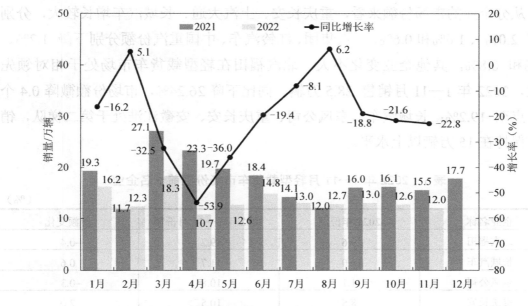

图2 2022年轻型载货车市场月度销量及同比增长率

新能源汽车市场呈现爆发式增长，市场渗透率快速提升。2021年新能源轻型载货车销售5.47万辆，同比增长119%，新能源汽车市场渗透率为2.6%。2022年1—11月，新能源轻型载货车销售11.33万辆，同比增长153%，市场渗透率提升至7.8%。受新能源补贴政策退出的影响，预计2022年新能源轻型载货车市场渗透率将突破8%。

出口维持高景气度。受"一带一路"沿线国家旺盛需求的影响，我国轻型载货车的出口量增加，同时由于俄乌冲突导致海外商用车零部件供应出现紧张，加之我国商用车企业竞争力提升，特别是在经济性、舒适性、动力性等方面具有显著优势，我国轻型载货车出口市场发展迎来了窗口期。2022年1—11月，我国轻型载货车累计出口27万辆，同比增长55%，轻型载货车出口量占整体轻型载货车市场的比例由2021年的9%提升至18.2%。

2. 主要企业销售情况及市场份额

轻型载货车市场行业集中度进一步提升。行业销量前五名企业的份额由2021年的60.1%提升至2022年1—11月的62.1%，提升了2个百分点，销量前十名企业的份额由2021年的84.8%提升至2022年1—11月的85.3%，提升了0.5个百分点。

从分企业的市场份额来看，重庆长安、上汽大通、长城汽车增长较大，分别提高2.0%、1.6%和0.6%，一汽集团、江铃汽车、中国重汽份额分别下降1.2%、1.0%和0.8%，其他企业变化不大。北汽福田在轻型载货车市场处于相对领先地位，2022年1—11月销售28.5万辆，同比下降26.24%，市场份额微降0.4个百分点至19.2%；长城汽车、东风公司、重庆长安、安徽江淮处于第二梯队，销量均保持在15万辆以上水平。

表1 2022年1—11月轻型载货车市场份额前十名企业

（%）

企业名称	2021年份额	2022年1—11月份额	份额变化
北汽福田	19.6	19.2	−0.4
长城汽车	11.0	11.7	0.6
东风公司	11.1	10.8	−0.3
重庆长安	8.5	10.5	2.0
安徽江淮	9.9	9.9	0.0
江铃汽车	8.8	7.8	−1.0
上汽大通	4.6	6.2	1.6
中国重汽	5.2	4.4	−0.8
一汽集团	3.7	2.5	−1.2
江西五十铃	2.5	2.3	−0.1
合计	84.9	85.3	0.4

3. 影响市场发展的因素

经济下行、疫情反复、蓝牌新规落地、油价上涨等因素影响2022年轻型载货车市场的发展。

宏观经济方面，2022年，在国际政治博弈持续、主要经济体增速放缓、全球供应链产业链深度调整等复杂严峻的外部环境下，面对国内疫情持续多点散发和房地产市场走弱等因素冲击，叠加需求收缩、供给冲击及预期转弱三重压力，我国经济增速进一步放缓，预计2022年全年GD增长率为3%左右，随着整体经济增速放缓，货运量与货运周转量出现下降，对轻型货车的需求也随之下降。

其中，消费受疫情冲击影响显著，居民消费信心和收入预期下降在短时间内难以缓解，消费需求相对疲软。2022年1—11月社会消费品零售总额为39.9万亿元，同比下降0.1%。投资增速回落，房地产投资增速持续下滑，截至2022年11月末，新冠疫情在全国多地散发，对工业生产和居民消费造成较大影响，2022年1—11月，全国固定资产投资累计同比增长5.3%。

政策法规方面，2022年蓝牌轻型载货车新规正式实施。该法规对轻型载货车的排量、货厢宽度、轮胎型号等参数要求进一步标准化，从整体上来看，蓝牌新规的实施促进了整个轻型载货车行业走向合规化、新能源化，同时促进以城市配送为主的中短途运输走向标准化。

燃油价格的上涨导致用车成本上升，降低了部分用户购车需求。以北京0#柴油价格走势为例，2022年平均价格在8.1元/L左右，相较于2021年的6.5元/L，涨幅约24.6%，油价的大幅上涨导致货运成本提升幅度较大，从而影响用户购车需求。

二、2023年市场展望

1. 影响2023年轻型载货车市场的主要因素

宏观经济增速回升。2023年是全面贯彻"二十大"精神的第一年，预计2023年我国GDP同比增长率有望达到5%左右，整体呈现"前低后高"态势，主要驱动力是疫情消退后的消费修复以及投资的发力。2022年12月，中共中央、国务院印发了《扩大内需战略规划纲要（2022—2035年）》，提出把恢复和扩大消费摆在优先位置，通过政府投资和政策激励有效带动全社会投资，预计2023年社会消费品零售总额和公路货运周转量将出现恢复性增长，有利于轻型载货车市场恢复向好。

部分地方政府通过淘汰国Ⅳ货车、加强排放监督等举措，有利于轻型载货车的更新替换。轻型柴油车国Ⅳ排放标准从2013年开始实施，至2017年结束，持续近四年时间,导致轻型载货车国Ⅳ车辆保有量较大,且这部分车辆已有6～10年车龄,大批车辆已进入淘汰周期,政策的出台将会加速老旧国Ⅳ车辆的淘汰更新。

新能源方面,政府加大公共领域新能源汽车的推广力度,有利于新能源轻型载货车持续增长。2022年9月,财政部等部门发布《关于延续新能源汽车免征车辆购置税政策的公告》,对2023年购置新能源汽车继续免征车辆购置税,同时政府可能启动公共领域车辆全面电动化城市试点,开展新能源汽车下乡。预计环卫车、城市物流车等领域有望成为新能源轻型载货车电动化的发力点,加速新能源轻型载货车市场渗透率的提升。

2. 2023年轻型载货车市场预判

随着我国经济基本面的进一步好转,轻型载货车市场预计将出现拐点,整体销量恢复至170万～180万辆,同比增长5.6%～11.8%。

2023年轻型载货车市场的主要特点:

一是产品场景化、定制化进一步凸显。拥有固定客户、固定需求的物流运输逐渐成为主流,倾向于产品专业化,对车辆品质、动力提出了新的要求。

二是产品向高端化发展。中高端轻型载货车的购买者多为单位用户,运营场景一般为快递、冷链和城市配送、物流等,客户对运输时效与品质要求的提升促进轻型载货车产品向上发展。

三是用户对全生命周期使用成本的重视度不断提升。随着运输组织模式不断创新,车队及企业客户的比重逐渐增大,用户更加注重全生命周期的使用成本。

四是新能源轻型载货车比例不断提升。在"双碳"、环保治理的背景下,国家及地方政府积极支持新能源汽车消费,对符合标准的新能源城市配送车辆给予通行便利,将有利于新能源轻型载货车的发展。

五是数字化和车联网的发展,为轻型载货车后市场的发展带来了机会。

(作者:王帆)

2022 年皮卡市场分析及 2023 年展望

一、2022 年皮卡市场分析

1. 我国宏观经济运行状况

2022 年，在全球经济通货膨胀、各国启动加息周期、不发达国家债务增长、俄乌冲突冲击能源格局、新冠疫情持续等多重压力下，全球经济增速急剧放缓，衰退担忧日益升温。根据 2022 年 10 月国际货币基金组织（IMF）的预测，2022 年世界 GDP 将增长 3.2%，2023 年世界 GDP 的增长将进一步放缓至 1.9%，我国 GDP 增长率由 1 月预测的 4.8% 下调至 2.8%。

2022 年，我国高效统筹疫情防控和经济社会发展，在较短时间内经济止跌回稳，展现出强大韧性。第一季度经济保持增长，第二季度前期经济明显下滑、后期扭转下滑态势，第三季度总体恢复向好，第四季度由于新冠疫情短期抑制了经济增速，但随着浙江、江苏、四川等多地掀起"组团出海"招商，将为 2023 年经济回稳向上打好扎实的基础。2022 年前三季度，国内生产总值同比增长 3.0%，低于年初制定的增长 5% 以上的目标，其中一季度增长 4.8%，二季度增长 0.4%，三季度增长 3.9%，呈现探底波动；前三季度，全国规模以上工业增加值同比增长 3.9%，比上半年加快 0.5 个百分点；分三大门类看，采矿业增加值同比增长 8.5%，制造业增加值同比增长 3.2%，高技术制造业、装备制造业增加值同比分别增长 8.5%、6.3%，快于全部规模以上工业增加值 4.6、2.4 个百分点。前三季度，服务业增加值同比增长 2.3%，比上半年加快 0.5 个百分点，其中，信息传输、软件和信息技术服务业与金融业增加值分别增长 8.8%、5.5%。前三季度，社会消费品零售总额同比增长 0.7%，上半年为同比下降 0.7%。其中，实物商品网上零售额增长 6.1%，占社会消费品零售总额的比例为 25.7%。前三季度，全国固定资产投资（不含农户）增长 5.9%。分领域看，基础设施投资同比增长 8.6%，制造业投资同比增长 10.1%，房地产开发投资同比下降 8.0%。

2. 我国皮卡市场整体运行状况

2022 年 1—11 月，我国汽车累计销量为 2430.2 万辆，同比增长 3.3%，其中新能源汽车销售606.7万辆，同比增长1倍；乘用车销售2129.2万辆，同比增长11.5%；而商用车销售301万辆，同比下降32.1%。2022年1—11月，我国皮卡销售476934辆，销量同比下滑1.1%，基本持平；其中国内上牌保险量306385台，累计同比下降17.4%，出口170549辆，累计同比增长88%。皮卡市场呈现国内外销售冰火两重天、海外皮卡销量决定皮卡厂家排名的现象，上汽大通、江淮凭借强劲的出口，超越江铃和郑州日产，销量分别排名第二和第四名。在我国反复被疫情困扰、供给端受到上海零部件供应和芯片短缺影响、消费端萎靡不振、市场需求萎缩的背景下，我国皮卡出口成为2022年靓丽的风景，也让皮卡企业重新布局出口渠道建设，加强国外用户对产品需求的研究（见图1）。

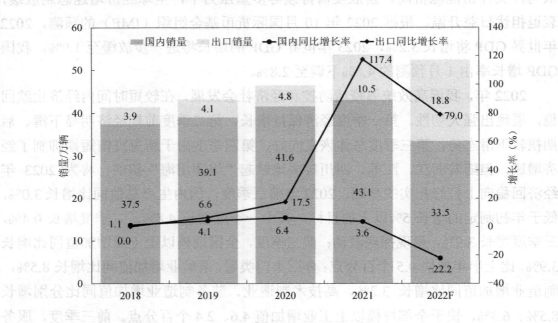

图1　2018—2022年我国皮卡国内与出口销售情况

从国内皮卡市场分析，全国前四家皮卡生产厂家终端销售248719辆，市场集中度为81.2%，相比上年同期提高3.4个百分点。前四家企业市场份额提升的主要原因，一是承载式/半承载的皮卡进入家用和工具类皮卡的尝试任重道远，上汽通用五菱、中国重汽等企业依靠承载式底盘进入皮卡市场后，销量不及预期，工具类皮卡市场出现萎缩。二是皮卡市场出现分化，主流皮卡推新产品频率加快，长城金刚炮、江铃新域虎以及各种场景化车型不断涌现，尤其是场景化车型，通过精耕细作小众群体扩大传播声量，对市场响应速度和成本控制能力要求高，对规模不大的企业是一种挑战。三是供应商芯片短缺有所缓解，如长城皮卡在2022年加大对越野炮和乘用炮的高端芯片供给，进一步提升了长城皮卡的市场份额。

2022年1—11月，受疫情影响，新疆、内蒙古自治区东部五盟市地区、郑州等地皮卡销售陷入停滞，消费者收入下降，影响到用户购买欲望和消费信心，皮卡在国内销量整体下滑21.7%，多数皮卡经销商举步维艰，亏损严重。在皮卡品牌终端销量榜中，前四强企业的表现好于排名靠后的企业，销量前四名企业市场集中度明显提升。长城皮卡、上汽大通、江铃股份的表现好于行业平均，江西五十铃受制于上述原因，市场销量连续7年保持增长的趋势也画上终止符。2018—2022年1—11月国内皮卡终端销量见表1。

表1 2018—2022年1—11月国内皮卡终端销量

底盘企业	2018年销量/辆	2019年销量/辆	2020年销量/辆	2021年销量/辆	2021年1—11月销量/辆	2022年1—11月销量/辆	同比增长率（%）
长城皮卡	121201	143845	200282	186084	170219	138698	-18.5
江铃股份	67636	59840	59771	62378	56549	47373	-16.2
郑州日产	39959	45250	38881	44572	39827	31988	-19.7
江西五十铃	29154	34829	37529	41787	37655	30660	-18.6
江淮汽车	18151	16470	14038	13447	12164	9717	-20.1
北汽福田	12328	11750	13360	16817	14909	11041	-25.9
上汽大通	12563	14739	11478	14510	12880	10976	-14.8
长安凯程	11972	15449	10601	7992	7282	5261	-27.8
河北中兴	15144	13826	10239	7167	6618	4267	-35.5
庆铃皮卡	12957	11429	8990	7360	6636	5592	-15.7
黄海皮卡	13965	7809	5860	4665	4356	1695	-61.1
上汽五菱	0	0	0	21600	20380	7473	-63.3
其他	20136	15274	4524	2137	1970	1644	-16.5
合计	375166	390510	415553	430516	391445	306385	-21.7

注：数据来源于上牌保险数。

国内皮卡销量呈现陡坡式下滑，以长城、江铃为代表的前四强企业市场下滑低于其他企业。2018—2022年，皮卡前四强企业市场集中度分别为68.8%、72.7%、81.0%、77.8%、81.2%（见图2），长城皮卡市场份额由2021年的43.2%上升到2022年的45.3%，市场份额上升2.1%。从市场下滑幅度也能够清晰地看到，长城皮卡市场份额降幅小于其他三强企业，其他三强企业市场份额降幅小于其他皮卡企业，表明销量排名靠前的企业在市场下滑时，有更多资源和营销手段来应对市场形势的恶化，如长城皮卡在保障越野炮和乘用炮的芯片供应能力较强，从而拉动了长城高端皮卡份额的提升（见图3）。

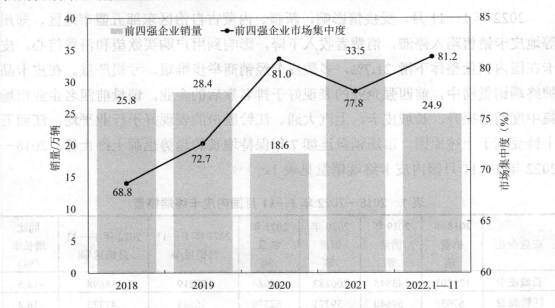

图2 2018—2022年1—11月皮卡国内销量前四强企业及市场集中度

（注：数据来源于上牌保险数）

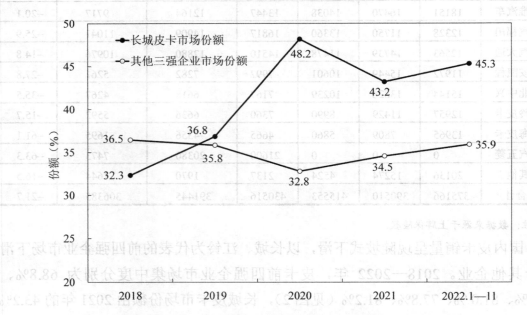

图3 2018—2022年1—11月皮卡国内销量前四强企业竞争态势

（注：数据来源于上牌保险数）

在国际市场，随着国家"一带一路"的建设，我国皮卡在海外消费者中的认可度越来越高，"走出去"有利于实现国内和国际双循环，建立相互促进的发展格局。2022 年 1—11 月，我国皮卡的出口量达 17.1 万辆，创下新高，增长率达 87.7%。长城皮卡、上汽大通、江淮皮卡成为皮卡出口的前三强企业，而国内合资皮卡企业江西五十铃和郑州日产对出口的贡献垫底，皮卡出口受制于外方合作股东的约束，出口贡献率较低（见表2）。

各皮卡企业结合自身产品特性，海外渠道方面采取不同的策略，长城皮卡在泰国、俄罗斯多地投资建厂，全散装件（CKD）出口的比例在上升；而江淮汽车以子公司直销和当地代理商经销为主。长城皮卡和上汽大通出口地区涵盖发达国家和发展中国家，而江淮汽车出口主要面向东南亚、拉美、非洲市场。

我国皮卡产品性价比高、质量稳步提升，在海外发展空间大，同时我国皮卡乘用化、智能网联化的趋势使我国皮卡的产品竞争力逐步提升，在外观、内饰以及工艺方面逐步受到海外消费者的认可。在 2022 年海外皮卡市场芯片短缺的背景下，我国企业想尽各种办法保供，为我国皮卡快速崛起创造了机会。

表 2 主流皮卡企业出口明细表

企业	上汽大通	长城皮卡	江淮汽车	其他	江铃股份	河北中兴	北汽福田	郑州日产	合计
2021 年 1—11 月出口量/辆	18094	39721	11932	8417	4596	4356	2164	1564	90844
2022 年 1—11 月出口量/辆	47764	45739	28350	24942	8813	7374	5795	1772	170549
同比增长率（%）	164.0	15.2	137.6	196.3	91.8	69.3	167.8	13.3	87.7

3. 主流皮卡产品分析

（1）供给端产品增多，产品升级迭代加速 为实现皮卡销量世界前三的愿景，长城皮卡的产品策略采用从中型到全尺寸全系覆盖，长城将以金刚炮主打工具市场，取代风骏5和风骏7，并推出山海炮来拓宽高端中大型皮卡市场。2022 年 3 月，定价为 8.88 万元的商用皮卡金刚炮发布；2022 年 12 月，长城皮卡在广州车展发布基于智能专业越野坦克平台打造的山海炮，搭载 3.0T V6+9AT 动力系统，全系标配博格华纳 4A+MLOCK 四驱系统。

2022年11月，吉利雷达RD6电动皮卡上市，该车型基于吉利纯电动平台和技术架构打造，采用了新能源汽车常见的封闭格栅设计搭配前行李舱和一体式前照灯，产品竞争力得到极大的提升。

(2) 自动（AT）皮卡逐步下探至10万元价格区间　在全国各地逐步解禁皮卡的趋势下，皮卡乘用化、智能网联化快速发展，国内的皮卡自动档车型不断增加，市场竞争日趋激烈，价格逐步下探，最低价格已跌至10万~11万元的价格区间。AT皮卡逐步进入商乘两用类市场，如最新推出的长安凯程F70汽油机，官网售价10.88万元；上汽大通T70自动档，官网售价11.08万元，配合厂家的年终促销，客户感知价已经下探到10.68万元。在2022年广州车展上，长城皮卡将发布金刚炮6AT，预计售价在10万元以内。

(3) 皮卡出口成为销量增长风口　随着越来越多的皮卡企业开始拓展海外市场，海内外双线并行的发展战略已经成为行业新趋势，出口销量构成了皮卡销量的重要部分。自主品牌如长城皮卡、上汽大通、江淮汽车等，在国外"攻城略地"，销量增长率超过100%；合资品牌皮卡受股东方制约，难以利用我国皮卡低成本和产品乘用化的优势实现批量出口。

面对全球皮卡巨大的市场，我国皮卡企业具有成本优势。在我国皮卡乘用化和智能化的趋势下，我国皮卡的产品竞争力不断增强，受到国外消费者的喜爱，尤其是上汽大通的皮卡，依靠电动皮卡打入欧盟市场，获得来自欧盟的大订单。皮卡在整车出口的模式下，多种出口方式并存。长城炮已出口全球四大洲，包括澳大利亚、新西兰、智利共和国（简称智利）、南非共和国、沙特阿拉伯、科威特、巴林、埃及等国家，同时在泰国、俄罗斯等地建厂，以CKD业务方式实现本地化生产。目前江淮汽车的皮卡销售网络覆盖全球80多个国家和地区，目标市场主要在智利、秘鲁、厄瓜多尔、墨西哥等发展中国家。上汽大通实行一地一策，针对不同国家采取不同策略。上汽大通皮卡在大部分海外市场悬挂的是大通车标，而在泰国直接换装名爵MG车标，大通T70在墨西哥市场则是贴雪佛兰标志进行销售。

(4) 皮卡新能源化是未来的产品趋势　我国电动汽车产销规模自2014年起占据了全球电动车市场的半壁江山，2022年仍保持第一，新能源汽车市场渗透率已超过25%。2022年1—11月国内销售电动皮卡2157辆，同比增长31%，新能源皮卡的市场渗透率为0.7%。在电动化趋势和新能源商用车积分倒逼下，主机厂陆续布局全新新能源皮卡，新进入者通过新能源入局皮卡，比如比亚迪混合动力皮卡、奇瑞纯电动皮卡预计将在2023—2024年投放市场。2022年，长城EV商用炮、福田大将军EV皮卡、吉利雷达电动皮卡陆续投放市场，电动皮卡的产品投放呈现加快趋势，技术上也由传统的油改电皮卡向全新电动底盘的新产品发展。

4. 主流皮卡市场分析

从31省市自治区销量表现来看，在经济下行的大环境下，供应商芯片短缺和各地的静默管理对皮卡市场需求产生很大的影响，河北、广东、广西、海南、新疆等均出现不同程度的下滑，疫情重灾区如河北保定、广州等，皮卡销量呈现跳水式下滑（见表3）。

表3　2022年1—11月各省市自治区皮卡销量情况

地区	2021年1—11月销量/辆	2022年1—11月销量/辆	同比增长率（%）	2022年1—11月市场占比（%）
内蒙古	21504	19515	-9.2	6.7
四川	22768	18841	-17.2	6.4
云南	22293	18455	-17.2	6.3
山东	22731	18188	-20.0	6.2
新疆	21621	16540	-23.5	6.0
河北	23399	16349	-30.1	5.7
广东	18382	13865	-24.6	4.7
湖北	14853	12447	-16.2	4.3
黑龙江	12128	11787	-2.8	4.0
广西	14472	10818	-25.2	3.6
湖南	13988	10666	-23.7	3.6
河南	12689	10231	-19.4	3.6
浙江	11490	10188	-11.3	3.4
辽宁	11234	9729	-13.4	3.2
福建	10511	9095	-13.5	3.1
江西	10600	9005	-15.0	3.0
甘肃	8836	8045	-9.0	2.8
安徽	9361	7946	-15.1	2.7
贵州	9926	7727	-22.2	2.6
江苏	8364	7514	-10.2	2.4
山西	8015	7455	-7.0	2.6

（续）

地区	2021年1—11月销量/辆	2022年1—11月销量/辆	同比增长率（%）	2022年1—11月市场占比（%）
陕西	8539	7420	−13.1	2.5
重庆	8850	6410	−27.6	2.3
吉林	5951	5608	−5.8	1.9
宁夏	5066	3946	−22.1	1.4
西藏	6101	3825	−37.3	1.4
海南	7109	3750	−47.2	1.3
青海	2970	2338	−21.3	0.8
北京	2543	2314	−9.0	0.8
天津	1899	1431	−24.6	0.5
上海	1170	1156	−1.2	0.3
合计	359363	292604	−18.6	100.0

二、2023年皮卡市场展望

1. 宏观经济和细分市场走势

2023年全球经济仍面临较多不确定性：一是全球新冠疫情的影响有待观察。二是俄乌冲突还将持续对全球能源和粮食安全带来负面影响。三是全球通胀下美国持续加息，全球经济复苏缓慢。

预计我国经济在2023年下半年将迎来快速修复，汽车行业在下半年将触底反弹，2023年汽车行业将维持2022年的水平，其中乘用车略有下滑，商用车将迎来反弹。轻型货车将触底反弹，皮卡作为轻型货车的一个细分市场，在各地放开进城的宽松政策下，皮卡市场的发展速度将保持稳定，增长率在15%左右。非承载式皮卡预计有13%的增长，承载式皮卡基数较小，但将呈现高速增长态势。

2. 产品趋势

2023年下半年皮卡将迎来一波产品投放和销售高峰。2023年上半年，长城山海炮和金刚炮AT上市；在2023年二季度和三季度，江西五十铃D-MAX和铃拓也将迭代上市；2023年下半年，江铃股份的域虎2023款和福特Ranger将进入市场。皮卡产品竞争力全面增强，尤其是新能源皮卡的加入，将引领皮卡未来发展的趋势。

（1）皮卡品类不断扩容，新进入企业通过新能源产品切入皮卡市场 皮卡市场容量持续增长，也吸引了更多乘用车企业的关注，而导入承载式皮卡使这些新进入者避开竞争激烈的非承载式皮卡，可以另辟蹊径来满足用户需求。在吉利雷达通过纯电动皮卡进入赛道后，比亚迪、郑州宇通等规划的新能源皮卡也将在2023年陆续投放市场。

（2）传统发动机的动力性能提升 在长城推出山海炮后，其匹配的3.0L V6汽油发动机和2.4L柴油发动机功率分别为265kW/500N·m和135kW/480N·m，将拉动江铃股份及其他企业主流竞品的动力提升。同时，皮卡发动机的燃油效率将进一步提升，油耗下降。

3. 市场趋势

皮卡市场将逐步洗牌，长城炮在攀升到48%的最高市场份额后，预计市场份额在其他企业的冲击下将逐步回落。江铃股份在2023款域虎皮卡上市后，销量将进一步上升；江西五十铃推出改款车型后，市场份额将上升，而郑州日产的市场份额将小幅下滑。营销模式也将出现一些新迹象，长城皮卡营销组建皮卡学院，结合客户场景化，开展与用户共创模式，这些业务模式对于提升声量、吸引潜在客户具有非常好的引导示范作用。

出口方面，放眼全球，皮卡国际化是皮卡品牌向上的必经之路。全球经济复苏缓慢，海外用户的消费和购买力下降，原来青睐于国际一线皮卡品牌的用户开始转向我国皮卡。同时在产品竞争力上，我国皮卡在智能网联和舒适性方面做得更好，在海外的性价比优势更高。2023年皮卡企业将更加重视国内、国际两个市场，皮卡出口量将继续上升，出口区域将由欠发达国家逐步扩大到欧洲和澳大利亚市场，产品由燃油车型拓展到纯电动等新能源皮卡。

（作者：邓振斌）

2022 年豪华汽车市场分析及 2023 年展望

一、市场总览

1. 燃油汽车车辆购置税优惠政策及时扭转了销售疲软态势，但整体汽车市场依然承压

2022 年，全球经济疲软和国内新冠疫情不可避免地影响了我国经济活力和汽车消费，2022 年 1—5 月，单月平均乘用车销量均低于 2021 年的同期水平，部分月份甚至低于 2020 年。随着 2022 年 6 月燃油汽车车辆购置税减半政策正式生效，销量得到明显提振（见表 1）。

但随着国内疫情的反复，税收优惠政策的效应从 2022 年第四季度开始消退。在经济活力下降、居民收入和信心承压、地方财政压力加大等多重因素的影响下，我国乘用车市场罕见地出现了"旺季不旺"的情况。从全年看，2022 年全年销量预计将再次低于 2000 万辆。

表 1　2019—2022 年我国乘用车场总销量　　　（单位：辆）

月份	2019 年	2020 年	2021 年	2022 年
1 月	2738298	1928225	2357777	2262369
2 月	923683	203036	1294698	1156228
3 月	1545153	1071170	1746102	1475758
4 月	1535731	1411512	1643239	1005754
5 月	1727432	1585468	1687376	1322149
6 月	2206303	1638325	1690303	1933150
7 月	1451505	1642983	1646781	1791236
8 月	1513704	1735481	1594821	1887388
9 月	1764568	1993301	1717245	1863691
10 月	1713295	1937442	1678206	1656309
11 月	1826811	2024468	1765534	1619799
12 月	2453420	2673969	2264954	—
合计	21399903	19845380	21087036	17973831

注：数据来源于上牌保险数。

2. 中高端新能源汽车品牌分流效应日益显著，传统豪华汽车品牌渗透率明显下降

在整体乘用车市场疲软的大环境下，2022年出现了传统豪华汽车品牌下滑幅度大于市场整体水平的局面，这种传统豪华汽车品牌总销量下滑、渗透率下降的现象在十年来首次出现，其原因主要是中高端新能源汽车品牌销量快速增长，大量分流了25万元及以上价位段的消费者（见表2）。

表2 2019—2022年豪华汽车渗透率对比

时间	乘用车销量/辆	传统豪华汽车销量/辆	传统豪华汽车渗透率(%)	豪华汽车（包含中高端新能源汽车）销量/辆	豪华汽车（包含中高端新能源汽车）渗透率（%）
2019年	21399903	3001921	14.0	3047296	14.2
2020年	19845380	3183343	16.0	3407614	17.2
2021年	21087036	3195017	15.2	3699690	17.5
2021年1—11月	18822082	2943258	15.6	3353116	17.8
2022年1—11月	17973831	2676701	14.9	3295721	18.3

注：数据来源于保险上牌数

我国作为全球最大的新能源汽车消费市场，早在数年前，其新能源汽车渗透率的稳步提升已经给主流合资品牌带来了销售压力，而豪华汽车市场在过去几年中由于维持了较快的增长，使得新能源汽车分流的影响较为有限。这种局面在2022年发生了根本性的变化，豪华汽车市场也呈现增速停滞、存量竞争的局面。于是，以特斯拉、理想、蔚来为代表的中高端新能源汽车对传统豪华汽车品牌的冲击开始显现。

传统豪华汽车品牌的销量在2022年出现的下滑是否意味着我国豪华汽车市场的拐点已至？对于整个豪华汽车市场而言可能未必，但留给传统豪华汽车品牌的时间并不多了，中国消费者的观念已经发生了变化，如何在产品竞争力和用户体验上说服消费者支付品牌溢价，是传统豪华汽车品牌必须做好的答卷。

3. 传统豪华汽车品牌全面下滑，仅保时捷同比增长

2022年1—11月，传统豪华汽车品牌销量与2021年同期相比整体下滑了10%，几乎所有的传统豪华汽车品牌销量都低于上年同期水平，仅有保时捷实现了同比

销售增长（见表3）。保时捷虽然同比增长，但与该品牌过往几年大量官方加配和漫长的等待期相比，现在无论是加价还是提车周期都出现了松动，可见保时捷的增长可能更大程度上归结于车源供给端，而且随着供给的增加和总体消费水平的低迷，供需关系已经趋向平衡。

表3 2021—2022年传统豪华汽车品牌销量对比

品牌	2021年1—11月销量/辆	2022年1—11月销量/辆	同比增长率（%）
宝马	767432	694257	−9.5
奔驰	678508	678125	−0.1
奥迪	639252	577128	−9.7
雷克萨斯	201901	167323	−17.1
凯迪拉克	214562	164181	−23.5
沃尔沃	156186	147257	−5.7
保时捷	80558	84138	4.4
林肯	82819	72842	−12.0
路虎	72726	60928	−16.2
捷豹	23248	18235	−21.6
英菲尼迪	13700	5911	−56.9
玛莎拉蒂	6257	4370	−30.2
讴歌	6109	2006	−67.2

注：数据来源于保险上牌数。

销量下滑较多的品牌中，凯迪拉克受到其主力XT系列SUV车型销售疲软的拖累，一方面是该车型已经接近产品生命周期的中后期甚至尾声，另一方面该车型在其主力销售区域也更容易受到同为美系品牌的特斯拉Model Y的冲击。XT4虽然能享受车辆购置税减半优惠，但销量表现依旧不佳。

而年销量不足一万辆的品牌面临的问题将更加残酷。这些品牌的销量远远不足以支撑起健康的销售网络，从而陷入销量下滑、市场投入不足的恶性循环中。在目前的全球大环境下，品牌总部能否保持对中国市场的信心进而持续投入仍将是一个问题。

4. 入门级车型市场萎缩，25万~50万元的SUV车型依旧是单一最大细分市场

无论是否包含中高端新能源汽车品牌，2022年25万元以下的入门级豪华车型在整体豪华汽车市场中都出现了显著的下滑,而这部分份额主要被 25 万~50 万元价位段的中间车型填补(见表 4)。考虑到入门级豪华汽车车型同样受到车辆购置税减半政策的惠及,市场份额的萎缩更体现出这个细分市场中竞争的激烈,以及目标人群消费能力和意愿受到的冲击。

表 4　2021—2022 年 1—11 月豪华汽车品牌分价格段市场份额变化　　　　　(%)

价位段	传统豪华汽车品牌		豪华汽车品牌（含中高端新能源汽车品牌）	
	2021 年	2022 年 1—11 月	2021 年	2022 年 1—11 月
25 万元以下	19.1	17.3	16.5	14.1
25~50 万元	65.2	66.5	69.9	72.7
50 万元以上	15.7	16.2	13.6	13.2
合计	100.0	100.0	100.0	100.0

注：数据来源于保险上牌数及新车价格监控报告。

结合中高端新能源汽车品牌的销量可以看出,我国消费者对 SUV 车型的偏好并没有改变。传统豪华汽车品牌 SUV 份额的减少主要是因为他们的车型在与相似价位段的特斯拉、理想、蔚来的 SUV 车型竞争中被分流(见表 5)。2022 年,我国消费者依旧钟爱空间大、投影面积小、适合家用的 SUV 车型,不过更多的消费者在比较后选择了中高端新能源汽车品牌的 SUV 车型。

表 5　2021—2022 年 1—11 月豪华汽车品牌分车身类型市场份额变化　　　　　(%)

车身类型	传统豪华汽车品牌			豪华汽车品牌（含中高端新能源汽车品牌）		
	2021 年	2022 年 1—11 月	份额变化	2021 年	2022 年 1—11 月	份额变化
SUV	47.3	46.0	—	40.8	37.3	—
新能源 SUV	2.0	2.5	—	11.3	16.7	—
SUV 合计	49.3	48.5	−0.8	52.1	54.0	1.9
轿车	49.0	49.2	—	42.4	39.9	—
新能源轿车	1.5	2.2	—	5.4	6.0	—
轿车合计	50.5	51.4	0.9	47.8	45.9	−1.9
其他	0.2	0.1	—	0.1	0.1	—

注：数据来源于保险上牌数。

5. 新能源汽车头部玩家集团形成，以特斯拉、蔚来、理想为代表的中高端新势力企业逆势增长，对豪华汽车客户群体的分流明显

2022 年中高端新能源汽车品牌的表现强劲，尤其是与整体疲软的乘用车市场和同比下滑 10%的传统豪华汽车品牌相比，高达 30%甚至 50%的增长率显得更加抢眼（见表 6）。

表 6　2021—2022 年 1—11 月中高端豪华新能源汽车品牌销量对比

品牌	2021 年 1—11 月销量/辆	2022 年 1—11 月销量/辆	同比增长率（%）
特斯拉	252336	400010	58.5
理想	77198	113902	47.5
蔚来	80324	105108	30.9

注：数据来源于保险上牌数。

在特斯拉冲上年销量 40 万辆、理想和蔚来站稳年销量 10 万辆台阶后，已经没有任何一个传统豪华汽车品牌可以轻视这些新势力品牌。这种影响，一方面是销量上的分流，更长远的则是消费者对豪华车型的认知、购车用车的习惯和对服务体系预期的变化。这是在产品和体系上全新的竞争形态，而以目前的情况看，传统豪华汽车品牌"主机厂+经销商"的体系在竞争中尚处于守势。

特斯拉依靠 Model Y 的强劲表现，已经拉开了与二线豪华汽车品牌以及其他中高端新能源汽车品牌的距离，随着 2023 年可能推出的下一代 Model 3 以及 Model Y 的中期改款，辅以激进的定价策略，其在 2023 年的表现值得期待（见表 7）。

理想和蔚来也同样取得了优秀的成绩，在整体逆境中实现了大幅的增长。考虑到两个品牌车型定价更高，这份成绩更难能可贵。2022 年蔚来的增量主要来自于新车型 ET7，同时也启动了出海的探索。而理想则对原来的主力车型理想 ONE 进行了换代，重新梳理了产品线的布局和命名体系。两个品牌在站上年销量十万辆的台阶后，对于如何站稳脚跟并进一步发展的问题，各自面临着不同的挑战。对理想而言，需要清晰地定位 L7、L8、L9 产品线并制定销售策略，在价格和尺寸有一定重合度的产品上避免内耗，同时做好原车主的安抚工作，这将对市场和销售团队提出更高的要求。而对于蔚来而言，产品线日益完善、存量客户数量增加、地域分布扩大后，维持好用户体验和日常服务对于保持车主口碑的正向营销效应至关重要。

表7　2021—2022年1—11月新势力品牌分车型销量　　　　　　　（单位：辆）

品牌	车型	2021年	2022年1—11月
特斯拉	Model Y	170786	287272
	Model 3	151232	112738
	Model X	462	—
	Model S	77	
蔚来	蔚来ES6	41114	40561
	蔚来ET7	7	21513
	蔚来EC6	29907	16796
	蔚来ES8	19778	12972
	蔚来ES7	—	9368
	蔚来ET5		3898
理想	理想ONE	91310	78398
	理想L9	—	29543
	理想L8		5961

注：数据来源于保险上牌数。

6. 传统豪华汽车品牌向新能源汽车转型的路径讨论

在双积分和全球碳达峰的背景下，传统豪华汽车品牌都投入了大量的资源向新能源汽车转型。从销量和渗透率角度看，目前处于领先地位的是奔驰、宝马和保时捷。2022年1—11月传统豪华汽车品牌新能源车型销量见表8。

表8　2022年1—11月传统豪华汽车品牌新能源车型销量

品牌	新能源车型销量/辆	总销量/辆	新能源车型渗透率（%）
宝马	50081	694257	7.2
奔驰	37843	678125	5.6
奥迪	9133	577128	1.6
凯迪拉克	1756	164181	1.1
雷克萨斯	3257	167323	1.9
沃尔沃	10020	147257	6.8
保时捷	10918	84138	13.0
林肯	1369	72842	1.9
路虎	2079	60928	3.4

（续）

品牌	新能源车型销量/辆	总销量/辆	新能源车型渗透率（%）
捷豹	—	18235	—
英菲尼迪	—	5911	—
玛莎拉蒂	—	4370	—
讴歌	—	2006	—
合计	126456	2676701	4.7

注：数据来源于保险上牌数。

宝马和奔驰的新能源车型占到了传统豪华汽车品牌所有新能源车型销量的70%，处于绝对领先地位，而销量紧随其后的保时捷则是新能源车型渗透率最高的品牌，沃尔沃也有不错的表现。这些领先品牌采取的策略基本可以分为两类：以奔驰 EQ 系列为代表的独立新能源产品线，以及在燃油车型基础上衍生出的新能源车型。

在中国，奔驰可能是一线豪华汽车品牌中对新能源汽车转型最为重视的品牌。其在中国同步上市了 EQ 系列电动车，投入了大量的市场广告和宣传资源引导消费者，也在 4S 店展厅单独辟出 EQ 专区，可谓是不遗余力。但是从销量成绩上看，EQ 系列交出的答卷可能并未达到品牌的预期。所有 EQ 系列车型在 2022 年的销量之和，不及同品牌插电式混合动力 E 级轿车的一个车型。

而这也引出了另一种转型模式，即在燃油汽车平台上调整动力总成衍生出插电式混合动力或纯电动车型，并以与燃油车型相近价格进行销售。奔驰、宝马、保时捷插电式混合动力车型与燃油车型价位高度重叠，宝马纯电动 iX3 的终端零售价甚至已经低于燃油汽车 X3。

从两种转型策略的表现对比看，传统豪华汽车品牌仍然没有摆脱燃油汽车的烙印。目前传统豪华汽车品牌面临的情况是他们的潜在消费者考虑新能源车型的比例不高，即使是这部分客户也不愿意为豪华新能源车型支付溢价。如果是与燃油汽车有明显渊源的纯电动车型，消费者甚至可能要求价格折扣。

无论是从经销商体系的销售能力，还是消费者的认知看，传统豪华汽车品牌的插电式混合动力车型的主要竞品是传统燃油车型。而当纯电动车型摆在消费者面前时，无论是全新的纯电动汽车产品线还是燃油车型的衍生，其设计语言、车载信息娱乐系统和智能体验，与国内中高端新能源汽车品牌的车型相比都明显有燃油汽车的影子。此外，纯电动车型的日常使用感受高度依赖充电和服务体系，所以在纯电动车型领域，消费者会同时考虑超充网络、服务保障、用车体验等因素。在这场体系的竞争中，传统豪华汽车品牌反而处于劣势，这种劣势最后也反映到了销量上。

这种现象值得传统豪华汽车品牌重视和思考：在 25 万～50 万元价位段与其竞争的中高端新能源汽车品牌为什么能持续从其手中抢走消费者？与之相比，传统豪华汽车品牌的差距主要是在产品竞争力上，还是在购车和用车的体验上？

7. 存量市场竞争中销售模式的再探讨：经销商模式与直营模式

在豪华汽车市场中，经销商模式的背后就是传统豪华汽车品牌，而三个中高端新能源汽车品牌无一例外都选择了直营模式。

站在主机厂的角度，经销商模式不仅为其节省了大量直面消费者带来的工作和精力，而且也通过库存确保了主机厂供应链和生产计划的稳定。这些便利是直营模式无法比拟的。而站在目前中国消费者的角度，直营模式能给客户带来的体验相较于经销商模式有显著的优势。主机厂直接管理的销售体系大幅改善了购车体验，且在客户提车后通过官方 APP（手机软件）、公众号、微信服务群形成的对客矩阵与车主保持直接交流沟通，也能有效增加客户黏性并优化用车体验，通过提高客户满意度形成品牌忠诚度与口碑效应的正向循环。

但直营模式并不是新势力的发明，这种模式伴随着汽车的诞生就已经存在。经过一百多年的演化，出于覆盖范围、法律限制、运营效率等多种原因，最后行业选择了目前主流的经销商模式。这个过程本身也说明了经销商模式对于汽车流通领域的各方来说是一个较好的平衡。移动互联网的出现又为这个百年演化后逐渐稳定的体系带来了新的变化。在移动互联网潜移默化地改变我们日常生活习惯和行为模式的同时，也使得原本笨重的直营模式变成一种主机厂高效地直接触达消费者的选择。

当然直营模式也有多种缺点，它能否成功最关键的就是在于销售端能否收集到足够多的订单，从而保持一个健康的订单池和交车周期。一旦订单疲软，缺乏经销商体系支持的自营模式就会给主机厂带来沉重的负担，占用大量现金流。

考虑到经销商模式的惯性，预计短期内不会出现传统豪华汽车品牌转向直营模式的情况。但直营模式反而可能出现变化，当出现订单不足的情况时，是降低产能甚至暂时停产，还是降价促销，抑或是加大向海外输出产能的力度，甚至选择某些区域或车型试水代理模式，这都值得其他品牌关注。

总而言之，互联网时代为直营模式带来了新的活力，在客户体验上也相较经销商模式有很大的优势。但直营模式对主机厂的销售、运营和计划能力提出了更高的要求，这种模式是否会在豪华汽车市场进入存量竞争的态势以后出现调整或转变，我们可能会在不久的将来看到答案。

二、2022 年总结

2022 年对于我国的豪华汽车市场而言是具有里程碑意义的一年，在宏观经济压力加大、居民消费意愿低迷的情况下，传统豪华汽车品牌的销量首次出现了较大幅度的下滑。即使加上被中高端新能源汽车分流的销量，豪华汽车市场也处于原地踏步的状态。

存量时代的竞争更加激烈，当蛋糕已经很难做大时，需要依靠更强的产品竞争力和销售力去争夺市场。我国乘用车市场在经历了多年存量市场竞争后，宝沃破产，世界排名第三的 Stellantis 集团也在中国大幅收缩市场。而豪华汽车市场中的马太效应也同样明显，奔驰、宝马、奥迪组成的第一梯队总体相对稳健，二线豪华汽车品牌销量的变化体现出品牌口碑和产品竞争力日益重要，单纯依靠一个品牌故事已经很难打动消费者。

而在向新能源汽车转型的过程中，传统豪华汽车品牌尚未摆脱燃油汽车的烙印，依旧将在燃油车型上衍生出的新能源车型作为主打产品。关于如何实现品牌形象的转型和销售体系的调整，各个主机厂都在进行尝试和探索，但尚未形成清晰的路径。传统豪华汽车品牌需要意识到，新能源车型尤其是纯电动车型的销售不仅是销售体系的竞争，更是整个用车、充电补能体系的竞争。如果没有大量投资的决心和魄力，单纯依靠向经销商集团铺货并不能在体系竞争的环境下取得优势。

2022 年，我国豪华汽车市场总体销量增长停滞，传统豪华汽车品牌的总销量也出现了明显的下滑。但需要注意的是，即使告别了快速增长阶段，中国依旧是全球最大的豪华汽车市场。逐渐成熟的中国汽车消费者也用行动说明了他们愿意为质量、口碑、产品竞争力、科技感和用户体验——这些需要投入时间和精力、积累形成的竞争力买单，这是稳住基盘实现增长的切入点，也对众多豪华汽车品牌主机厂提出了更高的要求。

三、2023 年展望

经济学家对于 2023 年的宏观经济走势持谨慎乐观的态度，主流的观点是最坏的时期已经过去。疫情影响减弱后，中国经济活力必然提升，考虑到美国中期选举的结果能使未来两年的政策保持相对稳定，如果 2023 年俄乌冲突能画上休止符，欧洲经济的压力也会大幅缓解，这些对于全球经济而言都是好消息。至于豪华汽车市场，预计 2023 年将呈现触底反弹、温和增长的总体趋势，但不同品牌的表现则可能大相径庭。

2023 年，传统豪华汽车品牌能否在中高端新能源汽车品牌的冲击下站稳脚跟是值得关注的问题。同时，中高端新能源汽车品牌能否保持过去多年的快速增长是同时摆在特斯拉、理想和蔚来面前的挑战。就特斯拉而言，跨上年销量 40 万辆的台阶后仅依靠少数几个车型能否维持局面并进一步向上突破，将会是很大的考验。理想和蔚来在迈入 10 万辆年销量的门槛后，也需要在产品策略和定位、销售服务网络的进一步布局、订单收集与产能规划等方面给予更多的关注。此外，直营模式在品牌快速成长和口碑积累过程中自然功不可没，但是面对可能出现的订单疲软，如何调整和应对也是一大挑战。

我国豪华汽车市场或已告别高速增长的时代，但其庞大的市场体量和遥遥领先的新能源车型销量意味着中国仍然是豪华汽车最重要的市场之一。预计在不久的将来，我国市场的经验在大浪淘沙后会影响甚至引领全球的豪华汽车市场。

（作者：叶永青 蒋睿毅）

2022年SUV市场分析及2023年展望

2022年乘用车市场受新冠疫情影响明显，政策助力市场恢复。上半年受芯片短缺、原材料价格上涨、疫情等因素影响，汽车行业面临供给冲击、需求收缩、预期转弱三重压力。随着下半年疫情得到控制，供应链全面恢复，同时燃油汽车车辆购置税减半、地方政府汽车消费刺激政策等一系列促消费政策出台，国内汽车市场逐渐恢复。

2022年1—11月，我国乘用车销量为2092万辆（见图1），同比增长11.9%，全年有望达到2018年以来的高位水平。分品类看，轿车市场销量为1007.9万辆，同比增长13.4%，增速领先；SUV市场销量为999.3万辆，同比增长12.9%（见图2）；MPV市场销量为84.5万辆，同比下降11.7%，拖慢整体市场增速。

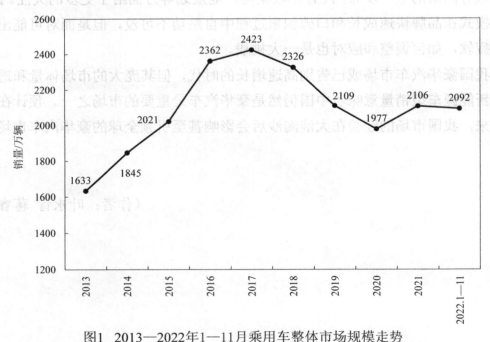

图1　2013—2022年1—11月乘用车整体市场规模走势

（注：数据来源于乘用车市场信息联席会，下同）

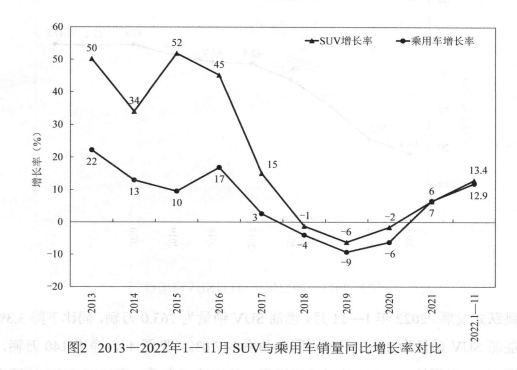

图2 2013—2022年1—11月SUV与乘用车销量同比增长率对比

一、2022 年 SUV 市场特征

1. 整体 SUV 市场分析

近十年以来，我国 SUV 市场发展基本经历了快速发展期、平台波动期与恢复期三个阶段。

2013—2017 年为快速增长期，SUV 市场保持了 15%以上高增长率，远高于乘用车整体市场。SUV 市场份额也快速提升，由 2013 年的 18.4%，迅速增至 2017 年的 42.5%（见图 3）。

2018—2020 年为平台波动期，SUV 市场发展红利减弱，结束高增长态势，市场份额平稳提升，由 2018 年的 43.0%提升至 2020 年的 47.8%。

2021—2022 年为恢复期，SUV 市场逐渐恢复发展，增长率基本与乘用车市场持平（见图 3），市场份额连续三年稳定在 47%~48%。

2. 燃料类型分析

新能源与传统能源 SUV 加速分化，传统能源车型销量衰退，新能源车型销

图3 2013—2022年1—11月SUV市场份额

量跳跃式发展。2022 年 1—11 月，燃油 SUV 销量为 763.0 万辆，同比下降 3.3%；新能源 SUV 销量为 236.2 万辆，同比劲增 147.0%（见图4），净增 140 万辆，新能源 SUV 对燃油 SUV 的替代效应增强。从渗透率来看，新能源 SUV 渗透率提升至 23.64%（见图5），仍低于轿车渗透率，但涨幅基本相当。

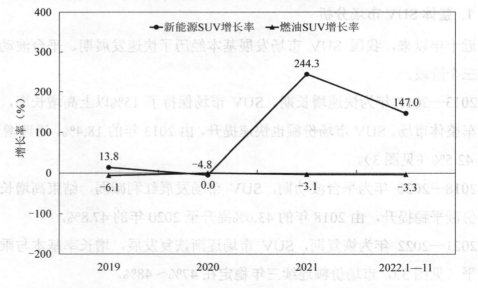

图4 2019—2022年1—11月新能源SUV与燃油SUV销量同比增长率

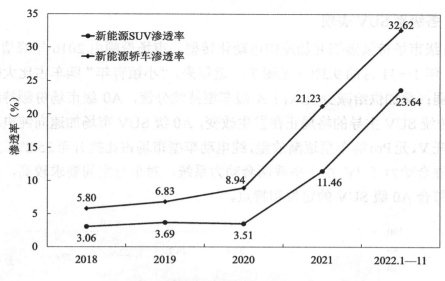

图5 新能源轿车与新能源SUV渗透率

SUV与轿车在新能源路线上产生差异，各有侧重。SUV纯电动和插电式混合动力双线发展，轿车则更侧重纯电动发展。在新能源SUV内部，纯电动车占比为66.26%，插电式混合动力占比为33.74%（见图6），插电式混合动力发展更快。其中以比亚迪、吉利、哈弗、长安为代表的自主品牌主攻10万~20万元中端市场，以理想、问界为代表的新势力主攻25万~35万元中高端市场。新能源轿车内部，仍主力发展纯电动，占比达85.53%。

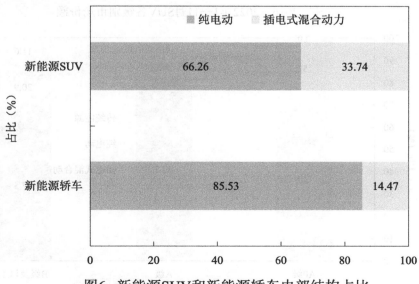

图6 新能源SUV和新能源轿车内部结构占比

3. 各级别SUV表现

A0级市场持续萎缩并加速向电动化转型，市场份额由2016年峰值25.7%降至2022年1—11月的9.3%（见图7）。近年来，"小镇青年"购车占比大幅下滑，需求减弱；叠加供给减少及入门A级车型持续分流，A0级市场份额持续萎缩。同时，传统SUV主导的格局正在发生改变，A0级SUV市场加速向纯电动转型。随着哪吒V、元Pro等车型逐渐放量，纯电动车型市场占比提升至25.2%（见图8）。插电式混合动力SUV由于搭载两套动力系统，对车身空间要求较高，成本也较高，不符合A0级SUV的定位和特点。

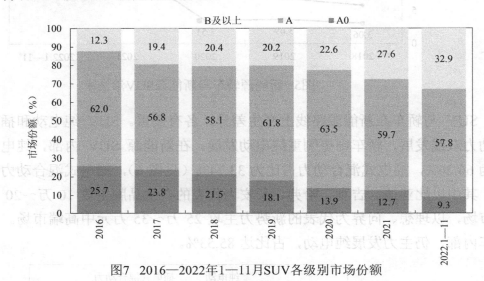

图7 2016—2022年1—11月SUV各级别市场份额

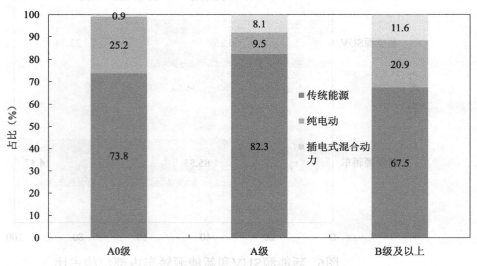

图8 2022年SUV各级别内部不同燃料类型占比

A级市场份额有所下滑，但继续保持主体地位，新能源车型销量有所提升。2022年1—11月，A级市场份额为57.8%，较上年下降1.9个百分点，但仍是最核心市场。一方面，作为消费主力的首购群体占比持续下降，导致需求减弱；另一方面，A级市场仍以传统能源车型为主，逐渐引起了消费者的"审美疲劳"，主流产品表现走弱。2022年以来，A级市场电动化提速，插电式混合动力及纯电动车型均加速渗透。以宋PLUS DMI为代表的插电式混合动力，凭借低油耗以及实用空间，迎来了销量大爆发，同时宋PLUS登顶紧凑型SUV销量榜首。以元PLUS为代表的纯电动车型，凭借性能高、能耗低、配置丰富等优点迅速放量。

级别结构呈现大型化，B级及以上车型市场份额显著增长。凭借更好的视野、更大的空间、更加个性化的设计等因素，B级及以上车型受到市场追捧，份额由2021年的27.6%提升到2022年1—11月的32.9%，涨幅扩大。B级及以上市场新能源化程度最高，新能源车型市场占比超三成，尤其插电式混合动力化趋势明显。以长安UNI-K为代表的自主车型，主打15万~20万元中端市场；以理性ONE、问界M5为代表的新势力车型，主打25万元以上市场。

4. 各系别SUV表现

车系结构重塑，自主品牌加速崛起。自主品牌SUV市场份额持续提升，2022年1—11月销量达到570.4万辆，同比增长20.9%，远高于行业平均增长率，市场份额提升至57.1%（见图9），较上年提升3.6个百分点，向上趋势明显。自主品牌凭借新能源车型的先发优势，打出了价格优势，拥有更好的续驶里程、科技感、尺寸表现，占领消费者心智，在新能源SUV领域大幅领先。同时，凭借插电式混合动力车型攻入合资品牌腹地，抢占合资品牌市场份额。

日系品牌市场份额萎缩，新能源车型发展相对缓慢。2022年1—11月日系品牌市场份额滑落至15.6%，较上年下滑2.5个百分点，降幅扩大。一方面，新能源SUV加速发展，对传统SUV冲击严重，以传统SUV为主的日系车受冲击更加明显。另一方面，日系品牌在新能源汽车赛道失速，丰田、本田基于全新纯电动平台打造的bZ系列、e:N系列，价格较高、配置和性能较低，同时面临自主品牌的强势围剿，市场遇冷。而基于燃油汽车打造的插电式混合动力车型由于混合动力技术老旧、价格高、性价比低，单月销量仅几百辆，未能打开局面。

欧系品牌发力新能源SUV市场，稳固市场份额。2022年1—11月欧系品牌市场份额为 16.7%，较上年下滑 1.2 个百分点，降幅相对较小。以大众、宝马、奔驰、奥迪为首的欧系品牌持续推进产品电动化。大众基于全新纯电动平台推出 ID.4、ID.6，覆盖主流 18 万～33 万元价格区间，销量稳步上升。豪华品牌处于产品导入期，基于燃油汽车打造新能源版本，推出包括奥迪 e-tron 系列、宝马 i 系列以及奔驰 EQ 系列多款电动车。

美系品牌逆势上扬，特斯拉为最大助力。随着特斯拉 Model Y 产能扩充，销量大幅释放，2022 年 1—11 月累计销量为 41.9 万辆，月销 3.8 万辆，跻身 SUV 车型销量榜前三位。福特、通用等也在加速推进电动化。通用基于全新奥特能平台，计划每年导入 4～5 款电动车型，全面覆盖凯迪拉克、别克、雪佛兰三大品牌，满足多样化消费需求。2022 年 11 月凯迪拉克·锐歌率先上市交付。

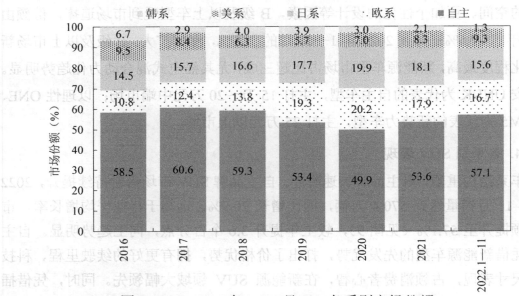

图9 2016—2022年1—11月SUV各系别市场份额

5．终端价格走势

（1）SUV 平均成交价　随着居民收入增长、增换购占比提升，以及企业中高端优质产品的投放，2022 年 1—11 月我国 SUV 终端成交价持续上行，接近 19 万元，同比上涨 1.9 万元（见图 10），涨幅达 11.3%，再次拉大与轿车的差距；2022 年 1—11 月轿车终端成交价为 15.3 万元，延续波动上涨趋势，主要原因是轿车销售结构改善，从哑铃型向纺锤形优化。

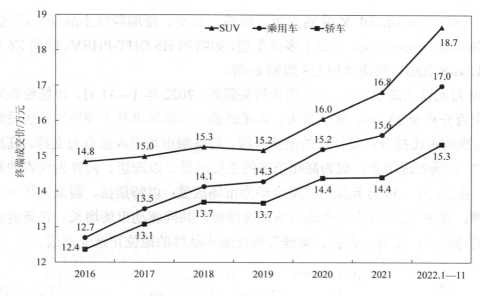

图10　2016—2022年1—11月乘用车和SUV终端成交价走势

（注：数据来源于全国终端成交价）

（2）SUV 价格段走势　SUV 市场的价格结构走势呈持续上行趋势，中高端市场占比提升明显，中低端市场占比下降。

10万元以下SUV低端市场严重萎缩，市场地位大幅下跌。2022年1—11月，10万元以下SUV市场份额降至15.8%（见图11），较上年下降5.8个百分点。三年疫情造成中低端收入群体加速萎缩，一部分购车需求被迫取消或推迟，一部分需求呈现升级趋势；同时二手车市场蓬勃发展，也在一定程度上分流了低端SUV新车需求。

10万~15万元经济型SUV市场加速下行，传统能源SUV市场走弱，新能源SUV发展程度较低。传统明星车热度减退，销量持续走低，市场表现疲软。新车投放数量减少，以哈弗H6、第二代长安CS75 PLUS、博越L、荣威RX5等自主核心车型换代为主，欧尚Z6、哈弗神兽等新车销量爬坡较慢，市场表现低于预期。新能源SUV处于起步期，以元PLUS、埃安Y为代表的纯电动车型投放市场后销量持续走高。元PLUS单月销量突破2.5万辆，进入细分市场前三名。但受成本控制，纯电动SUV目前以入门A级为主。

15万~20万元中端SUV市场扩大，成为第二大市场。2022年1—11月，市场份额为20.5%，较上年同期提升了3.5个百分点，新能源SUV贡献最大。比亚迪凭借全生命周期成本优势、无里程焦虑以及优异的产品竞争力等，解决了刚需和换购人群的需求痛点，点燃市场消费热情。其中，宋系列1—11月累计销售41.2

万辆，与特斯拉 Model Y 并驾齐驱。哈弗、长安、奇瑞等自主品牌正迅速跟进，加紧混合动力战略落地，上市了多款车型，如哈弗 H6 DHT-PHEV、欧尚 Z6 iDD、长安 UNI-K iDD、瑞虎 8 PLUS 鲲鹏 e+等。

20 万元以上高端 SUV 市场增长势头强劲。2022 年 1—11 月，市场份额同比上涨 6 个百分点至 33.3%，涨幅最大。需求旺盛、供给渐丰是主要原因。居民收入增长、增换购占比提升以及持续的消费升级，对高端市场形成强有力支撑。高端新能源 SUV 市场表现走强，成为高端车市的主要增量。以理想、问界为代表的新势力品牌，在 20 万~30 万元插电式混合动力市场放量；以特斯拉、蔚来为代表的新势力品牌，在 30 万元以上纯电动市场加速渗透，共同驱动市场增长。在新能源汽车浪潮的冲击下，宝马、奔驰、奥迪等传统豪华品牌的地位正遭受挑战。

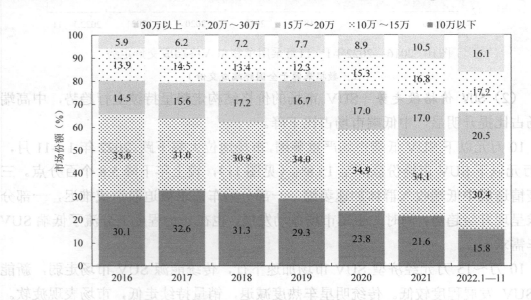

图11 2016—2022年1—11月SUV各价位段市场份额走势

（注：数据来源于全国终端成交价）

2022 年 1—11 月，SUV 行业实现了 10%以上的快速增长，但内部呈现分化。传统能源 SUV 日渐衰落，新能源 SUV 高歌猛进，成为新增长引擎；插电式混合动力、纯电动双线发展，共同助推新能源 SUV 发展；自主品牌再次崛起，日欧品牌电动化转型缓慢，不复昔日传统市场辉煌；级别大型化趋势明显，B 级及以上市场潜力巨大，A0 级与 A 级持续萎缩；高端市场向上明显，中低端市场持续走低。

二、2023 年 SUV 市场展望

1. 疫情因素

疫情影响减弱，汽车消费需求有望逐渐复苏。防控政策优化调整后，短期内感染人数会增加，但整体情况正向好发展。预计第一波感染峰值出现在 2023 年 1 月中上旬到 2 月中旬，3 月中上旬进入平稳阶段，乐观估计 2023 年上半年可恢复到疫情前的生活状态。正常生产经营活动有望恢复，企业生产得到保证，居民出行不再受到管控，有利于汽车市场复苏。但若未来出现了更具传染性的变异株，结果可能发生改变。

2. 经济因素

中央经济工作会议要求，坚持稳字当头、稳中求进。国民经济发展要保持相对稳定，为此要基于当前的国内外形势，把局部短期结构性的刺激增长和长期宏观的高质量稳定发展结合起来，在保持稳定的前提下，既要量的增长更要质的提升。预计 2023 年经济呈现先触底再反弹的 V 形走势。2023 年一季度触底，经济增长维持相对低迷的状态，二季度开始反弹，三、四季度经济活动基本转向正常，预计全年 GDP 增长率有望在 4.5%～5%，高于 2022 年全年 3.3%左右的增长率，对汽车市场恢复形成支撑。

3. 政策因素

2022 年底，国家对新能源汽车的购置补贴政策退出，但燃油汽车车辆购置税补贴仍存在不确定性。为促进汽车消费，我国出台了阶段性减征部分乘用车车辆购置税政策，对购置日期在 2022 年 6 月 1 日至 2022 年 12 月 31 日期间、单车价格不超过 30 万元的 2.0L 及以下排量乘用车减半征收车辆购置税，政策效果明显，起到了快速有效拉动汽车消费的作用。因此市场呼吁，2023 年传统燃油汽车车辆购置税优惠政策及地方相关促消费政策等能够延续，进一步释放汽车消费潜力，带动产业发展。

4. 需求因素

近年来，我国消费者对 SUV 车型的热情持续不减。SUV 功能需求一直存在，相比轿车具有强动力、通过性、宽敞舒适及良好的载物和载客功能的优势，尤其随着自驾游、露营、越野热的兴起，对空间的需求不断提高，SUV 能够更好地满足需求。未来在刚需释放、换购群体增多、三胎家庭增多以及年轻消费群体购车

偏好等多重利好因素的推动下，SUV 需求有望保持稳定增长。

5. 供给因素

2023 年新车型供给提速，助力市场发展。随着新能源汽车市场的发展，SUV 已经成为越来越多汽车企业电动化布局的对象。自主品牌方面，蔚来、理想等新势力加速新车型投放，打造更有竞争力的产品，同时理想、赛力斯加速纯电车型推出步伐。以比亚迪为代表的头部自主品牌均加快混合动力战略落地，长城柠檬混动 DHT、吉利雷神 Hi·X 混动，长安 iDD 均规划了多款车型；传统自主品牌新能源子品牌加速纯电动布局，极氪、阿维塔、智己等均预计规划 1~2 款新车。

合资品牌电动化提速，角逐新能源汽车赛道。日系丰田 bZ 系列、本田 e:N 系列有望放量，日产 Ariya 上市交付；大众、宝马、奔驰、奥迪稳步推进，扩充产品序列；美系福特、通用均预计规划 4~5 款纯电动产品。

6. 出口因素

自 2021 年以来，随着全球新冠疫情的爆发，凭借汽车产业链供应链韧性较强优势，我国汽车出口高速发展，成为拉动市场销量的重要力量。2021 年国内乘用车出口 153.9 万辆，同比增长 120%；2022 年 1—11 月累计出口 215 万辆，高出上年全年 61 万辆，同比增长 57%。随着我国汽车企业竞争优势和海外市场认可度的提升，预计 2023 年乘用车出口继续保持强势，为汽车市场贡献增量。

7. 总结

随着疫情影响减弱，我国宏观经济将持续回暖；供应链问题改善，芯片短缺基本结束；大宗商品价格波动下滑，油价下跌；国家政策支持下新能源汽车快速发展，充电桩等配套设施逐渐完善；SUV 新产品供给增加等，均有利于 SUV 市场恢复。但也面临一定风险，国际环境复杂多变，俄乌冲突、美联储加息等，带来国际形势不稳定；燃油汽车车辆购置税优惠政策 2023 年能否延续的不确定性以及新能源汽车补贴取消，造成企业成本增加、价格提升、竞争加剧等。综上考虑，预计 2023 年全年乘用车市场销售 2350 万辆，同比增长 1.0%；SUV 销售 1130 万辆，同比增长 1.2%，略高于整体乘用车市场。

（作者：张亚磊）

2022年MPV市场分析及2023年展望

一、MPV市场整体发展趋势

近几年，在消费需求升级的大趋势下，小型和紧凑级MPV市场正在快速萎缩。一方面部分小型MPV本身正在迭代升级成紧凑型MPV，另一方面虽然紧凑型MPV不断有新玩家加入，如广汽传祺M6等，但随着东风风行S500、东风本田杰德等走量车型陆续停产，以及SUV-C跨界替代等因素，导致了紧凑型MPV也面临需求萎缩，尤其在2022年1—10月，小型、紧凑型MPV各自仅13万辆左右的销量，与2016年相比相差甚远（见图1）。

与之形成鲜明对比的是中大型MPV销量稳中有增，过去两年不断有重磅车型如广汽丰田赛那、广汽传祺M8等推出，可见在将来还会有大量自主品牌和新势力品牌的新能源MPV推出，预计将进一步加强MPV不断高端化、大型化的趋势。

从全行业看，MPV作为相对小众市场，2022年月度销量同比增长率仍小于其他各类车型（见图2）。

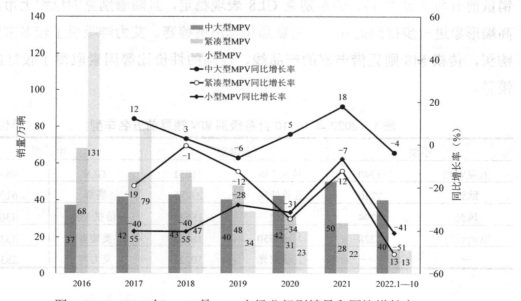

图1 2016—2022年1—10月MPV市场分级别销量和同比增长率

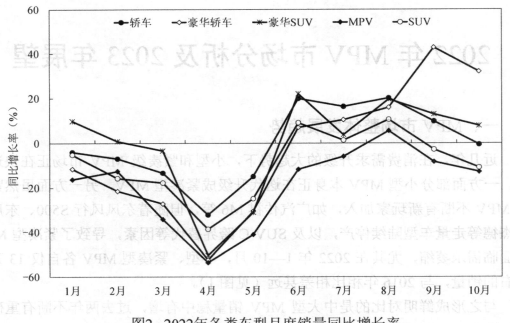

图2 2022年各类车型月度销量同比增长率

2022年1—10月,从分车型市场竞争格局看,小型MPV市场几乎是五菱宏光一家独大,这与小型SUV和小型轿车的竞争格局十分相似;紧凑级MPV市场被以广汽传祺M6为首的自主品牌车型占据,而合资车型则独揽了中大型MPV销量前五名(见表1)。美系别克GL8表现稳定,且随着别克的世纪上市,品牌高端形象进一步得到提升;丰田赛那和本田奥德赛、艾力绅吸引了较多家庭用户购买,传祺M8则凭借丰富的产品线、较高的性价比等因素取得了较好的市场销量。

表1 2022年1—10月各级别MPV销量前五名车型 (单位:辆)

小型		紧凑型		中大型	
五菱宏光	113740	传祺M6	31851	GL8	98365
欧诺	7710	五菱佳辰	23288	赛那	61079
风光	4394	凯捷	18533	传祺M8	43601
欧尚长行	2228	大通G50	16835	奥德赛	35248
—	—	五菱宏光	10221	艾力绅	28377

二、重点细分市场——中大型 MPV 发展分析

2022 年中大型 MPV 销售区域分布较为稳定，相比整体乘用车市场，中大型 MPV 在一二线城市占比更高（见图 3）。

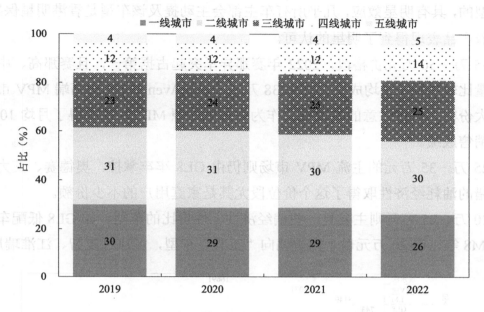

图3　2019—2022年中大型MPV分城市级别占比

从车系竞争格局来看，2017—2020 年竞争格局较为稳定，自 2021 年起，随着传祺 M8、丰田赛那等车型迭代而发生明显变化。2022 年 1—10 月，日系品牌凭借丰田赛那、本田奥德赛、艾力绅三款车型以及雷克萨斯 LM、埃尔法两款百万元豪华 MPV 占据近 40%的市场份额；国产品牌则由广汽传祺、东风柳汽风行、江淮、上汽等品牌的 MPV 车型占据近 30%市场份额；美系完全由别克 GL8 一款车贡献 25%的市场份额；韩系主要为现代库斯图和起亚嘉华，占据约 4%市场份额；德系占据的 7%市场份额则主要由奔驰 V 级、大众威昂贡献。

从分价格段的竞争格局来看，国产中大型 MPV 主要处在下沉市场。2022 年，国产中大型 MPV 月均销量约 1.1 万辆，集中在 25 万元以下市场，而 25 万元以上市场则基本被国外品牌占据。

从细分价格段来看，50 万元以上价位段车型主要是丰田埃尔法、雷克萨斯 LM、奔驰 V 等（见图 4），这些车型更多是作为一种"社交名片"或消费者对品

牌本身比较认可。以埃尔法举例，虽和赛那均出自丰田 TNGA-K 平台，动力总成、配置等也无优势，但它是圈层敲门砖。在高端人群的社交圈中，埃尔法不仅是一辆车，更是有资格进入高端圈层的社交名片，多数车主在购车时是没有考虑过其他车型的，具有明星效应，几乎所有车主都会主动提及该车型是香港明星保姆车，代表着产品表现得到了明星的认可。

35 万～50 万元价格段，2022 年赛那异军突起占据第一，且赛那高、中、低配销量比较均衡，平均成交价约为 38 万元，GL8 Avenir 仍然在高端 MPV 市场占据较大份额，值得注意的是梦想家作为高端新能源 MPV，也取得了月均 1000 多辆的销售成绩。

25 万～35 万元的主流 MPV 市场则仍由 GL8 牢牢掌控，奥德赛、艾力绅凭借不错的油耗经济性取得了这个价位段尤其是家庭用户的不少份额。

20 万～25 万元则主要是一些偏经济性、性价比的车型，如 GL8 低配车型、传祺 M8 等，而 20 万元以下则更偏向"工具"车型，如风行菱智、江淮瑞风。

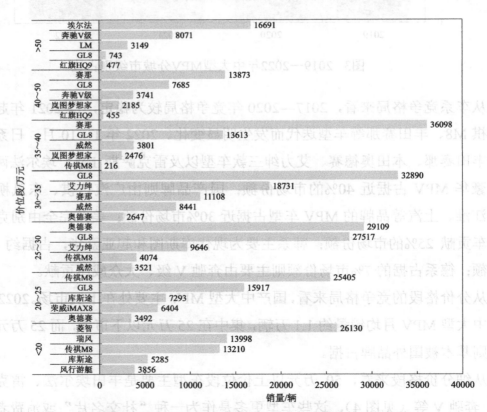

图4 2022年1—10月中大型MPV分价格段销量前五名车型

在中大型 MPV 用户人群画像上，不同价格段也有较大区别，购买 35 万元以上的 MPV 用户明显教育水平、家庭收入、增购比例、固定车位比例较高（见表 2）。

表 2 中大型 MPV 用户人群画像与拥车、停车条件　　　　　　　　　（%）

用户人群画像		20万~25万元占比	25万~35万元占比	35万~50万元占比	>50万元占比
性别	男性	80	83	85	89
年龄	平均年龄/岁	37.5	37.9	38.4	40.1
	17~25岁	3	4	2	2
	26~30岁	15	11	13	5
	31~35岁	26	21	27	13
	>36岁	56	64	58	80
婚姻状况	已婚	92	93	94	98
小孩数量	0个	10	10	8	6
	1个	66	59	56	54
	≥2个	24	31	36	40
教育水平	高等教育及以上	42	43	56	72
收入水平	平均家庭月收入/元	26208	25617	34010	56772
职业	企业主/小老板	48	48	56	68
	管理层/专家	30	30	30	24
	员工	18	19	14	7
工作单位	国有企业/集体企业	12	13	15	8
	合资企业/外资企业	17	19	13	14
	私营企业	71	68	72	78
拥车、停车条件		20万~25万元占比	25万~35万元占比	35万~50万元占比	>50万元占比
增换购	首购	35	29	23	14
	增购	44	49	53	67
	换购	21	22	24	19
拥车数量	1辆	53	48	42	33
	2辆	47	50	52	58
	≥3辆	0	2	6	9
停车条件	固定车位	72	69	79	71
	公共停车场	19	17	10	18
	车库	3	3	5	6
	其他	6	11	6	5

同时，中大型日系产品如奥德赛、艾力绅、赛那均以个人购买为主（见图5），主要原因是油耗较低、偏向家用造型以及拥有一些适合家庭使用的特征，如行李舱翻坑设计等。

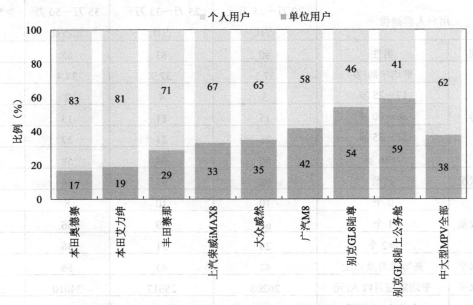

图5 2022年主要中大型MPV车型销售对公对私比例

三、新能源汽车浪潮及重点产品分析

2022年中大型MPV市场电动化刚刚起步，2021年NEV（新能源汽车）渗透率为1%，2022年预计将达到2%，远远落后于全市场27%的渗透率。然而这一现状可能马上迎来转变，2022年可以说是新能源MPV的元年，多款重磅车型先后推出。

1. 岚图梦想家

岚图汽车将形成跨SUV、MPV、轿车的三大品类矩阵，每年至少向市场投放一款新车，不断扩展高端电动汽车品牌的产品阵容。岚图梦想家于2022年5月7日正式上市，新车七座版推出三款配置车型，售价36.99万～43.99万元，私人定制版车型售价为63.99万元。梦想家定位中大型MPV，提供增程式电动和纯电动两种动力形式，与腾势D9、GL8陆尊系列、赛那、威然等中高端车型竞争关系较强。

在平台架构上，拥有ESSA原生高端智能电动架构（E代表Electric，寓意原生电动；两个 S 分别代表 Smart 和 Secure，寓意智能和安全；A 代表 Architecture，寓意架构）和 BEV（纯电动汽车）、PHEV（插电式混合动力汽车）、REEV（增程式电动汽车）多种技术路线，覆盖 C 级到 E 级车型，涵盖 SEDAN（轿车）、SUV、MPV 类型，配备 5G 智能网联架构。岚图梦想家采用自研 1.5T GDI 发动机作为增程器，发动机热效率达 41.07%，配合 8 层扁线电机，综合油耗低至 1.99L/100km。纯电动车型搭载大容量三元锂电池组，续驶里程为 475km 和 605km（见表 3）。新车底盘采用前双叉臂后多连杆独立悬架，配备空气悬架+CDC（自动调节及不间断减振控制系统）。

表 3 岚图梦想家相关配置参数

版本	梦想家 PHEV	梦想家 BEV	
平台名称		ESSA	
发动机类型	1.5T GDI	—	
发动机排量/mL	1476	—	
变速器		单速	
发动机最大功率/kW	100		
电池类型		三元锂	
电池能量/kW·h	25.57	82	108.7
纯电续驶里程/km	82	475	605
电机最大功率/kW	290	320	
电机最大扭矩/N·m	610	620	
百公里电耗/kW·h	22.8	20	
WLTC（全球统一轻型汽车测试循环）综合油耗/（L/100km）	1.99	—	

岚图梦想家定位中大型豪华 MPV，采用豪华游艇式设计语言凸显沉稳大气风格，内饰延续家族贯穿屏设计，用料符合豪华定义，采用七座及四座布局。预计岚图梦想家七座版是主销车型，价格区间 36.99 万～43.99 万元。从竞争角度看，梦想家在保持空间性、舒适性及便利性与对手不分伯仲的情况下，在动力系统方面明显区别于同级竞品，双动力系统给不同使用环境的消费者提供了更多选择，并拥有 MPV 中少见的四驱系统及空气悬架，产品竞争力强大，将凭借差异化持续吸引消费者眼球。

渠道建设方面，预计 2022 年岚图空间将增加到 105 家，覆盖 48 座城市，交付服务中心增至 40 家，覆盖 40 座城市，官方授权的钣喷中心将覆盖 51 座城市。

2．腾势 D9

腾势（Denza）成立于 2010 年，总部位于深圳市，由比亚迪和戴姆勒共同持股创立。

2021 年底比亚迪完成 90%持股后，腾势于 2022 年 5 月 16 日进行了品牌焕新及新品发布。

全新品牌标识代表品牌在经历磨炼与沉淀后的突破和进化，整体设计延续初心，圆形轮廓让用户视线更加聚焦，增强动势，象征启动出行新时代。标识周身银色，向中间聚拢，代表力量的聚合。顶端开放，寓意品牌开放包容的格局。象征科技的腾势蓝注入双翼中心，代表可持续蔚蓝梦想。

腾势 D9 于 2022 年 8 月 23 日正式上市，共推出两种版本，DM-i 版售价为 32.98 万～43.98 万元，EV 版售价为 38.98 万～45.98 万元。腾势 D9 定位中大型 MPV，采用全新 π-Motion 设计语言，提供两种外观套件，环抱式中控布局，全车七屏互联，二排座椅功能丰富，车长超过 5.2m，轴距超过 3.1m，赋予宽敞的内部空间，产品竞争力表现优秀（见表 4）。

表 4 腾势 D9 相关配置参数

版本	D9 EV	D9 DM-i
尺寸	长/宽/高为 5250mm/1960mm/1920mm，轴距为 3110mm	
行李舱空间	410（三排座椅最后）～570L（三排座椅最前）/2310L（三排座椅放倒）	
重要特点	轮胎规格：235/60 R18 电机类型：永磁同步 直流快充：166kW	轮胎规格：235/60 R18 动力总成：插电式混合动力专用骁云 1.5T 发动机+EHS 电混系统 直流快充：80kW NEDC（新欧洲驾驶循环）综合续驶里程：1040km（前驱）/970km（四驱）

腾势销售事业部总经理赵长江曾通过社交媒体透露，未来腾势将推出 D/E/N/Z/A 五大系列产品。随着国内政策的放开，中大型 MPV 市场近两年逐渐火热起来，从定位上看，目前高端新能源 MPV 车型并不多，腾势 D9 最直接的竞品是岚图梦想家，两者均提供插电式混合动力和纯电动车型。相比岚图梦想家，腾势背靠比亚迪，三电系统和 DM-i 混合动力系统有更成熟的保障，二排科技感也

略胜一筹；另一方面，腾势D9将挑战传统MPV市场，腾势D9在内饰用料、智能化配置方面都具备比较高的性价比，DM-i车型低油耗也是其一大优势，且目前MPV市场商务需求仍占据60%左右，在国产品牌崛起的大背景下，比亚迪的品牌支撑对打开对公市场局面也将起到关键作用，随着D9上市走量，该市场或将产生全新的格局。

3. 极氪009

极氪009定位大型纯电MPV，定价49.90万～58.80万元，采用SEA浩瀚架构与一体式压铸后端铝车身，行业内首次搭载宁德时代麒麟电池，最高续驶里程为822km，于2023年1月开启交付。

新车具有诸多特点。拥有外观154颗可独立控制LED光源、6.3m^2超大内部面积，Soft NAPPA全粒面头层真皮与海绵回弹座椅；搭载宁德时代麒麟电池车型，容量为140kW·h，CLTC（中国轻型汽车行驶工况）续驶里程可达822km。采用双电机四驱，0～100km/h加速可达4.5s，动力性能表现优秀（见表5）；搭载的前双叉臂加后多连杆独立悬挂可以提升乘坐舒适性；搭载的高通骁龙8155智能座舱芯片支持三端生态融合、四种交互模式、五屏联动；搭载Mobileye EyeQ5H智能驾驶双芯片可实现NZP自主领航辅助驾驶。

表5 极氪009相关配置参数

版本	极氪009 WE	极氪009 ME
售价	49.9万元	58.8万元
定位	50万～60万元级全球首款原生纯电动豪华MPV	
长/宽/高	5209mm/2024mm/1856mm	5209mm/2024mm/1848mm
轴距	3205mm	
全车质量	2830kg	—
电池能量	116kW·h	140kW·h（麒麟电池）
CLTC续驶里程	702km	822km
充电效率	10%～80%（28min）	—
电机功率	前电机200kW，后电机200kW	
加速性能	4.5s/100km	

极氪009售价区间在40万～60万元，主打高端与智能，主销型号预计为49.9

万元 WE 版本,主要竞争对手为 40 万~60 万元区间传统燃油和新能源 MPV。目标用户为注重舒适品质与大空间,同时热衷于智能化体验、侧重商务接待与高端出行的用户。主要竞争产品预计为腾势 D9、岚图梦想家和别克世纪,主要竞争优势是颠覆传统燃油 MPV 的科技感体验、超大空间和超强电驱动力。

四、小结

过去几年经历了 MPV 大型化的浪潮,小型、紧凑型 MPV 市场快速萎缩,中大型 MPV 成为绝对支撑。但主要价格段仍以 35 万元以下为主,约占 80%。而在 2022 年随着几款明星车型的加入,尽管大型化的趋势已接近极限,但高价位段如 35 万~50 万元车型的市场份额正在快速攀升。且随着未来电动化的浪潮继续,当前以燃油汽车和 HEV(混合动力)形式为主的中大型 MPV 市场、中高端以国外品牌为主的竞争格局可能发生调整,如同当下 SUV 和轿车正在经历的变化一样。

过去取得成功的中大型 MPV 产品应结合技术趋势、人群需求、场景演变等做好下一代产品规划以保持市场地位。新加入的"鲇鱼"也应在传统 MPV 强项领域如座椅舒适性、空间布局、人机工程等领域不断精进提升、打磨产品,才有可能利用后发的新优势打造真正具备普遍吸引力的车型。

(作者:王钦)

2022 年 PHEV 市场分析及 2023 年展望

一、2022 年 PHEV 市场特征

1. 新能源乘用车需求强劲，新冠疫情和燃油汽车车辆购置税减半政策没有减少新能源车需求

2022 年 1—11 月，新能源乘用车累计销量为 568.9 万辆，同比增长 105.5%。月度销量仅 4 月因大规模疫情导致生产和交付不畅，其他月份均是线性增长。6 月开始，燃油汽车车辆购置税减半政策实施，有力地刺激了燃油汽车的需求，但新能源车增势不减，至 11 月销量已达到 72.7 万辆，渗透率达 35.8%。

2. PHEV 增速好于 EV，占新能源汽车的份额触底提升，且月度销量持续攀升

2022 年 1—11 月，PHEV 销售 125.0 万辆，同比增长 155.0%，PHEV 占新能源汽车份额达 22.0%，时隔四年重回 20%以上（见图 1）；从 2021 年下半年起，随着新一代 PHEV 车型的上市，PHEV 销量爆发并保持至今；2022 年 11 月销量达 16.4 万辆，达到历史新高（见图 2）。

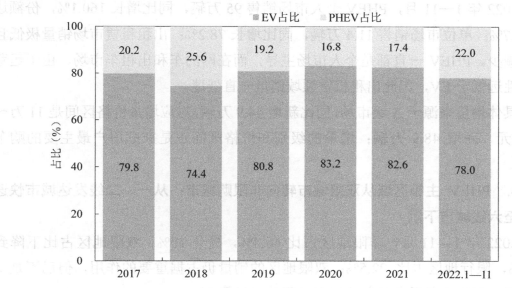

图1　2017—2022年1—11月新能源分动力类型占比

（注：数据来源于全国乘用车市场信息联席会批发数）

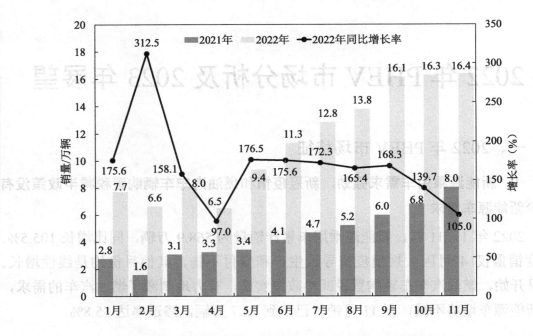

图2 2022年1—11月PHEV月度销量及同比增长率

（注：数据来源于全国乘用车市场信息联席会批发数）

3. 个人需求推动PHEV市场爆发式增长，最大增量来源于A级主流家用市场

2022年1—11月，PHEV个人市场销售95万辆，同比增长160.1%，份额达到88.7%；单位市场销售11.4万辆，同比增长78.2%；出租租赁市场销量极低且持续减少。PHEV一直都是个人市场主导，而在网约车和出租车市场，由于运营经济性远低于EV，因此出租租赁领域销量一直低迷。

具体增量来源于A级市场，同比新增44.9万辆，对应增量价格区间是11万~20万元，新增48.9万辆；增量的级别和价格区间正是家庭用户最主要的购车区间。

4. PHEV主销区域从双限城市转向非限购城市；从一、二线发达城市快速向三至六线城市下沉

2022年1—11月，非限地区占比48.4%，提升10%；双限地区占比下降到29.1%，限行地区占比22.5%；双限地区的销量仍占据重要的作用，但已不是主导地区，PHEV真正走向市场和产品驱动（见图3）。

从下沉市场的表现看，更能体现PHEV的增长潜力和空间：三~六线城市市场同比增长率均在 2 倍及以上,远高于一、二线市场,低线城市的用户已经充分认知并接受 PHEV 车型(见表 1)。

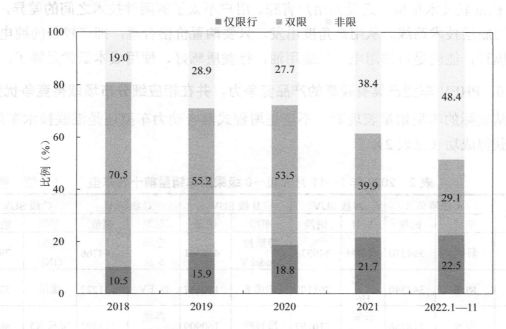

图3 2018—2022年1—11月PHEV乘用车分区域上险比例

(注:数据来源于国产上险数)

表1 2021—2022 年 1—11 月 PHEV 乘用车分城市级别上险情况　　(单位:万辆)

城市级别	2021 年 1—11 月	2022 年 1—11 月	同比增长率(%)
一线	16.2	28.8	77.8
二线	12.1	29.4	143.6
三线	6.1	19.8	224.6
四线	4.1	12.1	195.1
五线	3.2	9.5	196.9
六线	2.3	7.4	221.7

5. PHEV 市场多元化发展,新企业和新技术不断加入且取得不俗市场表现

多元发展既表示参与企业多元,也表示技术路线多元。

2021 年之前,PHEV 市场规模小、参与企业少、发展缓慢,还处在技术打磨期,PHEV 需求刚刚露出萌芽。进入 2021 年,PHEV 市场参与的企业多元化,除长安、长城等传统企业外,理想、问界等新势力企业也开始进入,特别是新势力企业,首次涉足 PHEV 市场。

技术路线也开始多元化,纯电动长续驶里程的增程式混合动力车型与采用单档/多档混联技术车型一起受到用户青睐。用户不太了解两种技术之间的差异,也不纠结底层技术路线。从用户角度出发,只要购置价格合理,拥有较长的纯电动续驶里程,能满足日常用电、长途用油,行驶质感好、使用成本低就足够了。

6. PHEV 车型已具有较高的产品竞争力,并在相应细分市场取得竞争优势

从实际的车型销量表现看,不论是增程式混合动力车型还是混联技术车型,都能获得成功(见表2)。

表2 2022 年 1—11 月 A 级～C 级乘用车销量前十名车型 (单位:辆)

排名	A 级轿车		A 级 SUV		B 级 SUV		C 级轿车		C 级 SUV	
	车型	销量	车型	销量	车型	销量	车型	销量	车型	销量
1	轩逸	394270	宋 DM	349338	特斯拉 Model Y	419341	宝马 5 系	144766	理想 ONE	78329
2	朗逸	342740	哈弗 H6	261106	瑞虎 8	170637	汉 EV	131227	途昂	57054
3	宝来	218156	长安 CS75	210197	昂科威	160909	奔驰 E 级	115302	宝马 X5	50383
4	秦 PLUS DM-i	182769	CR-V	172906	奔驰 GLC 级	141039	汉 DM	112746	揽境	25692
5	速腾	180872	元 PLUS	172590	红旗 HS5	126049	奥迪 A6L	87724	凯迪拉克 XT6	18932
6	卡罗拉	175044	瑞虎 7	146335	捷途 X70	121425	凯迪拉克 CT5	64487	探险者	17190
7	名爵 5	154682	途观	141193	全新一代唐 DM	108844	极氪 001	60604	昂科旗	16817
8	帝豪	137041	长安 CS55	139504	宝马 X3	108457	奥迪 A6	28712	蔚来 ES8	13842
9	思域	137032	逍客	139157	星越 L	103514	沃尔沃 S90	28177	领克 09	13081
10	逸动	136680	RAV4	132580	奥迪 Q5L	89694	红旗 E-QM5	25253	蔚来 ES7	10004

注:数据来源于全国乘用车市场信息联席会批发数。

二、2022 年 PHEV 市场驱动力

1. 新能源汽车的高认知、高口碑推动

根据国家信息中心 2022 年的调研数据，新能源汽车的用户推荐意愿达到八成以上，PHEV 的用户推荐意愿更是接近九成。因此，每卖一台新能源车，就多一个新能源汽车的口碑传播点，借由车主可以不断让周围的人了解、接受、购买以及推荐新能源汽车，使新能源汽车的认知和口碑得到持续扩散。新能源汽车市场渗透率越高意味着新能源汽车的周边可见度和亲友推荐度越高。

从 2009 年 6 月至 2020 年 6 月，历经 11 年的时间，新能源汽车市场渗透率才从 0 稳定提升到 4.9%，完成新能源汽车初期量变的积累过程。进入 2020 年，新能源汽车市场渗透率增长开始提速，逐渐进入质变的过程，仅历时 9 个月就从 4.9%提升到 10.8%。当到达 10%以后，新能源汽车进入主流家庭市场，真正的质变开始，仅用一年半的时间，新能源汽车市场渗透率就迅速突破了 30%（见图 4）。

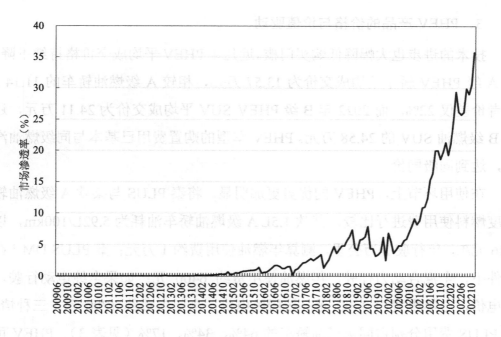

图4　2009—2022年新能源汽车市场渗透率月度变化

（注：数据来源于全国乘用车市场信息联席会批发数）

2. 颠覆性的 PHEV 技术和产品驱动

以比亚迪 DM-i 为例，其历经 13 年研发、4 次迭代，实现以电为主的混合动力技术，最终达成技术与用户体验的完美契合。

比亚迪 DM-i 拥有诸多亮点。首先，DM-i 搭载骁云-插混专用 1.5L 高效发动机，最高热效率达 43.04%；其次，采用双电控+双电机集成化设计的电混系统（EHS），高效集成的方式将体积及重量减小 30%，电机最高效率达 97.5%，并拥有 3200～3700N·m 总扭矩；再次，配备 DM-i 超级混合动力专用功率型刀片电池，配备脉冲自加热技术及冷媒直冷技术的热管理系统，且是无模组结构，体积效率高达 65%，还采用类似蜂窝铝结构电芯与电池包托盘一体化设计，强度和安全性均较高。最后，实现直流和交流充电场景全覆盖，快充 30min 可充到 80%电量。

上述亮点让 DM-i 拥有远超燃油汽车的产品体验，实现 0～100km/h 加速 7.3s、3.8L 超低油耗、1245km 超长的续驶里程，全工况静谧平顺，即使亏电状态在城市工况下也能达到 81%纯电动行驶。

3. PHEV 产品的价格与价值驱动

技术的进步也大幅降低购买门槛。近几年 PHEV 平均成交价格持续下降，2022 年 A 级 PHEV 轿车平均成交价为 13.57 万元，相较 A 级燃油轿车的 11.14 万元，两者价差仅 22%。而 2022 年 B 级 PHEV SUV 平均成交价为 24.11 万元，还略低于 B 级燃油 SUV 的 24.58 万元。PHEV 车型的购置费用已基本与同级燃油汽车相同，达到同级同价。

在使用环节上，PHEV 的优势更加明显。将秦 PLUS 与某款 A 级燃油轿车的年度燃料使用费进行比较，某款 1.5L A 级燃油轿车油耗为 5.92L/100km，以油价 8.46 元/L，年行驶 2 万公里，测算年燃油使用费约 1 万元；秦 PLUS DM-i 在同等条件下，全混合动力行驶，年燃油使用费约 6400 元；如果全纯电动行驶，按快充电价，全年电费约 3400 元；按居民电价，全年电费约 1700 元。三种情况下，秦 PLUS 费用分别占同级燃油轿车的 64%、34%、17%（见表 3）。PHEV 可用油可用电、超低使用成本已成为 PHEV 用户购车的重要原因。

表3　秦 PLUS DM-i 与同级燃油车型年度能源使用费用对比（按照年行驶 20000km 计算）

燃料类型	车型	油耗/电耗（公告数据）	NEDC 纯电动续驶里程/km	油价/（元/L）	电价/（元/kW·h）	年度使用费用/元
燃油	某款 1.5LA 级燃油轿车	5.92L/100km	—	8.46	—	10017
插电式混合动力	秦 PLUS 2021 款 DM-i 120km	3.8L/100km	120	8.46	—	6430
		14kWh/100km		—	1.2（全快充电价）	3360
				—	0.6（居民电价）	1680

三、2023 年 PHEV 市场展望

2020—2022 年，对汽车消费最大的抑制因素就是新冠疫情，一是长时间的疫情造成人员就业和收入直接减少，购买力和消费信心下降；二是人员流动量减少造成需求减少；三是无法完成交易过程。根据中国汽车流通协会调研数据，2022 年 11 月全国闭店一周及以上的经销商比例超过四成。

随着 2022 年 11 月优化疫情防控的"二十条"措施和"新十条"措施的相继发布，交易场所（4S 店）开放，前期因疫情影响而迟滞的交易可迅速完成；同时，人员流动量的迅速增加促进了消费需求的增加；另外，就业正常化带来了收入和消费力的提升。预期 2023 年 1 季度，全国经济活动将回归到正常水平。全年 GDP 增长率预期达到 5% 以上，极大利好汽车消费。

2022 年，地方促消费政策叠加国家新能源汽车补贴和免征车辆购置税政策，对汽车消费起到积极的促进作用。2023 年，国家补贴完全退出，新能源汽车免征车辆购置税政策延续，产业政策由购买管理向使用管理转变，重点推进新能源汽车的配套设施建设。新能源汽车市场进入用户需求驱动阶段，将更能有效促进用户购车，保持新能源汽车市场长久且稳健的增长。对于国家补贴退出的差值，汽车企业完全能通过技术革新来消化，保持车价稳中有降。

2023 年，将是 PHEV 技术和产品大年。不管是现有企业还是潜在企业，都计划加大 PHEV 产品投放力度，为 2023 年的 PHEV 市场增长提供了充足动能，同时 PHEV 技术将持续在节能、续驶里程等方面升级，体验提升、成本下降。而燃油汽车技术见顶，投放新车减少，PHEV 对燃油汽车的平价替代效应将更加明显。

供需方面，2022 年 PHEV 处在持续的缺车状态，购车周期长达 2~6 个月，直至下半年产能提升才有所缓解。按最新 PHEV 单月产能，2023 年保有 PHEV 整车年产能已超 200 万辆，结合在建产能，2023 年 PHEV 整车年产能将超过 300 万辆。用户的购车需求将被充分满足，4S 店从订单销售走向现车销售，用户的购车周期大幅缩短。

展望 2023 年，快速复苏的经济将有力提升购买力、创造消费需求、提振消费信心，技术革新将继续保持 PHEV 强大的产品竞争力，而产品丰富和产能提升既创造新的需求也保证快速交付。综上，2023 年，PHEV 销量仍将保持超高增长，全年 PHEV 占新能源汽车的比例将从当前的 22%提升到 35%以上。

（作者：钟志华）

2022年三轮汽车市场分析及2023年展望

2022年是三轮汽车市场继续面临多重复杂因素挑战的一年，在政府统筹推进新冠疫情防控和经济社会发展的大环境下，三轮汽车企业为主动应对原材料价格持续高位运行和三轮汽车产品排放法规实施等因素对市场供需关系的持续影响，采取了以销定产的谨慎经营战略，产销量较2021年前9个月下降接近19%。

一、2022年三轮汽车市场分析

2022年前三季度三轮汽车市场走势延续了2021年的下滑趋势，总产销量表现为较明显的下降。经统计，2022年前9个月三轮汽车总产量为82.26万辆，同比下降18.8%。从月度销售数据看，2022年1—7月同比均表现为下降趋势，其中2月降幅最小，同比下降3.5%，4月降幅最大，同比下降41.10%；2022年8月、9月销量则同比表现为逐步回升，其中9月上升14.0%。这与新冠疫情影响下的市场需求减少、钢材等主要原材料价格显著波动和燃油价格持续处于高位等因素直接相关，由此导致三轮汽车的价格上涨、三轮汽车的市场需求继续相对减小的供需关系。月度生产数据也表现出与销售数据相同的趋势，2020—2022年前三季度三轮汽车月产量见图1。从产销量情况来看，2022年前9个月中，三轮汽车总产销量呈现销量略高于产量的基本平衡趋势。其中，2022年3月产量大于销量程度最大，高出0.11万辆，占当月销量的0.8%；4月销量比产量多0.08万辆，占当月销量的1.1%（见图2）。这主要是生产企业针对外部诸多影响因素采取了严格以销定产的经营对策的结果。预计2022年第四季度三轮汽车产销量将与第三季度大体持平。

从市场集中度看，三轮汽车行业处于高度集中的稳定状态。2022年前三季度，三轮汽车产量前3位的企业与2021年相同，前3位企业产量之和为80.93万辆，占全行业的98.4%。其中，山东五征集团有限公司的产销量位列第一，2022年1—9月产销量达到全行业的近六成。

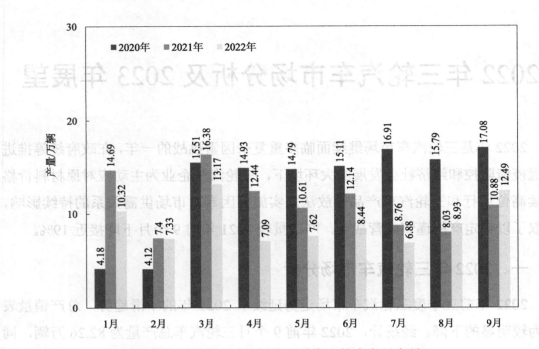

图1 2020—2022年前三季度三轮汽车月产量

（注：数据来源于中国农机工业协会农用运输车辆分会）

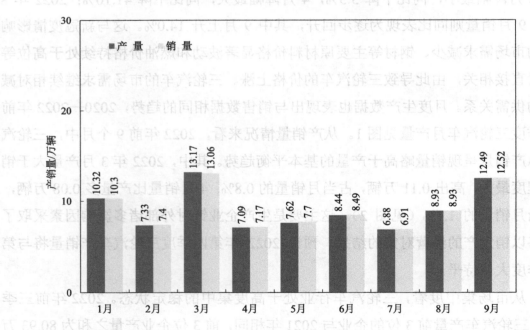

图2 2022年前三季度三轮汽车月产销量

（注：数据来源于中国农机工业协会农用运输车辆分会）

从产品结构看，三轮汽车产品结构特点与 2018 年以来的需求大体相同。在额定载质量、操作方式、启动方式、传动方式几方面仍然以载质量 500kg、方向盘式、电启动、带+连体产品为主。其中，按额定载质量分，在 200kg、300kg、500kg、750kg 四种载质量的机型中，载质量 500kg 的三轮汽车占总销量的 78.6%；按操纵方式分，在方向把式和方向盘式两种操纵方式的机型中，方向盘式三轮汽车占总销量的 94.2%；按启动方式分，在手摇启动和电启动两种启动方式的机型中，电启动三轮汽车占总销量的 99.4%；按传动方式分，在带+链条、带+连体、轴传动三种传动方式的机型中，带+连体三轮汽车占总销量的 96.2%。另外，在驾驶室结构形式方面，在半封闭、全封闭和简易棚式三种类型驾驶室机型中，半封闭驾驶室三轮汽车占总销量的 52.0%，比 2021 年上升了 15.9 个百分点，全封闭驾驶室三轮汽车占总销量的 43.0%，比 2021 年下降了 15.3 个百分点。三轮汽车产品驾驶室结构的变化说明，农村三轮汽车产品市场需求对价格变化的敏感程度显著。

从三轮汽车配套柴油机看，与 2021 年的情况相同，超过九成配套单缸柴油机，以 1115 和 1125、1105 等机型为主，这三种机型每个机型所占比例均在 10% 以上，三种机型达到全部配套柴油机的近六成。

从三轮汽车区域销售看，主要销售区域销售占比有小幅下滑，非主要区域销售占比有所上升。山东、河南、河北、甘肃、山西仍然是主要销售地区，占全国总销量的 56.89%，但销量比例有小幅下降，山东仍然是销量第一的省份，占比较 2021 年下降 1.35 个百分点（见表 1）。这与主要销售区域市场需求出现一定减少有关。相比之下，湖北、内蒙古等非主要销售区域的销售比例有所上升，其中，内蒙古占全国总销量的 2.31%，比 2021 年上升了 1.17 个百分点。三轮汽车生产区域分布与 2021 年情况相同，生产企业集中于山东省，占 99.21%，其他主产省份都出现不同程度的下降。

表 1　2019—2022 年前三季度三轮汽车按省份分布的销售占比（前五位）　　（%）

年份	山东	河南	甘肃	山西	河北
2019 年	19.31	16.10	10.11	9.98	10.14
2020 年	24.68	12.19	12.86	10.01	8.53
2021 年	21.06	10.77	9.64	8.08	7.21
2022 年	19.71	12.71	6.98	10.47	7.02

二、2023 年三轮汽车市场展望

新冠疫情对我国 2023 年经济影响程度存在不确定性，同时，在我国载货汽车整体下行趋势的大环境下，原材料价格持续波动，三轮汽车柴油机第四阶段排放要求深入实施，2023 年三轮汽车生产企业仍将继续面临严峻考验。

从供需关系方面看，自 2020 年以来，新冠疫情对我国经济社会发展造成了冲击，也使广大农村对三轮汽车等货运汽车产品的市场需求减少，这是造成 2022 年三轮汽车市场销量明显减少的主要原因。同时，自 2020 年以来，原材料供应显著波动，导致原材料价格上涨或价格显著波动，也在 2022 年继续影响三轮汽车市场供需，表现为三轮汽车生产成本明显的上涨。经向行业内的主要企业调查了解，2022 年钢材价格波动在 50%～100%，直接导致整车产品生产制造成本上升 10%～15%，整车产品价格上升幅度为 5%～10%。调查表明，三轮汽车作为微利产品，购买货运车辆产品的用户首要考虑的是价位问题，购买者对其价格变化敏感程度比其他汽车产品明显。由于三轮汽车产品的价格上升，市场需求相对缩小。另外，燃油价格处于高位也降低了广大农村地区购买三轮汽车的需求。

从政策措施方面看，三轮汽车污染物排放标准的正式实施也是 2022 年三轮汽车市场出现振荡波动性下降的主要原因之一。三轮汽车柴油机第四阶段排放要求已于 12 月 1 日正式实施，这也直接推动了三轮汽车配套的柴油机的升级换代，产品成本也出现较大幅度的上升，可达 15%～25%，为解决产品排放升级将对动力性、可靠性、使用经济性、维修方便性等方面造成的影响，企业需要技术投入，这也是对微利润的三轮汽车产品的一个重大考验。为应对三轮汽车排放要求向第四阶段过渡，主要生产企业也通过以销定产、通过生产制造和物流过程消化生产成本上升等措施避免造成经营损失，这也是 2022 年三轮汽车产量下滑和波动明显的又一个主要原因。

从竞争性产品市场看，市场产销状况整体也表现为明显的下降态势。中国汽车工业协会数据显示，2022 年上半年，货车产品整体表现为下降趋势。2022 年 1—6 月，货车产品产销量分别为 150.7 万辆和 152.2 万辆，同比下降 39.3% 和 42.2%。微型货车、轻型货车也表现为明显波动和同比下滑。另据中国摩托车商会数据显示，2022 年 1—9 月，三轮摩托车产销累计分别完成 173.28 万辆和 174.27 万辆，累计下降 6.91% 和 5.94%。

收入水平是决定农民购买何种道路货运工具的主要因素，农民收入水平的提升仍然需要一段时间,这也决定了物美价廉的三轮汽车在今后较长一段时间内仍将是农村货运的主力军,相对于微型货车、轻型货车、三轮摩托车等,三轮汽车在农村的货运机动车中仍占据比较优势。受三轮汽车生产企业逐步消化吸收柴油机第四阶段排放要求实施后的成本上升、全球经济低迷对我国农村汽车市场需求造成冲击、原材料价格持续出现波动和能源价格上涨等因素影响,预计 2023 年三轮汽车产销量会迎来平稳或小幅的上升。

（作者：张琦）

2022 年专用汽车市场分析及 2023 年展望

2022 年我国专用汽车行业受到需求收缩、供给冲击、预期转弱三重压力的影响，且由于前几年政策推动市场快速增长，市场存在一定程度的透支，使 2022 年我国专用汽车销量大幅下滑。

2022 年 1—11 月，我国六大类专用汽车累计销量为 104.1 万辆（见图 1），同比下降 34.4%，普通自卸汽车销量为 10.5 万辆，同比下降 69.1%。2023 年随着我国疫情进入新阶段，我国经济运行有望总体回升，预计固定资产投资将继续上行、房地产投资企稳、社会消费品零售额逐步增加，对各类专用汽车的需求有所增长，预计 2023 年六大类专用汽车销量约为 130 万辆，普通自卸汽车销量约为 13 万辆。

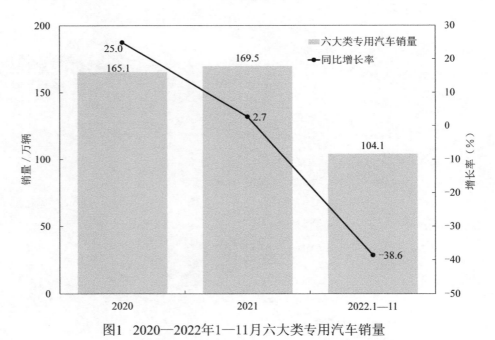

图 1　2020—2022 年 1—11 月六大类专用汽车销量

（注：数据来源于中汽数据有限公司终端零售数据，下同）

一、2022年专用汽车市场走势

1. 专用汽车市场销量走势

（1）六大类专用汽车销量走势 2022年1—11月，我国六大类专用汽车累计销量为104.1万辆，同比下降34.4%，达到近年来的低谷。这是由于2022年国内新冠疫情频发，我国经济下行压力加大、房地产开发投资持续下降、社会消费品零售总额下降、公路货运量下降、原材料价格上涨、油价上涨，同时由于前几年市场存在透支现象，专用汽车市场需求大幅减弱，销量大幅下滑。

2022年1—11月，六大类专用汽车中厢式、仓栅、罐式、特种、举升、自卸汽车销量占比分别为64.6%、17%、6.2%、5.7%、3.7%和2.8%。从增长率来看，2022年1—11月，六大类专用汽车均呈明显下降态势，其中，自卸汽车同比下降19.4%，厢式汽车同比下降27.1%，特种汽车同比下降29.8%，仓栅汽车同比下降44.4%，举升汽车同比下降48%，罐式汽车同比下降57.2%。2020—2022年1—11月六大类专用汽车销量如图2和图3所示。

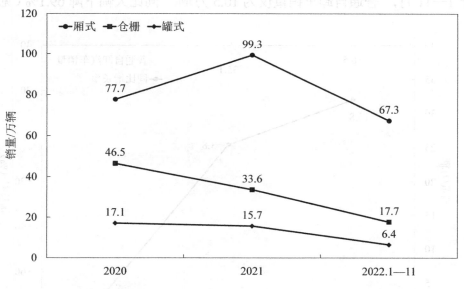

图2 2020—2022年1—11月厢式、仓栅、罐式汽车销量

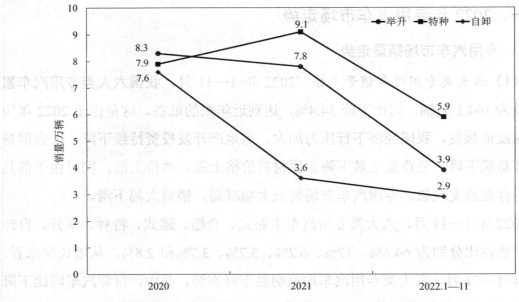

图3 2020—2022年1—11月举升、特种、自卸汽车销量

(2)普通自卸汽车销量走势 由于国内新冠疫情频发,房地产开发投资下降、公路货运量下降、油价上涨,以及前几年普通自卸车市场透支等因素影响,2022年1—11月,普通自卸车销量仅为10.5万辆,同比大幅下降69.1%(见图4)。

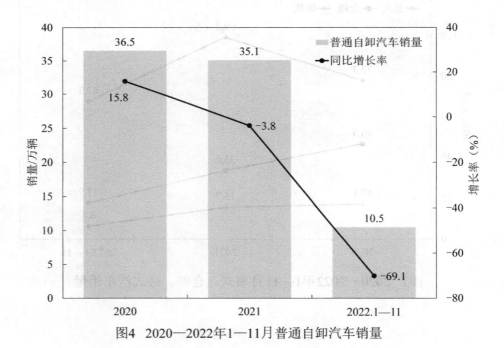

图4 2020—2022年1—11月普通自卸汽车销量

2. 专用汽车吨位结构

（1）六大类专用汽车吨位结构　受轻型车新技术规范的政策影响，2022年轻型车销量下滑速度与其他车型相比较慢，轻型车市场份额占比大幅增加。2022年1—11月，六大类专用汽车中，重型车销量为19.6万辆，中型车销量为4.5万辆，轻型车销量为78.3万辆，微型车销量为1.7万辆。从增长率来看，轻型车同比下降24.1%，中型车同比下降35.6%，微型车同比下降45.8%，重型车同比下降56.8%。从各吨位车型销量占比来看，2022年1—11月，重型车占比下降9.2个百分点，为18.8%；中型车占比下降0.2个百分点，为4.3%；轻型车占比增长9.7个百分点，为75.2%；微型车占比下降0.4个百分点，为1.6%（见图5）。

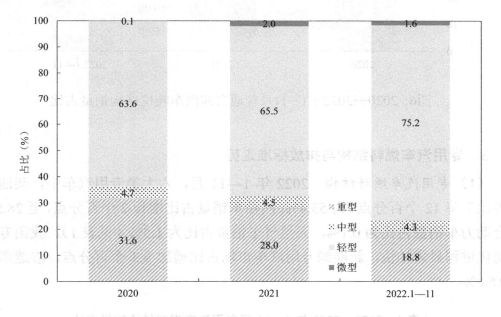

图5　2020—2022年1—11月六大类专用汽车分吨位结构销量占比

（2）普通自卸汽车吨位结构　2022年1—11月，重型普通自卸汽车销量约4.5万辆，同比下降80.5%；中型普通自卸汽车销量为4915辆，同比下降69.8%；轻型普通自卸汽车销量约5.5万辆，同比下降40%。从各吨位车型占比来看，重型车销量占比大幅下降25.2个百分点，为43.3%；中型车销量占比持平，为4.7%；轻型车占比增长25.2个百分点，为52.0%（见图6）。这是由于2022年轻型车新技术规范的政策对轻型车市场有一定利好。

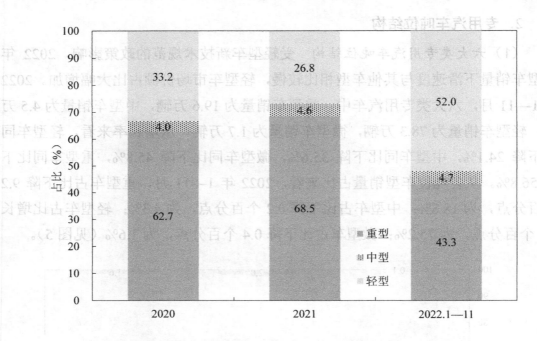

图6 2020—2022年1—11月普通自卸汽车吨位结构销量占比

3．专用汽车燃料结构与排放标准走势

（1）专用汽车燃料结构 2022年1—11月，六大类专用汽车中，柴油车销量占比下降12个百分点，为53.4%；汽油车销量占比增长2个百分点，至28.5%；混合动力车销量占比为0.1%，天然气车销量占比为1.5%（见表1）。我国专用车电动化进程显著加快，新能源专用汽车市场占比增加9.3个百分点，渗透率已达到16.6%。

表1 2020—2022年1—11月专用汽车燃料结构销量占比 （%）

燃料类型	2020年	2021年	2022年1—11月
柴油	75.9	65.4	53.4
汽油	21.6	26.5	28.5
纯电动	1.8	7.2	16.4
氢燃料	0.0	0.0	0.1
天然气	0.3	0.8	1.5
混合动力	0.4	0.1	0.1

（2）专用汽车排放标准结构　随着2021年7月重型车国Ⅵa阶段排放标准全面实施，我国专用汽车排放标准全面升级。2022年1—11月，我国六大类专用汽车中，国Ⅵ排放标准车型销量达到86.2万辆，新能源专用车销量为17.2万辆，而国Ⅳ和国Ⅴ车型销量仅为0.6万辆。2021—2022年1—11月各排放标准专用汽车销量如图7所示。

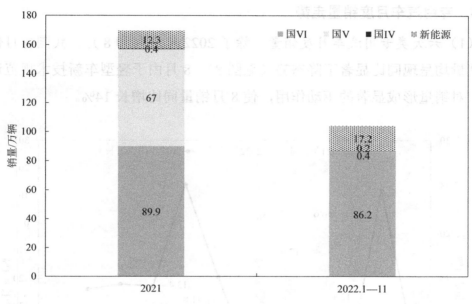

图7　2021—2022年1—11月各排放标准专用汽车销量

（3）新能源专用汽车销量　2022年中央及多地政府大力推动公共车辆电动化，同时新能源汽车的技术水平和经济性水平持续提高，产品竞争力开始显现，用户认知度和认可度不断提高，推动我国新能源专用汽车销量显著增长。2022年1—11月，我国新能源专用汽车销量为17.2万辆，同比增长40.6%，其中纯电动专用汽车销量为17.1万辆，燃料电池专用汽车销量为1294辆。

从车型来看，纯电动厢式运输车销量为15.5万辆，纯电动仓栅式运输车销量为6909辆，各类纯电动环卫车销量为4390辆。

从吨位占比来看，轻型车销量为16.5万辆，占新能源专用汽车总量的95.8%；重型车销量为4492辆，占比为2.6%；中型车销量为1367辆，占比为0.8%；微型车销量为1420辆，占比为0.8%。

从主销企业来看，重庆瑞驰、吉利四川商用车、奇瑞、东风、华晨鑫源销量位居前五，分别为 2.4 万辆、1.6 万辆、1.3 万辆、1.2 万辆和 1.1 万辆，前五名企业的合计市场份额为 44.6%。

从主销区域来看，广东、江苏、四川、浙江、湖南销量位居前五，销量分别为 4.8 万辆、1.4 万辆、1.1 万辆、9159 辆和 8435 辆。

4. 专用汽车月度销量走势

（1）六大类专用汽车月度销量　除了 2022 年 2 月和 8 月，我国各月份专用汽车销量均呈现同比显著下降态势（见图 8）。8 月由于轻型车新技术规范过渡期结束，对销量形成显著的驱动作用，使 8 月销量同比增长 14%。

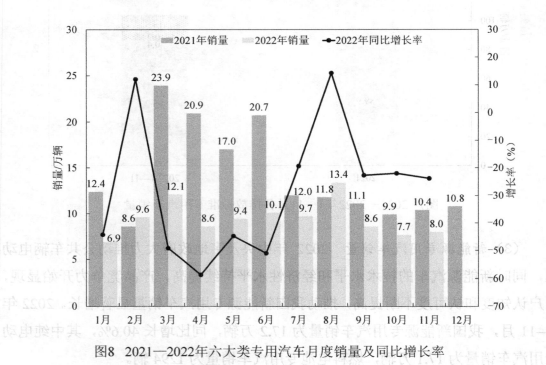

图 8　2021—2022 年六大类专用汽车月度销量及同比增长率

（2）普通自卸汽车月度销量　2022 年 8 月，受轻型车新技术规范过渡期结束的影响，普通自卸汽车销量同比增长 38%，其余各月份普通自卸汽车销量均呈现同比显著下降态势（见图 9）。

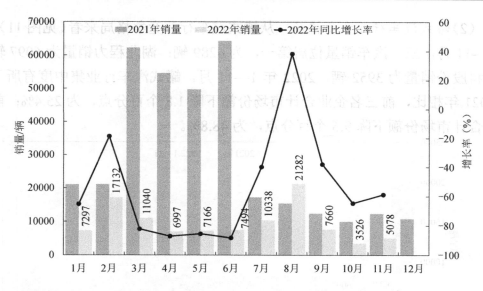

图9 2021—2022年普通自卸汽车月度销量及同比增长率

5. 专用汽车行业竞争格局

（1）厢式汽车行业竞争格局　从厢式汽车行业竞争格局来看（见图10），北汽福田连续多年位居第一，2022年1—11月销量为9.7万辆；上汽通用五菱销量位居第二，销量为4.8万辆；安徽江淮销量为3.9万辆，多家头部企业销量均呈明显下滑态势。从行业集中度来看，2022年1—11月，厢式汽车前三名企业合计市场份额为27.3%，比2021年降低6.1个百分点；前十名企业合计市场份额为56.8%，比2021年降低4.2个百分点。

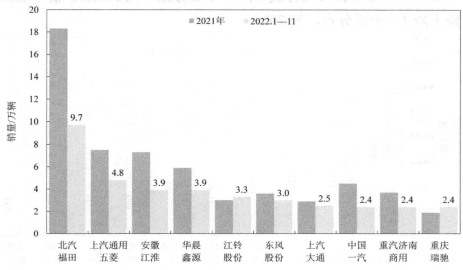

图10 2021—2022年1—11月厢式汽车行业竞争格局

(2)罐式汽车行业竞争格局 从罐式汽车行业竞争格局来看(见图11),2022年1—11月,三一汽车销量位居第一,为6289辆;湖北程力销量为6097辆;中联重科股份销量为3952辆。2022年1—11月,罐式汽车行业集中度有所下降,与2021年相比,前三名企业合计市场份额下降1.8个百分点,为25.4%;前十名企业合计市场份额下降9.6个百分点,为48.8%。

图11　2021—2022年1—11月罐式汽车行业竞争格局

(3)仓栅式汽车行业竞争格局 2022年1—11月,仓栅式汽车行业竞争格局发生较大变化,中国一汽、北汽福田、上汽通用五菱位居前三名,销量分别为27784辆、17548辆和13424辆,销量均呈现一定幅度的下滑(见图12)。与2021年相比,前三名企业合计市场份额下降7个百分点,为33.1%;前十名企业合计市场份额下降1.3个百分点,为70%。

图12　2021—2022年1—11月仓栅式汽车行业竞争格局

（4）自卸汽车行业竞争格局　2022年1—11月，自卸汽车行业竞争格局变化不大，中联重科环境、湖北程力、龙马环卫销量位居前三，分别为4845辆、2229辆和1357辆（见图13）。2022年1—11月，自卸汽车行业集中度呈明显下降，前三名企业合计市场份额比2021年下降3.6个百分点，为29.3%；前十名企业合计市场份额比2021年下降2.8个百分点，为52.4%。

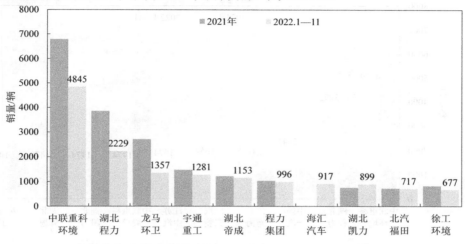

图13　2021—2022年1—11月自卸汽车行业竞争格局

（5）举升汽车行业竞争格局　近两年举升汽车行业竞争格局较为稳定，2022年1—11月，举升汽车前三名企业分别为徐州工程、三一汽车、中联重科股份，销量分别为6900辆、5932辆和5000辆（见图14）。从行业集中度来看，2022年1—11月前三名企业合计市场份额比2021年下降11个百分点，为45.7%；前十名企业合计市场份额比2021年下降5.8个百分点，为68.2%。

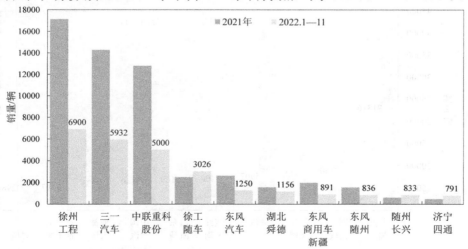

图14　2021—2022年1—11月举升汽车行业竞争格局

（6）特种汽车行业竞争格局　2022年1—11月，特种汽车销量前三名企业分别为中联重科环境、湖北程力和中国一汽，销量分别为4739辆、3872辆和2042辆（见图15）。从行业集中度来看，2022年1—11月前三名企业合计市场份额比2021年下降1.8个百分点，为17.9%；前十名企业合计市场份额比2021年下降2.8个百分点，为36%。

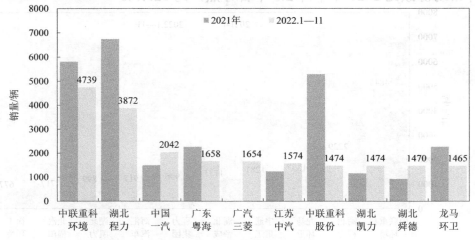

图15　2021—2022年1—11月特种汽车行业竞争格局

（7）普通自卸汽车行业竞争格局　2022年1—11月，普通自卸汽车销量前三名企业分别是北汽福田、四川南骏、浙江飞碟，销量分别为21316辆、7140辆和6433辆（见图16）。从行业集中度来看，前三名企业合计市场份额比2021年提升0.5个百分点，为33.2%；前十名企业合计市场份额比2021年下降2.7个百分点，为63.7%。

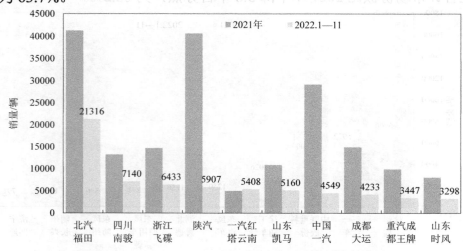

图16　2021—2022年1—11月普通自卸汽车行业竞争格局

6. 分用途专用汽车销量走势

2022年1—11月，公路物流类、环卫类、土建工程类、城市服务类、路面及抢险类、危化品运输类专用汽车销量同比大幅下降，而医疗救护类、消防类、警用军用类专用汽车销量显著增长（见表2）。

表2　2021—2022年1—11月主要用途专用汽车销量走势

用途	2021年销量/辆	2022年1—11月销量/辆	同比增长率（%）
公路物流类	1267453	793417	−33.2
环卫类	102552	77637	−16.9
土建工程类	192621	64755	−65.1
城市服务类	56492	41484	−18.8
路面及抢险类	29966	22020	−19.8
医疗救护类	19324	18910	10.4
危化品运输类	18140	12990	−23.5
警用军用类	3432	4748	62.0
消防类	3582	4146	32.7
其他	1549	1227	33.8

（1）公路物流类专用汽车　2022年1—11月，公路物流类专用汽车销量为79.3万辆，同比下降33.2%。其中，厢式运输车销量为53.5万辆，同比下降27.6%；仓栅式运输车销量为17.5万辆，同比下降43.3%；冷藏车销量为4.9万辆，同比下降32.1%；翼开启厢式车销量为1.7万辆，同比下降35.4%（见图17）。公路物流类专用车的大幅下降，主要是由于2022年公路货运量显著下滑，未来预期减弱，叠加前几年市场透支以及油价上涨等因素，市场需求大幅下降。

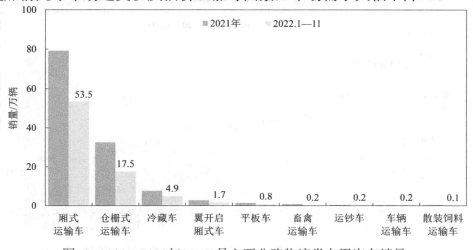

图17　2021—2022年1—11月主要公路物流类专用汽车销量

（2）土建工程类专用汽车　2022年1—11月，土建工程类专用车销量为6.5万辆，同比下降65.1%，这主要是由前几年市场透支及房地产开发投资大幅下降等因素导致。其中，汽车起重机车销量为2.1万辆，同比下降56.2%；混凝土搅拌运输车销量为2.0万辆，同比下降78.8%；随车起重运输车销量为1.1万辆，同比下降48.3%；高空作业车销量为6895辆，同比增长14.9%；混凝土泵车销量为3721辆，同比下降73.4%（见图18）。

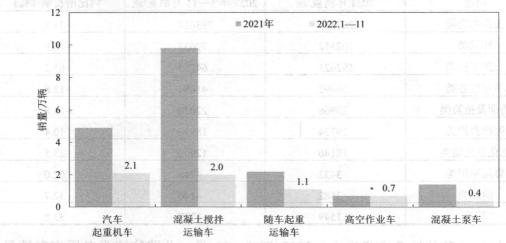

图18　2021—2022年1—11月主要土建工程类专用汽车销量

（3）环卫类专用汽车　2022年1—11月，环卫类专用车销量为7.8万辆，同比下降16.9%。其中，绿化喷洒车销量为12356辆，同比下降20.7%；压缩式垃圾车销量为9350辆，同比下降23.6%；车厢可卸式垃圾车销量为7431辆，同比下降10.4%；洒水车销量为6986辆，同比下降20.2%；抑尘车销量为6237辆，同比下降22.2%；洗扫车销量为6121辆，同比下降9.1%（见图19）。

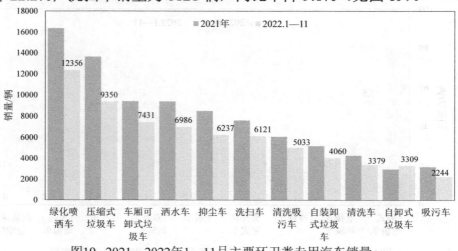

图19　2021—2022年1—11月主要环卫类专用汽车销量

（4）城市服务类专用汽车　2022年1—11月，城市服务类专用汽车销量为4.1万辆，同比下降18.8%左右。其中，旅居车销量为10700辆，同比下降7.4%；商务车销量为4692辆，同比增长9.3%；工程车销量为4583辆，同比增长0.4%；教练车销量为4487辆，同比下降20%；售货车销量为3480辆，同比下降59.7%（见图20）。受新冠疫情频发影响，线下出行受到较大冲击，使各类城市服务功能类的专用车需求受到影响。

图20　2021—2022年1—11月主要城市服务类专用汽车销量

（5）医疗救护类专用汽车　2022年1—11月，医疗救护类专用汽车销量为1.9万辆，同比增幅达到10.4%。其中救护车销量为16449辆，同比增长14.6%；医疗车销量为2431辆，同比下降11.9%（见图21）。

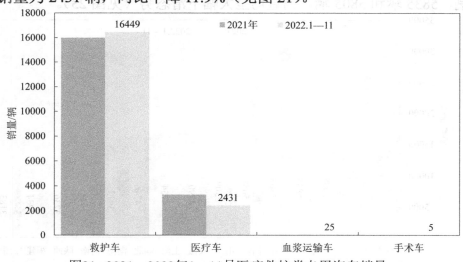

图21　2021—2022年1—11月医疗救护类专用汽车销量

7. 专用汽车区域销量分布

（1）六大类专用汽车区域销量分布　专用汽车作为生产资料，其销量与各省市自治区的经济、人口规模、产业结构等息息相关，2022年1—11月，六大类专用汽车主销区域包括广东、山东、江苏、湖北、云南、河北等经济或人口大省，销量分别为15万辆、7.9万辆、6.2万辆、6.1万辆、5.9万辆和5.9万辆，销量均呈明显下滑态势（见图22）。

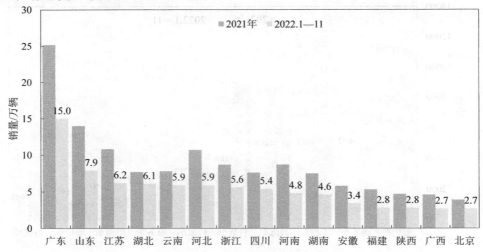

图22　2021—2022年1—11月专用汽车主销区域销量

（2）普通自卸汽车区域销量分布　2022年1—11月，普通自卸汽车的主销区域包括河北、四川、山东、江苏、广东等地，销量分别为9309辆、8791辆、5988辆、5835辆和5805辆，销量均呈大幅下滑态势（见图23）。

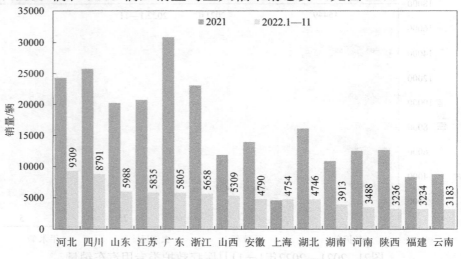

图23　2021—2022年1—11月普通自卸汽车主销区域销量

二、专用汽车市场主要影响因素

1. 政策因素

（1）**排放标准升级** 目前我国国Ⅵa阶段排放标准已全面实施，在一定程度上刺激了2021年市场需求，导致2022年专用汽车需求被透支。同时，轻型车及重型车国Ⅵb阶段排放标准将于2023年7月1日全面实施，预计将对2023年专用车市场销量形成带动作用。

（2）**轻型车新技术规范政策** 2022年1月7日，工信部、公安部联合发布《工业和信息化部 公安部关于进一步加强轻型货车、小微型载客汽车生产和登记管理工作的通知》（以下简称《通知》），《通知》提升了重点车辆安全技术标准，严格规范了对轻型货车发动机、货厢、轮胎，以及轻型客车内部空间、座椅、安全带等的要求，并加强车辆生产一致性监管，严格车辆登记检验监管。该政策的目的是消除轻型货车"大吨小标"、小微型载客汽车非法改装、客货混载等违法违规行为。政策的实施，使2022年8月轻型专用汽车销量同比大幅提升，对2022年专用汽车销量起了一定的正向推动作用。

（3）**老旧车辆淘汰** 2022年11月2日，工信部、国家发改委、生态环境部和住房和城乡建设部联合印发《建材行业碳达峰实施方案》；2022年11月10日，工信部、国家发改委、生态环境部联合印发《有色金属行业碳达峰实施方案》。两份文件均提出推动大气污染防治重点区域淘汰国Ⅳ及以下厂内车辆和国Ⅱ及以下的非道路移动机械。2022年11月10日，生态环境部、国家发改委、科技部、工信部、公安部等15部门联合印发了《深入打好重污染天气消除、臭氧污染防治和柴油货车污染治理攻坚战行动方案》，提出到2025年全国柴油货车排放检测合格率超过90%，全国柴油货车氮氧化物排放量下降12%，新能源和国Ⅵ排放标准货车保有量占比力争超过40%。一系列中央层面政策将推动我国专用汽车排放标准持续升级。

在"碳达峰、碳中和"政策背景下，我国已有10余个省市自治区推动淘汰国Ⅳ排放标准营运柴油货车。2022年3月，北京市人民政府办公厅印发《北京市深入打好污染防治攻坚战2022年行动计划》的通知，提出综合施策加快本辖区国Ⅳ排放标准营运柴油货车淘汰。2022年9月，中共上海市委、上海市人民政府发布《关于深入打好污染防治攻坚战迈向建设美丽上海新征程的实施意见》，提出要加快淘汰国Ⅳ及以下排放标准柴油车,开展氢燃料电池汽车示范应用,推广新能源汽车及作业机械。此外,陕西、浙江、山东、郑州及河北的多个城市,均提出加快淘汰国Ⅳ柴油车。这些政策预计将在一定程度上刺激明、后年专用车市场需求。

(4) 新能源汽车支持政策　目前我国已出台了完善的新能源汽车政策体系,这对新能源专用汽车市场形成很大利好,公共领域及部分重点场景新能源专用车将迎来快速发展。

2022年10月26日,国务院办公厅印发《第十次全国深化"放管服"改革电视电话会议重点任务分工方案》,提出延续实施新能源汽车免征车辆购置税政策,对新能源配送货车扩大通行范围、延长通行时间。2022年4月19日,工信部新闻发言人、运行监测协调局局长罗俊杰在国务院新闻办公室新闻发布会上表示,工信部将启动公共领域车辆全面电动化城市试点。上海、北京、广东、天津、重庆、江苏、浙江、山东等地都大力推动新增及更新的邮政、环卫、城市物流配送等领域使用新能源汽车,部分省市自治区还给予购买新能源商用车购置补贴。这一系列支持政策为新能源专用车销量的持续增长提供了政策保障。

财政部、工信部等五部门正在开展燃料电池汽车示范应用工作,北京、上海、广东、河北、河南等五个城市群已启动实施燃料电池汽车示范应用工作。四年示范期内,五个城市群将示范应用燃料电池汽车3万余辆。五部门鼓励燃料电池汽车在中远途、中重型商用车领域的产业化应用,燃料电池环卫车、渣土运输车、冷藏车、半挂牵引车等车型将迎来快速增长。目前,已有20余个省市自治区出台氢能或燃料电池汽车产业支持政策,明确燃料电池汽车推广目标和各环节支持措施,将推动燃料电池专用汽车市场的持续发展。

2. 经济因素

(1) 全社会固定资产投资　2022年1—11月,全社会固定资产投资额(不含农户)为52万亿元,同比增长5.3%,呈现增长率上升态势(见图24)。但从2022年月度数据来看,固定资产投资增长率却自高向低逐渐走弱。2022年1—11月,工业投资同比增长10.1%,基础设施投资(不含电力、热力、燃气及水生产和供应业)同比增长8.9%,基础设施建设呈现明显的逆周期性。2023年,全社会固定资产投资增速预期仍将保持在高位,为各类专用汽车市场需求提供了保障。

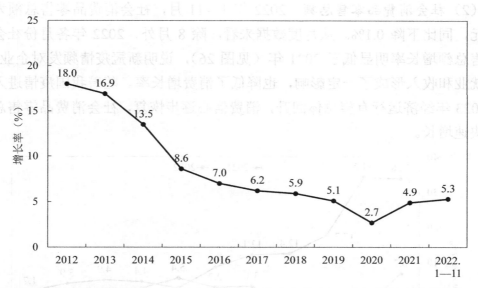

图24　2012—2022年1—11月全社会固定资产投资额（不含农户）增长率

（注：数据来源于国家统计局，下同）

2022年1—11月，全国房地产开发投资12.4万亿元，同比下降9.8%（见图25），各月份房地产开发投资增速持续降低，房地产开发投资市场对工程类专用车的需求有所下降。随着多地调整优化房地产政策，从供需两端支持房地产市场，2023年房地产开发投资有望回暖。

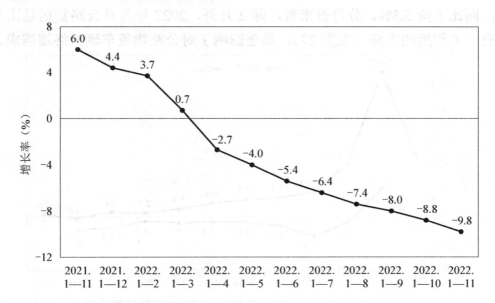

图25　2021—2022年全国房地产开发投资增长率

（2）社会消费品零售总额 2022年1—11月，社会消费品零售总额为39.9万亿元，同比下降0.1%。从月度数据来看，除8月外，2022年各月份社会消费品零售总额增长率明显低于2021年（见图26），说明新冠疫情频发对企业经营、居民就业和收入形成了一定影响，也降低了消费增长率。随着我国疫情进入新阶段，2023年经济运行有望总体回升，消费信心逐步恢复，社会消费品零售总额将迎来快速增长。

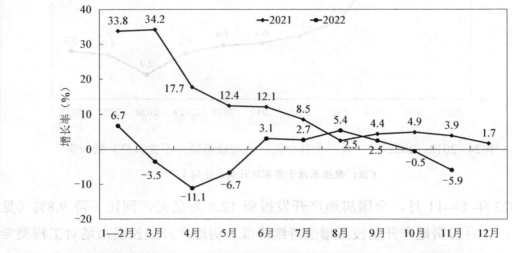

图26 2021—2022年各月份社会消费品零售总额同比增长率

（3）公路货运量与国内快递量 2022年1—11月，我国完成公路货运量339.2亿吨，同比下降5.3%。分月份来看，除2月外，2022年各月公路货运量比2021年均有一定程度的下降（见图27），显著影响了对公路物流车辆的终端需求。

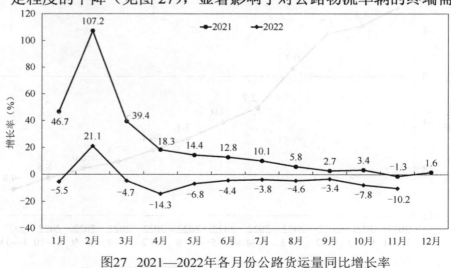

图27 2021—2022年各月份公路货运量同比增长率

2022年1—11月，全国快递业务量累计完成1002.1亿件，同比增长2.2%；快递业务收入累计完成9569.8亿元，同比增长1.6%。而2021年，全国快递业务量完成1083亿件，同比增长29.9%，2022年快递业务量增长率比2021年明显放缓，受疫情影响，尤其是2022年3月、4月、10月、11月的快递业务量呈现同比下滑态势（见图28）。

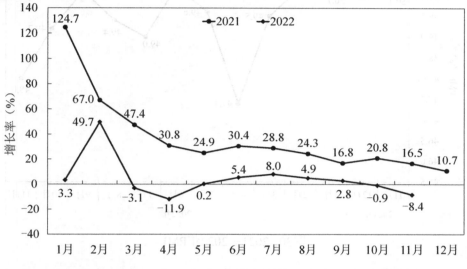

图28　2021—2022年各月份全国快递业务量同比增长率

（4）工业生产者价格指数　2022年1—11月，工业生产者购进价格平均同比上涨6.7%（见图29），其中，燃料、动力类价格上涨22.2%。而工业生产者出厂价格比上年同期上涨4.6%，对专用汽车企业盈利带来较大挑战。

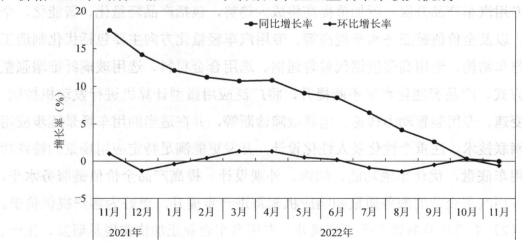

图29　2021—2022年工业生产者购进价格指数同比、环比增长率

受新冠疫情频发的影响，2022 年多个月份的 PMI 低于临界点，制造业生产景气水平较低（见图30）。

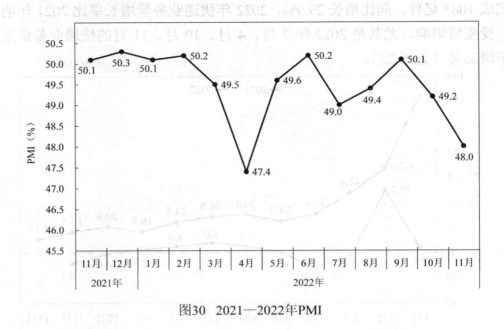

图30　2021—2022年PMI

3．技术和其他因素

（1）专用汽车产品附加值将不断提高　随着我国专用汽车行业同质化竞争严重，以及用户对产品的升级需求不断提升，专用汽车行业必须加快转型升级，未来专用汽车产品升级、附加值提高将成为趋势，包括产品轻量化、智能化、个性化，以及全价值链服务水平提高等。专用汽车轻量化方向主要包括优化制造工艺及整车结构、选用高强度钢代替普通钢、选用合金材料、选用玻璃纤维增强塑料等方式。产品智能化水平不断提升，将广泛应用微型计算机进行发动机控制、自动变速、专用装置动力传递、电器故障诊断等，并在适当的用车场景逐步应用智能网联技术。注重个性化及人性化设计，开发更能满足特定应用场景的特殊功能专用车底盘，优化车辆功能、结构、外观设计。提高产品全价值链服务水平，未来专用汽车企业的服务质量和响应机制将进一步提升，更好为客户提供价值。

（2）专用汽车制造水平不断提升　专用汽车企业正加快实现从研发、生产、销售到服务的数字化和智能化。标准化、模块化、智能化是未来专用汽车生产的必然趋势。通过产品结构标准化，以尽可能少的内部变化组合成多样化的专用汽车产品，减少采购成本、精简生产流程、提升产品质量、降低生产成本。专用汽车企业积极推进智能制造，通过采用先进的自动化设备及工业软件，持续提升制造水平和生产效率。同时，通过智能管理系统，可以实现对车辆现场运行状态的实时监测，查询发动机电压、电流、频率等数据变化，并进行数据分析，对发生异常情况的车辆实时报警。

（3）专用汽车电动化成为趋势　新能源专用汽车通过驱动系统集成化设计、优化电机集成效率、优化车用动力蓄电池系统空间布置等，能耗持续下降、续驶里程不断提升，技术水平已基本满足用车需求。新能源专用汽车使用成本比燃油汽车有明显优势，但是由于锂离子车用动力蓄电池成本仍然偏高，导致新能源专用汽车购车成本较高，新能源专用汽车全生命周期用车成本仍然不具备优势。未来锂离子车用动力蓄电池成本有望进一步下降，同时，目前钠离子车用动力蓄电池正加速推进，有望于 2023 年规模化生产。钠离子动力蓄电池降低成本空间较大，与磷酸铁锂电池相比成本有望下降 30%～40%，未来应用于专用汽车后，有望使专用汽车购车成本大幅下降，届时新能源专用汽车将实现全生命周期成本的显著优势，使专用汽车具备更强的技术和经济性竞争力。

三、2023 年专用汽车市场趋势预测

1. 六大类专用汽车市场趋势预测

2022 年中央经济工作会议指出，我国经济韧性强、潜力大、活力足，各项政策效果持续显现，2023 年经济运行有望总体回升。随着新冠疫情影响减弱，各项政策持续发力，2023 年我国 GDP 增长率有望达到 5%以上，为专用汽车市场增长奠定基础。

从政策来看，2023 年 7 月，全部车辆国Ⅵb阶段排放标准将开始实施，对各类专用汽车形成利好。2023 年新能源汽车购置补贴取消，但车辆购置税优惠政策持续，随着公共车辆电动化政策支持力度加大，新能源专用汽车有望快速增长。

从市场需求来看，随着我国疫情防控进入新阶段，社会零售品消费额、公路货运量、快递量等预计显著增长，对各类物资的运输需求增加，公路物流车辆的需求旺盛。政策驱动下，2022 年下半年以来出台实施的政策性开发性金融工具、支持设备更新改造、扩大制造业中长期贷款等政策效应将在 2023 年持续释放，

制造业投资的逆周期调节作用加快凸显,我国固定资产投资增长保持高位,房地产投资企稳,基建项目储备充足、资金来源有保障,并吸引社会资本进入,为基建投资提供资金保障,利好各类工程类专用汽车的市场需求。随着经济回暖,各地财政支持力度加大,对市政类、环卫类等专用汽车提供市场需求。

从车辆淘汰更换来看,专用汽车使用周期约 10 年,2013 年专用汽车销量是 2016 年前销量最高峰,随着老旧专用汽车加快更换,对 2023 年专用汽车销量形成一定利好。

综上,预计 2023 年六大类专用汽车销量将有 15%左右的增长,全年销量预计在 130.0 万辆左右(见图31)。

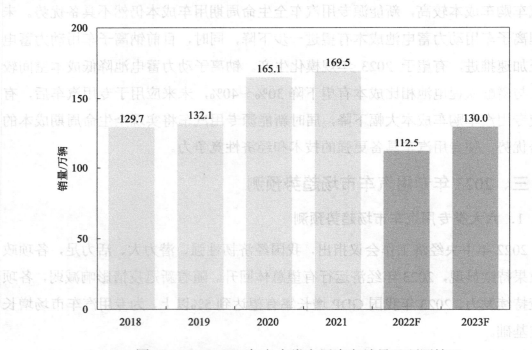

图31　2018—2023年六大类专用汽车销量及预测情况

2. 普通自卸汽车市场趋势预测

2023 年我国经济运行有望总体回升,基础设施建设规模保持高位、房地产投资企稳、公路货物运输需求显著增长,预计 2023 年普通自卸汽车销量会有小幅增长,全年销量在 13.0 万辆左右(见图32)。

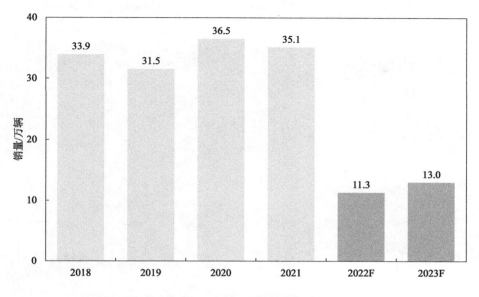

图32 2018—2023年普通自卸汽车销量及预测情况

(作者：任海波 张秀丽)

细分市场篇

曾公布衣篇

2022 年北京市汽车市场分析及 2023 年展望

一、2022 年北京市汽车市场回顾

2022 年第 24 届冬季奥林匹克运动会（简称冬奥会）在北京举办，受新冠疫情影响，此次冬奥会对经济的促进作用不及 2008 年北京夏季奥林匹克运动会。但随着北京冬奥会的成功举办，北京市的汽车销售企业都期盼经济及汽车市场能够成功回暖，走出一波增长趋势。然而，2022 年 4 月突如其来的疫情使北京市汽车市场陷入低谷，第二季度北京市新车销量同比下降 32%，二手车销量同比下降 36%。随着国家及地方政府各项扩大汽车消费、促进汽车流通等利好政策的落地实施，以及 5 月底北京市购车指标的集中投放，第三季度北京市汽车市场终于走出一波增长趋势，新车销量同比增长 9.75%，二手车销量同比增长 1.22%。第四季度在准备乘着党的二十大胜利召开的东风迎接年底销售高峰时，新一波疫情感染高峰中人们的自我静默又使刚刚抬头的北京市汽车市场重新感受到"严冬的寒冷"。

2022 年北京市汽车市场的艰难程度出人意料，作为限购城市，北京市每年 10 万辆的新增购车指标限制了北京购车需求的释放；同样限购指标的存在也使得不论全国市场如何变化，北京市的汽车销量都保持着相对稳定。三年疫情中，2020 年，北京市新车销量同比只下降 4.34%；2021 年，北京市新车销量同比增长 3.16%；2022 年，在疫情的不断冲击下，北京市新车销量首次出现了自 2011 年实行限购以来 10%以上的同比下降，二手车销量更是同比下降超过 15%。2022 年北京市所有的汽车流通企业都面临一个难题——如何"活着"，活到春暖花开的那一天。

1. 新车市场整体情况

2022 年 1—11 月北京市新车交易 53.99 万辆，同比下降 9.2%，降幅超过全国 12.5 个百分点，预计全年北京市新车交易量不足 59 万辆，与 2021 年相比新车销量下降幅度超过 10%。2020—2022 年北京市新车分月度销量如图 1 所示。

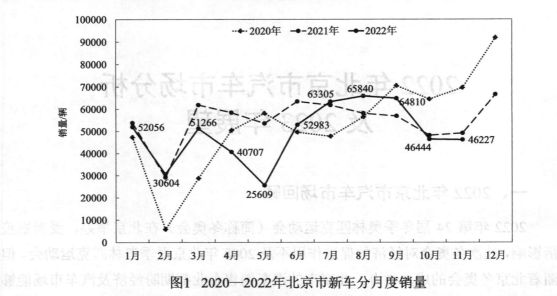

图1 2020—2022年北京市新车分月度销量

从北京市分月度销量同比增长趋势来看，2022年北京市汽车市场表现为明显的波浪走势（见图2），全年销量走势受疫情及政策影响明显。2022年1—2月虽然受春节及冬奥会因素影响，但北京市疫情平稳，汽车销量表现平稳。4—5月受疫情影响，新车销量大幅下降，尤其是5月，原本就是全年新增购车指标最少的月，叠加疫情冲击，单月新车销量同比下滑52.25%，成为全年销量的波谷。而随着5月底新增购车指标的投放以及政府各项促消费、保经济政策的出台，7—9月北京市形成新车销量的波峰期。但随着年底疫情的再次冲击，新车销量没能实现往年的旺销，尤其是受北京市第一波新冠感染高峰的影响，新车销售出现停滞，形成2022年新车销售的第二个波谷。

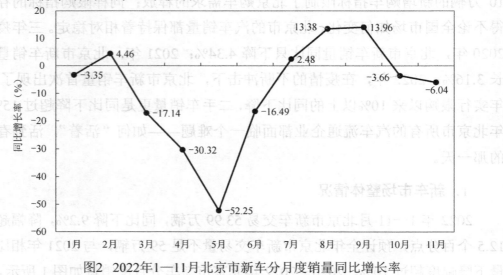

图2 2022年1—11月北京市新车分月度销量同比增长率

2022年北京市国产乘用车按品牌国别来看，市场占有率变化明显（见表1）。受新能源汽车销量占比不断攀升影响，自主品牌汽车在北京市的市场占有率不断提升，2022年占比达到38.27%，同比增长4.07个百分点，继续保持占有率第一的位置；德系车同样受益于新能源汽车销量增长，2022年市场占有率同比提升0.72个百分点至28.55%，仍位列第二；日系车市场表现基本平稳，市场占有率同比仅下降1.04个百分点至19.16%，继续位居第三；市场份额下降最快的是美系车，市场占有率同比下降3.42个百分点至9.29%；同样下滑的还有韩系车，2022年市场份额为1.73%，同比下降0.89个百分点；而法系车销售表现继续低迷，几乎已经退出北京市场，市场占有率不足0.04%。

表1 2021—2022年北京市分品牌国别国产乘用车市场占有率情况 （%）

品牌国别	中国	德国	日本	美国	韩国	瑞典	英国	法国
2021年	34.20	27.83	20.20	12.71	2.62	1.41	0.62	0.41
2022年	38.27	28.55	19.16	9.29	1.73	1.48	0.51	0.37
同比	4.07	0.72	−1.04	−3.42	−0.89	0.07	−0.11	−0.04

2022年北京市乘用车市场仍以轿车及SUV车型为主，分别占到45.02%和47.70%的市场份额。与2021年相比，SUV车型占比有所提升，增长3个百分点，MPV车型占比有所下降，降低1.21个百分点。从新能源汽车和传统燃油汽车销量占比来看，两者区别不大，新能源汽车中SUV车型占比比燃油汽车中SUV车型占比略高一些，达到49.29%，约占到新能源汽车销量的一半。而新能源MPV车型占比则比燃油汽车MPV占比低3个百分点，主要是新能源MPV车型不多，主要集中在混合动力车型。

2. 北京市进口汽车销售情况

2022年1—11月北京市进口汽车累计交易3.86万辆，同比下降27.7%，降幅远高于全国平均水平，预计全年北京市进口汽车累计交易不足4.2万辆，将是自2011年北京市实行限购后销量最低的一年，与疫情发生前2019年的7.88万辆相比，销量下降了近一半。2020—2022年北京市进口汽车月度销量如图3所示。

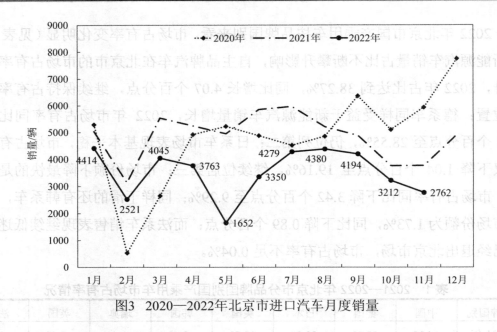

图3 2020—2022年北京市进口汽车月度销量

北京市曾是国内进口汽车销售的主要市场，但近年来北京市进口汽车销售持续走低，进口汽车的市场份额连年下降（见图4）。2022年北京市进口汽车销售下滑更加明显，进口汽车占新车销售市场的份额只有7.14%，与2021年相比下降了1.67个百分点，与2018年相比下降了4.99个百分点，5年进口汽车市场份额下降了5.43个百分点。2022年11月当月进口汽车市场份额只有5.97%，创下北京市进口汽车市场份额的新低。

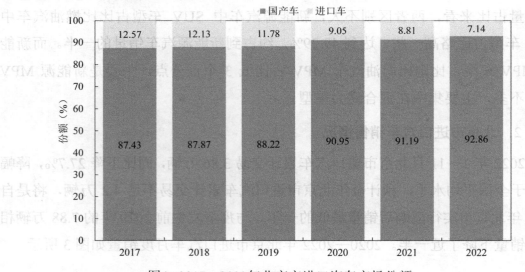

图4 2017—2022年北京市进口汽车市场份额

2022年北京市进口汽车市场各车型占比与2021年相比变化不明显,进口汽车车型仍以SUV及轿车为主,两者占到进口汽车总量的96.39%,其中SUV车型排在首位,占比50.61%,轿车排在第二位,占比45.78%。从排量看,2022年北京市进口汽车市场以3.0L以下排量为主,占进口汽车总量的93.26%,主要集中在2.0T(占比36.62%)及3.0T(占比26.3%)两个排量。而5.0L以上的大排量车型只占1.23%,主要集中在6.7T的劳斯莱斯品牌车型,占比为0.62%。同时,北京市进口汽车市场以涡轮增压车型为主,占到进口汽车总量的80.56%。

从动力类型上看,2022年北京市进口汽车市场中新能源汽车占到14.13%,与2021年相比基本持平、略有增长。进口新能源汽车中仍主要以油电混合动力车型为主,占北京进口汽车销量的11.78%,纯电动车型与国产车型相比竞争力仍明显不足,只占到北京进口汽车销量的2.28%。

从北京市进口汽车市场各品牌销量排名来看,2022年排名前十的品牌与2021年相同,不同的是位次有所变化。奔驰、雷克萨斯、宝马继续排名前三,但雷克萨斯超越宝马占据了第二名。从销量对比来看,前十名品牌2022年销量与2021年相比都有较大降幅,唯一降幅略小的MINI品牌从销量排名第九上升到第七。2022年1—11月北京市进口汽油车销量前十名品牌见图5。

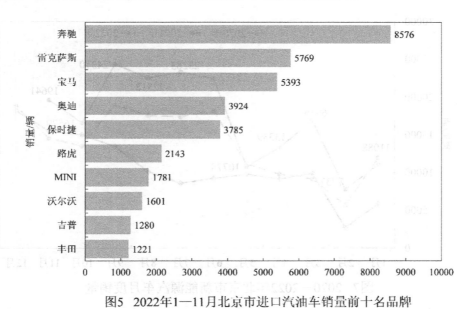

图5 2022年1—11月北京市进口汽油车销量前十名品牌

3. 北京市新能源汽车销售情况

2022年新能源汽车消费成为北京市汽车市场的唯一亮点。北京市新能源汽车销量继续保持了连续快速增长的势头,在2021年销量增长30.82%的基础上,2022

年1—11月北京市新能源汽车销售188671辆（见图6），同比增长了13.15%。从各月销量来看，除2022年1月和5月受春节及疫情影响销量同比略有下降外，其他各月都保持了同比大幅上涨态势，新能源汽车购车指标投放后的6—9月单月销量更是都超过2.2万辆（见图7）。

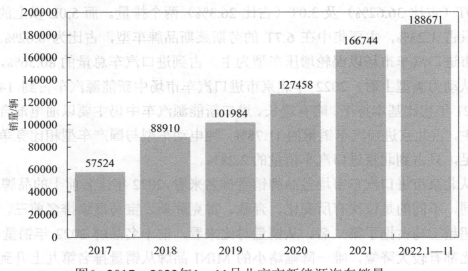

图6　2017—2022年1—11月北京市新能源汽车销量

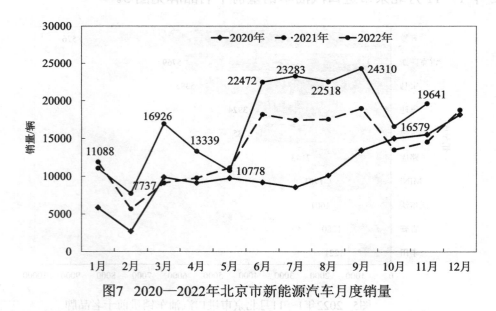

图7　2020—2022年北京市新能源汽车月度销量

2022年我国新能源汽车市场规模预计达到600万辆，比上年增长一倍，而新能源乘用车市场占有率更是实现了26%的历史性突破，比国家有关规划提前了4年。而北京市新能源汽车市场占有率早在2020年就基本达到20%，2022年更是达到34.95%,与2021年相比市场占有率又提高了约10个百分点(见图8),远高于全国同期水平。北京市在新能源汽车消费方面仍然走在全国前列。

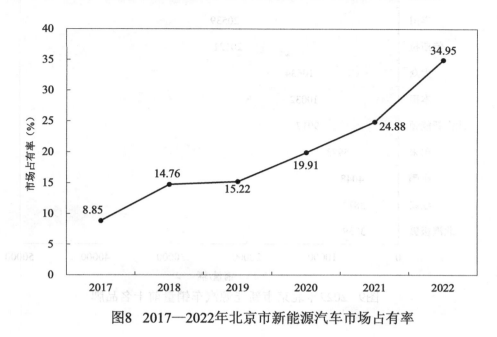

图8 2017—2022年北京市新能源汽车市场占有率

2022年随着北京市新能源汽车市场的快速发展,各新能源汽车品牌在北京的销售竞争激烈,与2021年相比变化明显。比亚迪一枝独秀,继续保持销量第一的位置,市场份额增长到23.41%,比亚迪汽车不仅在纯电动车型方面销量保持了第一,PHEV车型销量也超过理想占据了第一的位置。凭借HEV车型良好的市场表现,丰田汽车不但保持了HEV车型销量排名第一,同时超越特斯拉成为北京市新能源汽车销量第二名。而特斯拉继续保持了纯电动车型销量第二的位置,并以微弱劣势居于北京市新能源汽车销量第三名的位置,但与比亚迪的销量差距不断增大。大众汽车凭借ID.系列车型良好的市场表现,从2021年的第十名跃居到2022年的第四名,进步明显。本田依靠HEV车型销量保住了第五的排名。北汽新能源2022年市场表现不佳,从2021年的第二位下降到2022年的第六位。在蔚来、小鹏、理想三大新势力中,蔚来和小鹏保住了第七和第八的位置,但市场份额有所下降,理想则跌出前十。而广汽传祺则从2021年的第六名直接跌出前十名。红旗和北汽极狐首次进入前十名,分别排在第九和第十名。2022年北京市新能源汽车销量前十名品牌如图9所示。

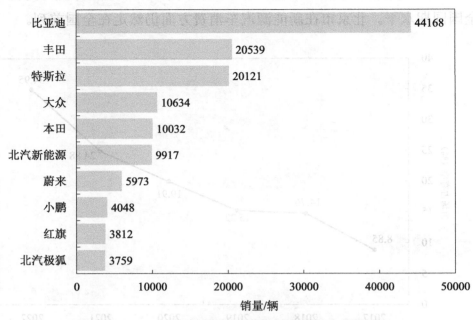

图9 2022年北京市新能源汽车销量前十名品牌

2022年北京市新能源汽车销量结构出现细微变化，纯电动车型占比为72.99%，仍占据主流地位，但与2021年相比下降了4.05个百分点。HEV和PHEV车型则有所增长，分别占19.75%（增长2.33个百分点）和7.26%（增长1.72个百分点），这主要受益于2022年北京市实施燃油汽车报废或外迁后置换新能源汽车的补贴政策，相对于纯电动车型，部分燃油汽车消费者更倾向于置换HEV和PHEV车型，因为相对于纯电动车型，其驾驶感受与燃油汽车更为接近。

4. 北京市商用车销售情况

受政策限制及疫情影响，2022年北京市商用车市场需求下降明显，2022年1—11月北京市商用车累计交易4.7万辆，同比大幅下降29.17%，预计全年销量将不足5万辆，创近几年商用车销量新低。不但与疫情发生前的2019年相比降幅达到50%，与疫情刚开始的2020年相比，销量也下降了近30%。2020—2022年北京市商用车分月度销量如图10所示。

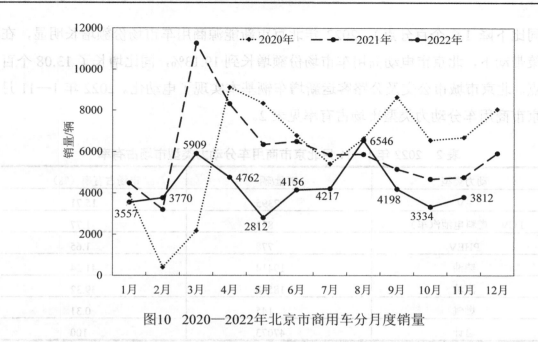

图10　2020—2022年北京市商用车分月度销量

2022年北京市商用车市场占有率下降明显，尤其是受疫情对物流行业冲击影响，全年市场占有率已下降至8.72%，同比下降2.17个百分点，市场占有率首次跌至10%以下。2020—2022年北京市商用车分月度市场占有率如图11所示。

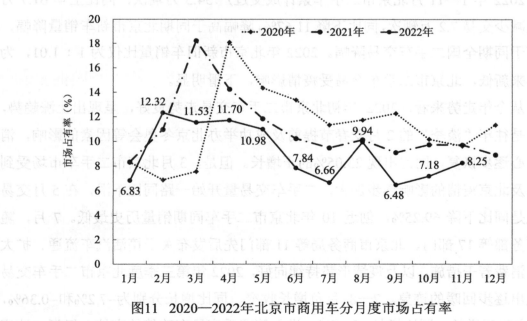

图11　2020—2022年北京市商用车分月度市场占有率

2022年北京市商用车市场仍以专用车为主，占比为54.52%（同比增长6.38个百分点），货车占比为27.38%（同比下降4.78个百分点），客车占比为18.1%

（同比下降 1.6 个百分点）。2022 年北京市新能源商用车市场份额增长明显，在政策带动下，北京市电动商用车市场份额增长到 19.13%，同比增长了 13.08 个百分点。北京市城市公交及公路客运新增车辆基本实现了电动化。2022 年 1—11 月北京市商用车分动力类型市场占有率见表 2。

表 2　2022 年 1—11 月北京市商用车分动力类型市场占有率

动力类型	销量/辆	市场占有率（%）
EV	7395	15.71
FCV（燃料电池汽车）	833	1.77
PHEV	778	1.65
柴油	19414	41.24
汽油	18508	39.32
燃气	145	0.31
总计	47073	100

5. 北京市二手车市场情况

2022 年 1—11 月北京市二手车累计成交过户 54.5 万辆次，同比上年 61.7 万辆次减少交易 7.2 万辆次，同比下降 11.67%，降幅高于同期北京市新车销量降幅，也高于同期全国二手车交易降幅。2022 年北京市新旧车销量比仅为 1∶1.01，为近年来新低，北京市二手车交易受疫情影响，下滑明显。

从全年走势来看，2022 年初北京市二手车交易走势良好，呈现出上涨趋势，尤其是往年"淡季"的 2 月受春节提前及成功举办北京冬奥会等因素的影响，消费信心逐步恢复，同比出现 23.05% 的正增长。但是，3 月北京市二手车市场受到全国及北京疫情的影响逐步加大，二手车交易量开始一路同比下滑，在 5 月交易量更是同比下降 69.25%，创近 10 年北京市二手车同期销量历史最低。7 月，随着商务部等 17 部门、北京市商务局等 11 部门先后发布关于搞活汽车流通、扩大汽车消费若干措施，以及疫情形势持续向好，2022 年第三季度北京市二手车交易呈现出逐步回暖的迹象。7—8 月负增长收窄，同比增长分别为–7.2%和–0.36%，9 月实现正增长，同比增长 12.65%。进入第四季度虽有政策的支持，但新一波疫情使北京市二手车交易又进入新一轮下滑，10—11 月销量同比下滑不断加大，11

月二手车销量不足 4 万辆，同比下降 27.17%（见图 12），再次创下近 10 年同期销量新低。

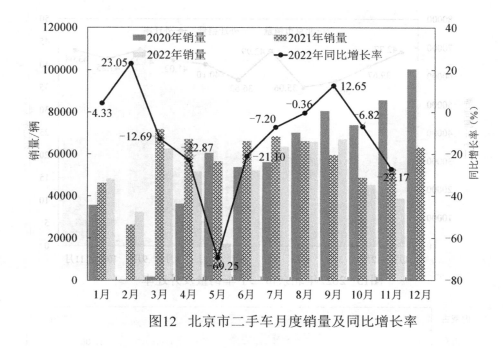

图12　北京市二手车月度销量及同比增长率

2022 年虽然国家推出了一系列促进二手车流通的政策，也全面放开了国V排放二手车的限迁政策，但疫情对二手车交易的冲击仍较为明显，特别是二手车的异地流通因为人员流动受困以及物流成本增加而受到较大抑制。北京市作为全国二手车外迁率最高的城市，2022 年 1—11 月外迁率仅为 39.96%，与 2021 年相比外迁率下降 4.74 个百分点，与 2020 年相比外迁率更是下降了近 15 个百分点，北京市二手车外迁率的持续下降也限制了北京市新车销售的增长。2022 年北京市二手车销量及外迁率如图 13 所示。

2022 年随着全国二手车限迁政策的放开，北京市二手车主要迁入地也出现变化，2022 年内蒙古以 17.46% 的占比（同比增长 3.48%）超越山东再次成为北京市二手车外迁的主要省份，山东（占比 16%，同比下降 0.33%）、辽宁（占比 11.24%，同比下降 1.49%）紧随其后。2021 年排名第四的新疆在 2022 年占比出现大幅下降，从 10.32% 下降到 3.04%，排名下降到第九位，吉林（占比 10.74%，同比增长 2.57%）上升到第四位。作为北京近邻的河北随着限迁政策的放开占比持续提升，

2022年占比为9.92%（同比增长4.78%），从第七位上升到第五位。2022年北京市二手车外迁地比例如图14所示。

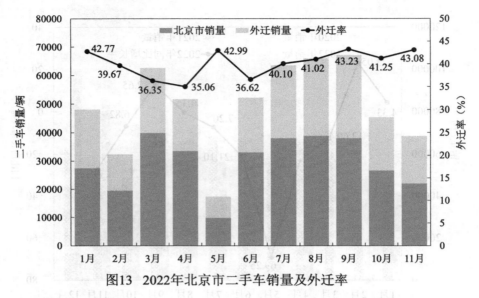

图13 2022年北京市二手车销量及外迁率

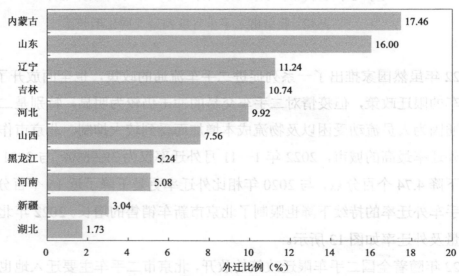

图14 2022年北京市二手车外迁地比例

二、2023年北京市汽车市场展望

2022年对北京市汽车市场影响最大的因素是疫情，两次疫情使北京市的汽车消费两次陷入谷底。2022年12月7日，国务院应对新型冠状病毒肺炎疫情联防联控机制综合组发布《关于进一步优化落实新冠肺炎疫情防控措施的通知》，简称

"新十条"。时隔20天后的12月27日,国务院应对新型冠状病毒肺炎疫情联防联控机制综合组再次公布了《关于对新型冠状病毒感染实施"乙类乙管"总体方案的通知》。与此同时,将"新型冠状病毒肺炎"改名为"新型冠状病毒感染"。新政策于2023年1月8日起实施。从2019年底到2022年底,整整三年,新冠病毒从出现到大流行,严重影响着人们的正常生活、生产,经济受到严重冲击。

2023年,疫情对北京市汽车消费的影响将会减弱,作为一个汽车限购城市,影响汽车消费的主要因素将回归到北京市的汽车消费政策。2022年北京市执行了一系列汽车消费政策,但在疫情的冲击下作用被相对削弱,2023年此类政策将对北京市汽车流通和汽车消费产生重大影响。

在2022年发布的《北京市"十四五"时期交通发展建设规划》中提出,要从源头调控交通需求,加强拥车用车管理,降低小客车出行强度。在调控小客车数量方面,要逐步增加新能源指标占比,优先向无车家庭配置小客车指标,加强"一人名下多车"治理,推动个人名下第二辆及以上在本市登记的小客车有序退出。目标到2025年,全市小客车保有量控制在580万辆以内。公开信息显示,截至2020年底,北京市小客车保有量为527.3万辆。从2020年到2025年,北京市小客车保有量仅增加52.7万辆,平均每年新增10.54万辆,基于交通和环保压力,限购仍是北京市汽车消费的基本定调。2022年北京市小客车指标年度配额为10万个,将普通指标额度由2021年的4万个调减为2022年的3万个,同步将新能源指标额度由6万个调增为7万个,分配比例上也更加照顾"无车家庭"。具体配置比例上,普通小客车指标方面,家庭和个人指标额度共计28600个,家庭和个人同池摇号;新能源小客车指标方面,家庭和个人指标额度共计63600个,其中家庭指标额度44520个、占比70%,个人指标额度19080个、占比30%。2023年北京市大概率会继续执行2022年的配比,但也可能进一步增加新能源汽车和家庭指标额度。2023年,北京市小客车指标配置次数仍为一年3次,其中5月配置新能源指标,6月、12月配置普通指标。从2021年开始这一指标配置方式就对北京市月度销售趋势造成了重大影响,决定了北京市汽车销售主要集中在每年的三季度和年底,往年销售淡季的7—8月反而成了销售旺季,2023年也将遵循这一规律。

2022年底将有一系列的汽车补贴政策到期,这些政策对促进北京市2022年汽车消费作用明显。2023年相关政策的退出将会削弱部分汽车消费者的购车积极性，但为了吸引消费者，汽车生产厂家也许会主动买单。

新能源汽车财政补贴政策将于 2022 年 12 月 31 日结束，2023 年起上牌的新能源汽车将不再享受补贴。这意味着，我国的新能源汽车市场将真正从政策驱动转变为市场推动。随着补贴的不断退坡，北京的新能源汽车消费者将越来越理性地看待新能源汽车的购买和使用。这一政策的终止对北京市 2023 年的新能源汽车销售影响不大。

财政部和国家税务总局发布的《关于减征部分乘用车车辆购置税的公告》中提出，为促进汽车消费，支持汽车产业发展，对购置日期在 2022 年 6 月 1 日至 2022 年 12 月 31 日期间内且单车价格（不含增值税）不超过 30 万元的 2.0L 及以下排量乘用车，减半征收车辆购置税。车辆购置税减半政策曾在 2009 年和 2016 年出台过，这次是我国第三次出台相关刺激政策。前两次出台曾极大促进了中国的汽车消费。2022 年的这一政策对北京市汽车消费带动反而有限。一是因为在政策结束前的销量翘尾期正好赶上北京市疫情集中爆发，在全城自我隔离的境况下居民无暇顾及买车、卖车，同时相关政策更利于刺激首次购车的刚需消费者，但北京受购车指标的限制，首次购车的刚需消费者需求无法释放，而在疫情冲击、经济增速下行的情况下，更多的置换消费者推迟了置换需求的释放。2023 年如果国家能够继续出台相关政策，对北京的汽车消费促进作用将会更明显。

财政部、国家税务总局、工信部联合发布的《关于延续新能源汽车免征车辆购置税政策的公告》中提出，对购置日期在 2023 年 1 月 1 日至 2023 年 12 月 31 日期间内的新能源汽车，免征车辆购置税。为支持新能源汽车产业发展，自 2014 年起国家一直对新能源汽车实施免征车辆购置税政策。此前，相关政策已经两度延期，此次相关政策的再次延期，表明了政府支持新能源汽车发展、促进汽车市场回暖企稳、刺激国内消费的态度。相关政策的延续将继续推动 2023 年北京市新能源汽车的消费增长。

2021 年底北京市老旧机动车淘汰更新补贴政策到期，从淘汰黄标车到淘汰国Ⅲ标准老旧机动车，北京市推出的相关补贴政策都对北京市老旧机动车的快速更新以及限购政策下的北京市汽车消费市场的稳定发展起到了巨大作用。2022 年原本预期的涉及国Ⅳ汽车的新一期淘汰更新补贴政策并没有出台，而为了优化本市汽车结构，促进汽车消费增长，北京市商务局等七部门在年中印发了《北京市关于鼓励汽车更新换代消费的方案》的通知，鼓励市民将乘用车置换成新能源小客车。从 2022 年 6 月 1 日至 2022 年 12 月 31 日报废或转出本市注册登记在本人名下 1 年以上的乘用车，在本市汽车销售企业新购新能源小客车，并在 2023 年 2 月 28 日前完成新购新能源小客车上牌手续的，政府将给予补贴。报废或转出新能源小客车的，每车给予 8000 元补贴；报废或转出使用 1~6 年其他类型乘用车（非新能源）的，每车给予 8000 元补贴；报废或转出使用 6 年（含）以上其他类型乘用车（非新能源）的，每车给予 10000 元补贴。这一政策配合相关新能源汽车指标发放、促进了 2022 年北京新能源汽车的逆势增长，第四季度北京市新能源二手车的外迁率也出现了明显增加。2022 年底这一临时政策已经结束，2023 年希望北京市继续从优化本市汽车结构、促进汽车消费增长考虑，尽快推出新一轮的老旧机动车淘汰更新补贴政策，延续对北京市汽车消费的促进作用，在 2023 年重新启动北京市汽车消费增长态势。

2023 年一些新的政策将继续推进，这些政策将影响北京市汽车销售及汽车流通行业未来的发展方向。

2022 年 7 月，商务部等 17 部门联合印发《商务部等 17 部门关于搞活汽车流通 扩大汽车消费若干措施的通知》，政策覆盖了汽车生命周期的全环节和各领域，二手车行业长期存在的制约发展的堵点和痛点被全面破除。

一是全面取消限迁政策，自 2022 年 8 月 1 日起，在全国范围取消对符合国 V 排放标准的小型非营运二手车的迁入限制。全面解除国 V 车的限迁将促进 2023 年北京市二手车的对外销售，但北京市 2023 年继续限制国 V 车的迁入将影响北京市二手车与京外二手车的价格竞争优势，从而降低北京市二手车经销商的利润。

二是优化交易登记管理，明确企业经销的二手车像新车一样按照"库存商品"进行会计核算，在机动车转让登记时进行单独签注，并核发临时行驶车辆号牌；对汽车限购城市，明确汽车销售企业购入并用于销售的二手车不占用号牌指标。这一政策与 2022 年 4 月 1 日正式实施的《北京市二手小客车交易周转指标管理办法（试行）》一起，解决了困扰多年的二手车交易指标难题。但 2022 年相关指标的使用却远低于预想，指标使用率不到北京同期二手车交易量的 3%，主要是二手车经营企业对使用指标在纳税上面存在疑虑，大部分二手车经纪企业仍采取观望态度，维持原有交易方式。2023 年在国家支持开展经销业务的政策下，随着更多的二手车经纪公司转型，这一政策才会对促进北京二手车行业发展发挥真正作用。

三是支持开展经销业务，取消对开展二手车经销的不合理限制，明确登记注册住所和经营场所在二手车交易市场以外的企业可以开展二手车销售业务。同时，由于自然人售卖二手车时，无法作为卖方向收购企业开具销售发票，允许二手车企业作为买方"反向开具发票"，并凭此办理转移登记手续。这一政策打破了多年二手车主流交易模式，但在实施上原有的行业主体二手车交易市场和二手车经纪公司都在观望，2022年北京市有备案的二手车经营企业有1000多家，二手车经纪公司就有700多家，占到所有备案企业的70%，如果去除开展二手车业务的4S店，经纪公司基本占到原有二手车经营企业的90%以上。2023年这些经纪公司并未做好经营模式转型的准备，相关政策的执行可能会造成二手车流通企业的动荡。同时，作为北京市原有二手车流通主体的二手车交易市场也面临着新政下自我经营模式变革的挑战。

展望2023年北京市汽车消费市场，在疫情影响逐步消退及各项政策的影响下，整体汽车市场将呈现前低后高的销售走势，销售旺季在三季度及年底。新车销量有望在新能源汽车销量的带动下呈现正增长，全年新车销量达到2021年64万辆的水平。

2023年北京市新能源汽车有望继续快速增长，截至2022年底，北京的新能源汽车保有量有望达到57万辆，新能源汽车的置换年限远低于燃油汽车，2023年除了新增的7万个新能源汽车指标外，会有更多的新能源汽车和燃油汽车更新置换新能源汽车，从而有望带动北京市新能源汽车保有量保持15%以上的增长。

2023年北京市进口汽车销量有望小幅回升，但市场占有率还将继续保持低位。2023年7月全国将实行国VIb排放政策，如果有更多的车型可以在北京市销售，那么销量有望回升到5万辆。

2023年北京市商用车将随着物流及经济的复苏而出现增长，但北京市对皮卡、微型客车、微型货车的限制将影响北京市商用车的快速增长。

2022年北京市受疫情影响最大的是二手车交易，尤其是二手车的外迁率不断降低影响到整个北京市汽车消费市场。2023年在各项政策支持及人员、车辆流通的全面恢复下，北京市二手车交易有望快速回升到正常水平，2023年北京市二手车交易量有望恢复到2021年的69万辆。

2023年北京市汽车销售若想快速复苏，除了依赖于政府发布各项促销费措施外，还需要政府加大力度扶持汽车流通企业。2022年北京市汽车流通企业基本都受到重创,尤其是在年底,原本的销售旺季被疫情冲击,在厂家压库的情况下,大部分 4S 店都面临全年销售亏损、年底资金紧张的问题,减人裁员成了 2022 年汽车流通企业的常态。希望在三年疫情过后,所有的汽车流通企业都能挺过难关,迎接 2023 年的春天。

(作者:郭咏)

2022 年上海市乘用车市场分析及 2023 年预测

一、2022 年上海市区域市场分析

1. 2022 年上海市经济情况

2022 年面对复杂严峻的国内外形势和多重超预期因素冲击，上海市坚持稳中求进工作总基调，按照疫情要防住、经济要稳住、发展要安全的要求，加快落实稳经济一揽子政策和接续政策措施，经济恢复向好，生产需求持续改善，主要指标连续数月实现增长，就业、物价基本稳定，经济运行总体呈现回稳向好的积极态势。

2022 年前三季度上海市实现地区生产总值 30956.65 亿元，按可比价格计算，比上年同期下降 1.4%，降幅较上半年减少 4.3 个百分点。其中，第一产业增加值 55.74 亿元，比去年同期下降 0.7%；第二产业增加值 7822.08 亿元，同比下降 4.0%，降幅较上半年减少 9.7 个百分点；第三产业增加值 23078.83 亿元，同比下降 0.5%，降幅减少 2.6 个百分点。

2022 年前三季度，上海市固定资产投资比上年同期下降 8.6%，降幅比上半年减少 11.0 个百分点。其中工业投资下降 5.9%，降幅比上半年减少 15.2 个百分点；房地产开发投资下降 8.5%，降幅减少 8.6 个百分点；城市基础设施投资下降 23.3%，降幅减少 14.8 个百分点。上海市社会消费品零售总额 11864.63 亿元，比上年同期下降 10.7%，降幅比上半年减少 5.4 个百分点。

2022 年 9 月末，上海市中外资金融机构本外币存款余额 19.11 万亿元，同比增长 13.4%；贷款余额 10.25 万亿元，同比增长 9.4%。2022 年前三季度，上海市金融市场成交额 2213.73 万亿元，比上年同期增长 20.5%。其中，上海证券交易所有价证券、银行间市场成交额分别增长 10.3%、29.0%。

2022 年前三季度，上海市居民人均可支配收入 59472 元，比上年同期增长

1.0%。其中,城镇常住居民人均可支配收入 62479 元,增长 0.9%;农村常住居民人均可支配收入 32435 元,增长 1.4%,全市居民消费价格比上年同期上涨 2.8%。

2. 2022 年上海市乘用车市场情况

(1)乘用车保有情况　根据上海市交通管理部门公布的统计数据,截至 2021 年底,上海市乘用车保有量达 565 万辆(含上海注册及外地牌照长期在沪小客车),其中外地牌照长期在沪乘用车 140 万辆,本地注册的乘用车保有量为 425 万辆(见图 1)。由于外地牌照长期在沪保有量出现明显下降,上海市乘用车保有量增长趋势明显放缓。2021 年上海市乘用车保有量增加 13 万辆,比 2020 年的增量 12 万辆略高,远低于 2019 年及以前的增量 29 万~52 万辆。

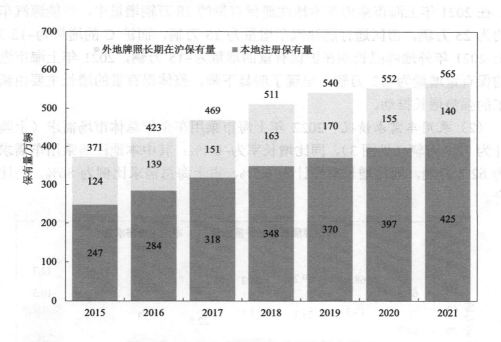

图1　2015—2021年上海市乘用车保有量

在 2021 年上海市乘用车保有量 13 万辆增量中,本地注册保有量的增量为 28 万辆,同期外地牌照长期在沪保有量的增量为 -15 万辆,出现持续的明显下降,总保有量中外地牌照长期在沪保有量占比为 25%,占比下降明显(见图 2)。

图2 2015—2021年上海市乘用车保有量占比

在2021年上海市乘用车本地注册保有量的28万辆增量中，新能源汽车的增量约为25万辆，市区通行燃油汽车增量为15万辆，而沪C的增量为–12万辆；加上2021年外地牌照长期在沪保有量的增量为–15万辆，2021年上海市燃油汽车的保有量增量为–12万辆，出现了明显下降，整体保有量的增长主要由新能源汽车的强势增长推动。

（2）乘用车需求情况　2022年上海市乘用车全年总体市场需求（上险量）预计为72.8万辆（见图3），同比增长率为–0.1%；其中本地注册乘用车需求量预计为62.2万辆，同比增长率预计为6.5%，占上海总需求比例为86%，占比持续上升。

图3 2015—2022年上海市乘用车需求量

1）在新能源汽车需求高速增长的推动下，2022 年上海市乘用车市场本地注册新车需求继续上升。

2022 年全国新能源汽车市场保持高速增长，预计新能源新汽车销量达到 523 万辆，同比增长 78.7%；2022 年上海市的新能源汽车需求也保持了快速增长，预计需求量将达到 33 万辆，同比增长 34.7%（见图 4）。

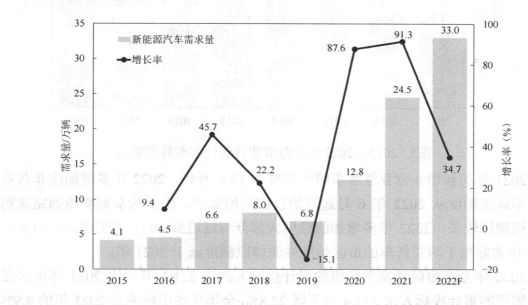

图4　2015—2022年上海市场新能源汽车需求量及增长率

2021 年 2 月 10 日上海市发布了《上海市鼓励购买和使用新能源汽车实施办法》，其中规定自 2023 年 1 月 1 日起，消费者购买插电式混合动力（含增程式）汽车的，不再发放专用牌照额度。消费者在政策生效前集中购买，2021 年、2022 年 PHEV 需求量都保持了高速增长，2022 年 PHEV 需求预计将达到 12.5 万辆，增长率达到 57.8%，推动了上海市新能源汽车需求量的增长。

2022 年上海市 BEV 需求量预计为 20.5 万辆，增长率为 23.7%，增长率明显低于 PHEV。

2）2022 年实际用于购买新车的市区传统能源牌照额度低于 2021 年。

2022 年 5 月 29 日，上海市人民政府印发了《上海市加快经济恢复和重振行动方案》（以下简称《方案》）并于 6 月 1 日起施行，有效期至 2022 年 12 月 31 日。其中，关于汽车消费领域，《方案》指出要大力促进汽车消费，年内新增非营业性客车牌照额度 4 万个（见图 5）。

图5 2015—2022年上海市非营业性客车牌照额度

2021年的新增非营业性客车牌照额度为15.6万张,2022年多增加的非营业性客车牌照额度从2022年6月起开始投放到拍卖中,由于从拿到牌照到完成购车的周期比较长,2022年多增加的额度大部分将延迟到2023年实现新车销售,2022年实际用于购买新车的市区传统能源牌照额度低于2021年。

2022年全年市区私家车牌照的累计投标人次为211.1万,比2021年市区私家车牌照的累计投标人次273.4万下降22.8%,全年平均中标率从2021年的4.9%上升到8.5%,2022年12月的中标率达到13.2%(见图6)。

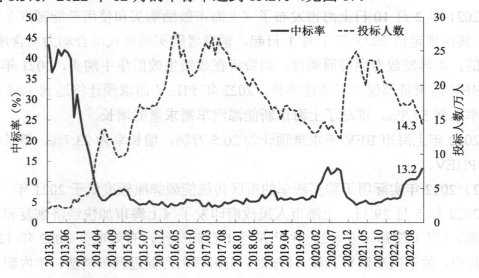

图6 2013—2022年上海市私家车牌照投标人数及中标率

3）由于外地牌照车辆的通行时间、区域严重受限，外地牌照车辆的保有量持续下降，上海市外地牌照的新车需求量以存量更新为主，2022年上海市外地牌照的新车需求量预计将下降到10.5万辆，同比下降27.0%（见图7）。沪C由于保有量持续下降，相应的更新需求也不断下降。

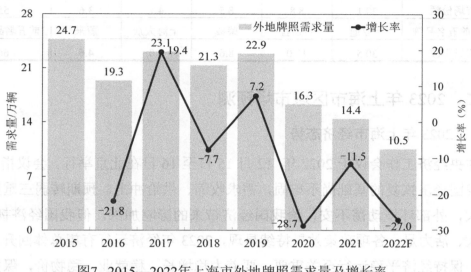

图7　2015—2022年上海市外地牌照需求量及增长率

（3）乘用车需求结构

1）上海市2021年底保有量水平已超过235辆/千人，上海市汽车市场豪华型、进口汽车比例都明显高于全国水平，市场高端化特征比较明显。

2022年1—11月上海市的车型档次结构中豪华型的比例已经达到27.2%，为全国最高，远高于同期全国豪华型的占比16.2%。

2022年1—11月上海市的进口汽车比例为6.7%，仅低于北京市，明显高于同期全国的进口汽车比例3.9%。

2）2022年1—11月上海市新能源汽车市场渗透率全国最高，达到44.0%，远高于全国25.5%的市场渗透率。

由于2023年1月1日开始上海购买PHEV将不能获得免费新能源牌照，2022年PHEV出现了消费者集中购买的情况，推动上海PHEV在总新车需求量中占比达到15.9%，远高于同期全国PHEV占比6.1%。

2022年1—11月上海市新能源汽车销量前五名品牌的合计市场份额达到66.7%，品牌集中度明显高于全国新能源汽车销量前五名品牌的市场份额55.1%

（见表1）；上海市特斯拉的市场份额达到17.0%，远高于其在全国的市场份额8.8%，需求偏高端化。

表1　2022年1—11月全国与上海市新能源汽车销量前五名品牌的市场份额　（%）

全国前五名品牌	比亚迪	特斯拉	五菱	广汽埃安	奇瑞	前五名品牌合计
市场份额	30.1	8.8	8.5	4.1	3.6	55.1
上海前五名品牌	比亚迪	特斯拉	荣威	上海大众	蔚来	前五名品牌合计
市场份额	30.5	17.0	8.6	6.0	4.6	66.7

二、2023年上海市区域市场预测

1. 2023年上海市经济态势

中央经济工作会议于2022年12月15日至16日在北京举行。会议指出，当前，我国经济恢复的基础尚不牢固，需求收缩、供给冲击、预期转弱三重压力仍然较大，外部环境动荡不安，给我国经济带来的影响加深，但我国经济韧性强、潜力大、活力足，各项政策效果持续显现，2023年经济运行有望总体回升。会议强调，保持经济平稳运行至关重要，要着力稳增长、稳就业、稳物价，保持经济运行在合理区间。会议指出，要着力扩大国内需求，要把恢复和扩大消费摆在优先位置，增强消费能力、改善消费条件、创新消费场景，多渠道增加城乡居民收入，支持住房改善、新能源汽车、养老服务等消费。

上海市按照中央决策部署，围绕全市中心工作，坚持稳字当头、稳中求进，做好各项工作的科学统筹，以排头兵的姿态和先行者的担当，把宏伟蓝图变为"施工图""实景画"，奋力开创上海现代化建设新局面。

在2023年上海市委首次季度工作会议上，市委书记陈吉宁强调，要更好统筹经济质的有效提升和量的合理增长，处理好当前和长远的关系，全面深化科技体制改革，充分激发各类创新主体活力，大力推动高水平科技自立自强，促进传统产业绿色化、智能化转型升级。

要更好统筹供给侧结构性改革和扩大内需，及时出台促消费的政策举措，要加大力度扩投资，要全力营造市场化、法治化、国际化一流营商环境，加强制度创新、系统集成、升级迭代。

要更好统筹国内循环和国际循环，按照打造国内大循环中心节点和国内国际双循环战略链接的要求，着力扩大对内对外开放，统筹国际、国内两个市场两种资源。要以更大力度深化浦东综合改革试点。要结合自贸试验区提升战略和上海自贸试验区成立10周年，谋划出台新一轮行动方案。要统筹国际往来合作，推动各类企业走出去，有序开展对外招商引资。要深入推进长三角一体化发展，集中力量推进长三角生态绿色一体化发展示范区建设，加快制定虹桥国际开放枢纽升级版政策，通过市场机制激发内生动力，拓展一体化发展新格局。

2．2023年上海市乘用车市场影响因素及总量预测

2022年全国新能源汽车的市场渗透率预计将达到25.8%，新能源汽车消费进入普及阶段，预计2023年全国新能源汽车的市场需求将保持较快增长，新能源汽车市场渗透率的进一步提升是推动2023年上海乘用车新能源新车需求保持增长的主要推动力量。

由于使用受限，2023年存量保有的外地牌照、沪C换购新能源汽车的需求仍将存在。但2022年6月1日起施行的《上海市加快经济恢复和重振行动方案》中规定的"个人消费者报废或转出名下在上海市注册登记且符合相关标准的小客车，并购买纯电动汽车的，给予每辆车10000元的财政补贴"政策将于2022年12月31日结束，2023年如无类似政策推出，将影响消费者将燃油汽车更新为纯电动车的积极性。

由于2023年开始PHEV无法获得免费牌照，PHEV的需求量将大幅下降，即使部分PHEV消费者转向购买纯电动车，仍将导致新能源车需求出现下降。总体上，预计2023年上海市新能源汽车市场新车需求量将出现小幅下降，预计为31.0万辆（见表2）。

表2 2015—2023年上海市新能源汽车新车需求量　　　（单位：万辆）

年份	2015	2016	2017	2018	2019	2020	2021	2022F	2023F
新能源汽车新车需求量	4.1	4.5	6.6	8.0	6.8	12.8	24.5	33.0	31.0

假如2023年上海市区传统能源汽车牌照额度发放规模为16万个，由于2022年6月开始多增加的4万个牌照额度主要在2023年实现购车，预计2023年市区传统能源汽车的新车需求量将明显高于2022年，是2023年需求量的主要增量。

由于外地牌照、沪C牌照车辆的保有规模持续下降，2023年外地牌照、沪C牌照车辆的更新需求将继续下降，预计比2022年低1万～2万辆。

综合以上因素，预计2023年上海乘用车销量（上险量）将达到71.8万辆，同比增长率为-1.4%（见图8），其中上海市本地注册销量预计为62.8万辆，同比增长0.9%。

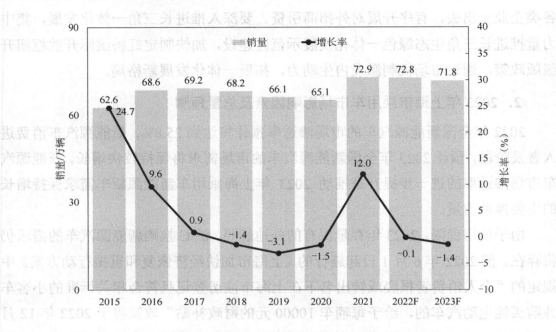

图8 2015—2023年上海市乘用车市场销量及增长率

（作者：俞滨）

2022 年江西省乘用车市场分析及 2023 年展望

江西省经济、人口、人均 GDP、人均可支配收入均位于全国中等水平，汽车发展仍处于普及阶段，具有明显的市场潜力。

一、江西省汽车市场外部环境概况

1. 区位与自然环境优越

江西省地处我国大陆东南部，长江中下游南岸，属于长江三角洲、珠江三角洲和闽南三角地区的腹地。东邻浙江、福建，南连广东，西接湖南，北毗湖北、安徽而共接长江，区位优越。

江西省属于亚热带季风湿润气候，冬暖夏热。水资源丰富，拥有我国第一大淡水湖鄱阳湖。江西省矿产资源丰富，已查明具备资源储量的矿产有九大类 139 种，在全国居前 10 位的有 81 种，其中铜、钨、铀、钽、稀土、金、银被誉为江西的"七朵金花"，有"世界钨都""稀土王国""中国铜都""有色金属之乡"的美誉。

2. 人口规模较大但外流多

江西省下辖 11 个地级市，其中，南昌市为江西省省会城市、长江中游地区重要的中心城市；景德镇市是世界瓷都；全省辖 27 个市辖区、12 个县级市、61 个县。2020 年末江西省常住人口 4518.9 万人，占全国总人口的 3.2%，位居全国第 13 位。其中，汉族人口占总人口的 99% 以上。少数民族数量多，全省共有 54 个少数民族，其中畲族、苗族、回族、壮族、满族人口较多。江西省 65 岁及以上人口占比低于全国平均水平 1.61 个百分点，人口老龄化水平相对较低。江西省属于华东地区的内陆省份，外围毗邻我国经济最发达区域，因此人口净流出较多，多流向广东、浙江、福建、上海和江苏。全省总流出人口 634 万人，流向广东省和浙江省的人口占一半以上。

3. 经济发展程度不高但增长速度快

江西省经济发展程度位于全国中等水平。2021年江西省GDP总量全国排名第15位。区位优势和优越的自然环境以及丰富的劳动力资源助力江西省经济保持较快的速度增长。2021年江西省GDP规模为29619.7亿元，比上年增长8.8%，显著快于全国8.1%的水平，全国增长率排名第四位。其中，第一产业增加值2334.3亿元，同比增长7.3%；第二产业增加值13183.2亿元，同比增长8.2%；第三产业增加值14102.2亿元，同比增长9.5%；三次产业结构比为7.9∶4.5∶47.6。分区域看，南昌、赣州、九江生产总值位于全省前三，合计占全省的比重达49%。萍乡、景德镇、新余、鹰潭经济体量较小，但均呈现较快的增长趋势。

优越的区位条件、自然资源环境，规模较大的人口总量、较低水平的老龄化人口结构与较快的经济增长速度共同影响了江西省汽车市场的发展。

二、江西省乘用车市场特征分析

汽车市场的发展水平与社会经济发展程度紧密相关。人均GDP、人均可支配收入都深刻影响汽车千人保有量、汽车市场的发展阶段。江西省经济仍处于快速增长阶段，经济总量处于全国中等水平，人均GDP、人均可支配收入均低于全国平均水平，相应地汽车市场目前仍处于发展前期阶段。区域特征上，江西省内各城市经济发展水平差异较大、汽车市场发展阶段差异也较大，各城市汽车需求特征较为不同。

1. 市场规模先升后降

（1）市场销量先升后降　从整个江西省汽车市场发展进程看，随着经济的发展，2010—2017年乘用车销量不断增长，并在2017年达到最大值，年均增长率为19.6%。2018年开始因燃油汽车车辆购置税减免政策退出，市场透支，又因房价上涨，房地产市场对汽车市场挤出效应凸显，江西省乘用车市场呈现负增长。2020年叠加新冠疫情影响，汽车市场销量下滑10.5%（见图1），跌幅大于全国。2021年随着国内疫情影响暂缓和经济的恢复，乘用车市场逐步恢复，增长3.6%。2022年1—10月受疫情负累汽车市场再度下滑，销量为37.6万辆，全国排名第18位。

图1 2010—2022年1—10月江西省乘用车销量及增长率

具体来看2022年江西省乘用车市场表现，1月，乘用车销量保持年前旺季的正增长，好于全国平均水平；2月市场呈现季节性特征，出现负增长（见图2）；3月市场开始受到疫情影响出现负增长，一直到5月末疫情消退，市场开始慢慢恢复；9月疫情又卷土重来，市场再次疲软，相应地各市区针对性出台促消费政策；10月疫情基本消退，叠加促消费政策刺激，市场再次恢复正增长。2022年1—10月江西省乘用车销量累计增长–5.5%，低于全国–3.9%的水平。分季度看，前三季度销量增长率分别是–10.6%、–15.4%、4.2%，呈现"前低后高"的特征。

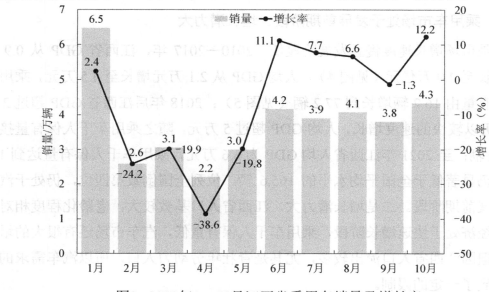

图2 2022年1—10月江西省乘用车销量及增长率

（2）市场份额先升后降 江西省乘用车销量占全国乘用车市场份额也呈现了先升后降态势。2018 年之前江西省乘用车销量占全国的市场份额不断上升，至 2018 年市场份额达到历史最高值 2.6%，2018 年后其市场份额开始走低。2022 年 1—10 月，江西省乘用车销量在全国的份额为 2.3%（见图 3），全国排名第 18 位。

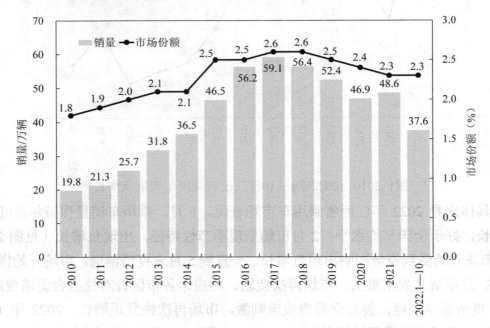

图3 2010—2022年1—10月江西省乘用车销量及占全国份额

2. 乘用车市场处于发展前期阶段，增长潜力大

一是市场增长速度慢且发展阶段低。2010—2017 年，江西省 GDP 从 0.9 万亿元增长至 2.0 万亿元（见图 4），人均 GDP 从 2.1 万元增长至 4.5 万元，乘用车千人保有量由 16.2 辆增长到 77.2 辆（见图 5）；2018 年后江西省 GDP 超过 2 万亿元，仍以较快的速度增长，人均 GDP 超过 5 万元，随之乘用车千人保有量接近超过 90 辆；至 2021 年江西省人均 GDP 为 6.6 万元，乘用车千人保有量达到 125 辆，但仍显著低于全国平均水平的 165.6 辆，位列全国倒数第四位，仍处于汽车市场发展前期阶段。二是增长潜力大。江西省人口基数较大，老龄化程度相对较低，且经济处于快速增长阶段，乘用车千人保有量低，汽车市场还有很大的增长空间。但因江西省人口流出较多，尤其是青壮年劳动力人口，所以汽车需求的增长又受到了一定的限制。

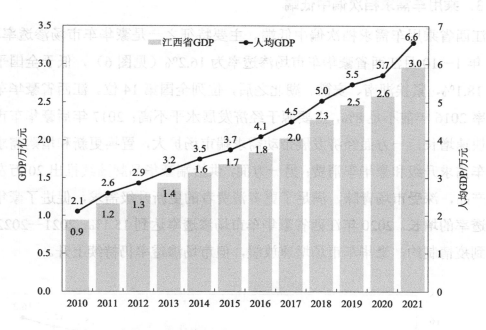

图4 2010—2021年江西省GDP与人均GDP

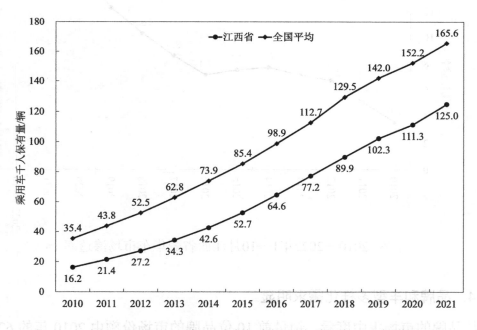

图5 2010—2021年江西省与全国平均乘用车千人保有量

3. 乘用车需求档次偏中低端

江西省乘用车需求档次偏中低端。主要特征之一是豪华车市场渗透率不高，2022年1—10月江西省豪华车市场渗透率为16.2%（见图6），低于全国平均水平的18.1%，紧挨湖南、安徽、湖北之后，位列全国第14位。江西省豪华车市场渗透率2016年前不足8%，主要源于经济发展水平不高；2017年后豪华车市场渗透率快速增长，一方面经济发展带动需求端市场扩大，置换更新和增购需求带动了汽车需求升级和豪华车消费；另一方面，供给端豪华品牌陆续推出20万左右的A级产品，深受市场青睐，满足了更多消费者的更新升级需求，促进了豪华车市场渗透率的增长。2020年江西省豪华车市场渗透率达到15.1%；2021—2022年市场受到疫情制约，豪华车市场增速放缓，但市场渗透率仍持续上升。

图6 2010—2022年1—10月江西省豪华车市场渗透率

4. 品牌和车型多样化需求明显

从品牌的市场集中度看，销量前10位品牌的市场份额由2010年的62.9%下降至2016年的56.7%，2020年回升至65.2%，2022年又降至62.3%。大众一直稳居品牌销量第一位，以前前三甲中的现代和别克的地位被丰田和本田取代。自

2019年起豪华品牌销量跻身前十位，反映了江西省汽车市场的需求升级趋势。从车身形式看，轿车市场份额由2010年85.2%的绝对优势到2016年后稳定在50%左右；SUV市场份额不断扩大，2016年后稳定在40%左右。2022年1—10月，轿车的市场份额为56.2%，SUV的市场份额为41.1%。从车系看，自主品牌的市场份额自2010年以来一直在24%~38%之间波动，是江西省汽车市场的主力军；日系先跌后涨、欧系先涨后跌，二者市场份额维系在20%左右；韩系份额持续走低，2022年已不足3%；美系先升后降，维系在10%左右。

品牌和车型需求多样化，源于经济发展推动了生产和消费升级，进而促使供给端和需求端产生了新变化。从供给端看，经济发展带来的科技进步使得汽车产业上升到了一个新的发展阶段，一方面，智能化、网联化、电动化成为当下汽车产业发展的主要方向；另一方面，注重个性化、年轻化也是汽车研发的一个重要方向。汽车市场高额利润也吸引了更多投资者，市场竞争愈演愈烈，促使汽车厂家推出更多元化、有竞争力的产品。从需求端看，江西省经济正处于快速发展阶段，消费需求不断增长。同时，江西省人口较多，老龄化程度较低，存在不同偏好和购买力的消费者，为多样化的市场需求奠定了基础。近年来自主品牌实力不断提升，质量不断完善，口碑逐渐走高。与此同时，消费者的爱国情怀、尝鲜心理、追逐国风的热潮也促进了自主品牌的市场渗透率大幅提高。

5. 新能源汽车增长速度较快，但市场渗透率低于全国平均水平

江西省新能源汽车增长速度较快，2018年以来，年度平均增长率达52.5%，新能源汽车市场渗透率不断提升。物美价廉的A00级汽车是江西省消费者青睐的代步工具，2017—2018年A00级新能源汽车的市场份额高达70%~80%，带动江西省新能源汽车的市场渗透率高于全国平均水平。2019年新能源汽车补贴政策退坡，续驶里程250km以下的纯电动乘用车不再享受补贴，造成江西省新能源汽车销量大幅缩水，市场渗透率走低并低于全国平均水平。2021年后随着新能源汽车的普及，A级车销量走高，至2022年新能源汽车市场中A级车的市场份额已超过A00级。江西省新能源汽车市场渗透率快速增长，但仍低于全国平均水平。2022年1—10月江西省新能源汽车销量为6.4万辆（见图7）。

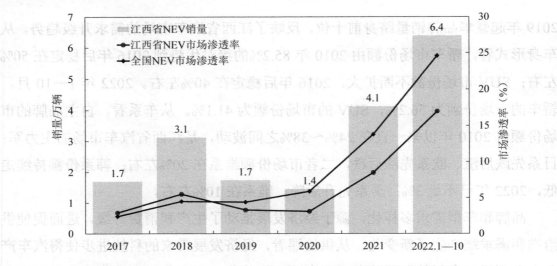

图7　2017—2022年1—10月江西省新能源汽车销量及市场渗透率

6. 乘用车区域市场差异明显

（1）各城市间汽车市场发展阶段差异较大　2020年江西省乘用车千人保有量最高的城市南昌，千人保有量也只有193辆（见图8）。全省千人保有量超过100辆的城市有6个，仍有4个城市千人保有量不足100辆，整体市场尚处于发展前期。各城市的汽车发展阶段差异大，位于赣西北鄱阳湖平原周边的南昌、新余、景德镇、九江等地汽车发展阶段相对较高，赣东的上饶、赣南的赣州、吉安、抚州山脉居多，乘用车千人保有量都不足100辆，仍处于汽车普及前期，潜在增速高。

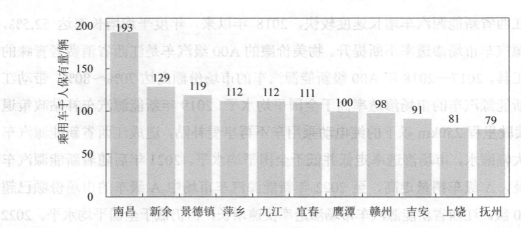

图8　2020年江西省各城市乘用车千人保有量

（2）各城市间乘用车销量差异大　2022 年 1—10 月，江西省乘用车销售集中在南昌、赣州和九江这三个城市，市场集中度高达 56.6%。其中，南昌市销量最高，占全省的份额为 30.5%（见图 9）；赣州、九江销量分别占全省的份额为 15.9%、10.2%。上饶和宜春的销量占全省份额在 8%左右，其他城市销量占全省份额均不超过 7.5%，尤其鹰潭、新余、景德镇的销量占全省份额不足 4%。全省销量集中在南昌、赣州、九江，意味着这三个城市市场变化在一定程度上就代表着全省需求的变化，也意味着江西省汽车市场发展呈现涟漪状，由主要城市向周边城市辐射。

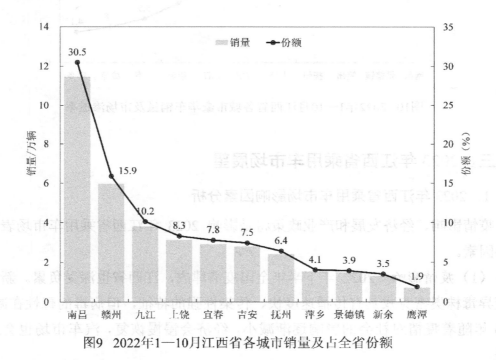

图9　2022年1—10月江西省各城市销量及占全省份额

（3）各城市间豪华车市场渗透率存在差异　江西省豪华车市场渗透率达到 20% 的城市只有南昌一个，其豪华车市场渗透率达到了 29.2%（见图 10），处于全国较高水平；同时也只有南昌的豪华车市场渗透率高于全国平均水平（18.1%）。景德镇、赣州、抚州等地的豪华车市场渗透率超过 12%，萍乡、鹰潭、宜春、新余的市场渗透率不足 10%。从豪华车市场渗透率来看，江西省区域发展不平衡，豪华车市场存在较大的增长空间。

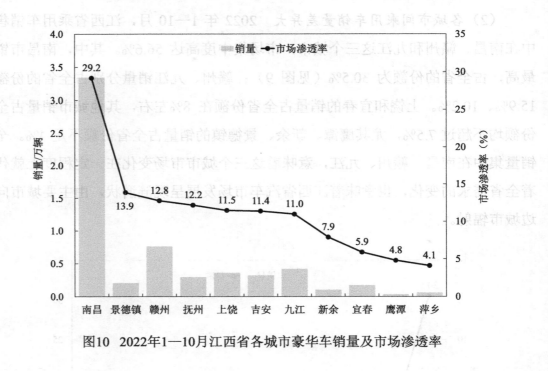

图10 2022年1—10月江西省各城市豪华车销量及市场渗透率

三、2023年江西省乘用车市场展望

1. 2023年江西省乘用车市场影响因素分析

疫情影响、经济发展和产业政策将是影响2023年江西省乘用车市场表现的核心因素。

（1）疫情影响 2022年下半年全国疫情肆虐，江西省也深受负累。新冠病毒变异毒株奥密克戎具有传播速度快、传染性强的特征，但病毒的毒性在减弱。2023年随着疫情对社会的影响逐渐减小，经济会慢慢恢复，汽车市场也会逐渐回暖。

（2）经济发展 2023年对经济的不利影响体现在疫情对经济的抑制作用，2021年经济没有完全恢复，2022年经济再次受到疫情重创，相应地对2021年、2022年收入的影响会在2023年的购车决策上延伸体现。有利影响则表现在一是2023年经济回暖刺激消费需求。疫情影响减小后社会经济逐渐恢复，隐藏的消费需求会逐渐释放，刺激汽车市场消费。二是江西省的锂矿资源为新能源汽车的发展提供了有力的原材料支撑，促进江西省经济发展。我国新能源汽车发展速度快，市场渗透率在2022年底有望达到27%，2025年将达到40%左右，新能源汽车电池原材料的碳酸锂需求旺盛。江西省作为资源大省，锂资源丰富，碳酸锂产量位居全国第一，2022年碳酸锂产量有望达到14万t左右，同比增幅可达55%以上。在碳酸锂高价的刺激下，含锂的各种原材料也受到市场的青睐，如电解铝废渣、玻璃粉等，也带动了相关企业的发展与技术进步。总的来看，2023年江西省全年经济发展仍将有力地支撑汽车市场恢复性增长。

（3）产业政策　汽车市场的发展短期看政策，中期看趋势，汽车市场的表现深受促消费政策影响。2022年党的二十大召开，国家会推出新的政策以促进经济发展、刺激消费。同时，为努力促进疫情影响减弱后的经济恢复，各地方会针对性出台促消费政策。汽车消费是居民消费的重要环节，是拉动经济增长的有力作用点，势必会受到政府的重视。

2. 2023年江西省乘用车市场预判

总体来看，2023年，在疫情影响减弱、经济恢复平稳发展、促消费政策刺激等综合利好下，江西省乘用车市场将恢复增长，乘用车销量约48.4万辆，同比增长率在1.2%左右。

（作者：顾晓翠）

2022 年河南省乘用车市场回顾及 2023 年预测

2022 年，河南省积极应对超预期因素冲击，统筹疫情防控和经济社会发展，经济发展呈现稳定向好、稳中提质的良好态势。展望 2023 年，预计全省经济增长 7%。乘用车市场增幅仍会低于全国平均水平，预计同比零增长。

一、2022 年河南省经济情况及乘用车市场回顾

1. 2022 年河南省经济发展情况回顾

2022 年河南省外部环境复杂严峻，经济下行压力较大，尤其是 10 月以来全省多地暴发疫情，对经济增长带来较大冲击。但全省持续推动经济高质量发展，主要经济指标增速加快，经济结构调整优化，创新引领持续增强，新动能较快增长，绿色低碳转型不断深入，转型升级取得新进展。"三个一批""万人助万企""减税降费"等一系列经济提振、助企纾困政策措施发力起效，同时也彰显了河南省经济发展的强劲韧性。

2022 年前三季度，河南省地区生产总值为 47022.7 亿元，同比增长 3.7%，高于全国 0.7 个百分点，经济运行总体延续恢复发展态势，为稳住全国经济大盘做出了积极贡献。

分产业看，第一产业增加值为 4539.9 亿元，同比增长 4.7%；第二产业增加值为 20096.9 亿元，同比增长 4.5%；第三产业增加值为 22385.9 亿元，同比增长 2.7%。

值得注意的是，2022 年以来河南省 GDP 增长率已经连续两个季度高于全国。全省创新投入大幅增长，新经济方兴未艾。前三季度，全省规模以上高技术制造业、战略性新兴产业增加值和增长率分别高于规模以上工业 11.5 和 3.0 个百分点，贡献率分别达 32.6% 和 37.8%，继续发挥引领带动作用；高技术制造业投资增长 34.9%，高于全国 11.5 个百分点。

汽车产业规模大、链条长、带动力强，对于河南省经济发展起着很重要的作用。河南省统计局数据显示，2022年上半年，限额以上汽车类商品零售额同比增长16.6%，拉动全省限额以上零售额增长5.3个百分点。2022年上半年，河南省汽车产量为23.5万辆，在中部六省中位列第3名，全省汽车制造业增加值高出全国3.5个百分点，汽车制造业拉动效应明显。

2022年是河南省发展历程中极不平凡的一年。全省积极应对超预期因素冲击，统筹疫情防控和经济社会发展，统筹发展和安全，经济发展呈现稳定向好、稳中提质的良好态势。

2. 2022年河南省乘用车市场回顾

（1）2022年河南省乘用车市场分析 从数据上来看，2022年河南省乘用车上牌量为115万辆，同比下降15.4%（见图1），下降幅度较大，与全国市场相比差了17个百分点。

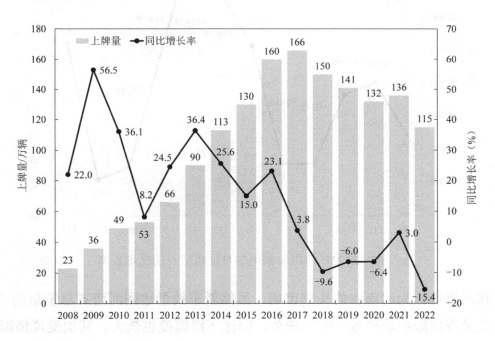

图1 2008—2022年河南省乘用车（含进口车）上牌量及同比增长率

自2017年之后，河南省乘用车市场连续五年呈阶梯式下降，而2022年当年销量呈现"W"形走势。

受疫情等不利因素的影响，2022年河南省汽车消费市场波动较大。由于疫情导致反复闭店，1月、4月、5月、10月、11月汽车销量受到较大影响，呈现前所未有的大幅下滑趋势，单月同比下降均在30%以上（见图2）。同时大环境也导致消费信心严重不足，消费者购买力持续下降。

全年仅7月、8月两个月销量同比连增。本该"金九银十"的时期，河南省汽车却迎来了两连降：9月销量仅是轻微回落，但是10月、11月出现了断崖式下降，下降幅度高达47%，所有城市无一幸免，对河南省汽车市场来说真是雪上加霜。

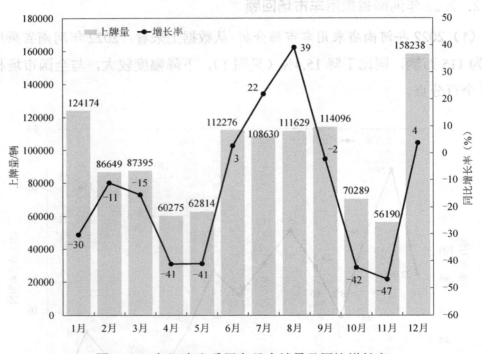

图2　2022年河南省乘用车月度销量及同比增长率

郑州市场作为河南省的头部市场，虽然新车销量达到河南省总销量的32%，但因其受疫情影响最严重、时间最久，同比下滑幅度也最大。其次受疫情影响较大的还有洛阳、许昌、周口、安阳、开封等城市，同比下降均在16%以上，而这几个城市的销量对全省市场贡献的占比也较大。除济源和鹤壁基数较小，下降幅度也较小外，其他城市均呈现12%以上的下降幅度（见图3）。

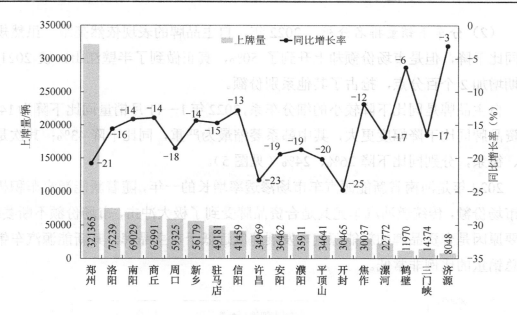

图3 河南省2022年1—11月分城市乘用车销量与同比增长率

河南省最畅销的十大汽车品牌排名在2022年发生了较大变化。一汽-大众和上汽大众长年霸榜的时代结束了，退居第三、第四位；比亚迪从2021年的第九名一跃成为第一名，销量同比增长75%，表现强劲。不得不说，比亚迪的增长得益于其新能源车型的增速，同时也挤压了传统燃油汽车的市场份额。五菱宝骏从第四位上升到第二位，哈弗和荣威跌落前十名，取而代之的是广汽丰田和广汽本田（见图4）。

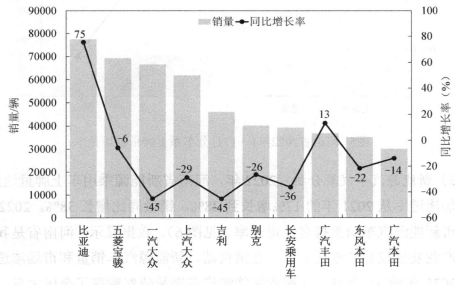

图4 河南省2022年1—11月分品牌汽车销量及同比增长率

(2) 分车系销量排名分析 2022 年，自主品牌的表现依然亮眼，虽然规模也同比下降，但是市场份额却上升到了 50%，真正做到了半壁江山，较 2021 年同期增加 2 个百分点，抢占了其他系别份额。

自主品牌是同比下降较小的细分车系，2022 年 1—11 月销量同比下降为 14%。合资品牌同比下降幅度更大，其中韩系萎缩最为严重，同比下降 43%；其次是美系、德系，分别同比下降 26%、24%（见图 5）。

2022 年是河南省新能源汽车市场渗透率增长的一年，随着新能源汽车积极抢占市场份额，传统燃油汽车尤其是合资品牌受到了极大冲击，市场份额不断萎缩。主要原因是合资品牌的新能源汽车发展速度远低于自主品牌，其新能源汽车销量占总销量的比例非常低。

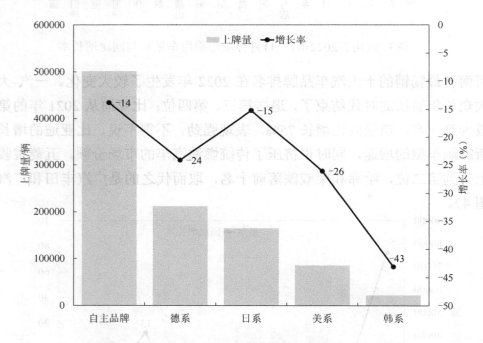

图5 河南省2022年1—11月分车系上牌量及增长率

(3) 新能源汽车发展分析 2022 年，河南省新能源乘用车上牌量达到 32 万辆，市场渗透率从 2021 年的 17% 增长到 28%，销量同比增长 38%。2022 年河南省分地市新能源汽车销量排名及增长率（见图 6）。数据显示，河南省是我国新能源汽车产业发展较好的地区之一。在消费端，新能源汽车销量和市场渗透率不断增长，2022 年前 11 个月，河南省新能源汽车销量依然跑赢了全国大盘，市场表现令人瞩目,市场渗透率达到28%,更是超过了全国的平均水平。其中最值得一提的是,洛阳、济源、焦作、濮阳、驻马店、许昌、商丘等城市的新能源汽车市场渗透率已达到30%以上,足见中原消费者对新能源汽车的接受与认可度。

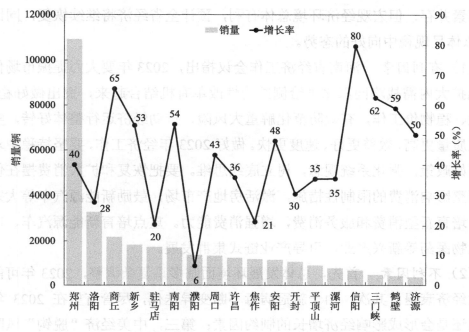

图6 2022年河南省分地市新能源汽车销量及增长率

在生产端,全省现有整车生产企业17家,年产整车超过58万辆,产业规模达到2000亿元。新能源汽车是汽车工业的新赛道、新增长点,是河南汽车产业难得的一次换道领跑机遇。河南省委省政府高度重视、重点培育,努力在"十四五"期间建成全国重要的新能源汽车生产、研发、销售基地。河南将新能源汽车产业列为大力发展的重要战略性新兴产业,亟须大型龙头企业的强力带动。

2022年5月,河南省人民政府办公厅发布《河南省人民政府办公厅关于进一步加快新能源汽车产业发展的指导意见》,提出到2025年,新能源汽车年产量突破150万辆,占全省汽车产量的比例超过40%,努力建成3000亿元级新能源汽车产业集群,力争推动全省汽车整车产值达到5000亿元、零部件及配套产值达到5000亿元、销售及增值服务营业收入达到5000亿元。

河南新能源汽车热销背后的原因,一方面是河南的人口红利,另一方面是新能源汽车项目落地郑州以及相关配套的不断完善等多重因素共同推动的结果。

二、2023年河南省经济走势和乘用车市场预测

1. 2023年河南省经济走势预测

展望2023年，国内外经济环境更加复杂，河南省经济增长面临的积极因素和不利因素并存，但宏观经济环境总体有利，预计全省经济将继续恢复，同比增长7%，总体呈现稳中向好的态势。

（1）有利因素　河南省经济工作会议指出，2023年要大力提振市场信心，把实施扩大内需战略同深化供给侧结构性改革有机结合起来，突出做好稳增长、稳就业、稳物价工作，有效防范化解重大风险，推动经济运行整体好转，实现经济发展质量更高、效益更好、速度更快。做好2023年经济工作，要坚持稳中求进，用足用好政策，强化系统观念，树立底线思维。要把恢复和扩大消费摆在优先位置，调整影响消费的限制性措施，激活房地产市场，鼓励新能源汽车等大宗商品消费，培育新型消费和服务消费，增强消费能力。重点培育新能源汽车、电子信息、生物医药等新兴产业，引导产业链式集群发展。

（2）不利因素　首先，总体发展环境面临多重复杂调整，2023年可能出现全球性经济衰退；其次，由于新冠病毒不断变异迭代，尽管有望在2023年底结束，但还是会形成影响经济增长的制约因素；第三，中美经济"脱钩"风险仍未解除，2023年我国经济受到外部冲击的影响将进一步增大，形成河南省经济增长的外部利空；第四，当前受新冠疫情的影响，经济下行压力不断加大，风险不断涌现，河南省产业结构偏重，劳动密集型产业占比较高，系统性风险相较全国更为突出，对2023年全省经济增长形成制约。

2. 2023年河南省乘用车市场预测

河南省1亿人口，汽车保有量约2000万辆，平均每5个河南人拥有一辆汽车。驾驶员数量3500万人，平均每3人持有一本驾照。照此测算，还有很大的市场需求空间。

在2022年年底和2023年年初，河南省政府和郑州市政府快速出台了一系列刺激购车消费的补贴政策，希望通过政策引导、财政补贴等各种措施，促使汽车消费市场活跃起来。2022年12月28日，郑州市政府召开"郑州市元旦、春节双节促销费工作"新闻发布会，宣布从2023年1月1日到2月6日，将发放5000万元汽车消费券，共11920份，对在郑州市买车上牌的消费者，发放3000~6000

元不等的消费补贴，助力汽车消费。2023年1月3日，河南省政府新闻办召开河南省大力提振市场信心，促进经济稳定向好新闻发布会，宣布到3月底前，对在省内新购汽车按购车价格的5%给予消费补贴。

此外，在汽车制造领域，郑州市将培育壮大新兴产业，抓好兴港新能源产业园、三一新能源智能汽车制造等重大项目，推动汽车产能尽快达到300万辆，其中新能源汽车200万辆，本地配套率40%以上。瞄准打造万亿元级电子信息产业集群，推进"芯、屏、网、端、器、用"全链条联动发展，支持鸿富锦、超聚变等龙头企业集群式链条式发展，推进新型存储器等重大项目建设。

同时，在新能源汽车基础建设配套上，政策要求加快公共领域车辆电动化替代，培育扩大新能源汽车消费，完善公用充电基础设施布局。推动充电基础设施向干线公路服务区和县域延伸，到2023年年底实现高速公路服务区充电设施全覆盖、集中式充电示范站县域全覆盖。

郑州市前瞻布局未来产业。加快燃料电池汽车应用示范城市群建设，规划建设加氢站200座以上，推广氢燃料电池汽车690辆以上。

2023年，河南省大力提振市场信心，把恢复和扩大消费摆在优先位置，调整影响消费的限制性措施，将有助于经济快速恢复。从行业宏观层面来看，宏观经济将持续稳定恢复，不再受疫情的不确定因素影响，再加上相关政策的加持，将促进乘用车市场的稳定发展，2023年乘用车销量有望与2022年持平。

根据对上述影响乘用车发展的各种因素的综合分析预测，2023年河南省乘用车需求量预计为115万辆，同比零增长。

（作者：朱灿锋　王彦彦）

2022 年江苏省乘用车市场回顾及 2023 年预测

2022 年，在国家大政方针的牵引下，各级政府出台了一系列扩大内需、促进消费的有利政策，为汽车流通行业发展指明了方向，注入了强大动力。同时，新能源汽车随着技术与性能的不断成熟完善，越来越受到消费者青睐，成为汽车市场稳定增长的重要支撑。

一、江苏省乘用车销量增幅略高于全国平均水平

据全国乘用车市场信息联席会统计，2022 年 1—11 月，全国乘用车累计销售 1837 万辆，同比增长 1.8%；江苏省乘用车累计销售 153.5 万辆，同比增长 2.5%（见表 1），略高于全国市场平均值；其中扬州、无锡、南京、常州四市增长率较高。

表 1　2022 年 1—11 月江苏省各地乘用车销量及增长率

地区	南京	无锡	徐州	常州	苏州	南通	连云港
2021 年 1—11 月销量/万辆	21.61	17.41	11.28	10.62	34.85	13.75	5.50
2022 年 1—11 月销量/万辆	23.70	19.30	10.57	11.63	36.25	13.92	4.90
同比增长率（%）	9.7	10.9	−6.3	9.5	4.0	1.2	−10.9
地区	淮安	盐城	扬州	镇江	泰州	宿迁	全省
2021 年 1—11 月销量/万辆	6.13	6.78	5.71	4.70	5.92	5.44	149.70
2022 年 1—11 月销量/万辆	6.01	5.94	6.45	4.58	5.39	4.83	153.48
同比增长率（%）	−2.0	−12.4	13.0	−2.6	−9.0	−11.2	2.5

1. 受新冠疫情影响，江苏省各地汽车月度销量有较大起伏

2022 年年初江苏省各地汽车市场逐渐转暖，2 月底开始至 4 月，受疫情影

响，各地经销商先后发生阶段性停业现象，全省销量大幅下降，其中苏州、徐州、连云港、宿迁、无锡停业周期较长。5月后，随着各地纾困及促进消费政策频出，市场逐步回暖，销量有所增长。2022年1—11月江苏省各地乘用车销量及环比增长率见表2。

表2 2022年1—11月江苏省各地乘用车销量及环比增长率

地区	南京	无锡	徐州	常州	苏州	南通	连云港
1月销量/辆	25928	22176	15222	13225	39579	16558	7654
环比增长率（%）	−3.2	−5.4	10.3	−5.9	−16	5.6	12.4
2月销量/辆	13858	12260	8615	6983	16425	10941	4586
环比增长率（%）	−46.6	−44.7	−43.4	−47.2	−58.5	−33.9	−40.1
3月销量/辆	18749	16833	8152	7671	33288	10798	988
环比增长率（%）	35.3	37.3	−5.4	9.9	102.7	−1.3	−78.5
4月销量/辆	13530	9221	2500	6343	8939	3793	2917
环比增长率（%）	−27.8	−45.2	−69.3	−17.3	−73.1	−64.9	−195.2
5月销量/辆	17817	14124	7034	8281	24124	9975	3864
环比增长率（%）	31.7	53.2	181.4	30.6	169.9	163	32.5
6月销量/辆	26776	20708	11101	11858	40558	14287	5461
环比增长率（%）	50.3	46.6	57.8	43.2	68.1	43.2	41.3
7月销量/辆	23190	14270	9598	10509	34354	13174	4162
环比增长率（%）	−13.4	−31.1	−13.5	−11.4	−15.3	−7.8	−23.8
8月销量/辆	24646	20131	11906	13093	39755	14018	5357
环比增长率（%）	6.3	41.1	24	24.6	15.7	6.4	28.7
9月销量/辆	26321	22265	11227	12954	43458	15032	5500
环比增长率（%）	6.8	10.6	−5.7	−1.1	9.3	7.2	2.7
10月销量/辆	21217	19710	10112	12310	39785	13996	5458
环比增长率（%）	−19.4	−11.5	−9.9	−5	−8.5	−6.9	−0.8
11月销量/辆	24962	21351	10249	13035	42198	16642	3023
地区	淮安	盐城	扬州	镇江	泰州	宿迁	全省
1月销量/辆	8170	7890	8016	5142	7466	7935	184961
环比增长率（%）	14.6	12.3	3.8	−7	6.2	46.5	−1.4
2月销量/辆	4616	4621	4113	2796	4104	4214	98132
环比增长率（%）	−43.5	−41.4	−48.7	−45.6	−45	−46.9	−46.9
3月销量/辆	4591	4330	4887	3236	4283	3131	120937
环比增长率（%）	−0.5	−6.3	18.8	15.7	4.4	−25.7	23.2

(续)

地区	淮安	盐城	扬州	镇江	泰州	宿迁	全省
4月销量/辆	2568	2490	3190	1840	2345	1385	61061
环比增长率（%）	−44.1	−42.5	−34.7	−43.1	−45.2	−55.8	−49.5
5月销量/辆	3946	3928	4148	3366	3706	3061	107374
环比增长率（%）	53.7	57.8	30	82.9	58	121	75.8
6月销量/辆	5979	5922	7342	4733	5668	4770	165163
环比增长率（%）	51.5	50.8	77	40.6	52.9	55.8	53.8
7月销量/辆	5651	5772	6671	4190	5253	4393	141187
环比增长率（%）	−5.5	−2.5	−9.1	−11.5	−7.3	−7.9	−14.5
8月销量/辆	6335	6379	6371	5174	5621	5298	164084
环比增长率（%）	12.1	10.5	−4.5	23.5	7	20.6	16.2
9月销量/辆	6347	6091	6612	5294	5504	4899	171504
环比增长率（%）	0.2	−4.5	3.8	2.3	−2.1	−7.5	4.5
10月销量/辆	6012	5999	6346	4985	4852	5033	155815
环比增长率（%）	−5.3	−1.5	−4	−5.8	−11.8	2.7	−9.1
11月销量/辆	5896	6017	6811	5037	5144	4228	164593
环比增长率（%）	−1.9	0.3	7.3	1	6	−16	5.6

2. 自主品牌汽车销量表现优异，美系、日系排名下滑较多

2022年1—11月，在江苏省乘用车销量前20名品牌中，自主品牌数量有6个，德系有5个，日系有5个，美系有3个，韩系有1个（见表3）；前20名品牌合计销量占全省总销量的70%，品牌集中度较高。

表3 2022年1—11月江苏省乘用车销量前20名品牌 （单位：辆）

排名	品牌	1月	2月	3月	4月	5月	6月	7月
1	比亚迪	7517	5090	8451	6588	9963	12293	10277
2	上汽大众	11666	6847	5724	2567	4597	8314	8296
3	宝马	13921	4573	6232	3263	7134	9616	7682
4	奔驰	11433	4486	7047	4431	6901	9808	8852
5	一汽奥迪	10254	5060	6220	2807	5464	8955	7751
6	广汽丰田	7373	3713	5025	2854	5406	8231	6033
7	一汽大众	7543	4168	4783	2136	4726	6704	5977
8	通用别克	9539	4771	4731	2166	3929	6789	7575
9	特斯拉	2628	3287	7447	309	1567	10316	857

(续)

排名	品牌	1月	2月	3月	4月	5月	6月	7月
10	一汽丰田	5120	3713	4094	1647	3078	5095	5491
11	通用五菱	6101	4921	4882	2187	3228	4616	4203
12	吉利	7575	3865	3084	1519	2849	4373	3708
13	东风日产	6374	4008	3219	1758	3031	4830	4258
14	长安汽车	5168	2363	2809	1799	3643	4243	4438
15	广汽本田	5419	2847	3075	1920	3127	4890	4864
16	东风本田	5314	3078	3429	1787	2686	4072	4224
17	奇瑞	2788	1511	1740	1046	1817	2460	2113
18	凯迪拉克	2795	1328	1463	707	1256	2307	2039
19	哈弗	3992	1800	1603	764	1201	1851	1692
20	现代	3274	1507	1138	716	1137	1921	1920

排名	品牌	8月	9月	10月	11月	1—11月合计	1—11月同比增长率（%）
1	比亚迪	11751	13793	13414	15555	114692	219.4
2	上汽大众	10487	11753	10129	9755	90135	-3.7
3	宝马	9042	10084	8313	9107	88967	9.6
4	奔驰	9073	8737	7835	8376	86979	6.9
5	一汽奥迪	8974	6452	6789	7574	78300	-0.6
6	广汽丰田	6720	6902	7405	7154	66816	-3.4
7	一汽大众	7671	8056	7430	7385	66579	-0.6
8	通用别克	7264	7193	6213	5968	66138	-3.9
9	特斯拉	4696	8998	2560	8881	51546	246.9
10	一汽丰田	5892	5701	5199	4818	49848	-7.3
11	通用五菱	4272	4485	4866	4303	48064	-11.6
12	吉利	5067	5021	5086	5041	47188	-0.9
13	东风日产	5607	4679	4479	3487	45730	-22.1
14	长安汽车	4513	4855	5840	5775	45446	-1.1
15	广汽本田	5220	4441	4305	4178	44286	-3
16	东风本田	4635	3272	3429	2811	38737	-18
17	奇瑞	2194	2285	2899	2703	23556	-6.8
18	凯迪拉克	2572	2671	2398	2179	21715	-9.1
19	哈弗	1978	2195	2511	2100	21687	-16.4
20	现代	2407	2670	2618	2078	21386	-20.6

比亚迪在2022年3月宣布不再生产燃油汽车，专注于新能源汽车领域，其

品牌优势凸显，3月之后每月都是销量第一，1—11月同比增长率达到219.4%，遥遥领先于其他品牌。美系、日系合资品牌排名下滑较大，德系品牌仍有较大优势。全省销量过万辆的车型有36个，其中，舒适及以上车型共13款，新能源车型有8款，紧凑及微型车型有8款，SUV车型有7款。舒适型和新能源车型成为增购、换购主流。

3. 新能源汽车销量大幅增长

2022年1—11月，江苏省新能源乘用车销量为42.1万辆，占全省乘用车总销量的27.4%，占全国新能源乘用车销量的9.2%；南京、无锡、常州、苏州、镇江等苏南五市新能源乘用车销量占全省66.7%；徐州、连云港、淮安、盐城、宿迁等苏北五市新能源乘用车销量仅占全省18.2%。

2022年1—11月，江苏省新能源销量前十名品牌占新能源乘用车销量的62.8%；销量前十名车型占新能源乘用车销量的42.3%。比亚迪、特斯拉遥遥领先，其他新势力汽车企业也有较好表现。2022年1—11月江苏省新能源乘用车销量前十名品牌和销量前十名车型见表4。

表4 2022年1—11月江苏省新能源乘用车销量前十名品牌和销量前十名车型

排名	品牌	销量/万辆	排名	车型	销量/辆
1	比亚迪	11.47	1	特斯拉Model Y	36198
2	特斯拉	5.15	2	宏光MINI EV	27436
3	蔚来	1.60	3	比亚迪汉	20770
4	小鹏	1.51	4	比亚迪海豚	17976
5	零跑	1.34	5	比亚迪宋PLUS	15623
6	哪吒	1.33	6	特斯拉Model3	15348
7	欧拉	1.18	7	比亚迪秦PLUS	13875
8	广汽埃安	1.06	8	比亚迪元PLUS	13174
9	几何汽车	0.97	9	哪吒V	9514
10	理想	0.80	10	小鹏P7	8176

二、2023年江苏省乘用车市场预测

1. 新冠疫情影响逐步消散，江苏省汽车市场有一定增长空间

2022年下半年以来，各地促汽车消费政策频出，市场消费需求得到较大释放。2022年10月，党的二十大胜利召开，二十大报告对社会经济发展提出了新目标、

新要求，为汽车产业发展提供了广阔的发展空间。2022年12月召开的中央经济工作会议对2023年的经济工作进行了整体部署。会议指出，我国经济恢复的基础尚不牢固，需求收缩、供给冲击、预期转弱三重压力仍然较大，外部环境动荡不安，给我国经济带来的影响加深。同时，我国经济韧性强、潜力大、活力足，各项政策效果持续显现，2023年经济运行有望总体回升。2023年，疫情防控机制适度优化和保稳机制有助于宏观经济形势向好，汽车产业也将受益于此，继续稳定增长，预计2023年江苏省乘用车销量能够继续保持稳健发展，并实现约3%~5%的小幅增长。

2. 新能源汽车得到广泛应用，市场渗透率将在江苏省范围快速提升

在我国全面贯彻新发展理念和实现碳达峰、碳中和目标的政策指引下，新能源汽车已经成为绿色发展的重要抓手，国家延长新能源汽车免征车辆购置税等政策的提出，将加速我国汽车尤其是新能源汽车产业的发展。

江苏省作为经济大省，也是新能源汽车的消费大省，新能源汽车消费从苏南向苏北逐步释放，对于保持社会经济发展的良好态势具有重要的意义。随着2022年年底新能源汽车国家补贴终止，各汽车企业在努力加大新能源汽车竞争优势。同时，国家也在重点解决新能源汽车使用环节问题，加强充电桩网络布设，在充电使用端给予政策扶持，改善新能源汽车充电难、充电贵的问题等。因此，新能源汽车具备广阔的发展前景，预计2023年江苏省新能源乘用车市场渗透率将由目前的27%升至35%以上。

比亚迪、特斯拉、哪吒、蔚来、理想、小鹏等品牌将继续领跑江苏省新能源汽车市场，上汽、广汽、吉利、奇瑞等传统汽车企业的新能源车型市场占有率将逐步攀升，江苏省生产的极狐（北汽）、创维、吉麦、新日、敏安等新能源汽车销量不佳，在市场竞争中艰难前行。

3. 去库存压力将贯穿2023年，增购、换购市场将缓和释放

2022年疫情多点散发，影响各汽车企业生产节奏，同时导致终端消费需求低迷。经济的复苏需要一定的时间，高库存的状态也将延续一段时间，在2023年有望逐步消化改善。

江苏省作为经济较发达省份，消费需求和能力较强，家用汽车增购、换购进程受疫情影响将缓和释放。在消费结构中，预计重要的增量还是在于新能源汽车和豪华品牌，大型 SUV、个性国潮、商旅车型的增长将不如以往。

4. 汽车流通领域迎来深刻变革，授权经销商模式仍是主流

紧随汽车产业电动化、智能化、网联化的发展，汽车流通行业也将迎来深刻变革，原有合资品牌市场占有率大幅下降，二、三线品牌逐步淘汰，部分汽车经销商面临销售额和售后产值大幅下降的困境。近年来，新汽车企业、新品牌、新车型采用供应商直营或是代理模式的探索，对传统授权经销商模式带来冲击。但是随着品牌进一步集中、新品牌销量增长和商业中心租金过高，不断创新与完善中的授权经销商模式仍有强大的生命力。

目前，江苏省拥有 10 个以上 4S 店的经销商集团有近 40 家，其中 9 家列入全国百强经销商集团。具有国有资产背景的经销商集团在数字化转型和资源整合上有着明显优势，区域头部经销商集团在服务品牌和人财物方面的优势更有利于获得新品牌授权。另外，我国汽车产业链长，民营企业表现更为活跃，在我国汽车行业更加激烈的市场竞争中，民营企业的创造力优势将进一步发挥出来，获得更好的成长空间。

（作者：徐士刚　张圣荣）

2022 年安徽省乘用车市场分析及 2023 年预测

一、2022 年安徽省乘用车市场分析

1. 2022 年安徽省经济发展回顾

安徽省经济总量近年来稳步增长，经济高速发展，已进入快车道。2011—2021年，安徽省 GDP 由 1.63 万亿元提升至 4.30 万亿元，全国排名由第 14 位跃升至第 11 位。由于新冠疫情影响，2020 年 GDP 增长率达到十年来最低点。随着疫情缓解，2021 年 GDP 增长率快速恢复到历史正常水平，达到 8.3%，经济韧性凸显。2022 年前三季度安徽省 GDP 达到 3.37 万亿元，同比增长 3.3%，增长态势良好。安徽省经济和信息化厅数据显示，安徽省当前经济总量正由"总量居中、人均靠后"的状态迈向"总量靠前、人均居中"的新台阶。

安徽省处于长三角地区，汽车产业链发达，临近的江浙地区工业基础雄厚，河南、湖北、江西、山西等地矿产资源丰富，有利于技术和资源输入。随着发达地区人力成本上升与产业结构调整，长三角地区部分制造业产能开始向安徽省转移，安徽省已于 2010 年设立皖江城市带承接产业转移示范区，近年来也将新能源汽车和智能网联汽车作为十大新兴产业高质量发展工程之一。

2. 2022 安徽省汽车市场环境分析

安徽省经济与信息化厅数据显示，2018—2021 年安徽省汽车产量明显上升，由 82.43 万辆增长至 150.3 万辆，2020 年、2021 年同比增长率分别为 23.8%和 29.5%，均处于历史高位。新能源汽车和智能网联汽车产业更是突飞猛进，2014—2021 年，安徽省新能源汽车产量由 1.8 万辆增长至 25.2 万辆，跃居全国第四位。2021 年，安徽省新能源汽车产量在全国占比 7%，同比增长率达到 140%，全行业实现营业收入约 3000 亿元。安徽省新能源汽车产业发力并迅速占据有利地位，极

大地推动了当地汽车行业的发展，使其开始摆脱"大而不强"的困境，借"风口"之利快速壮大，且有望实现弯道超车。

安徽省政府近年来高度重视新能源汽车产业发展，出台系列政策促进安徽省汽车产业集群快速发展。2022年颁布的《支持新能源汽车和智能网联汽车产业提质扩量增效若干政策》指出，对经审核认定的共性关键技术研发及产业化项目，给予承担单位投入最高20%的补助，单个项目省级补助金额最高1000万元。政策刺激力度不减，汽车消费需求不断释放。自2020年以来，安徽省针对新能源汽车消费推出多项刺激政策，有效带动地方消费升级。

以"十四五"汽车产业规划为蓝图，高质量发展汽车产业集群。2022年3月，安徽省发改委和安徽省经济和信息化厅印发《安徽省"十四五"汽车产业高质量发展规划》，为汽车产业发展绘制蓝图。此前安徽省人民政府办公厅于2021年6月印发《安徽省新能源汽车产业发展行动计划（2021—2023年）》，细化了新能源汽车发展目标及实施方案。

优异的生态环境下行业龙头企业纷纷入驻安徽，产业集群化趋势明显，汽车产业链日渐完善，带动了全省行业发展。2022年比亚迪在合肥建立整车制造基地，规划配套产能40万辆，并于2022年6月30日实现首车下线。大众与安徽江淮汽车的合作长达5年，2022年大众（安徽）MEB工厂和综合实验中心研发测试场先后进行施工建设。头部汽车企业在安徽纷纷落户，将不断推动安徽汽车产业高质量发展。

3．2022年安徽省乘用车市场回顾

根据汽车市场统计数据，2022年1—11月安徽省乘用车累计销量约为66.07万辆，同比增长率为2.75%。2022年1—11月安徽省新能源汽车累计销量约为17.27万辆，同比增长率为182.92%，新能源汽车市场渗透率达26.14%。

2022年安徽省前三季度的汽车销售情况主要分为两个阶段（见图1）。第一、二季度受特殊因素影响同比下降，第三季度开始受政策支持迅速回升，安徽省乘用车销量同比2021年前三季度已经追平且小幅度增长。对于安徽省汽车销售市场来说，前三季度主要受4月疫情的影响，导致春节之后未能迎来销量爆发，直

至 6 月受到国家出台的燃油汽车车辆购置税减半政策及安徽省各地市出台的相关补贴政策的刺激，销售情况才逐渐好转，逐步追平 2021 年同期水平。

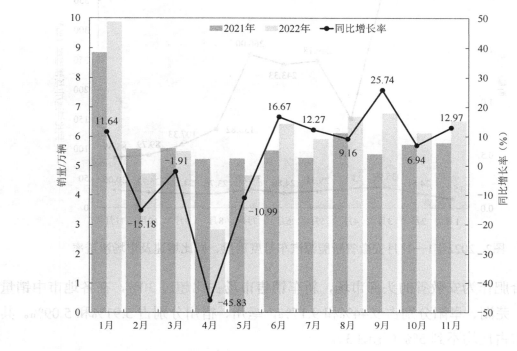

图1　2022年1—11月安徽省乘用车销量及同比增长率

预计安徽省 2022 年第四季度同比增长 11% 左右，销量约为 21 万辆，但就目前市场情况来看，第四季度不利因素已经出现且大幅度影响销售情况。

2022 年 10 月起，全国各地受疫情影响，经销商都在让价卖车，导致各品牌不得不打价格战，亏损程度较大，最终也会影响第四季度的销售总额。

2022 年前三季度安徽省各月新能源汽车销量同比增速均在 100% 以上（见图 2），2022 年 1—11 月新能源汽车各月平均市场渗透率更是达到了 27.25%。根据全国乘用车市场信息联席会数据，2022 年前三季度全国新能源汽车销量约为 351.7 万辆，同比增长 98.38%，市场渗透率达 23.83%，安徽省前三季度新能源汽车市场渗透率小幅领先全国 3 个百分点。安徽省新能源汽车市场无疑正在迎来快速发展的春天。

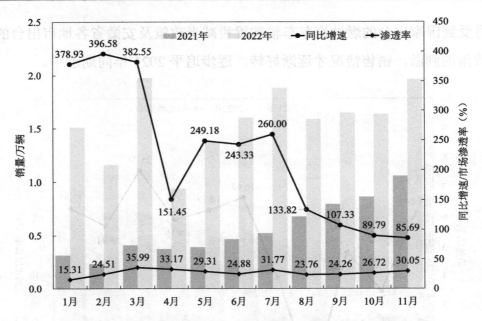

图2 2022年1—11月安徽省新能源汽车月度销量、同比增速及市场渗透率

合肥作为安徽省的头部市场，新车销售市场占比超过30%，在各地市中销量最高，芜湖、阜阳分别占9.44%和9.17%，亳州、宿州分别占5.91%和5.09%。其他城市占比均不到5%（见图3）。

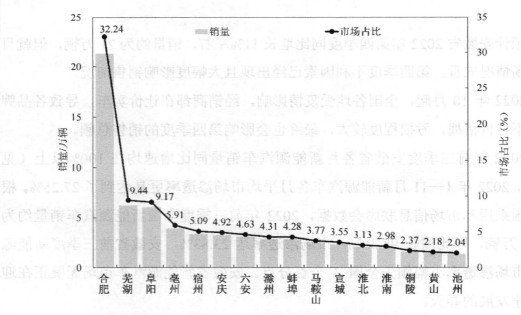

图3 2022年1—11月安徽省各地市乘用车销量及市场占比

从新能源汽车销量来看，合肥、芜湖、阜阳、亳州和宿州仍然占据地市排名前五。但从新能源汽车市场渗透率来看，高于27%的地市只有芜湖、亳州和合肥，其中芜湖市新能源汽车市场渗透率高达38.65%，远超全国平均水平（见图4）。

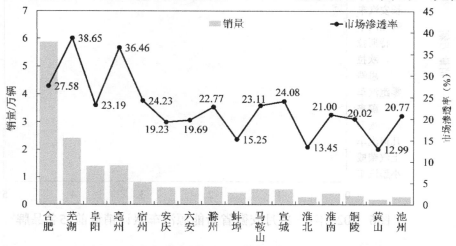

图4　2022年1—11月安徽省各地市新能源汽车销量及市场渗透率

从品牌来看，奇瑞、比亚迪和吉利三大国产品牌销量占据前三名（见图5），其中奇瑞凭借 QQ 冰淇淋、奇瑞 EQ1 和瑞虎 8 三款车型挺进安徽省乘用车销量第一。比亚迪凭借王朝网车型稳坐新能源品牌销量第一（见图6）。新势力的座次再度洗牌，先发优势正在减弱的特斯拉走下"神坛"。2022 年比亚迪加速在新能源赛道布局，比亚迪的发展离不开其近 20 年的积累，从电池业务入手，逐渐掌握了车用动力蓄电池、电机、电控系统和芯片等全产业链的核心技术，实现了产业链自主可控。

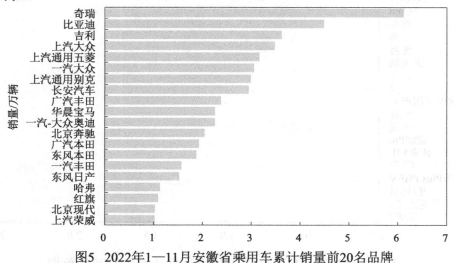

图5　2022年1—11月安徽省乘用车累计销量前20名品牌

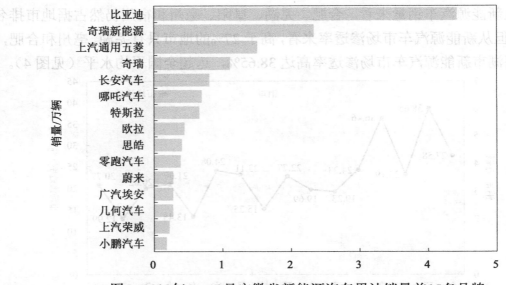

图6 2022年1—11月安徽省新能源汽车累计销量前15名品牌

从车型来看,国产车在2022年已经占据了安徽省乘用车头部市场(见图7)。行业变革之下,传统汽车企业也在调整战略方向以应对未来发展,各家战略离不开在新能源汽车领域的投入。2022年疫情下供应链面临的挑战为汽车企业敲响了警钟,燃油汽车的停产已屡见不鲜,新能源汽车时代多家传统汽车企业也发布了新战略。

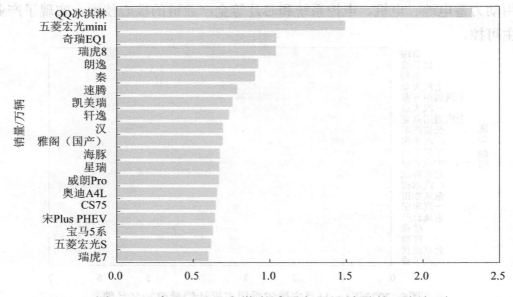

图7 2022年1—11月安徽省乘用车累计销量前20名车型

二、2022年安徽省乘用车市场预测

1. 2023年全国汽车市场环境分析

消费信心的恢复是影响2023年汽车市场走向的关键因素。我国经济发展方向已经明确，对消费信心恢复将起到促进作用。相关机构普遍预测，2023年我国GDP有望实现4.5%的同比增长，相比2022年适度恢复增长。宏观政策支持汽车消费，稳增长、扩内需、刺激消费、地方补贴政策等，将带动底层消费复苏。国内疫情管控放松，有利于社会生产生活恢复正常，优势主体得以发展，推动底层就业收入增加，有利于支撑消费。海外需求及新能源汽车出口继续发展，全球汽车市场继续回暖，我国品牌继续实现国际化发展。芯片供应逐渐恢复，芯片短缺有望在2023年得到缓解。

还有多种不利因素同时作用于2023年汽车市场：一是宏观经济恢复乏力。二是消费信心恢复缓慢。三是可能会出现的新冠大面积感染，达到平衡前会对经济产生不确定影响。四是芯片供应紧张仍将持续，高端、高算力芯片仍紧缺，芯片分配对汽车企业将产生影响。五是因财政经费等原因，地方政府对消费支持的力度可能会下降。六是消费透支影响，2022年车辆购置税减免政策引发部分汽车消费提前释放，导致年底经销商库存较高，2023年将面临较大的去库存压力。

2. 2023年安徽省乘用车市场影响因素及总量预测

2021年6月，安徽省人民政府办公厅印发了《安徽省新能源汽车产业发展行动计划（2021—2023年）》，其中提到要"培育3~5家有重要影响力的新能源汽车整车企业""到2023年，全省新能源汽车产量占全国比重10%以上"。对于合肥的定位，安徽将支持其打造"中国新能源汽车之都"。

具体措施包括实施产业升级行动，在新能源汽车领域培育打造省级以上智能工厂、数字化车间30家左右，打造智能网联汽车示范应用场景10家左右。实施生态优化行动，新建充电桩4万个；实施开放合作行动，鼓励企业面向全球加快引进汽车产业投资、优势技术、创新人才等要素资源，推动共建长三角新能源汽车产业链联盟。

实施高质量产业体系培育行动，支持新能源乘用车生产企业优化生产布局，发展中高端市场，带动安徽省新能源汽车产业迈向高端化；积极引进国内外新能

源汽车企业及研发、制造项目，提升产业链、供应链稳定性和竞争力；推动"龙头+配套"发展，吸引一批优质新能源汽车零部件等上下游企业向安徽转移和集聚。实施创新引领行动，在新能源汽车领域新建省级以上各类创新平台 30 个左右，组织实施省级以上补短板产品和关键技术攻关项目 30 个以上。上述措施都将推动安徽省汽车产业加速高质量发展。

同时，近年来合肥快速崛起，汽车消费氛围也在快速提升。2022 年 4 月，根据《合肥市 2021 年国民经济和社会发展统计公报》披露，2021 年末合肥市常住人口 946.5 万人，比 2020 年"第七次人口普查"时期增加 9.5 万人，是安徽人口最多的城市，常住人口规模继续向千万级迈进。

截至 2022 年 6 月底，合肥市汽车保有量达 265 万辆，在全国各个城市中位于第二梯队。从汽车千人保有量来看，合肥市每千人拥有汽车 280 辆，高于全国平均水平。不过，同样作为省会城市的郑州、济南、西安等城市的汽车千人保有量均已经超过 300 辆。合肥市汽车千人保有量水平较低，汽车市场仍有较大发展空间。

展望 2023 年，目前根据海外疫情后的消费恢复速度看，消费者还是比较谨慎的，不会迅速恢复正常消费心态，需要中央和地方政府持续出台各项政策促进汽车消费来稳定消费信心。2023 年汽车市场环境将比 2022 年更具挑战性。

与此同时，当前安徽省新能源汽车市场渗透率逐步走高，消费者对新能源汽车的认可度还在提升，2023 年安徽省的新能源汽车市场渗透率还会保持明显的增长态势。综上，预计 2023 年安徽省乘用车销量将达到 78 万辆，同比增长约 4.0%。

（作者：韩震）

2022年重庆市汽车市场分析及2023年预测

2022年，受新冠疫情冲击，一、二季度经济明显下滑。在以习近平同志为核心的党中央的坚强领导下，各方面落实党中央、国务院部署，果断加大宏观政策调控力度，及时出台稳经济一揽子政策和接续政策，经过艰辛努力，扭转了经济下滑态势，第三季度经济总体回稳。同时，汽车行业受上年同期基数先低后高、芯片紧张状况仍未缓解和国内疫情多点散发等因素影响，新车销量下行压力加大，并继续向零售终端传导；新能源汽车销量再创新高、二手车交易持续活跃、老旧机动车加速报废淘汰。根据全国乘用车市场信息联席会的数据，2022年1—10月，全国乘用车累计零售1671.6万辆，同比增长3.0%，同比净增48.2万辆，其中，车辆购置税优惠政策启动以来的6—10月同比增加156万辆，增量贡献巨大。2022年1—10月新能源乘用车国内零售443.2万辆，同比增长107.5%。

一、2022年重庆市汽车市场分析

1. 2022年重庆市经济情况

2022年，面对复杂严峻的国际环境和国内疫情多点散发、高温干旱极端天气等超预期因素带来的严重冲击，重庆市深入贯彻习近平总书记重要指示精神和党中央、国务院决策部署，认真落实疫情要防住、经济要稳住、发展要安全的要求，高效统筹疫情防控和经济社会发展，着力推动稳经济一揽子政策，加快释放政策效能。

根据地区生产总值统一核算结果，2022年前三季度全市实现地区生产总值20835.06亿元，同比增长3.1%。其中，第一产业实现增加值1366.26亿元，增长3.7%；第二产业实现增加值8375.27亿元，增长3.8%；第三产业实现增加值11093.53亿元，增长2.5%。

2022年前三季度，重庆市规模以上工业增加值同比增长4.0%，其中制造业增长 3.1%。全市 39 个行业大类中，有 24 个行业增加值同比增长，行业增长面达 61.5%，其中有 11 个大类行业增长率比上半年有所回升，占 28.2%。汽车摩托车、电子、装备、材料和消费品五大支柱产业 4 升 1 降，其中，汽摩产业增加值同比增长 8.1%，拉动规模以上工业增长 1.5 个百分点。

2022 年前三季度，重庆市实现社会消费品零售总额 1.05 万亿元，同比增长 1.5%。按经营单位所在地分，城镇消费品零售额 8951.37 亿元，增长 1.2%；乡村消费品零售额 1504.64 亿元，增长 3.2%。按消费类型分，商品零售 9024.87 亿元，增长 1.6%。餐饮收入 1431.14 亿元，增长 0.6%。新能源汽车销售持续火热，新能源汽车零售额同比增长 1.5 倍，占重庆市限额以上汽车类商品的比例为 16.8%，分别比上半年、一季度提高 2.5、3.4 个百分点。

2022 年 1—10 月，全市规模以上工业增加值同比实际增长 4.5%，分行业看，汽车产业增长 13.0%，分产品看，汽车同比增长 8.2%，摩托车增长 4.4%。

2022 年 1—10 月，全市实现社会消费品零售总额 11708.19 亿元，较上年增长 1.3%。其中，全市汽车类限额以上单位商品零售额 1069.35 亿元，增长 8.8%，占全市社会消费品零售总额的 9.1%。高于全国汽车类增长率。

尽管面临需求压缩、疫情散点多发、极端高温天气等一系列挑战，但随着稳经济政策措施的逐步显效，2022 年 1—10 月重庆市经济仍然保持恢复态势，彰显了经济发展的强大韧性。同时也要清楚认识到当前外部形势更加复杂严峻，市场需求不足矛盾较为突出，经济恢复的基础仍不牢固。下阶段，要继续深入贯彻落实党中央、国务院决策部署，狠抓稳经济一揽子政策和接续政策措施落地见效，政策靠前发力，发挥组合效应，大力扩大有效需求，着力稳就业、稳物价、稳预期，着力保障和改善民生，保持经济运行在合理区间。

2. 2022 年重庆市乘用车市场情况

根据重庆市交通管理部门公布的统计数据，截至 2022 年 9 月，重庆市乘用车保有量达 511.0 万辆，比 2021 年同期增长 9.4%。其中，新能源汽车保有量为 21.6 万辆，比 2021 年同期增长 101.9%。与 2020 年同期相比，保有量继续呈现增长趋势，新增乘用车 82.9 万辆，新增新能源汽车 16.2 万辆（见表 1）。

表 1　2020—2022 年重庆市乘用车市场保有量情况

	2020 年 1—9 月	2021 年 1—9 月	2022 年 1—9 月	2022 年 1—9 月 同比增长率（%）
汽车保有量/万辆	493.5	537.5	571.3	6.3
乘用车保有量/万辆	428.1	467.1	511.0	9.4
新能源汽车保有量/万辆	5.4	10.7	21.6	101.9

注：数据来源于重庆市汽车商业协会。

2022 年 1—10 月，重庆市广义乘用车销量为 33.7 万辆，同比下降 11.6%；新能源乘用车零售 9.1 万辆，同比增长 97.4%。2022 年 1—10 月，重庆市自主品牌销量 17.8 万辆，与 2021 年同期基本持平，在总销量中的占比达到 52.9%，较 2021 年的 47.6% 增长了 5.3 个百分点。这得益于 2022 年以来重庆市新能源汽车销量的持续增量，其中，自主品牌累计占比达到 83%，其次是特斯拉品牌拉动的美系品牌，在 1—10 月新能源汽车销量中占比 10%。物流和供应链的持续改善、渠道库存充裕、2021 年芯片断供的基数影响逐步消除，这些都有效稳定了汽车市场的增长。燃油汽车市场压力仍较大，特别是多点多地疫情的反复，波及范围持续扩大，即使有燃油汽车车辆购置税减半政策和新能源汽车补贴退出政策的加持，2022 年年底汽车市场翘尾的节奏也受到了影响。另外，受疫情的影响，多地车展及营销活动无法顺利开展，汽车市场呈现相对静默的状态。重庆市多数经销商闭店，消费者购车需求释放受阻，预计 2022 年 11—12 月重庆市汽车市场销量表现不及预期。

2022 年 1—10 月，按车系分，自主品牌车系占比增长明显，占到 52.9%；其次是德系车占比 20.8%，其中，上汽大众、一汽-大众品牌下滑较大，影响 3 个百分点；日系车占比 13.5%，其中，东风本田、一汽丰田市场占比大幅下滑，广汽本田也表现不佳；美系车品牌市场占比 9.4%，小幅下滑，上汽通用别克和凯迪拉克品牌下滑幅度较大，长安福特紧随其后，而特斯拉的增量为美系品牌占比贡献了 8 个百分点，综合看美系品牌市场占比变化不大；韩系、法系和欧洲其他品牌市场占比总和不足 4%，虽然法系 2022 年同比增长率 29.8%，但总量小，仍排名最后。

重点汽车品牌类别中除豪华品牌保时捷、合资品牌广汽丰田在 2022 年前 10 个月累计销售同比微增长以外，其余 10 家企业皆有不同程度的下滑，且有 7 家企业大比例下滑。而新能源汽车品牌中，除华为 AITO 在 2021 年 12 月上市，2021

年前11个月无可比数据外，其余6家企业2022年前10个月累计销售同比全部增长，且增长比例都在20%以上。

2022年1—10月，重庆市新能源汽车累计销量9.1万辆，同比增长97.4%，累计市场渗透率达27.1%。11月因疫情影响，预计11—12月新能源乘用车销量在2.6万辆左右，全年增长率为81%左右，全年市场渗透率约28%（见图1）。

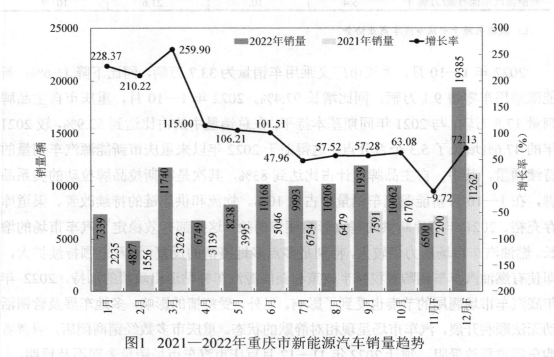

图1　2021—2022年重庆市新能源汽车销量趋势

（注：数据来源于重庆市汽车商业协会）

2022年1—10月，比亚迪汽车成为最大赢家，连续16个月在新能源汽车市场销售榜排行第一，2022年新增近1.8万辆，增长率达170.3%，占到细分市场31%的份额；其次，长安汽车和深蓝品牌双双入围前20名，各自表现不凡；大众汽车的表现也让人眼前一亮，在合资品牌中转型较快，较早出圈进入新能源车领域，ID家族打年轻牌，一上市就表现不俗，前十个月在重庆市即获得销售3076辆的好成绩，加上帕萨特PHEV、途观L PHEV、迈腾GTE、探岳GTE的加入，大众在细分市场占到4%份额，增长率达177.7%。造车新势力以特斯拉为代表，2022年1—10月保持第二位，销售8085辆，增长率32%，占到细分市场9%的份额；"蔚小理"梯队，2022年理想、小鹏表现平稳，分别实现销售4229辆、3903

辆,增长率均在 45%以上;蔚来下降较为明显,仅实现销售 1354 辆,增长率为 21.5%;2021 年 12 月上市的问界也表现不凡,跻身第八名,实现 2417 辆的销售成绩,占到细分市场 3%的份额。2022 年 1—10 月新能源汽车品牌销量前 20 名见表 2。

表 2　2022 年 1—10 月新能源汽车品牌销量前 20 名

	新能源品牌	2022 年 1—10 月销量/辆	2021 年 1—10 月销量/辆	同比增长率(%)
1	比亚迪	28108	10400	170.3
2	特斯拉	8085	6127	32.0
3	长安	7781	3748	107.6
4	理想	4229	2911	45.3
5	小鹏	3903	2665	46.5
6	大众	3271	1178	177.7
7	五菱	2843	2487	14.3
8	问界	2417	0	—
9	广汽埃安	2331	1424	63.7
10	东风风神	2044	551	271.0
11	哪吒	1807	843	114.4
12	零跑	1599	475	236.6
13	极氪	1523	7	—
14	欧拉	1436	1466	-2.0
15	深蓝	1384	0	—
16	蔚来	1354	1114	21.5
17	吉利	1057	1015	4.1
18	睿蓝	1041	0	—
19	宝马	1000	973	2.8
20	奔驰	946	325	191.1

注:数据来源于重庆市汽车商业协会。

2022 年前三季度,重庆市二手车交易量累计实现 49 万辆,同比下降 8.5%,其中市内直接转移登记量为 43 万辆,同比持平。

从二手车交易车辆分类来看,轿车类占比 66.1%,比上年同期的 54.7%增长 11 个百分点;其次,客车类占比 13.7%;货车及摩托车两类分别占比 10.8%、5.7%;MPV 及 SUV 类仅占到不足 1%的份额;新能源汽车几乎为零。从使用年限划分,仍然保持3~6年占比50.0%以上，与同期相比变化不大。受新车销量下滑、品牌车型价格下挫等因素影响，2022年前三季度，重庆市二手车交易量不及往年。自2022年7月以来国家频频出台二手车相关政策，二手车市场迎来新的变革，特别是自2022年10月1日起执行二手车新政以来，经销商参与二手车经营的热情高涨，二手车业务受到行业经营者青睐，预期将迎来增长势头。

二、2023年重庆市汽车市场预测

1. 2022年我国汽车市场环境分析

2022年前三季度我国国内生产总值为870269亿元，按不变价格计算，同比增长3.0%，增幅比上半年提高0.5个百分点，经济总体呈现恢复向好态势。其中，第一产业增加值54779亿元，同比增长4.2%，对经济增长的贡献率为9.3%；第二产业增加值350189亿元，同比增长3.9%，对经济增长的贡献率为48.8%；第三产业增加值465300亿元，同比增长2.3%，对经济增长的贡献率为41.9%。三个产业增加值占GDP的比例分别为6.3%、40.2%和53.5%。与上年同期相比，第一产业比例持平，第二产业比例提高1.1个百分点，第三产业比例下降1.1个百分点。第三季度，我国国内生产总值为307627亿元，同比增长3.9%，增幅比第二季度提高3.5个百分点，环比由第二季度下降2.7%转为增长3.9%，表明我国经济顶住压力持续恢复，这也是稳经济各项政策措施显效的结果。随着一系列稳投资、促消费政策逐步落地见效，投资消费整体上在好转，内需潜力也在加快释放。从2022年第三季度情况看，固定资产投资同比增长5.7%，比第二季度增长了1.5个百分点；社会消费品零售总额同比增长3.5%，比第二季度下降了4.6%。新产业新产品增势良好，新能源汽车、太阳能电池产量都保持了较快增长，创新驱动持续向好。

2022年5月，国务院印发《扎实稳住经济一揽子政策措施》，其中指出，各地区不得新增汽车限购措施；全面取消二手车限迁政策；支持汽车整车进口口岸地区开展平行进口业务；进一步放宽皮卡进城限制；研究年内对一定排量以下乘用车减征车辆购置税的支持政策；优化新能源汽车充电桩（站）投资建设运营模式。2022年6月22日国务院常务会议，确定加大汽车消费支持的政策。确定自2022年8月1日起，全面取消国V排放标准小型非营运二手车限迁，10月1日起转移登记实行单独签注、核发临时号牌。2022年7月7日，商务部等17部门印发了《关于搞活汽车流通 扩大汽车消费若干措施的通知》，鼓励金融机构在依法例规、风险可控的前提下，合理确定首付比例、贷款利率、还款期限，加大汽车消费信贷支持等六点十二条措施，进一步搞活汽车流通、扩大汽车消费，助力稳定经济基本盘和保障改善民生。

2022年以来，美欧通货膨胀率创40年之最，货币政策由极限宽松猛然转向激进加息，叠加新冠疫情反复、地缘政治冲突及其他问题，极大地增加了世界经济复苏的难度和不确定性。我国拥有世界上最齐全的产业体系和最广阔的统一市场，经济韧性强、潜力足、回旋余地大，长期向好的基本面最为坚实，且处于城市化的高峰时期和乡村振兴的起步阶段，全社会固定资产投资具有很大的增长潜能。2022年第三季度，国民经济明显回升，居民消费价格指数（CPI）同比上涨2.0%，在全球高通胀背景下继续保持物价形势的基本稳定。

经国家信息中心调研数据显示，疫情因素导致消费者出行及正常生活受限，进而导致消费缩水，出租、网约等共享出行市场下滑，在市场销售压力及品牌价格下行波动等因素下，将出现竞争加剧、消费者分流及观望态势，2022年第四季度经济下行承压较大。全年GDP增长率预测在3.3%左右，比2021年下降近5个百分点；社会消费品零售额增长率预计为1.4%，比上年同期下降11个百分点。

2. 2023年重庆市经济发展趋势

2023年，重庆市全面贯彻习近平总书记对重庆提出的营造良好政治生态，坚持"两点"定位、"两地""两高"目标，发挥"三个作用"和推动成渝地区双城经济圈建设等重要指示要求，认真落实党中央、国务院决策部署，坚持稳中求进工作总基调，立足新发展阶段、贯彻新发展理念、融入新发展格局、推动高质量发展，扎实做好"六稳"工作，落实"六保"任务，全市疫情防控成果将持续巩固，经济发展将保持良好态势，社会大局将保持和谐稳定。

重庆市汽车产业将推动"整车＋零部件"双提升，推动汽车、电子、装备制造、工业互联网高质量协同发展，抓住智能新能源汽车发展机遇，加快长安、金康、吉利、理想等高端新能源整车项目建设生产，增强车用动力蓄电池、汽车电子等关键核心零部件配套能力，完善充换电设施，试点建设车路协同体系，加快建设国家级车联网先导区，构建智能新能源汽车产业新生态。2022年8月19日，重庆市政府印发了《重庆市建设世界级智能网联新能源汽车产业集群发展规划（2022—2030年）》，该政策明确了重庆市智能网联新能源汽车产业发展目标：到2025年，初步形成世界级智能网联新能源汽车产业集群雏形，智能网联新能源汽车产销量占全国比例达到10%以上；到2030年，建成世界级智能网联新能源汽车产业集群，智能网联新能源汽车产销量在全国的占比进一步提升，产业规模达到全球一流水平。

重庆市将继续促进汽车消费升级扩容，抓住国际消费中心城市培育建设契机，巩固消费回暖势头。激发县乡消费，鼓励区县开展新能源汽车促销和以旧换新汽车消费，完善消费者权益保护机制，释放居民消费潜力。为深入贯彻全国稳住经济大盘电视电话会议和重庆市第六次党代会精神，认真落实《重庆市进一步释放消费潜力促进消费持续恢复若干措施》（渝府办发〔2022〕72号）有关政策措施，更好满足市民对美好生活的需要，充分发挥汽车消费"顶梁柱"作用，助力稳定经济基本盘，在重庆市商务委、市经济信息委指导下，有关部门组织了4场汽车下县乡促销活动和两次汽车促销政策推广，包括上半年实施更新换代汽车消费补贴和下半年"爱尚重庆 渝悦消费"汽车惠民消费季活动，均取得较好成效。

3. 2023年重庆市乘用车市场影响因素及总量预测

2022年1—6月，重庆市乘用车累计销量19.98万辆，同比下降15.17%，占全国细分市场份额为2.19%，保持正常水平；新能源乘用车累计销量4.91万辆，同比增长155.1%，新能源汽车累计市场渗透率为24.2%，高于预期。

受疫情反复，以及地缘政治、汇率波动等因素，豪华品牌特别是进口汽车销量降幅明显，自主新能源汽车特别是以PHEV为代表的车型，抢占了10万~20万元价格区间的燃油汽车市场份额，但新能源汽车的增长并未能完全填补燃油汽车下滑的份额，加上下半年重庆市遭遇8月、10—11月的疫情，特别是11月的市场停摆，重庆市汽车市场几乎锐减一半以上。虽然下半年叠加了部分燃油汽车车辆购置税减半政策的利好，又有新能源汽车2023年国家补贴退出的政策加持，仍很难在12月一个月时间内扭转局面。预计2022年重庆市乘用车销量理想值在42万辆左右，比同期下降8%。展望2023年，在不考虑疫情、地缘政治等不可抗力因素的情况下，重庆汽车市场将恢复活力，消费力将得到一定释放，如果2022

年下半年的汽车消费刺激政策能得以延续或调整，2023年预计增幅在10%～15%（见表3）。

表3　2016—2023年重庆市（狭义）乘用车销量及预测　（单位：万辆）

年份	2016年	2017年	2018年	2019年	2020年	2021年	2022年F	2023年F
乘用车销量	47.7	49.6	48.8	45.9	43.8	45.4	42.0	47.0

（作者：　陈学勤）

三线城市新能源汽车市场
需求现状与前景初探

2009年以来，在国家政策的大力支持下，依托于产品供给水平持续提升、充电基础设施不断改善等内外部发展条件，我国新能源汽车产销实现了跨越式发展。中国汽车工业协会数据显示，2022年1—11月，我国新能源汽车产销分别完成625.3万辆和606.7万辆，产销量均实现同比翻番；新能源汽车市场渗透率达到25%。

一、三线城市新能源乘用车市场需求现状

随着全国汽车市场电动化步伐持续加速，三线城市新能源乘用车市场迅速成长，呈现出四大突出特征。

1. 与三线城市乘用车总需求持续下滑不同，三线城市新能源乘用车需求逆势上扬

由于人口基数庞大，人均汽车保有量低，同时鲜有政策调控和牌照路权等倾向性政策影响，三线城市在过去很长一段时间内被公认为是重要的汽车增量市场。

但近年来市场实际表现却不尽人意：自2017年起，三线城市乘用车新车需求规模持续缩减，2022年1—10月累计销量下滑至不到600万辆，销量同比增长率全国垫底；2009—2015年，全国乘用车新车销量年均增长15.7%，其中三线城市增长率最快，达17.8%；而2017—2021年，全国乘用车新车销量年均下降2.6%，三线城市跌幅最深，年均下降4.1%。三线城市已经成为全国乘用车新车市场的"拖累项"，市场份额持续下滑（见图1）。

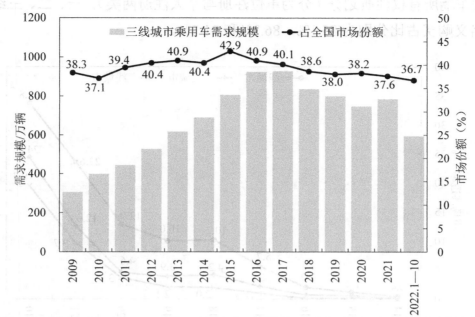

图1 2009—2022年1—10月三线城市乘用车需求规模及占全国市场份额

与三线城市乘用车总需求的"规模缩减、增速垫底、份额下降"不同,三线城市新能源汽车需求异军突起,逆势上扬:年销量规模由2017年的9.2万辆大幅攀升到2021年的76.4万辆;新能源汽车市场渗透率由2017年的1.0%提升至2021年的9.7%。2017—2021年年均复合增长率达69.6%,领先全国平均水平近19个百分点;市场份额由2017年的16.7%上升至2021年的26.4%。可以说,三线城市已经成为新能源汽车的重要区域市场,且这一发展态势在2022年得以延续,2022年1—10月三线城市新能源乘用车需求同比增长113.8%,达169.1万辆,市场渗透率水平进一步上升至19.4%。

2. 三线城市汽车电动化加速是消费者自愿自发购买的结果

回顾我国新能源汽车需求的发展,新能源汽车发展初期,产业政策通过在特定领域直接推广、牌照路权优惠、补贴政策等方式,推动了限购限行城市新能源乘用车渗透率水平的不断上升。2020年以前我国新能源汽车销量规模40%以上由一线城市贡献,70%左右源于对公市场和限购城市的私人购买。三线城市无限购政策,限行措施也较少,其新能源汽车需求在2021年前后的爆发(见图2)更多是源于消费者的自愿自发购买。这一点从车辆注册性质可见一斑,2022年1—10

月,按车辆所有权性质划分(分为单位注册与个人注册两类),一、二、三线城市个人名义购买占比分别为85.1%,86.3%和91.7%。

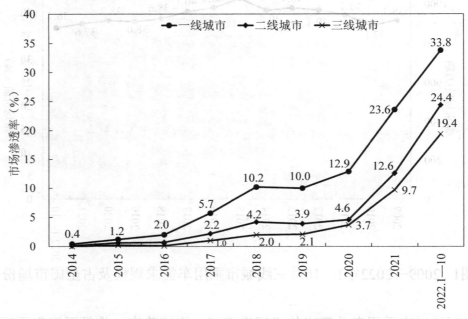

图2　2014—2022年1—10月一、二、三线城市新能源乘用车市场渗透率

3. 三线城市消费者购买新能源汽车更多是源于车辆购买和使用经济性的极致追求

国家信息中心针对2021年新车购买行为的调研显示,一、二、三线城市用户选择新能源汽车的关键因素有明显差异。

一线城市31.2%的新能源汽车购买者更多被新能源汽车的产品属性吸引(较强的科技感与智能化水平及较好的操控等);其次是政策的推动(主要是限行限购政策),占22.3%;第三个因素是经济原因(如新能源汽车的购买费用和使用费用较低,可以享受补贴等),占17.8%。可以说,一线城市新能源汽车市场更多是新能源产品属性吸引与政策推动共同作用的市场。

三线城市有更突出的经济型市场特征:28.0%的消费者更多出于经济因素考虑购买新能源汽车,25.5%的消费者更多被产品属性吸引。从热销产品也可看出三线城市消费者对车辆性价比的追求,2021年三线市场热销产品可以分为两大类:一类是以五菱宏光MINI为代表的A00级低端代步型产品,形成了对非机动类产品(如老年代步车)、非新车(即二手车)两大"双非"型交通工具的替代;第二类是以比亚迪秦DM-i为代表的低价PHEV产品，形成对燃油汽车需求的替代。其背后，都是消费者在车辆购买环节以及车辆使用环节对经济性的追求。

4. 三线城市新能源汽车需求发展受中心城市影响，呈"涟漪状"扩散特征

通过整理新能源乘用车在各主要城市的发展，笔者发现，三线城市新能源汽车需求的发展往往受中心城市（周边大城市、省会城市）的影响：上级城市新能源汽车需求发展较好的城市，三线城市发展也较好，整体呈现"涟漪状"特征，这一特征，在广东省尤为突出。

之所以会有"涟漪状"的普及状态，大致有以下几种原因：一是充电基础设施的带动，一般来说，中心城市新能源汽车市场发展较好，会带动包括周边高速公路在内的充电设施建设。二是中心城市消费观念的外溢影响。中心城市新能源汽车的热销氛围，往往会对三线城市形成带动，部分消费者表示"这么多人买，新能源车应该没有什么问题"，这在一定程度上会减少三线城市消费者对新能源汽车安全性、耐用性能方面的疑惑与不安感。三是出于周边出行的便利性，以及有备无患的心理考虑。三线城市消费者有向中心城市出行方式靠拢的心态，或担心居住城市会出台限购限行措施，相对燃油汽车而言，买新能源汽车出行更为方便。

二、三线城市新能源乘用车市场前景初探

实施长达13年的新能源汽车购置补贴政策于2022年12月31日终止。虽然小鹏、长安深蓝、欧尚汽车、吉利汽车等多家汽车企业自掏腰包推出"限时保价"措施，但在巨大的成本压力之下，新能源汽车难逃"涨声一片"。如前所述，迎合消费者购车与使用环节经济性追求的强性价比产品，是三线城市新能源汽车需求爆发的关键因素。而在新能源汽车价格上涨的背景下，三线城市新能源汽车需求将发生新变化。

三线城市新能源汽车普及的外部环境将渐进式改善。首先，三线城市消费者对新能源汽车的认知与接受度同样在快速提高。新能源产业作为国家的支柱型产业与重点发展方向已经被广大消费者所接受和认可，新能源汽车强势崛起的消费氛围业已形成。调研中，三线城市消费者往往表示"新能源汽车是大方向""购车要紧跟这种潮流"。其次，三线城市充电设施渐进改善。私人充电桩方面，由于车辆保有量更低，小区电量冗余可支撑相对更高的新能源汽车保有渗透率，同时有

条件安装私人桩的比例较一、二线城市也更高。公共充电桩也将在国家积极推动充电桩行业发展的政策下，实现渐进式改善。

三线城市消费者新能源汽车需求将逐步升级。以过去一段时间支撑三线城市新能源汽车市场高速发展 A00 级产品为例，其高速增长面临供需两端困境。供给方面，新产品推出热潮褪去、产品价格持续上涨；需求端又面临对价格高度敏感的消费者，其超高速增长难以持续。如燃油汽车的发展趋势一致，新能源汽车需求同样也存在升级的动力，消费者更渴望空间、续驶里程、智能体验等各方面的升级。而进入更高级别的市场，新能源汽车将面临更多来自燃油汽车的挑战，新能源汽车需求升级的同时，将面临降速。

三线城市新能源汽车发展水平在全国仍将处于追随地位。从总量角度来看，三线城市新车汽车需求规模短期显著扩大。2017 年以来，产业结构调整、经济增速回落、中美贸易冲突、新冠疫情冲击等多重因素均对三线城市乘用车市场形成实质性影响。2023 年经济运行有望整体回升，但居民收入与信心的恢复仍需时日。此外，也应该看到，三线城市人口持续流出，二手车持续流入均对新车需求形成负面拖累，三线城市新车需求短期难以显著扩大。从新能源汽车发展角度来看，如前所述，三线城市充电基础设施建设在全国仍处于追随地位。此外，三线城市对公市场规模小，也将限制新能源汽车在三线城市的超越式发展。

（作者：李婷）

2022 年我国进口汽车市场分析及 2023 年展望

一、2022 年我国进口汽车市场特点

1. 汽车进口量历经 2018—2020 年三年的下滑后，2021 年微增长，2022 年再次进入负增长

2022 年，受新冠疫情、全球经济减速和汽车芯片短缺等因素影响，汽车市场供给不足，进口汽车市场继 2021 年微增长后再次进入负增长区间。2022 年 1—10 月，全国累计进口汽车（含底盘）74.6 万辆，同比下滑 6.6%（见图 1）。而进口金额达 2979.7 亿元，同比上涨 3.5%。2022 年 10 月，当月进口汽车 7.5 万辆，同比大幅增长 70%，市场表现因为低基数而走强。

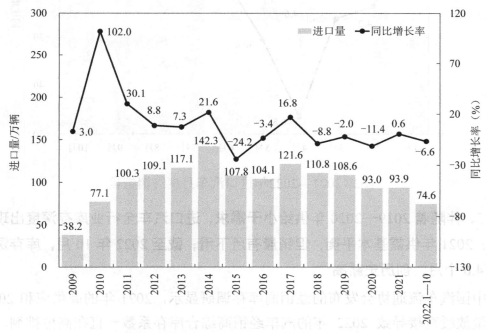

图 1　2009—2022 年 1—10 月汽车进口量

（注：数据来源于中国进口汽车市场数据库，下同）

从月度走势来看，2022 年 1—10 月汽车进口量总体低于上年同期，尤其在 2022 年 4—6 月，受上海突发疫情的广泛性影响，进口量大幅度降低，市场供给严重不足。7—10 月，进口量呈恢复态势。

2. 近年来，进口汽车终端需求保持相对稳定，受疫情和芯片短期冲击，2020—2022 年进口汽车终端市场出现下滑

受全球疫情影响，消费需求受到抑制，加上芯片短缺导致市场供给不足，加剧了消费端不振。2022 年 1—10 月，进口乘用车终端销售 64.5 万辆，累计同比下滑 19.1%，其中 10 月同比上升 0.1%，是 2022 年首个实现正增长的月度（见图 2）。

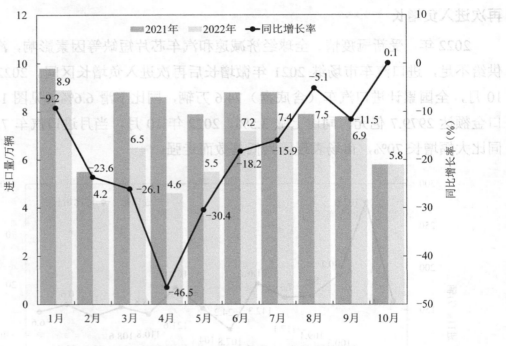

图2 2021—2022年进口汽车月度终端销量

3. 伴随着 2019—2020 年供给小于需求，进口汽车全行业库存深度出现明显下滑；2021 年供需基本平衡，但销量有所下滑；截至 2022 年 10 月，库存深度攀升到 4.6 个月，创历史新高

中国汽车流通协会发布的经销商库存调研显示，2021 年的高供应和 2022 年的销量放缓直接导致 2022 年的汽车经销商综合库存系数一直在高位徘徊。根据进口汽车供需关系测算，2022 年 10 月进口汽车行业综合库存系数攀升到 4.6，创历史新高（见图 3）。

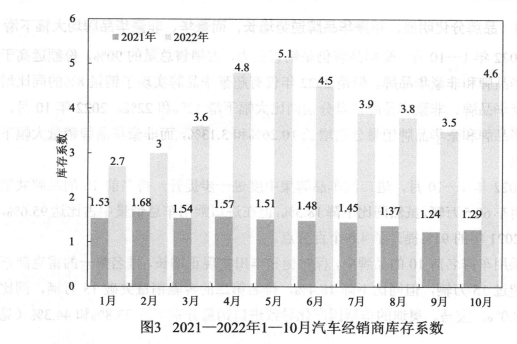

图3 2021—2022年1—10月汽车经销商库存系数

受疫情影响，各地车展和营销活动无法顺利展开，市场销量持续走弱，2022年9—10月高端豪华和进口品牌、合资品牌、自主品牌的经销商库存系数均呈上升趋势（见图4）。

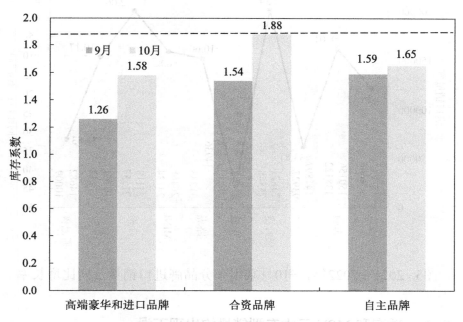

图4 2022年9—10月分品牌经销商库存系数

（注：数据来源于中国汽车流通协会）

4. 品牌分化明显，超豪华品牌逆势增长，而豪华、非豪华品牌均大幅下滑

2022年1—10月，豪华品牌仍是销售主力，占销售总量的90%，份额远高于超豪华品牌和非豪华品牌。但是2022年仅有超豪华品牌实现了销量8%的同比增长，豪华品牌、非豪华品牌销量分别同比大幅下滑19%和22%。2022年10月，超豪华品牌和豪华品牌销量分别增长10.26%和3.13%，而非豪华品牌销量大幅下滑25%。

2022年1—10月，进口汽车品牌集中度进一步提升，排名前10的品牌共销售乘用车60.5万辆，虽然同比下降18.3%，但在进口乘用车总销量中占比达95.6%，相较2021年的91%提升了4.6个百分点。

乘用车排名前10的品牌中，保时捷和丰田实现正增长，排名第一的雷克萨斯销量超过15万辆，但同比下降18.4%，排名第二的奔驰销量突破13万辆，同比下降8.0%，宝马、奥迪的车型国产化导致进口销量分别下滑33.8%和44.3%（见图5）。

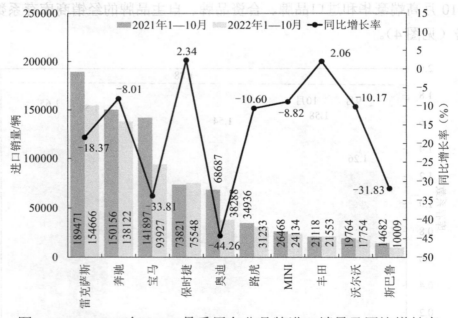

图5　2021—2022年1—10月乘用车分品牌进口销量及同比增长率

5. SUV、轿车和MPV三大车型销量均出现下滑

2022年1—10月，SUV、轿车和MPV销量均同比下滑（见图6）。从车型结构占比来看，SUV 占比 51.0%，仍为主力车型，但份额减少 1.5 个百分点，销量为 32.8 万辆，同比下滑 21.6%，在三大车型中降幅最大；轿车份额达到 45.3%，提升 1.0 个百分点，销量为 29.2 万辆，同比下滑 17.4%；MPV 占比 3.7%，提升 0.6 个百分点，销量为 2.4 万辆，同比下滑 5.0%。

2022 年 1—10 月，乘用车销量位居前 3 名的车型依次为雷克萨斯 ES、奔驰 GLE 级和雷克萨斯 RX，其中雷克萨斯 ES 销量大幅领先于其他车型（见表 1）。在 SUV 中，雷克萨斯 RX 车型位居销量首位，但销量同比下降 3.8%。从销量前 10 的车型的品牌分布来看，奔驰占据三席，分别为 GLE、S 级和 GLS；保时捷占据三席，分别为 Cayenne、Macan 和 Panamera；雷克萨斯占据两席，分别为 ES 和 RX；丰田埃尔法是唯一上榜的非豪华车型。

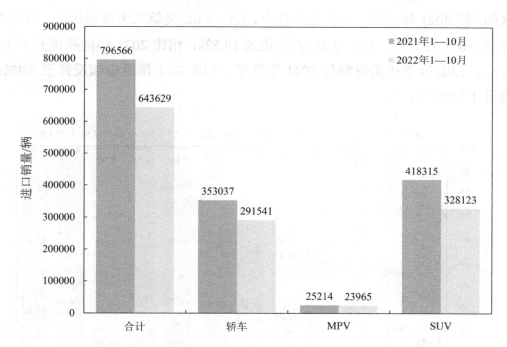

图 6　2021 年 1—10 月和 2022 年 1—10 月乘用车分车型进口销量

表 1　2022 年 1—10 月分车型进口销量排名　　　　　　　（单位：辆）

排名	车型	销量
1	雷克萨斯 ES	81186
2	奔驰 GLE 级	42072
3	雷克萨斯 RX	40502
4	保时捷 Cayenne	25908

(续)

排名	车型	销量
5	奔驰S级	21739
6	保时捷Macan	21205
7	保时捷Panamera	17149
8	丰田埃尔法	16679
9	奔驰GLS级	15995
10	沃尔沃XC90	15272

6. 排量结构仍延续向 1.5~3.0L 排量区间聚拢趋势

2022年1—10月，排量结构仍延续向1.5~3.0L排量区间聚拢趋势，该区间份额为89.7%（见图7）。其中，1.5~2.0L排量区间以47.9%的份额稳居第一大排量区间，较2021年下降了1.5个百分点。2.5~3.0L是第二大排量区间，相比2021年提升0.6个百分点。2.0~2.5L占比达到14.8%，相比2021年同期提升了1.5个百分点。1.0L以下排量份额与2021年持平。3.0L以上排量份额反弹至5.4%，同比提升1.5个百分点。

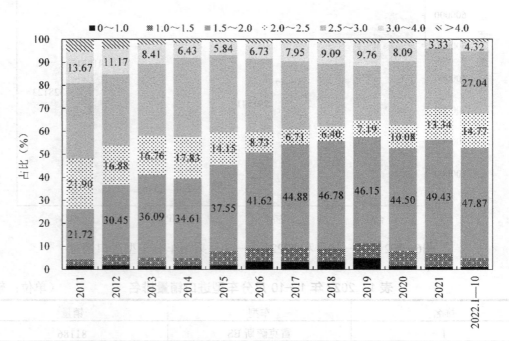

图7 2011—2022年1—10月进口汽车分排量结构变化趋势

7. 前10大市场增长率均出现不同程度下跌

2022年1—10月，进口乘用车销量前10的市场增长率均出现不同程度下跌，河南跌幅最大，达到29%，其次是上海和北京，跌幅均为28%。前10大市场中江苏和辽宁跌幅最小，均为15%。进口汽车全国销量前三的省份仍然是广东、浙江、江苏。广东以绝对优势位列全国销量榜首，占比24%，共销售进口汽车11.3万辆（见图8），较2021年同期下跌16%。

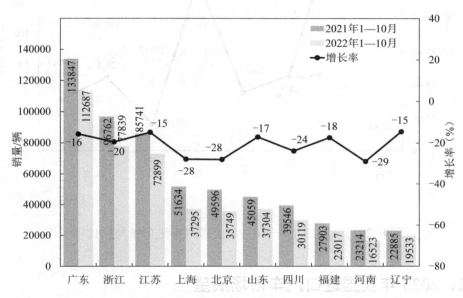

图8　2021年1—10月和2022年1—10月进口乘用车分地区销售情况

8. 进口新能源汽车销量同比下降

中国进口汽车市场数据库显示，2016—2018年进口新能源汽车销量为1.5万～2.0万辆。2019年，在特斯拉Model 3的带动下进口新能源汽车销售暴增至6万辆，同比增长191%，占进口汽车总量的5.4%。随着特斯拉车型的国产化，2020年进口新能源汽车规模回落至2.75万辆。此后在PHEV的带动下，2021年销售同比增长26.2%。2022年1—10月进口新能源汽车销量为23687辆，同比下滑12.6%，其中10月销量为2250辆，同比下降26.54%，纯电动车型销量不足600辆，同比下降35.1%（见图9）。

从进口的新能源汽车类型来看，2022年1—10月插电式混合动力车型销量表现略好于纯电动车型。插电式混合动力车型销量同比下降11%，占据67%的市场份额。2022年1—10月纯电动车型销量仅7776辆，同比下滑16%，市场占比33%。

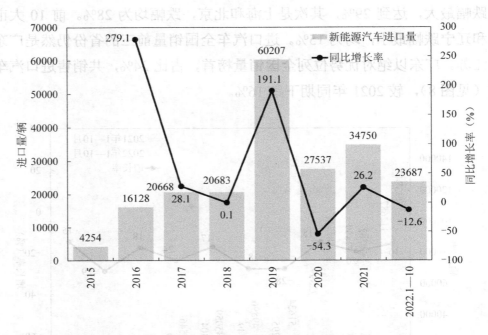

图9 2015—2022年1—10月新能源汽车进口量与同比增长率

二、2023年我国进口汽车市场展望

回顾2022年，全球经济正处于疫情影响后的恢复时期，但复苏态势显著放缓，俄乌冲突进一步加大了全球通货膨胀和经济增速下行的压力。全球实际GDP增长率从2021年的5.7%降至2022年的3.1%。2022年10月，美国CPI指数上涨了5.4%，PPI指数直接飙升到8.6%，已经达到美国40年来的最高通货膨胀水平。2023年欧元区的通货膨胀、能源危机还将继续恶化，全球经济或将进入新一轮衰退期，预计全球增长率为2.7%，而实际增长率可能会低于2%。

预计2022年我国经济增长率为3.2%。2023年国内经济将保持运行在合理区间，国际金融论坛（IFF）2022全球年会发布的《IFF2022年全球金融与发展报告》预测，2023年全球经济增长将达2.8%，我国GDP增长率为4.6%左右。2022年我国经济增速放缓，出现了自改革开放以来第二低的经济增长率，仅略高于疫情暴发的2020年。

2023年，我国疫情防控压力将会明显小于2022年，个人消费将迅速反弹，酒店、餐饮、旅游等线下产业将重新迎来发展契机，各地多个重大投资项目也将在 2023 年进入建设期。考虑到低基数效应和受疫情影响的个人消费需求的整体释放，2023 年我国经济将有望迎来新一轮增长。

从汽车行业整体来看，我国已成为世界首屈一指的汽车制造大国，汽车行业也已成为我国主导产业之一。2022 年，我国汽车保有量同比增长 8%，从汽车保有量来看，我国汽车消费市场规模仍有巨大发展空间。根据中国汽车工业协会预测，2023 年我国汽车总销量将达 2760 万辆，同比增长 3%。

2023 年汽车市场的关键是去库存化。最新的中国汽车经销商综合库存系数显示，2022 年 1—10 月，我国进口汽车综合库存系数一直在高位徘徊，10 月库存系数达到 4.6，创历史新高。特别是北京、上海、广东、河南等汽车销售大省，受疫情影响，消费者购车需求受阻，库存增大。2023 年，随着疫情防控进入新阶段，消费者需求将得到释放；如果地方政府能够出台一些补贴政策，必将助力汽车市场在 2023 年上半年迎来一波去库存高潮，开启行业良性循环。

综上所述，2022 年宏观经济下行压力较大、汽车芯片供给短缺、疫情形势、重磅车型国产化等因素对进口汽车市场均有负向影响。值得关注的是，国际环境复杂多变，国内行业政策、新冠疫情仍存在不确定性。因此，展望 2023 年进口汽车市场，预计销量仍将延续 2022 年的下降态势，需求先行，供给跟进，整体销售承压，但降幅有望收窄。

（作者：中国车辆进出口有限公司 王存）

2022 年我国汽车出口市场分析及 2023 年展望

一、2022 年汽车出口概况

2022 年对于我国汽车出口市场来说，是跌宕起伏、乘势而上的一年。在新冠疫情反复变化、地缘政治变局冲击全球大宗商品供应等不利因素的扰动下，汽车整车出口延续了 2021 年的强大增势，再创新纪录。我国海关统计，2022 年 1—10 月，整车（不含低值电动载人汽车，下同）出口 247.2 万辆，同比增长 53.7%，出口金额 465.2 亿美元，同比增长 67.9%。其中，乘用车出口 194.0 万辆，同比增长 59.6%，出口金额 325.0 亿美元，同比增长 79.8%；商用车出口 53.2 万辆，同比增长 35.2%，出口金额 140.1 亿美元，同比增长 45.6%。预计 2022 年全年整车出口可达 300.0 万辆左右，同比增长 51.9%（见图 1）。

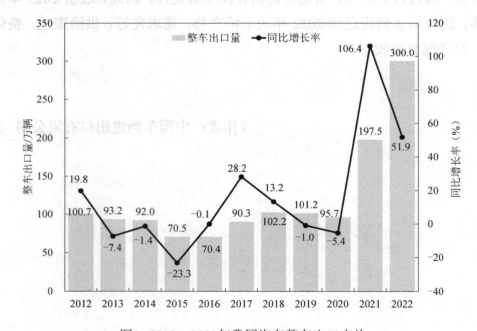

图 1　2012—2022 年我国汽车整车出口走势

（注：数据来源于海关数据，下同）

受疫情反复影响，2022 年 1—10 月整车出口呈现先抑后扬走势。4 月跌至全年谷底，而后逐步上行回暖，9 月同比增幅超过 100%，10 月出口额再创单月新纪录。预计 11—12 月将进一步维持高位平稳走势，全年出口量有望突破 300 万辆大关（见图 2）。

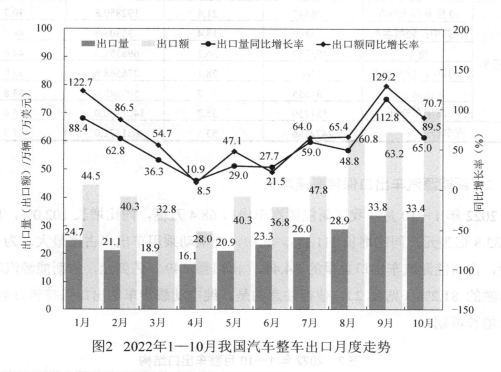

图2 2022年1—10月我国汽车整车出口月度走势

二、2022 年汽车出口主要特点

1. 乘用车占比提升，商用车温和复苏

分车型看，2022 年 1—10 月，乘用车出口量仍然超过商用车，占整车出口总量的 78.5%，与 2021 年同期相比，增幅近 3 个百分点。9 座及以下小客车为第一大出口车型，共出口 68.8 万辆，同比增长 53.9%，占乘用车出口总量的 35.5%；其他乘用车位居第二，共出口 65.3 万辆，同比增长 101.3%，占乘用车出口总量的 33.6%；以上两类车型出口量占整车出口总量的 69.1%（见表 1）。

表1 2022 年 1—10 月整车出口车型分布

车型		出口量/辆	同比增长（%）	出口额/万美元	同比增长（%）
乘用车	轿车	565750	35.0	599316.5	53.9
	四驱 SUV	33801	33.6	66501.6	55.1

（续）

车型		出口量/辆	同比增长（%）	出口额/万美元	同比增长（%）
乘用车	9座及以下小客车	688135	53.9	890374.2	56.6
	其他乘用车	652741	101.3	1694219.7	109.9
	乘用车合计	1940427	59.6	3250412.0	79.7
商用车	10座及以上客车	38347	21.4	192859.8	30.7
	一其中：轻型客车	23825	18.4	33305.9	48.8
	货车	405757	36.3	698351.6	44.6
	一其中：重型货车	61608	28.1	276568.6	35.9
	其他商用车	87655	37.2	509948.6	53.8
	商用车合计	531759	35.2	1401160.0	45.6
汽车合计		2472186	53.6	4651572.0	67.9

2. 新能源汽车出口保持高速增长

2022年1—10月，我国新能源汽车出口68.4万辆，同比增长102.0%，出口额183.8亿美元，同比增长111.1%。其中，纯电动乘用车出口占比最大，为57.7万辆，占新能源汽车出口总量的84.4%，出口额149.2亿美元，占新能源汽车出口总额的81.2%（见表2）。值得注意的是，纯电动载货车辆出口保持较好势头，未来增长可期。

表2 2022年1—10月整车出口结构

商品名称	出口量/辆	同比增长（%）	出口额/万美元	同比增长（%）	平均单价/万美元	同比增长（%）
汽油车	1385709	43.6	1617091.0	56.5	1.2	9.0
汽油乘用车	1273099	44.7	1530834.4	56.7	1.2	8.3
汽油货运车	112610	32.3	86256.6	53.5	0.8	16.0
柴油车	309391	33.4	837916.5	42.2	2.7	6.6
柴油乘用车	4598	−17.6	14471.3	−27.1	3.1	−11.5
柴油货运车	284920	34.4	660718.9	43.4	2.3	6.7
新能源载人、载货及客车	684254	102.0	1837584.4	111.1	2.7	4.5
混合动力载人车辆	11985	75.5	19304.9	131.8	1.6	32.1
插电式混合动力载人车辆	72241	105.9	193407.3	63.9	2.7	−20.4
纯电动载人车辆（不含低值电动车）	577405	104.4	1491940.3	118.0	2.6	6.7

（续）

商品名称	出口量/辆	同比增长（%）	出口额/万美元	同比增长（%）	平均单价/万美元	同比增长（%）
其他类型发动机载人车辆	1099	−81.1	453.9	−24.7	0.4	298.3
混合动力载货车辆	349	—	501.4	—	1.4	—
纯电动载货车辆	13307	—	39223.7	—	2.9	—
其他能源载货车辆	3274	−51.7	8123.4	−58.4	2.5	−13.9
大客车	38347	21.4	192859.8	30.7	5.0	7.7
其他客车	14881	−3.6	21535.6	9.6	1.4	13.6
柴油客车	18523	28.2	86193.2	−2.2	4.7	−23.8
混合动力客车	391	95.5	5167.1	23.0	13.2	−37.1
纯电动客车	4552	200.3	79963.9	124.9	17.6	−25.1
牵引车	53627	34.3	217331.8	59.3	4.1	18.6
底盘（商用车）	5452	59.5	33418.2	1.8	6.1	−36.2

3. 出口市场三足鼎立，欧洲成为新亮点

从出口数量看，亚洲、欧洲、拉丁美洲为我国整车出口的主要海外市场，出口量占比分别为32.5%、25.8%、25.9%。从出口金额看，欧洲以169.0亿美元位居第一，同比增长率为82.7%，占比为36.3%（见表3）。由此可见，以欧洲为目的市场的新能源汽车，成为推动我国整车出口加速上升的重要驱动力。

表3 2022年1—10月我国汽车整车出口大洲分布

洲别	出口量/辆	占比（%）	出口量同比增长率（%）	出口额/万美元	占比（%）	出口额同比增长率（%）
亚洲	804581	32.5	72.1	1422142.9	30.6	75.1
非洲	181337	7.3	1.4	352602.2	7.6	17.8
欧洲	639004	25.8	61.3	1689749.6	36.3	82.7
北美洲	60076	2.4	22.1	146798.7	3.2	25.6
拉丁美洲	639966	25.9	51.7	759976.0	16.3	69.1
大洋洲	147222	6.0	54.5	280302.6	6.0	67.2
全球	2472186	100.0	53.6	4651572.0	100.0	67.9

2022年1—10月，墨西哥是我国整车出口第一大市场，出口19.6万辆，同比

增长 171.7%；智利位居第二，出口 19.2 万辆，同比增长 21.6%；沙特阿拉伯位居第三，出口 17.8 万辆，同比增长 64.5%；比利时列第四位，出口 16.2 万辆，同比增长 75.7%；澳大利亚列第五位，出口 12.4 万辆，同比增长 55.0%。此外，排名前 20 位国家中，阿联酋、西班牙、以色列增速明显（见表 4）。在出口额排序中，比利时以 43.5 亿美元居首，同比增长 70.3%，主要出口车型为纯电动乘用车，占比高达 69.8%，另有 24.1% 为插电式混合动力乘用车。

表4 2022 年 1—10 月我国汽车整车出口国别分布

排序	国别	出口额/万美元	占比(%)	同比增长率(%)	出口量/辆	占比(%)	同比增长率(%)
1	墨西哥	214343.8	4.6	201.7	195718	7.9	171.7
2	智利	215479.9	4.6	44.5	191834	7.8	21.6
3	沙特阿拉伯	252230.3	5.4	69.3	178479	7.2	64.5
4	比利时	435492.3	9.4	70.3	161751	6.5	75.7
5	澳大利亚	228771.2	4.9	66.1	124286	5.0	55.0
6	英国	326177.5	7.0	72.9	114558	4.6	73.1
7	俄罗斯	265053.0	5.7	67.7	102889	4.2	6.2
8	马来西亚	70220.3	1.5	105.9	77887	3.2	130.4
9	菲律宾	113325.1	2.4	44.3	68356	2.8	73.1
10	阿联酋	149990.6	3.2	320.9	65454	2.6	229.4
11	秘鲁	68901.0	1.5	32.1	63555	2.6	27.8
12	越南	123617.0	2.7	24.9	61609	2.5	29.5
13	美国	119470.3	2.6	28.0	50378	2.0	23.6
14	斯洛文尼亚	145859.1	3.1	358.1	45545	1.8	264.1
15	南非	64517.3	1.4	91.3	44817	1.8	71.6
16	西班牙	124957.7	2.7	4620.3	38921	1.6	2313.0
17	法国	65198.0	1.4	218.4	35144	1.4	175.0
18	以色列	93247.3	2.0	157.7	28790	1.2	214.8
19	巴西	60792.2	1.3	12.5	28678	1.2	-28.7
20	德国	91074.4	2.0	-12.7	26390	1.1	1.6

4．自主品牌为出口主体，比亚迪突飞猛进

我国整车出口仍以自主品牌为主。根据中国汽车工业协会统计的整车企业出口数据，2022 年 1—10 月，排名前十位的出口企业分别为上海汽车集团股份有限公司（68.4万辆）、奇瑞控股集团有限公司（36.4万辆）、特斯拉（上海）有限公司（21.9万辆）、重庆长安汽车股份有限公司（21.8万辆）、东风汽车集团有限公司（19.9万辆）、浙江吉利控股集团有限公司（16.0万辆）、长城汽车股份有限公司（13.3万辆）、北京汽车集团有限公司（9.4万辆）、安徽江淮汽车集团有限公司（9.0万辆）、中国重型汽车集团有限公司（7.0万辆），合计出口量占出口总量的90.2%。比亚迪股份有限公司以3.4万辆列第11位，与上年同期相比上升5位，增幅高达145.1%（见表5）。

表5　2022年1—10月我国主要汽车企业出口情况

排序	企业名称	出口量/辆	同比增长率（%）
1	上海汽车集团股份有限公司	683923	52.6
2	奇瑞控股集团有限公司	363591	70.6
3	特斯拉（上海）有限公司	219427	54.5
4	重庆长安汽车股份有限公司	218092	59.8
5	东风汽车集团有限公司	198602	69.5
6	浙江吉利控股集团有限公司	160071	86.0
7	长城汽车股份有限公司	132796	18.6
8	北京汽车集团有限公司	93569	32.8
9	安徽江淮汽车集团有限公司	89916	47.9
10	中国重型汽车集团有限公司	69764	43.8
11	比亚迪股份有限公司	34292	145.1
12	大庆沃尔沃汽车制造有限公司	28009	−11.9
13	中国第一汽车集团有限公司	27336	44.0
14	陕西汽车控股集团有限公司	27320	72.3
15	广州汽车工业集团有限公司	26922	80.1
16	华晨宝马汽车有限公司	20773	14.4
17	华晨鑫源重庆汽车有限公司	13143	67.5
18	厦门金龙汽车集团股份有限公司	12095	−13.3
19	河北中兴汽车制造有限公司	6523	79.2
20	宇通客车股份有限公司	3783	28.3
21	成都大运汽车集团有限公司	3408	172.2
22	山东唐骏欧玲汽车制造有限公司	3198	23.9
23	徐州徐工汽车制造有限公司	2923	15.1

（续）

排序	企业名称	出口量/辆	同比增长率（%）
24	南京金龙客车制造有限公司	2346	—
25	东南（福建）汽车工业股份有限公司	2278	37.7
26	山西成功汽车制造有限公司	1788	0.0
27	贵航云雀汽车有限公司	1559	7.1
28	合众新能源汽车有限公司	1450	0.0
29	福建新龙马汽车股份有限公司	1228	−29.6
30	深圳市宝能汽车有限公司	1228	−10.1

注：数据来源于中国汽车工业协会。

5. 传统汽车生产基地出口优势明显

2022年1—10月，上海市、浙江省、山东省位列全国整车出口额前三位，出口额分别为136.0亿美元、44.5亿美元和42.9亿美元。整车出口额排名前十位的省、自治区、直辖市合计出口211.7万辆，出口额359.7亿美元，占整车出口总量的81.0%，占出口总额的77.2%（见表6），其中，仅河北省前10月累计出口量略微下跌，其他省市自治区均有不同程度增长，以河南省增幅为最大，出口量和出口额同比增幅达320.9%和158.4%。

表6 2022年1—10月我国省、自治区、直辖市整车出口额前十位

排序	地区	出口额/万美元	同比增长率（%）	出口量/辆	同比增长率（%）
1	上海市	1359519.0	88.1	647263	63.3
2	浙江省	445129.1	110.5	231199	73.8
3	山东省	428804.3	32.3	196357	28.3
4	安徽省	358399.4	80.4	285862	43.6
5	重庆市	266856.0	69.8	235744	43.4
6	河北省	176497.5	18.3	143599	−1.5
7	江苏省	155947.9	56.8	106580	56.0
8	河南省	138950.6	158.4	78442	320.9
9	广西壮族自治区	135163.2	42.8	120302	48.3
10	广东省	131551.2	101.8	71781	149.3

6. 中国品牌不负所望，席卷全球电动化榜单

2022年1—10月，全球新能源汽车合计销量775.1万辆，占全球新车销量的

13.0%，其中10月新能源乘用车销量为93.2万辆，同比增长55.0%。销量排名前20名品牌中中国汽车企业占据10席，比去年增加1席，合计销量占比为40.1%，比去年同期增加9个百分点。比亚迪、上汽通用五菱、广汽、上汽、长城均是连年上榜，且大部分中国品牌都提升了自己在榜单中的排名（见表7）。2022年1—10月，我国新能源乘用车市场销量为443.2万辆，同比增长107.5%，位列全球第一，市场渗透率已增至26.5%。

表7 2022年1—10月全球新能源汽车品牌销量榜

排序	品牌	销量/辆	市场份额（%）
1	比亚迪	1392886	18.0
2	特斯拉	989262	12.8
3	上汽通用五菱	400953	5.2
4	大众	319373	4.1
5	宝马	268198	3.5
6	梅赛德斯	225159	2.9
7	广汽	212741	2.7
8	奇瑞	202678	2.6
9	起亚	185402	2.4
10	上汽	181675	2.3
11	现代	179145	2.3
12	吉利	174235	2.3
13	东风	163201	2.1
14	长安	162203	2.1
15	奥迪	143655	1.9
16	沃尔沃	143531	1.9
17	哪吒	110263	1.4
18	长城	108701	1.4
19	福特	107993	1.4
20	标致	106053	1.4
前20名品牌合计		5777307	74.5
其他品牌		1973369	25.5
总计		7750676	100.0

注：数据来源于Clean Technica。

7. 从走出去到走进来，双向奔赴的中国汽车市场

在产品竞争力优势的加持下，自主品牌海外投资的脚步越发坚实。2022年7

月，奇瑞汽车宣布计划投资近 10 亿美元在印尼生产和制造电动汽车，预计年产能将达到 20 万辆。2022 年 9 月 8 日，比亚迪与泰国伟华集团有限公司正式签署土地认购、建厂相关协议，这标志着比亚迪全资投建的首个海外乘用车工厂正式在泰国落地，企业全球化进程开启崭新篇章。9 月 16 日，蔚来汽车在匈牙利佩斯州的能源欧洲工厂正式投入运营，完成首座换电站下线并运往德国。9 月 30 日，吉利控股集团对外宣布，已完成对英国超豪华性能品牌阿斯顿·马丁 7.6% 的股份收购，这意味着吉利汽车的投资版图再一次扩大。

2022 年 6 月，奥迪投资约 183 亿元人民币，在吉林省长春市成立了在华首座纯电动车型生产基地。北京奔驰在 2018 年投资了近 120 亿元建设北京顺义新工厂，2022 年基于奔驰新一代纯电动平台的全新车型 EQE 在该工厂正式下线。8 月，采埃孚投资 3.2 亿元将位于上海安亭镇的现有工厂扩建，用以扩大电子助力转向系统（EPS）产品的生产；另投资 1 亿美元，扩建在张家港基地的现有业务。9 月，德国巴斯夫集团（BASF）在湛江投资的一体化基地项目举行全面建设暨首套装置投产仪式，这是德国公司在中国大型单一外国投资项目之一。10 月，大众汽车宣布投资约 170 亿元，计划旗下软件公司 CARIAD 与中国芯片厂商地平线成立合资公司并控股，这笔投资创下了大众汽车 40 年来在华单项投资最高纪录。同月，宝马集团宣布将停止在英国牛津工厂生产 MINI 电动车型，并将在 2023 年年底前把该生产线转移到中国。

商务部数据显示，2022 年 1—10 月，全国实际使用外资金额 10898.6 亿元人民币，按可比口径同比增长 14.4%，折合 1683.4 亿美元，同比增长 17.4%。汽车产业的变革带来了全球汽车供应链区域布局的重塑，中国在此过程中成为东亚地区的重要生产和销售中心，快速崛起的电动化与智能化供应链正在逐渐占据主导地位。

三、2022 年汽车出口问题分析

1. 经济前景黯淡，外需收缩明显

2022 年 10 月 11 日，国际货币基金组织（IMF）发布的《世界经济展望》预测，全球经济增长率将从 2022 年的 3.2% 放缓至 2023 年的 2.7%。而深陷俄乌冲突旋涡的欧洲各国前景更为黯淡，主要表现为经济增长大幅放缓、通货膨胀居高不下。其中，发达和新兴欧洲经济体 GDP 增长率将分别从 2022 年的 3.2% 和 1.2%

下降到 2023 年的 0.6%和 0.5%，2022 年通货膨胀率预计仍将分别保持在 8.3%和 30.6%的历史高位。

据中国社会科学院世界经济与政治研究所监测数据显示，2022 年 10 月，中国外部经济综合 PMI 为 49.3，环比加速下跌 1.1 个点，且是 2020 年 7 月以来首次跌至枯荣线以下。美国、澳大利亚和日本维持在扩张区间，欧盟、英国、加拿大、韩国和中国台湾地区均处于枯荣线下方。新兴市场中，东盟、印度、巴西、俄罗斯处于扩张区间，土耳其、南非处于收缩区间，和上月结构相同。2022 年 8—10 月全球主要经济体和中国外部经济综合指数见图 3。

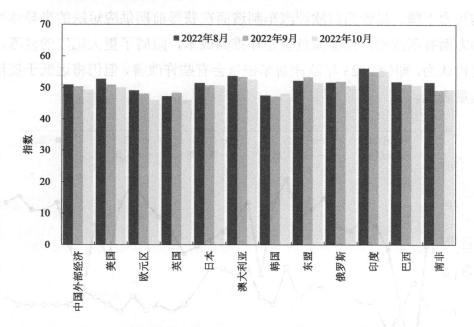

图3 制造业PMI：主要经济体和中国外部经济综合指数

（注：数据来源于 CEIC，世界经济预测与政策模拟实验室）

当前全球实体经济持续疲弱，通货膨胀高企，给中国出口带来较大压力，需警惕出口下行风险对我国产业的相关影响，同时也对激发国内需求提出了更为迫切的要求。

2. 全球汽车市场艰难修复，经济衰退隐忧不断

据美国汽车经销商协会数据，2022 年 10 月美国轻型车销量为 118.5 万辆，同比增长 11.5%，连续第三个月保持增长。这一增长趋势得益于 2021 年下半年销量疲软，当时全球出现了芯片短缺。10月汽车库存水平较9月增加7.8%，但平均交易价格环比上涨1.1%至46120美元。2022年1—10月，美国轻型车累计销量1131.5万辆，同比下降11.1%，预计2022年全年销量为1380万辆。

欧洲汽车制造商协会（ACEA）数据显示，2022年10月欧洲新车注册量为91.1万辆，同比增长14.0%；2022年1—10月，新车累计注册量约为918万辆，同比下降7.8%，其中意大利的跌幅最大（-13.8%），后面依次是法国（-10.3%）、西班牙（-5.8%）、英国（-5.6%）和德国（-5.5%）（见图4）。

虽然欧洲市场已连续三个月实现正增长，但不断恶化的通货膨胀已开始让消费者购买力下降。尽管当前欧洲汽车制造商在获得前期供应短缺的半导体和其他零部件方面有所改善，但能源危机正在推高成本，阻碍了更大幅度的复苏。相关分析机构认为，即使2023年欧洲新车销量会有些许改善，但仍将远低于疫情前正常的销量表现。

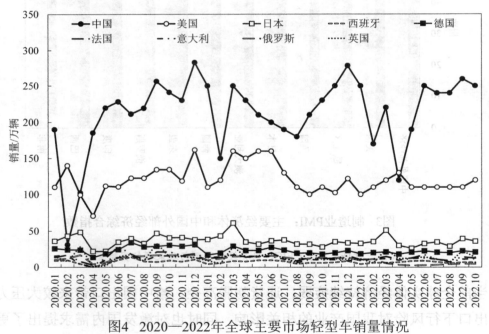

图4　2020—2022年全球主要市场轻型车销量情况

（注：数据来源于Marklines）

3．保障供应链安全与效率成为行业的第一要务

随着汽车行业转型升级与对外合作的快速发展，作为产业链上下游的汽车零

部件行业正迎来发展机遇期，新产品、新业态、新模式层出不穷。从上游应用端看，原材料、芯片、操作系统、车用动力蓄电池、燃料电池等依然制约新能源汽车的快速发展，主机厂等价值链中下游主体不得不承受巨大的成本压力。

产业链安全与韧性是构建新发展格局的基础，在关键时刻不能掉链子，这是大国经济必须具备的重要特征。受国际环境和疫情的影响，汽车产业链分工格局、运行逻辑、规则体系、竞争范式正在发生深刻变革，呈现出新趋势、新特点，中国汽车补链、强链的任务依然迫切。

4. 汽车企业海外发展亟待金融支持护航

汽车产业具有产业链长、资金流密集的特点。中国汽车企业在海外投资建厂、属地化配套等方面多为一次规划、分步投入、滚动发展。在这一过程中，产生较多固定资产投入，金额大、周期长，很难获得当地国家金融机构的贷款支持，企业资金负担较重。此外，中资银行受制于网点覆盖范围及政策因素，在当地难以开展对终端客户的金融支持服务，是制约中国汽车品牌在海外市场做大做强的关键瓶颈之一。

5. 出口增长推高运输成本，企业叫苦不迭

自全球疫情暴发以来，海运集装箱运价已飙升了三到四倍，企业饱受订舱难、运费高之苦。今年以来尽管集装箱运费明显回调，但汽车出口企业反映，受时局影响，国际物流市场需求骤增，汽车出口仍然面临订舱难、运费高的物流瓶颈。为应对不断上升的供应风险，汽车企业纷纷呼吁增设国际运输航线，拓宽出口运输渠道来保障物流供应畅通。

根据英国克拉克森研究公司的数据，2022年10月，6500辆汽车负载的运输船一年期合同租费达到了每天10万美元的高点，为2020年中期水平的10倍。租船费激增的主要原因是中国的汽车长距离出口运输（汽车车海里贸易量）的迅速增加，以及电动汽车和混合动力汽车在海运贸易中的份额不断上升（2022年初至2022年10月上涨约为25%）。运输体积和重量的增加导致运输需求的骤增，也放大了专业船舶运力因疫情影响而供应不足的问题。预计汽车滚装船短缺将持续至2024年左右，届时因当前租船费上涨和运力短缺而建造的新船将投入运营。

四、2023年汽车出口形势展望

2022年10月，世界贸易组织（WTO）预测称，由于世界经济受到多重冲击，

全球贸易或将在2022年下半年失去增长动能，2023年增速将大幅下降。2023年全球商品进出口总额可能仅增长1%，远低于此前预测的3.4%。WTO认为，随着全球主要经济体增长放缓，进口需求将减少。俄乌冲突导致的高能源价格将挤压欧洲家庭支出并推升企业生产成本；美国收紧货币政策将冲击其住房、汽车和固定投资等对利率敏感的支出领域。同时，持续上涨的能源和食品价格可能给发展中国家带来粮食安全风险和债务问题。

1. 美联储加息周期持续，推高全球经济衰退预期

对于全球其他经济体而言，美国货币政策的外溢效应十分明显。一方面，美国维持较高政策利率水平将会持续回笼美元流动性。这不仅会降低全球经济活力，还可能引发金融市场的动荡。值得注意的是，对于较为依赖海外资本投资的新兴市场经济体而言，美国回笼美元流动性将对其经济造成较大冲击。IMF总裁格奥尔基耶娃在2022年IMF秋季年会上表示，新兴市场和发展中国家正受到美元走强、借贷成本高企和资本外流的"三重打击"。

另一方面，美国高利率水平也会压缩各国政府的货币政策和财政政策空间。在美联储加息的大背景下，绝大多数国家均无法像中国一样采取"以我为主"的货币政策和财政政策。考虑到2023年美国大概率仍将维持较高政策利率水平，各国为了平衡外汇市场波动、减缓资金外流速度，必然会被迫将本国政策利率也维持在一个相对较高的水平，从而压缩了这些国家的货币政策和财政政策空间。

从发达国家来看，这一轮美元加息周期下，本币贬值最严重的是发达国家，日元、英镑、欧元和韩元等货币的贬值幅度都位居前列。而这几大发达经济体的实体经济也都面临衰退风险。

2. 全球化逆流汹涌，非关税壁垒与原产地规则频出

2022年8月，美国总统拜登签署的《通胀削减法案》（IRA）中明确，美国政府将提供高额补贴，支持电动汽车、清洁能源等多行业的生产和投资，但其中多项补贴政策和税收优惠仅面向美国本土企业或在美运营的企业。此举引起欧洲各国、日本、韩国、中国等国家齐声谴责。据悉，欧盟内部正在讨论对美国IRA的应对措施，认为这是赤裸裸的贸易保护主义，欧盟将提出对等条款，不再为非本地化生产提供补贴。但考虑到汽车产业链的全球性布局难以短期扭转，以及其在海外市场的深度布局，此项政策恐难以取得实质性推进。

此前，德国智库墨卡托中国研究所指责中国通过扭曲市场政策使企业获得不正当竞争优势，呼吁欧盟尽快启动贸易救济措施。在中国国内补贴退坡、市场化驱动的大环境下，欧盟仍在为新能源汽车提供各式各样的补贴。根据彭博社2022年11月25日报道，法国政府官员表示欧盟针对美国的反应包括通过一项《购买欧洲产品法案》来谈判和强化欧盟的产业政策。2022年11月29日，德国联邦副总理兼经济和气候保护部部长哈贝克表示，欧盟将对美国的《通胀削减法案》做出"强有力回应"，欧盟也将为与美国的贸易冲突做好准备。因此，墨卡托针对中国的观点虽然站不住脚，但是中国或许将受到欧美可能爆发的贸易战的波及。

3. 绿色转型成双刃剑，汽车企业恐被隐性成本捆绑

2022年欧洲议会先后通过一系列法案，通过引入碳排放交易系统ETS、碳边界调整机制（CBAM）（碳关税）、电池标签与护照、上游矿产供应链尽职调查等政策性工具，在实现气候中和的目标下，建立价值链制高点，以维持其在新能源汽车领域的竞争力。以上法规无疑将推高社会成本，对外部来源形成绿色壁垒，严重影响我国新能源汽车及产业链的竞争性。

延宕几年的欧VII排放标准又于2022年11月12日被欧盟委员会提出，引起欧洲汽车工业协会（ACEA）强烈反弹。ACEA总干事11月30日明确表示，欧VII方案是一个适得其反的建议。但是分析认为立法者与产业的博弈将继续，可以肯定的是，欧VII将严重影响汽车产业的未来。

此外，发展中国家普遍将碳排放限制立法提上日程，将加大对交通运输业排放超标的处罚力度，部分法规制定初期缺乏完善的运行和考核机制，已引起多重贸易纠纷，未来可能打乱并影响我国出口车型的投放规划。

4. 价格对出口增长贡献度偏高，利润率改善乏力

中国出口面临的外需收缩压力或将较快凸显。一方面，由于大宗商品价格上涨，价格因素对全球以及中国出口的贡献度已偏高。2022年4月荷兰统计局发布的全球进口量指数同比仅增3.8%，而进口单位价值指数同比增幅达12.9%，二者差值已创2012年以来新高。2022年以来，价格因素贡献了中国出口同比增速的绝大部分，且出口对中国实际经济增长的拉动已有明显减弱。另一方面，作为外需主要来源的欧美进口需求已处于下行通道。2022年3月俄乌冲突之后，欧洲通货膨胀加剧、美联储加快紧缩，欧美制造业PMI开始加速下滑。由于能源供给缺

口难解、美国有陷入"工资-物价"螺旋的风险,欧美央行抑制通胀的过程较大概率会付出经济衰退的代价。

因此中国经济不仅面临美联储快速加息的外溢影响,还面临欧美经济走向衰退带来的外需冲击。2022年6月以来,国际大宗商品价格大幅回落,这对于中下游制造业的盈利改善颇为有利,但隐忧就在于后续出口动能的衰减,若后续外需明显减弱,则可能冲抵成本压力缓和的积极影响,导致盈利能力不振。

5. 预计 2023 年整车出口增长 20%

自1956年第一辆国产汽车下线,60多年来中国汽车人始终怀有汽车强国梦。经过了数十年的筚路蓝缕、披荆斩棘,中国品牌汽车从以市场换技术到以技术造市场,从借鉴追赶到创新引领,终于迎来了高光时刻。从出口数据看,自主品牌牢牢占据着主体地位,占出口量的七成以上。在品牌战略方面,中国汽车企业纷纷推出高端豪华品牌,上行进攻高端市场;在产品规划方面,中国品牌以质促量,不断下放前沿车辆技术,持续提升产品竞争力,加速迭代效率,展现出了前所未有的差异化竞争优势。

展望2023年,笔者期待着新能源汽车增长潜力的持续释放,追随着中国品牌集体向上的不懈探索,也密切关注着海外主要市场的政策走向。狄更斯在《双城记》中说:"这是最好的时代,也是最坏的时代。"纵有疾风起,成败又何惧。栉风沐雨,中国汽车走出去的步伐不会停歇;承前启后,自主品牌的崛起之路就在脚下。

综合研判,2023年汽车整车出口将保持稳中求进总基调,新能源汽车渗透率有望提升至30%以上,海外新兴市场中,南非、阿联酋、以色列值得期待,预计全年整车出口增长率可达20%。

(作者:陈菁晶 孙晓红)

2022 年二手车市场分析及 2023 年预测

2022 年年初,汽车行业对二手车市场前景充满信心,很多专家预测这个年份将会实现 2000 万辆的突破,笔者当时也预测增长率将继续超过 10%,交易量在 1900 万辆以上。然而,实际市场却走出了截然相反的轨迹,不但没有实现增长,反而是有统计数据以来,下降幅度最高的一年。根据中国汽车流通协会统计数据,2022 年 1—11 月全国共交易二手车 1461.2 万辆,同比下降 8.5%(见图 1);交易额累计 9755.7 亿元,同比下降 3.9%。

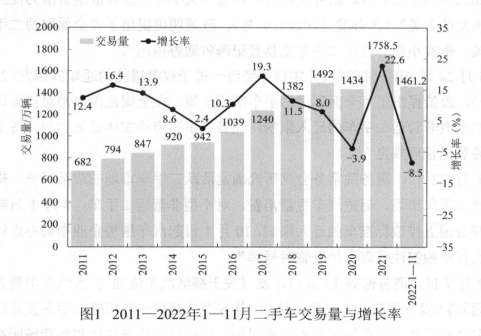

图 1　2011—2022 年 1—11 月二手车交易量与增长率

其实年初时行业看好 2022 年二手车市场非常正常,理论上 2022 年也应是二手车市场大发展的一年。在这一年中,二手车议题多次出现在国务院常务工作会议的议题中。2022 年 7 月,商务部联合 17 部门共同颁发了《关于搞活汽车流通 扩大汽车消费若干措施的通知》,内容囊括了全国范围内取消对国V排放二手车限迁,经销公司收车倒开发票、单独签注、赋予商品属性等内容,制约二手车流通的堵点被全部打通,为后续市场健康发展创造了良好的软环境。可如此好的政策环境,为何二手车市场不升反降呢？针对这个问题，笔者将从2022年行业政策变化、新政策将对市场结构带来的影响、市场运行特征等方面进行分析，并简单预测2023年二手车市场发展。

一、2022年出台的二手车新政策以及对行业的影响

2022年，二手车行业发展环境多重复杂，既有负面因素，也有利好因素。一方面，2022年是市场需求疲软、多点散发新冠疫情频繁侵袭、高库存、价格大幅度下降、经营主体大面积亏损的一年；另一方面，2022年又是二手车行业发展利好政策频出的一年。

1. 二手车流通新政策

2022年4月20日，国务院办公厅印发《关于进一步释放消费潜力促进消费持续恢复的意见》（国办发〔2022〕9号），政策明确提出了"全面取消二手车限迁政策，落实小型非营运二手车交易登记跨省通办措施"。

5月24日，国务院印发《扎实稳住经济一揽子政策措施的通知》（国发〔2022〕12号），政策提出了"全面取消二手车限迁政策，在全国范围取消对符合国五排放标准小型非营运二手车的迁入限制，完善二手车市场主体登记注册、备案和车辆交易登记管理规定"。

6月22日，国务院常务会议研究确定活跃二手车市场的政策措施，提出了"活跃二手车市场，促进汽车更新消费。对小型非营运二手车，8月1日起全面取消符合国五排放标准车的迁入限制，10月1日起汽车销售企业申请办理转移登记时实行单独签注管理、核发临时号牌"。

7月7日，商务部等17部门印发《关于搞活汽车流通 扩大汽车消费若干措施的通知》（以下简称《17部委文件》），从6个方面进一步明确二手车流通政策。一是取消对开展二手车经销的不合理限制，明确登记注册住所和经营场所在二手车交易市场以外的企业可以开展二手车销售业务。二是对从事新车销售和二手车销售的企业，经营范围统一登记为"汽车销售"。三是自2022年10月1日起，对已备案汽车销售企业从自然人处购进二手车的，允许企业反向开具二手车销售统一发票并凭此办理转移登记手续。四是将购进并用于销售的二手车按照"库存商品"科目进行会计核算。自2022年10月1日起，已备案汽车销售企业申请办理小型非营运二手车转移登记时，公安机关实行单独签注管理，核发临时号牌。五

是自 2022 年 8 月 1 日起，在全国范围（含国家明确的大气污染防治重点区域）取消对符合国V排放标准的小型非营运二手车的迁入限制。六是自 2023 年 1 月 1 日起，对自然人在一个自然年度内出售持有时间少于 1 年的二手车达到 3 辆及以上的进行限制。

2. 对新政策的理解归纳

《17 部委文件》其实是对国办发〔2022〕9 号、国发〔2022〕12 号文件以及国务院常务工作会议精神的具体落地执行政策，按照对文件的理解，可以归纳为 3 个时间节点的 3 个重要措施。

第一个时间节点和政策措施是 2022 年 8 月 1 日起，全国范围内取消对国V排放二手车的迁入限制，包括此前享受豁免的 3 个区域。截至 2022 年 11 月，除北京外，全国所有城市都取消了对国V二手车的限制，对提高二手车市场活跃度起到了非常重要的作用。

第二个时间节点和政策措施是 2022 年 10 月 1 日起，已经备案的二手车销售企业从个人收购车辆可以反向开票，对收购的车辆进行"二手车待销售"单独签注，并按照"库存商品"进行会计核算。这项规定的引申意思就是把二手车从过去的"资产管理"改为"商品管理"，也就是赋予二手车商品属性，最大限度地减少了交易环节中不必要的手续，缩短了交易流程，降低了交易成本，可以实现商品流、资金流的统一，有利于提高经销企业价值，实现规模化经营。

第三个时间节点是 2023 年 1 月 1 日起，对自然人在一个自然年度内出售持有时间少于 1 年的二手车达到 3 辆及以上的进行限制。长期以来，二手车交易形态基本上都是以自然人之间的交易形式出现，即便是具有一定规模的销售企业，收购与销售车辆也会借用员工的个人名义，财务流水也是通过个人的私人账户走账。这种做法的主要目的是规避二手车增值税，因为政策规定，个人之间交易二手车免征增值税。通过限制自然人交易数量，倒逼二手车经营者要公司化经营。

3. 新政策实施对各行业参与者的影响

在我国，二手车流通行业参与主体众多，除普通消费者外，主要分为 5 大群体。第一个群体是从事二手车买卖的经营者，我们通常称之为车商（以下统称车商）；第二个群体也是我们常见的形态，即二手车交易市场；第三个群体是新车 4S

店；第四个群体是为二手车交易服务的信息数据提供商及独立的第三方二手车鉴定评估机构；第五个群体是二手车平台企业，包括二手车拍卖平台、电商平台等。

第一个影响，车商从个体向企业转型。这个群体数量庞大，但总体小散弱的情况长期以来没有改观。根据中国汽车流通协会 2022 年初对车商营商环境的调查显示，年销售量在 100 辆以下的企业占 74%，人员规模大于 10 人的占 10.9%，无论是经营规模还是人员规模均比上年度低，反映出大量新进入者中小微型车商比例还在不断提升；从企业性质上看，个体工商户占 55.4%，企业性质为经销公司的占 33.6%，与两年前没有太大变化；调查结果还显示，65.4%的受访车商表示计划或已经完成向经销公司转型。中国汽车流通协会 2022 年 12 月对车商政策落地实施情况调研结果显示，个体工商户的比例为 21.6%，经销企业比例为 60.6%，与年初所做的车商营商环境调查结果相比有了明显改观，个体户比例出现大幅度下降，经销企业的比例明显提高。可见，随着政策在各地的落地，车商开始向经销企业转型。

第二个影响，二手车交易市场在危机感的驱使下探索新的增长点。长期以来，二手车交易市场业态由于能够将众多小微车商聚集经营，形成其特有的"防火墙"。一是独享的部分政府职能。为了方便交易，政府将部分职能前移至交易发生地，交易市场成为唯一的为交易双方开具发票的机构，并通过引入车管转移登记功能等，实现交易、过户一站式。但随着二手车新政的落地实施，交易市场独享的二手车发票权下放到了二手车经销公司，大量的二手车交易发票将从交易市场端转向车商端，原来以开具二手车交易发票，收取"服务费"的盈利模式将会消失。二是集客优势。由于交易市场经营运作时间比较长，有一定的知名度和品牌影响力，形成了线下集客能力，车商在交易市场中经营，不需要投入太多的广告费，可以坐等客户上门。但随着互联网营销以及视频营销的兴起，交易市场的集客优势也受到了巨大冲击。为此，交易市场围绕留住商户、留住消费者为核心内容的转型已经全面展开。如网络信息系统的数字化改造提升交易服务效率、二手车销售平台建设解决个体经营者的经营资质问题、搭建直播平台为商户引流等。

第三个影响，新车 4S 店将全面进入二手车领域。"2022 年中国汽车经销商集团百强排行榜"数据显示，2021 年百强集团二手车交易达到了 151 万辆。另据中国汽车流通协会对经销商集团二手车业务摸底调查数据，2021 年度限购城市置换率为 23.5%，非限购城市为 12.9%，均比上年度有 1 个百分点的提升；从零售指标上看，零售比非限购城市为 30.2%，限购城市为 11.7%，这一指标与上年同期基本持平。之所以经销商二手车零售业务推进较慢，与二手车政策的系统性有关。虽然 2020 年 5 月 1 日开始，对于经销企业实施增值税按 0.5%征收政策，但由于二手车仍然按照资产交易管理，4S 店收车还需要到交易市场开具发票，在大多数城市 4S 店开具的销售发票不给办理转移登记，企业仍需通过员工"背户"的形式经营，存在财务和道德风险，所以政策赋予经销企业的"红利"大部分 4S 经销商无法兑现。但随着 2022 年 10 月 1 日二手车商品属性政策的落地，相信早已摩拳擦掌的 4S 店，将会全力进入二手车流通领域，成为二手车市场中的有生力量。

第四个影响，各服务主体也将成为新政策的受益者。随着二手车新政策的贯彻实施，二手车流通行业中的其他主体，如拍卖公司、鉴定评估机构、信息服务提供商、电商平台等，也将在二手车市场逐渐规范化、规模化、品牌化发展，以及在市场规模的不断扩容中，通过不断自我调整和完善，为二手车交易赋能。

第五个影响，新政策最终的受益者还是广大消费者。过去买卖二手车都是与自然人进行交易，因为几乎所有的经营主体，包括车商、4S 店收售车辆也都是通过经纪的方式，遇到纠纷就变成了自然人之间的纠纷，维权困难。新政策实施后，二手车经营主体逐步实现规模化、规范化、品牌化，信息透明、公平交易、诚信经营将成为主旋律，二手车消费环境将得到极大改善，广大消费者买卖二手车不再担心上当受骗，购买二手车也能享受到与新车消费一样的待遇和服务。

二、二手车市场运行特征

1. 困难程度超出预期

在 2021 年的下半年，汽车市场就出现了下降。相关数据表明，乘用车终端销量从 2021 年 6 月开始连续 6 个月同比负增长，二手车交易量也从 10 月开始连续 3 个月下降。在 2022 年，虽然 2 月的乘用车终端销量、1 月和 2 月的二手车交易量出现了短暂的反弹，但在上半年后续的时间里，新车、二手车均呈现连续 3 个月超过两位数的负增长。下半年，在国家 2.0L 及以下排量乘用车车辆购置税减半政策以及新能源汽车需求爆发的双重拉动下，乘用车市场出现较快增长，但二手车交易却始终保持弱势状态，除 1 月和 2 月外，其余各月均为负增长（见图 2）。

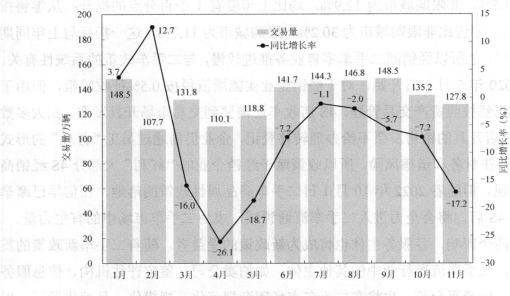

图2 2022年1—11月二手车月度交易量与同比增长率

二手车市场下降的主要原因有以下几个方面：

一是受新冠疫情频繁袭扰，二手车市场正常秩序被打破。2022年11月8日，中国汽车流通协会对全国部分二手车交易市场开展了一次政策落地执行情况调研（以下简称调研），这份调研共收集210份样本，涉及30个省（市、区）、81个城市。这份调研报告显示，2022年受疫情影响，停业时间超过10天的占73.2%，其中34.1%的企业停业10~30天，22.9%的企业停业30~60天，16.2%的企业停业时间超过60天。

二是宏观经济"需求收缩、供给冲击、预期转弱"向二手车市场传递的结果。国家统计局发布的数据显示，2022年1—11月社会消费品零售额出现了0.1%的负增长，为近年来罕见。另据2022年11月8日调研数据，2022年前10个月中，有99.4%的企业客流量出现明显下降。其中33%企业客流量下降10%~30%，40.1%的企业客流量下降30%~50%，另外还有26.3%的企业客流量下降超过50%。可见宏观经济下行压力在二手车市场表现得更为突出。

三是二手车终端零售价格大幅度下降，企业销量下滑，亏损面加大。据中国汽车流通协会统计，2022年11月二手车平均交易价格与2021年12月相比，下降了1.16万元，下降幅度达到19.3%。中国汽车流通协会上半年二手车商生存情况调查报告（收回有效问卷 1145 份）显示，有 92.6%的企业销量减少了 20%以上，其中 68.9%的企业业务量锐减 50%以上，92%的企业出现亏损，整体行业处于低谷，二手车市场疲软情况超出预期。

2. SUV 成为唯一增长的主力车型

据中国汽车流通协会统计数据，2022 年 1—11 月乘用车共交易 1173.7 万辆，与 2021 年同期 1268.3 万辆相比下降了 7.4%，降幅略低于整体市场；二手乘用车占交易总量的 80.3%，比 2021 年同期多出了近 1 个百分点，二手乘用车占比继续提高。在乘用车中，轿车共交易 867.1 万辆，同比下降 9.9%，轿车占市场总量的 59.3%，比 2021 年下降了近 1 个百分点；MPV 交易 88.4 万辆，同比下降 3.9%，占交易总量的 6%，占比与上年同期相比增长 0.2 个百分点；SUV 交易 186 万辆，同比增长 4.7%，是仅存交易量增长的车型，其占交易总量的 12.7%，与上年同期相比份额再次提高了 1.6 个百分点（见表 1）；微型客车共交易 32.3 万辆，继上年度出现大幅度下降后再次同比下降 11.7%，占交易总量的 2.2%，与上年同期相比微降 0.1 个百分点。商用车交易 213.8 万辆，同比下降 15.6%，是继上年出现两位数负增长的基础上再次出现两位数负增长，这一趋势与新车市场表现基本相符。商用车占总交易量的比例为 14.6%，比上年同期下降了 1.3 个百分点。值得关注的是摩托车交易量达 30.2 万辆，虽然基数较低，但增长幅度却不可忽视，同比增长达 29.2%。

表 1　2021 年和 2022 年 1—11 月各车型占总交易量的份额　　（%）

车型分类	乘用车				商用车		其他车	农用车	挂车	摩托车
	轿车	MPV	SUV	微型客车	货车	客车				
2021 年	60.3	5.8	11.1	2.3	8.3	7.5	2.0	0.3	0.8	1.6
2022 年 1—11 月	59.3	6.0	12.7	2.2	8.1	6.5	2.0	0.3	0.7	2.1

3. 不同区域不同表现，下降是主基调

2022 年 1—11 月，交易量排名前十名的省、直辖市大部分都有不同程度的下降，只有四川、江苏有小幅提升。除了前十的区域外，贵州、宁夏、青海、山西、黑龙江 5 个区域市场有一定的增长，增长的区域不到全国的四分之一，近 8 成区

域二手车交易量明显下降，其中安徽、辽宁、吉林、天津、新疆、陕西、西藏、甘肃8个省市自治区交易量下降幅度超过了20%（见图3）。辽宁交易量也跌出了前十。

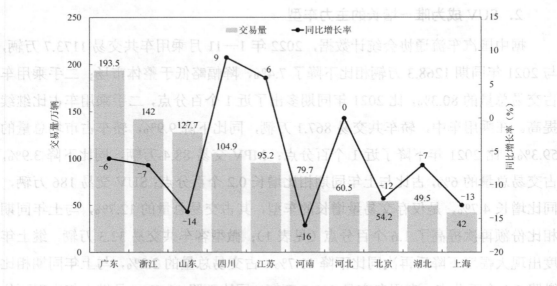

图3 2022年1—11月排名前10的地区交易量与同比增长率

4. 二手车交易价格直线下降 众多车商落入价格陷阱

2022年1—11月，二手车平均交易价格为66767元，表面上比上年平均水平高出了一些，但是本年度的二手车交易价格可谓一路直下，11月的平均交易价格比2021年12月下降了1.16万元（见图4）。在2021年度的文章中，笔者提到受芯片短缺影响，二手车价格飙升，经营利润可观，让很多经营者看到了机会。有的车商反映，两年前卖出去的车按照当时的销售价格回收过来再销售，仍有利润空间。但商业规律就是这样，往往在高利润的背后可能就是陷阱。在利益的驱使下，很多车商加大了囤货力度，提高库存量。然而让众多经营者始料未及的是，2022年随着芯片供应问题的缓解，新车市场车源供给平稳，终端零售价格稳中有降。反映到二手车市场，二手车交易价格逐渐恢复到正常状态，甚至随着需求减弱，客流量锐减，二手车价格甚至低于正常水平，很多经营者只能赔钱出货，亏损经营。

图4 2021—2022年月度二手车平均交易价格变化

5. 各价位比例变化不明显

对比一下近年来各价位车型的比例变化，可以观察到，2022 年二手车价位结构虽有一定的变化，但与上年度变化不大。2022 年 15 万元以上以及 3 万元以下车型比例没有变化，其他价位车辆占比只有小幅变动（见图 5）。在这里需要说明的是，平均交易价格的变动情况不代表具体车型价格变动，如据从事超豪华车辆经营的车商反映，超豪华车终端零售价格在 2022 年变化较快，相当比例的车商在这类车的经营过程中吃亏不小。主要表现为车价不稳定，客流量与销售量均出现大幅度滑坡。

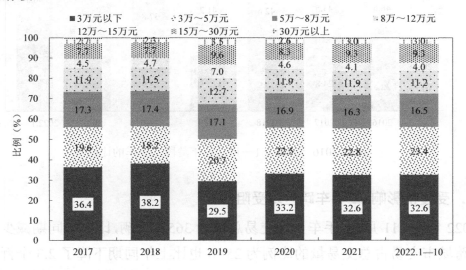

图5 2017—2022年1—10月二手车各价位段比例变化

6. 车龄结构由"旧"转"新"

据统计，2022 年使用年限在 3 年以内的准新车占总交易量的 30.2%，相比 2021 年同期大增 7.1 个百分点；使用年限在 3~6 年的"中年"车龄的车辆占总交易量的 40.3%，占比与上年同期相比提高了 3.8 个百分点；7~10 年车龄的车辆占总量的 19.5%，占比下降了 3.6 个百分点；10 年以上的老旧车占总交易量的 10%（见图6），这一比例也比上年同期下降了 6.2 个百分点。从车龄结构看与往年相比有些反常，理论上讲，由于保有车龄的逐年提升，二手车的车龄结构应该与往年的表现一样，也呈逐年高龄化趋势。但是 2022 年却是个例外，低龄比例突然大比例升高，高龄的车大幅度下降。我们在分析二手车价格时曾经提到，绝大多数豪华车价格下降明显，很多经营者赔钱甩货，但在年度的平均交易价格上比上年却没有下降。此外，从各价位的比例上看也没有明显变化，这与人们的总体感受相悖，车龄结构由"旧"转"新"可以解释这个问题。结合价位结构与车龄结构两个纬度来分析，价格没变，车龄新了，说明终端市场价格有不小的下降。

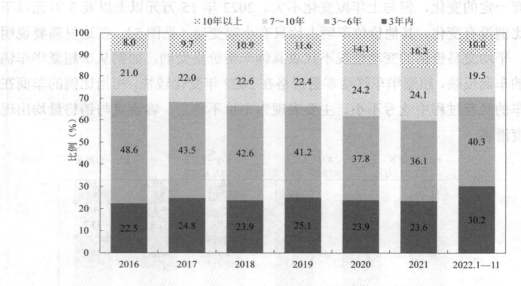

图6 2016—2022年1—11月各年龄段二手车的比例

7. 受疫情影响 二手车跨区域受阻

2022 年 1—11 月，二手车异地交易总量为 365.1 万辆，比上年同期减少了 70.2 万辆，跨城市交易占总交易量的比例为 25%，也比上年同期下降了 2.3 个百分点。从各月的情况看，2022 年可以用起伏不定来形容，也可以从转籍比例的变化上看到新冠疫情对二手车交易的影响（见图7）。图7显示，2022年2月、3月、4月、5月、11月，转籍率都在25%以下，说明这几个月全国范围内受到疫情影响较严重，其中，3月、4月、5月、11月二手车交易量下降均超过10%，其中11月下降17%。疫情期间，人流与车流都受到限制，特别是疫情严重的地区，物流无法送达，限制了二手车跨城市交易。同时，不仅仅是跨城市交易受到限制，正常的二手车交易秩序也被打乱。目前，我国二手车交易，特别是办理交易手续，几乎都在二手车交易市场完成。因此，二手车交易市场也成为人群聚集的场所，一旦有疫情传播，交易市场需要临时关闭，以防疫情扩散。据中国汽车流通协会12月二手车交易市场经营情况摸底调查数据，2022年全年临时闭市时间10天以上的交易市场占60.2%，其中闭市时间一个月以上的占31.2%。

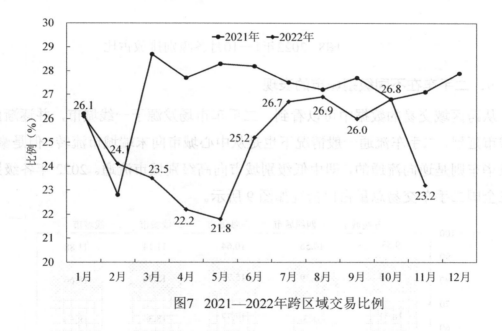

图7　2021—2022年跨区域交易比例

8. 取消国V限迁，有利于提高二手车市场活跃度

按照国务院常务工作会议要求，2022年8月1日起，全国取消对国V排放限制，将进一步提高二手车市场活力。2022年各排放标准车辆占比情况如图8所示。数据显示，2022年国I、国II排放标准的二手车仅占总交易量的2.34%，比上年减少了1.27个百分点；国V及以上排放的车辆占比达到了48.50%，几乎占到了整体二手车市场的半壁江山，其中，国V车占总交易量的36.75%。因此取消国V限迁，对于提升二手车市场活力具有非常重要的作用。

根据政策对二手车交易的影响(见图7)，2022年2月、3月、4月、5月、11月，涨幅率都在25%以上。尚属受到几个与全国范围内交易的影响较严重，其中，2月同期周内，5月份打开上升空间，5月同比增长10%，其中11月下滑就不明显。……

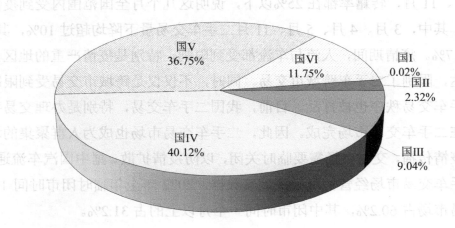

图8 2022年1—10月各级别排放占比

9. 二手车在不同级别城市的表现

从跨区域交易的数据中可以看到，二手车市场发源于一线城市，并逐渐向下游城市延展，二手车流通一般情况下也是从中心城市向末端城市流转。但是豪华、超豪华车则是逆向流通的，即由低级别城市向高级别城市流通。2022年各级别城市在全国二手车交易总量占比情况如图9所示。

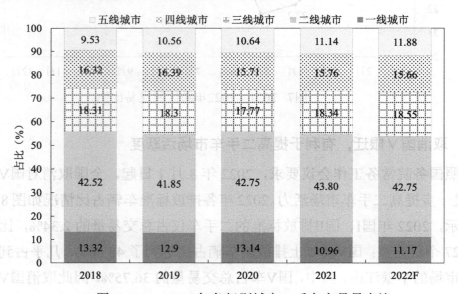

图9 2018—2022年各级别城市二手车交易量占比

（注：样本包含全国338个分级城市，其中一线城市4个，分别为北京、上海、广州、深圳，二线城市45个，三线城市70个，四线城市90个，五线城市129个）

从图9可以看出，各级别城市占比变化不是很大，其中五线城市的占比连续五年呈增长态势，说明县乡地区的二手车市场开始启动，将成为二手车市场新的增长点。而2022年一线城市出现小幅增长的原因，主要是由于以前一线城市无一例外都在限迁范围内，全部按国VI排放标准执行，而自2022年8月1日开始，取消对国V的限迁，一线城市扩大了车源渠道，交易量有所提高。

三、2023年二手车市场展望

在《2021年二手车市场分析及2022年预测》专题文章中笔者预测2022年二手车交易量将会超过1900万辆，继续保持10%以上的增长。但截至目前的交易数据与2021年同期有136万辆的差距，加上2022年12月疫情因素，可能会比2021年12月的161万辆减少30万辆左右，由此预计2022年全年交易量会在1590万～1600万辆之间，同比下降约9%左右。

2023年，是二手车新政策全面落地执行的一年，新政策通过调整二手车经营主体结构，将过去以个人之间交易为主转变为企业化经营为主，鼓励企业规模化经营、规范化经营，对我国二手车市场健康发展有利，与短期刺激消费的政策相比，不会出现立竿见影的效果，但影响持续的时间会更长。再加上新政策有一定的适应期，市场突然爆发的可能性不大，这一点需要保持清醒认识。不过，随着汽车保有量积累以及二手车交易环境不断优化，2022年被压缩的二手车交易需求有可能会在后续时间逐步释放出来。由此预计2023年的二手车市场将呈正向增长态势，交易规模再次冲击2000万辆大关也不无可能。

1. 二手车政策全面落地 市场需要有个适应期

新政策的最后一项，对自然人交易数量的限制，随着2023年新年的钟声开始实施了。政策规定个人名下持有时间不足一年的车辆，一个自然年度内只能交易2辆车，从第三辆车开始就不予办理转移登记手续了。其实从2022年7月7日《17部委文件》发布后，已经给经营主体留出了足够的时间办理企业化转型、备案登记，并通过单独签注或挂靠等方式将个人名下的车辆减持。但在前几个月，有一定比例的经营者持有观望的态度，有的还抱有幻想，临近年尾，才开始紧张起来。据中国汽车流通协会2022年12月对91家二手车交易市场调研结果显示，在交易市场经营的车商,还是以个体户以及经纪公司为主,经销公司占多数的市场仅占22%;65%的驻场车商对于单独签注的态度是观望和未办。随着2023年的到来,没有将个人名下二手车减持到2辆以下的车商肯定会慌了神,不过相信他们会有办法解决的。出现这样的情况主要原因是,长期从事二手车交易的个体经营者们都习惯了简单的自由经营,不用纳税,不用记账,没有内控的经营方式,转成二手车经销公司后,还需要面对一系列的新问题。比如财务记账、缴纳增值税及所得税、金融机构融资、公司化治理等,对于个体经营者都是全新的课题。企业化转型说起来容易,做起来可就没那么简单了,对于大多数车商来说,绝对是一个全新的课题。政策调整对于个体经营户以及经纪公司来讲,需要尽快渡过阵痛期。

对于大多数已经实现转型的经销企业来讲,通过单独签注、临时号牌等政策简化了交易手续,同时省去了一进一出两次到交易市场办理过户,也节约了交易成本,有利于企业成长。笔者注意到,新政策实施后,二手车经销商收购车辆时,通过反向开票单独登记在本企业名下,商品所有权属性变得清晰,为银行等金融机构开展二手车库存金融业务奠定了基础,这将加速二手车经销企业规模化经营的步伐。当然,这也需要一个过程,银行等金融机构开发二手车库存金融产品也需要一定的周期,估计会在2023年内投放。

此外,一些地方政府机构在政策理解与把握上也存在一定的差异,政策与市场的磨合也有一个过程,不能操之过急。

2. 2023年一季度仍然会比较困难

反映二手车市场景气度的一个重要指标是二手车经理人指数。这个指数50为荣枯线,50以上,代表市场进入景气区间,50以下代表市场呈弱势状态。2022年经理人指数显示,全年只有9月单月在荣枯线上,其余11个月均在50线以下,其中有6个月的指数在40以下,表明这6个月的二手车市场形势比较严峻(见图10)。从2022年1—11月二手车交易量数据看,9月达到了全年的峰值,经理人指数超过了50。从二手车经理人指数在第四季度的表现可以看出,10月、11月、12月的指数分别为49.6、40.3、39.3,逐月下降,惯性因素有可能会导致2023年一季度二手车市场行情不会太乐观。

造成二手车经理人指数下降的因素来自于多个方面:一是新政策落地,经营者有一个适应过程。二是新冠疫情期间不但关停了店面,更重要的是关住了消费。

三是二手车价格的持续下降，买卖双方观望情绪较重。四是流量转换，从线下流量向私域转化也需要适应过程。五是新进入者源源不断，竞争日益激烈等。以上五个因素都属于短期因素，不会对二手车市场产生长期效用。

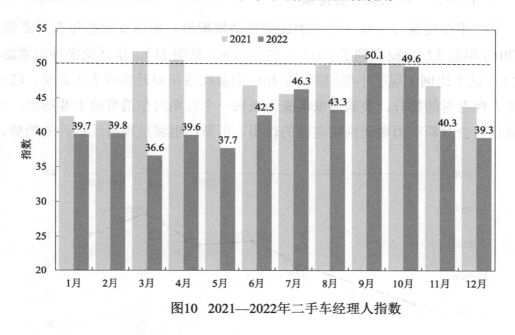

图10　2021—2022年二手车经理人指数

3. 巨大的汽车保有量将支撑二手车市场中长期向好

国家统计局发布的2021年度国民经济统计公报数据显示，2021年年末，全国汽车保有量为2.94亿辆（扣除三轮汽车和低速货车），这个数据已经超过美国2.75亿辆，成为全球第一大保有国。另外，根据公安部发布的数据，2022年11月底，全国机动车保有量达4.15亿辆，其中汽车保有量达到3.18亿辆。这说明我国汽车保有量每年都有约2000万辆左右的新增，这将为我国二手车市场持续增长提供先决条件。美国2.75亿的汽车保有量释放出了4000万辆二手车交易，二手车析出率达到14.5%上下，而我国却不到6%，从这个维度上看，我国二手车市场还有很大发展空间。之所以我国二手车市场活跃度与发达国家相比还有明显差距，主要原因一是我国汽车保有的平均车龄比发达国家要低5~6年，相当比例的车辆尚未达到向二手车市场投放的时间。二是市场发展阶段所决定的，发达国家二手车交易基本上以品牌经销商和专业二手车销售商为主要经营主体，市场体系比较健全，而我国经营主体，还是以个人交易为主，市场环境还没有达到令消费者完全信任的程度。不过随着二手车新政的实施，我国二手车经营主体将会逐渐向专业化经销企业过渡，二手车信任危机也会逐渐得到解决。因此我们有理由相信，2023年将成为二手车流通行业结构性转型的一年，为后续市场健康发展奠定基础。

4. 旧新比小幅回调不会持续

从二手车交易量与新车销量的比例变动情况看，旧新比近些年在不断提升，从2016年的37.1%提高到了2021年的66.9%（见图11），虽然受多种因素影响，2022年这个比例出现了小幅回落，但相信旧新比逐年提升将成为大趋势。随着汽车千人保有量的提升，换购需求将成为未来一个时期汽车消费的主要形式，二手车置换将会对新车消费起到决定性的作用，旧新比也将呈现持续提升的趋势。

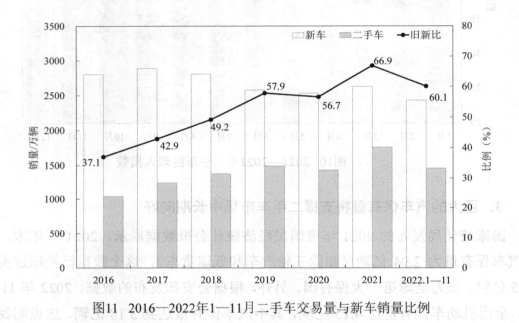

图11 2016—2022年1—11月二手车交易量与新车销量比例

5. 2023年二手车市场出现反转上升是大概率事件

简要分析对二手车市场产生影响的因素如下。

第一个因素是宏观经济因素。2022年12月中央经济工作会议提出了2023年经济工作的重点是突出做好稳增长、稳就业、稳物价工作，推动经济运行整体好转，大力提振市场信心，把恢复和扩大消费摆在优先位置。同时确定2023年经济增长率目标定在5%以上。经济的持续稳定增长是确保汽车消费市场持续活跃的基础。

第二个因素是新车市场保持增长。中国汽车工业协会预测2023年汽车市场会有3%的增长。中国汽车流通协会在2022年12月召开的共有1100多万人次观看的网上中国汽车流通行业年会上，60.9%的参与者认为2023年我国汽车市场将实现5%以内的增长，另有20%的人认为2023年汽车销量增长将会超过5%。的确，2022年2.0L及以下排量乘用车车辆购置税减半政策对促进汽车消费、稳住经济起到了重要作用，该政策在6月实施后，当月乘用车销量从5月的16.9%的负增长直接拉升到了20.6%的正增长，一把扭转了汽车消费市场的颓势。2023年继续对新能源汽车实施免征车辆购置税政策，也必对汽车消费起到重要的拉动作用。经验表明，前端市场的稳定，必将带动后端市场的增长。

第三个因素是二手车新政策的正向效应逐渐显现。二手车限迁政策的取消，商品属性的落地，二手车市场将沿着规模化、规范化、品牌化方向发展，二手车消费环境逐渐优化，广大消费者对二手车消费的疑虑也会逐渐消失，二手车市场活跃度将成倍提升。

第四个因素是全面恢复正常的生活与经济活动秩序，持续3年之久的新冠疫情将进入乙类乙管阶段，进城务工、小门店开张营业、城市烟火气的回升、经济的持续复苏，将提振民众的消费信心，二手车市场必将恢复其应有的活力。

当然，预测未来市场增量是有风险的。除了上述因素外，还有许多不可预见因素。但总体来讲，有利于二手车市场发展的各种条件已经具备，我们没有理由怀疑其成长性。2023年二手车市场应该会首先释放2022年被压缩了的消费需求，然后是进入正常的增长轨道。从这个意义上讲，2023年的二手车市场增长率将不会仅仅满足10%的增长，全年交易量又可以继续冲击2000万辆大关。

（作者：罗磊）

市场调研篇

布帛源流篇

上汽大众产品市场调研报告

一、2022 年上汽大众市场总体表现

2022 年,对于我国汽车市场是非常艰难的一年,由于新冠疫情的再次暴发,使得 2021 年已初步恢复的消费信心再次出现滑坡。上海作为上汽大众的大本营,在 2022 年 4—6 月暴发疫情,对上汽大众的生产和经营造成了重大打击。上海封控结束后,全国各地出现的散发疫情进一步影响经济发展和消费信心。再加上芯片短缺等影响因素,上汽大众在 2022 年 1—11 月累计实现销售 1099592 台,同比下降了 17%(见图 1)。

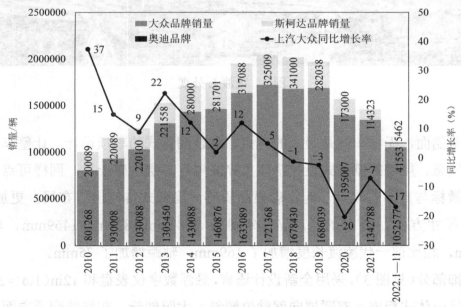

图1 2010—2022年1—11月上汽大众销售及同比增长率

在这样困难的环境下,上汽大众作为我国汽车行业的先行者之一,秉持迎难而上的精神,在 2022 年上市了多款全新和改款产品。其中,大众品牌上市了全新的凌渡 L 车型,其动感前卫的造型受到了市场好评。此外,大众品牌还推出了朗逸、威然和途观 X 的大改款,吸引了不同需求的消费人群。

二、凌渡 L

凌渡 L 是凌渡系列的全新一代产品，于 2022 年 3 月 31 日上市。"辣"作为凌渡 L 的代表词，既取自他的英文名字 Lamando 的首字母，同时也是车型热辣形象的代表。

外观方面（见图 2），凌渡 L 引入了全新的 VW 设计元素，造型十分激进，前脸采用个性化的星空点状进气下格栅造型，动感十足。犀利的 LED 前灯组、贯穿式 LED 灯带与可点亮的徽标相互融合，辨识度很高。在前包围两侧采用扰流槽设计，可以优化车辆空气动力学性能。前脸整体宽大且低趴的轮廓，加上发动机舱盖的肌肉感棱线，带来超跑的冲击力。

图 2　凌渡 L 外观

车身侧面，无框车门是最大的亮点，融合溜背式的车顶设计，让整车充满时尚运动气息。尾部的掀背式设计搭配贯穿式尾灯，层次感十足。同样可点亮的尾部红色徽标与贯穿式尾灯一起，彰显品质感。隐藏式排气出口布局，更加美观。在车身尺寸方面，新车的长/宽/高分别为 4784mm/1831mm/1469mm，轴距为 2731mm，相比前一代凌渡长度增加了 169mm，轴距增加了 75mm。

内饰部分（见图 3），采用全新设计语言，悬浮数字仪表盘和 12in（1in≈25.4mm）中控屏呈一体式相连，双联屏向驾驶位倾斜，大胆创新。在智能配置方面，搭载 MOS 4.0 移动在线服务系统、无线充电、Beats 音响系统、HUD 抬头显示等功能。动力部分，搭载 1.4T 发动机，最大功率为 110kW，输出转矩为 250N·m。在传动系统方面，搭载 7 速双离合变速器，0～100km/h 加速时间为 8.5s，官方数据显示油耗为 5.92L/100km。

图 3 凌渡 L 内饰

凌渡 L 早期购买者研究报告显示（见图 4），用户购买凌渡 L 主要因为对外观和内饰的喜爱，其次是对于其丰富的配置、宽大的车身尺寸的偏爱。

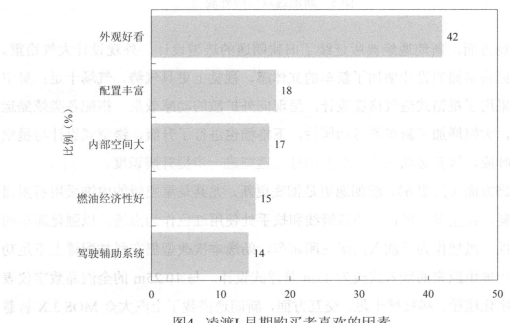

图4 凌渡L早期购买者喜欢的因素

凌渡 L 是上汽大众燃油汽车市场第一辆使用全新设计语言的车型，拥有跨时代的意义。在如今快速变革的汽车市场，凌渡 L 占据了设计潮流的前沿，打开了大众品牌新一代设计理念的大门。

三、新朗逸

作为自上汽大众成立以来最成功的车型之一,在2021年,朗逸累计销量突破500万辆。2022年6月23日,上汽大众新朗逸正式上市,首度推出双前脸设计(见图5),其中星空版进一步吸引了年轻消费者。

图5 新朗逸双前脸外观

外观方面,新朗逸经典版延续了旧款朗逸的造型设计,外观设计大气稳重。横幅式镀铬格栅的设计增加了新车的立体感,视觉上更具气势,气场十足;星空版车型采用了星钻式进气格栅设计,呈现向外扩散的动感效果,搭配各类炫酷运动套件,大幅增加了新车的运动属性。下格栅也进行了升级,镂空式设计与星空前脸相呼应,极具运动气息,全新的灯光造型进一步提升辨识度。

内饰方面(见图6),新朗逸更是彻底更新,尤其是星空版的内饰采用石墨黑皮质面料,在空调出风口、座椅缝线和扶手处使用红色作为点缀,以强化新车的运动属性。虽然作为一款入门级三厢轿车,朗逸本次改型仍在科技配置上下足功夫,中控屏由原来的嵌入式改为12in悬浮式设计,与10.25in的全液晶数字仪表组成数字化座舱,科技感十足。交互方面,新朗逸搭载了上汽大众MOS 3.X智慧车联系统,可实时更新地图和智慧预测导航,并可激活语音助理,同时支持拥有无线CarPlay功能以及各类车载小程序。此外很多细节方面也体现匠心,如仪表板软包装饰、门内板镀铬修饰,并辅以打孔皮质包裹座椅提升驾乘的层次感。

图 6　新朗逸内饰

通过研究新朗逸的早期购买者发现（见图 7），用户对于新朗逸的经典版和星空版车型形象评价是各具特点的。经典版表现为实用、经典、可靠；而星空版表现为舒适、创新、时尚。这很好地印证了新朗逸"双脸战略"对于产品差异化上的成功之处，两个不同版本的朗逸迎合了不同群体的需要，也体现了上汽大众全面"To C"战略的落地。

图 7　新朗逸早期购买者用户评价

四、上汽奥迪品牌

2022 年可谓是上汽奥迪品牌的元年。2022 年元旦，上汽奥迪第一款产品 A7L 正式上市，2 月 18 日上汽奥迪首款纯电动车型 Q5 e-tron 上市，9 月又迎来了上汽奥迪的第三款产品——全尺寸豪华 SUV 奥迪 Q6 上市。经过近两年的准备和铺垫，上汽奥迪以全新的代理商模式，将所有的展厅都放在市中心、商业区里，以更好地直联客户。但上汽奥迪既不像造车新势力，也不是传统车企，无论是展厅设计还是产品调性，都有自己的玩法。

展厅设计延续了奥迪全球最新的设计语言，时尚、大气的格局，简洁、流畅的线条（见图8），丰富、多层次的灯光效果等，不仅为车辆提供了绝佳的展示舞台，高清展示大屏、虚拟驾驶体验舱、互动映射魔镜等尖端科技的融合，也为用户带来更直观的、沉浸式的互动体验。

图8　上汽奥迪城市展厅

2022年，奥迪之城、奥迪都市店都陆续进驻全国各地核心商圈，与品牌旗舰店奥迪进取汇共同构成立体的上汽奥迪体验终端体系。上汽奥迪目前已建立起集合上海进取汇、奥迪之城、都市店和快闪店在内的完整新零售生态，将奥迪品牌所追求的未来豪华出行体验推至新高度。

五、上汽奥迪Q6

Q6是上汽奥迪2022年上市的第三款产品，是一款豪华全尺寸硬悍SUV。

外观方面，上汽奥迪Q6的设计灵感来自于我国神话中的瑞兽——麒麟。具体体现在前照灯、中网和中网下方的进气口，形成极具震慑力的气场。除此之外前脸两侧的进气口也非常夸张。Q6的长/宽/高分别为5099mm/2014mm/1784mm，轴距2980mm，空间表现比奥迪Q7还要优秀。

内饰方面，新车不仅拥有12.3in液晶仪表盘，还搭载上下两层屏幕，其中上半部分显示行车信息和多媒体（见图9）。值得一提的是，上汽奥迪Q6六座版的第二排座椅采用了飞机头等舱高级行政座椅+华格纳真皮座椅，搭配全系标配的腿托、12向电动调节、通风、加热和按摩功能，使后排乘客体验到十足的尊贵感。同时Q6配备六缸发动机，最大功率为192.7kW，峰值转矩335N·m，也满足了运动野性的驾驶体验感。

图9　上汽奥迪 Q6 外观与内饰

上汽奥迪 Q6 售价 45.96 万～63.06 万元，相比宝马同类国产产品 X5L 的 60 万元入门价低了将近 15 万元，所以性价比成为 Q6 的最大卖点（见图 10）。同时奥迪的品牌声望以及 Q6 的设计造型、舒适性和丰富配置也是其竞争力的体现。

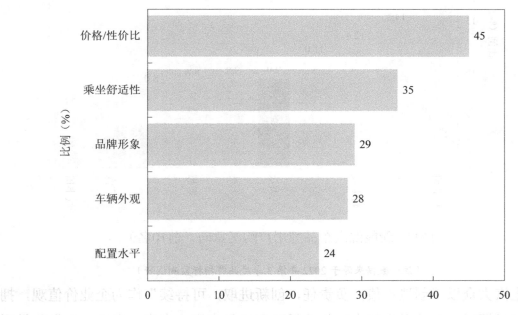

图10　用户购买上汽奥迪Q6的原因（前五名）

（注：数据来源于上汽奥迪 Q6 产品调研）

六、总结与展望

随着 2022 年底防疫政策的放开，我国汽车市场已感受到了复苏的前兆。展望 2023 年，我国经济将摆脱疫情的约束，重新步入正轨，而汽车市场近三年被压抑的需求也将得到充分释放。

上汽大众作为传统能源汽车的领军企业之一，近三年也受到了自主品牌和新势力品牌的冲击。尤其在新能源汽车领域，自主品牌和新势力品牌的快速发展，带动了全行业汽车新四化的发展节奏。上汽大众虽然在新能源汽车市场起步有所滞后，但在传统合资汽车企业中仍然属于最先变革的企业，上汽大众的ID.系列纯电以及奥迪Q5 e-tron纯电都已在新能源汽车市场布局，再加上在智能科技方面的不断完善和磨炼，上汽大众已在新能源汽车市场上初具声望。相关调研显示（见图11），上汽大众新能源汽车品牌购买意向已后来居上，跻身新能源汽车市场前五。

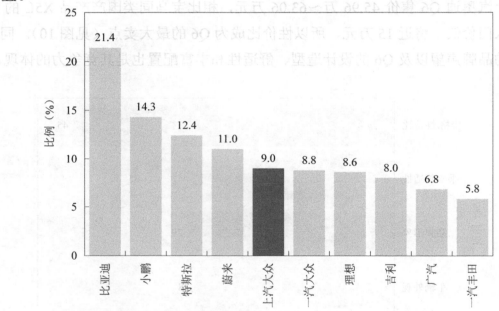

图11　新能源汽车品牌用户购买意向（前10名）

（注：数据来源于2022年第3季度品牌指标监测调研）

上汽大众以"创造价值，负责任，创新进取，可持续"作为企业价值观，拥有经过长期经营磨炼得出的丰富行业经验和远见卓识，未来，在进一步做稳做强传统燃油汽车市场的同时，将大刀阔斧地把上汽大众精神注入新能源汽车市场。上汽大众敢于变革，勇于创新，不畏艰难，不断迈进，突破在当下，未来亦可期。

（作者：张曙）

2022年一汽-大众（大众品牌）产品调查报告

  2022年是我国乘用车市场被新冠疫情笼罩的第三年，市场在几轮散发疫情的袭扰下，在起伏波动中艰难前行，呈现了不寻常的季节走势。2022年3—5月重要的汽车产业集聚城市突如其来的静默，导致市场恢复进程又一次被打断。6月国家审时度势出台燃油汽车车辆购置税优惠政策，相较以往惠及范围更广，也更符合当前增换购需求较高的消费结构，为2022年第三季度市场提供了强大的拉动力，有力提振了汽车消费。进入第四季度，面对全国疫情多点散发，防疫政策进行了大幅度优化，预计2023年市场将迎来重大变化，但短期内市场仍将经历一定程度的震荡。因此2022年乘用车市场预计仍将同比下滑，最终仍未能恢复到疫情前的水平，但新能源汽车无疑是2022年市场的一大亮点，经过近两年的快速发展，当前新能源汽车市场渗透率已达到27%，越过了15%的门槛，进入高速增长期，在供给端强势新产品大量投入和政策加持以及需求持续拉动的共同作用下，新能源汽车增长势不可挡，预计2023年渗透率将进一步提升至更高水平。

  在多轮疫情散发影响叠加芯片问题的困扰下，一汽-大众（大众品牌）奋力克服供给和需求两端的困难，深刻洞察用户需求，推出又一款全新B级SUV产品揽巡，进一步优化和补齐产品矩阵，同时A级家轿宝来、速腾，A级SUV探岳家族推出中期改款车型，实现产品竞争力再次提升，为用户提供更契合当下需求的产品，以持续焕新的姿态继续深耕乘用车市场（见表1）。

表1 2022年1—11月一汽-大众（大众品牌）分车型销量 （单位：辆）

车型	销量	车型	销量
宝来	167288	探影	15414
高尔夫	72383	探歌	80379
速腾	188353	探岳	95502
迈腾	134666	揽境	23212
CC	26238	ID.车型	62373

一、再续传奇——高尔夫

近十年来,我国的两厢车市场经历了从迅速发展到持续下滑的过程,这种趋势在 2021 年触底之后,在 2022 年有所反弹。2014 年是个转折点,随着 SUV 车型逐渐走热及两厢车现有产品的逐渐老化和部分车型的停产,两厢车市场渐渐萎缩(见图 1)。

图 1　2007—2022 年 1—11 月 A 级两厢车细分市场占比走势

作为大众最经典车型以及符号般的象征,2009 年高尔夫 4 被引入我国,如今已经进化到第 8 代。高尔夫凭借其品牌影响力、多年积累的口碑以及高保值率在这个细分市场保持着绝对的统治地位。2013 年高尔夫 7 上市,迅速夺取了市场份额,并从 2014 年起连续 8 年稳居细分市场销量第一的宝座(见图 2)。

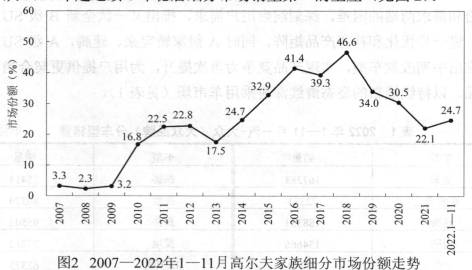

图 2　2007—2022 年 1—11 月高尔夫家族细分市场份额走势

2020年，第8代高尔夫上市，延续德国工业的严谨与简洁，精妙传递出车的情绪与温度。一汽-大众赋予了其全新的基因——数字化，将其命名为"全新数字高尔夫"。全新数字高尔夫，以一场数字革命，带来颠覆性的审美变革。数字化是第8代高尔夫的关键特点，它也是基于数字化理念的大众MQB Evo平台上诞生的第一款车型。全新数字高尔夫搭载了大众全新数字化座舱，采用全新的浮动设计（floating design），触控式人机交互，信息娱乐系统、氛围灯、方向盘、天窗及阅读灯调节、空调及音量调节等，一切皆可触控。抬头显示系统、手机无线充电囊括其中。更有智能语音功能，实力打造未来空间。实现了历代高尔夫车型中最极致的视觉提升和数字增强技术上的进步。全新数字高尔夫搭载了最新IQ.DRIVE系统，将与泊车、驾驶、安全相关的辅助功能进行整合，实现全旅程覆盖。Travel Assist驾驶辅助系统、Pre-Crash预碰撞保护系统、MKB多次碰撞预防系统、PLA 3.0智能泊车系统、RTA后方交通预警、ACC 3.0高级自适应巡航等数十项功能集结待命，犹如全能高手在身侧，帮助驾驶者一路轻松畅行，实现了L2+级自动驾驶辅助。从智慧座舱到智能互联，再到智能驾驶，其每一处细节，无不体现出全新数字高尔夫就是数字化时代的产物。

自1974年诞生以来，高尔夫既是技术革新和性能至上的传奇缔造者，同时还是粉丝赛车改装等多元文化聚合的icon，吸引了一大批敢于创新、追随信仰的年轻人。2021年9月，全新一代高尔夫GTI正式上市，较低的车重、扎实的底盘和强劲的动力，以及充满运动激情的外形和内饰设计，完全是一台行走的荷尔蒙，随时释放野性力量，传承高尔夫GTI经典设计，融入科技感十足的灯光组合，搭配战斧造型运动铝轮毂，"小钢炮"的绰号也重焕新生。如今，高尔夫全球累计销量更是接近4000万辆，这个成功的车型已经远远超过了一款产品应有的定义，形成了其底蕴深厚的粉丝文化。每一代高尔夫为每一个特定的时代都留下了深刻的先进技术烙印。在产品竞争力不断提升的支撑下，"高尔夫文化"才得以持续。2022年全新数字高尔夫又一次凭实力圈粉。

二、家轿常青树——宝来

上市21年，累计超过300万辆的销量，"驾驶者之车"宝来早已成为一汽-大众轿车家族的灵魂之一。在全新设计理念与智能化的全面加持下，2022年6月28日上市的改款全新宝来即将引领一汽-大众轿车家族在新的时代再度出发。全新宝来在外观方面，依旧采用家族式设计风格，镀铬装饰的格栅条与LED的前照灯相连，使车头整体感更强；LED 的前照灯采用了 LED 光源，点亮效果明亮，大大提升了辨识度；新车无论从车长还是车高都有所增加，新车长度为 4672mm，相比老款车型加长了 9mm，新车高度为 1478mm，相比老款车型增加了 16mm；后包围加入了一些镀铬材质的点缀，车尾看起来更加精致。内饰方面，新车采用了全新家族式的语言，中控屏幕不再为嵌入式，而是采用了浮式中控屏设计，尺寸为 10.25in，提升了整体内饰的科技感。新车上市后月均销量超过 1.3 万辆，稳居细分市场第五名（见图3）。未来伴随宝来传奇的淡出市场，相信全新宝来可以更好地承接宝来传奇用户，再创佳绩。

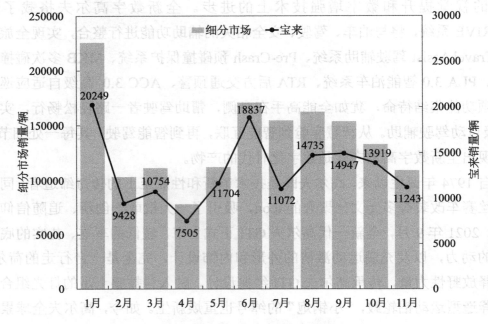

图3　2022年1—11月宝来月度销量走势

三、A+级三厢车标杆——速腾

一汽-大众速腾作为较早进入我国汽车市场的"老师傅"，以其优异的产品表现陪伴了一代又一代家庭。如今，基于对国民新生代消费市场的深度洞察，2022年 6 月 28 日上市的改款后全新速腾无论在外观设计、内部空间，还是动力性能等方面均进行了全面革新，备受瞩目。全新速腾搭载大众亚太区首次采用的 1.5T Evo2 发动机，最大功率高达 118kW，最大转矩达 250N·m，在拥有更强劲动力的基础上，兼顾了更好的燃油经济性（WLTC 工况 5.77L/100km）。同样值得关注的是，全新速腾引入大众 IQ 科技为整车全面赋能，IQ.Drive 智驾管家、IQ.Light

灵眸 LED 前照灯、IQ 语音精灵和 IQ 智慧车联等科技配置的搭载，无疑将巩固全新速腾在细分车市场的领先地位。作为 A+级轿车细分市场的标杆车型，全新速腾上市即热卖，月均 1.8 万辆以上的销量表现（见图 4），名列细分市场第一，无愧于 A+级标杆的称号。

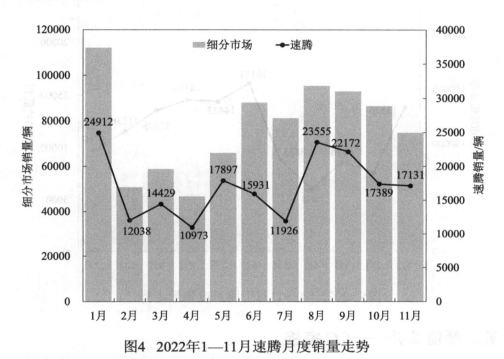

图4　2022年1—11月速腾月度销量走势

2023 年是全新速腾上市的第一个完整年，期待全新速腾捷报频传，为更多懂生活、重品质的消费者带来不俗的体验。

四、B 级三厢车标杆——迈腾

迈腾在 2022 年 10 月进行了中期改款，发布 200 万辆纪念版，通过造型优化、科技创新及产品配置升级大幅提升了产品竞争力，始终立于国内 B 级车市场的标杆地位。

随着 2022 年丰田凯美瑞、大众帕萨特、本田雅阁的改款升级，B 级三厢车市场竞争日趋激烈，加上芯片短缺的影响，2022 年 1—10 月迈腾家族实现累计销量 124974 辆（见图 5）。

2022 年迈腾推出的 200 万辆纪念版车型，以前沿的外观设计，彰显动感风姿和德系风采，辅以有格调的内饰，进行由内而外的全面革新，搭载领先的大众 IQ.

科技，强化智慧驾驶控制。这次改款车型充分基于用户需求，从设计和装备方面进行大幅提升，为客户带来更好的驾乘感受。

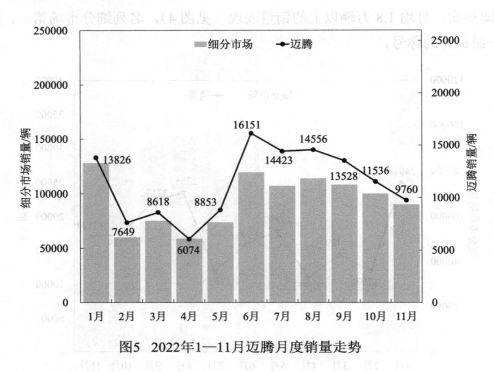

图5　2022年1—11月迈腾月度销量走势

五、颜值革新——CC家族

兼具轿车的理性与跑车的感性，将优雅与动感两种风格完美结合，作为一汽-大众的旗舰车型，CC自2010年第一代产品在国内上市后，就深受年轻消费者的青睐。CC以德系血统、同级前卫造型、豪华设计元素、高品质和安全等品牌优势产品竞争力，在国内市场打下了品牌竞争坚实的基础。

新CC作为最美大众车，拥有超强识别度的高颜值，采用大众最新的家族式前脸设计，特别是贯穿整个中网的日间行车灯，以及大众全新R-line设计元素，引领潮流兼具豪华，完美诠释高级轿跑车定位。自2020年底上市以来，新CC成功捍卫了其细分市场地位。搭载2.0T高功率发动机的中高端版本以其显著产品性价比，成为新CC绝对的销量主力，在带给用户最美颜值体验的同时，进一步增强了跑车澎湃动力的驾驶体验。

CC猎装车是在CC基础上打造的一款兼具动感和实用的衍生车，继承新CC高颜值，融合全新灵感设计，完美实现造型突破，拥有超大后排及行李箱空间，体现了一汽-大众对国内汽车市场个性、多元用车场景的深度洞察,满足了用户个性、独特和品位等需求。

新CC家族,在B级三厢车中高端市场形成产品集团优势,在设计、科技及智能网联方面升级强化,顺应用户年轻化和细分多样化趋势,为优质客户提供丰富选择,以市场和客户为导向,增强了品牌影响力。

六、年少有为——探影

自2015年以来,探影所在的A0 SUV市场持续下滑,随着2019年经济形势的不确定性增加,下滑趋势明显加大。探影一上市就面临着存量市场不断压缩的挑战。2022年探影以差异化形象及价值观引领年轻消费者,塑造探影"年少有为"的品牌形象,抢占A0 SUV细分市场,建立探影车型品牌知名度;持续打造差异化,深化探影认知,提升品牌形象,助力销售促进集客转化;围绕代言人多平台联动传播,精细化受众管理,直达核心圈层受众。探影2022年1—11月累计销售15414辆(见图6),跻身细分市场第四名。相信作为一汽-大众践行品牌年轻化战略的"生力军",探影会逆境中拼搏,努力完成品牌赋予其的使命。

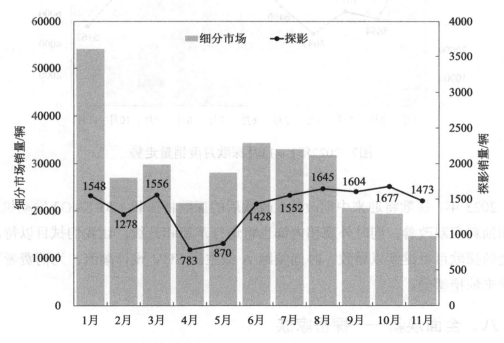

图6　2022年1—11月探影月度销量走势

七、逆势涅槃——探歌

探歌是专门为年轻人打造的纯正德系 SUV。作为一汽-大众旗下首款面向年轻消费者开发的 SUV 车型，它完美继承了欧洲版 T-ROC 设计风格，不仅展现了一汽-大众品牌全新的年轻化设计理念和设计水准，也引领了紧凑级 SUV 的设计新潮流。探歌继 2022 年 3 月推出 2022 款年型后，于 10 月又加推了一款新车，车型性价比大幅提升，2022 年 1—11 月累计销售 80379 辆（见图7），销量同比增长 23.5%，表现堪称优异。

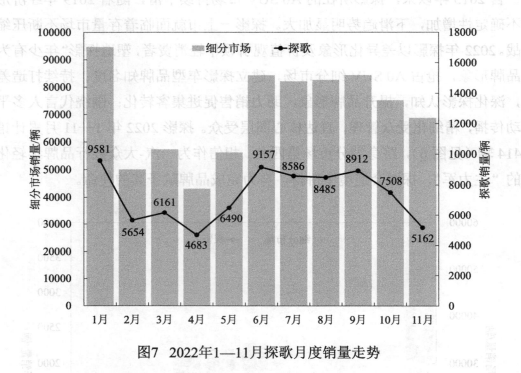

图7　2022年1—11月探歌月度销量走势

2023 年，探歌将迎来中期改款，改款后的探歌将搭载 1.5T EVO2 发动机，动力和油耗双双改善；同时外观和内饰也将进行革新和升级。让我们拭目以待，希望全新探歌可以继续以精致、时尚领跑 A 级主流 SUV 设计潮流，为消费者不断地带来惊艳感受。

八、全面焕新——探岳家族

探岳作为一汽-大众 SUV 家族的代表作及销量主力，已经从一款标杆性的产品成长为涵盖燃油汽车、插电式混合动力、Coupe造型的家族系列。面对当下汽车市场日新月异的产品迭代和用户新需求，2022年探岳家族全面升级，塑造与时俱进的产品价值，赋予探岳全新的增长活力。

探岳采用具有未来感的运动化设计语言，采用大众最新年轻化、运动化的设计风格及智能灯光设计，将全新探岳家族的大气与科技未来感相结合，整车造型更具现代时尚感，更符合当下主流审美，赋予用户全新的视觉冲击力。基于当代用户对现代感和领先性的多元追求，全新探岳家族采用了全新的"锐·智"设计理念，"锐"是指通过简洁现代的整车造型和动感十足的线条设计，勾勒全新探岳家族锐不可当的气势；"智"是指打造智慧化的人车沟通模式，通过立体沉浸式科技座舱设计，解锁全新探岳家族更加年轻化的交互体验。因此全新探岳家族在前脸造型、车身线条、尾灯设计中均加入了创新性设计元素，给用户眼前一亮的惊喜之感。

探岳提供触手可及的智能科技配置，搭载大众品牌最新的IQ.科技（IQ.Light灵眸矩阵+IQ.Drive智驾管家）和L2级智能辅助驾驶，让每一个用户都能真切感受到科技驾驶的魅力和乐趣。提供强劲澎湃的动力性能，第六代博格华纳四驱系统加持的4Motion和全新1.5T EVO2发动机让用户在体验德系实力操控的同时还有更多的动力选择。为用户提供更多高价值的配置，全新探岳家族升级了12in MAX精显中控大屏，通过IQ.Light灵眸矩阵、IQ.Drive智驾管家等多项高需求、高价值的大众IQ.科技配置，提升全家族产品价值和保值率，让用户的每一分钱都花得物超所值。同时还搭载Harman/Kardon高级品牌音响系统、30色可调内饰氛围灯、环抱式软质包覆及精美双缝线等品质内饰设计，进一步提升了配置丰富度，刷新用户用车体验。

探岳所处的A SUV细分市场一直都是主流品牌必争之地，近几年强势产品的快速进入更是加剧了市场竞争。探岳凭借出色的产品竞争力和对消费者需求的深刻洞察，不断优化升级，获得了市场的广泛认可，2022年实现销量和份额的良好表现（见图8）。

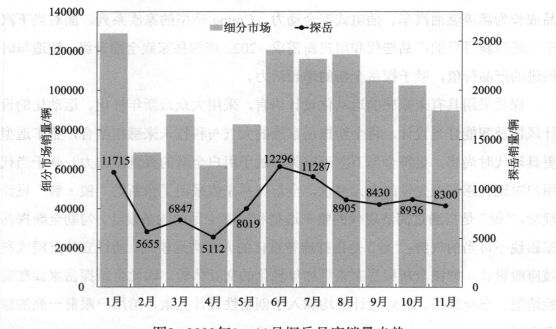

图8 2022年1—11月探岳月度销量走势

九、全能家商旗舰SUV——揽境

揽境为一汽-大众首款中大型SUV，弥补一汽-大众中大型SUV细分市场空白，是一汽-大众应对国内经济发展、社会人口变化、家庭结构变化所推出的一款产品，旨在满足更多家庭、商用等出行需求。

作为大众品牌全新的旗舰SUV，揽境在外观、空间、性能上均有出色表现。

在外观层面，揽境5152mm的修长车身，采用短前悬长后悬的设计，勾勒出稳重的车身姿态，D柱的溜背设计，加上大众品牌扰流板，也为整车增添了时尚运动的气息。尾灯借鉴奥迪Q8设计理念，采用全LED贯穿式设计，与前贯穿式日行灯相互呼应，加上发光的徽标，使揽境在夜晚的辨识度非常高。

在内饰上，揽境打造了一个与众不同的全触控数字化座舱。在同级别车型中首创的云端悬浮式中控台设计，配合中控屏和液晶仪表板的连屏设计，以及全触控式按键，实现全数字座舱。30色可调的透光氛围灯在不同驾驶模式下可自动切换颜色，配合12个扬声器的Harman Kardon音响系统，让用户实现从触觉、视觉到听觉的全面享受。

揽境是基于大众MQB41B平台设计的，5152mm的车长和2980mm的轴距使其成为目前大众全球最大的 SUV。前排头部横向空间达 104mm，肩部空间 1523mm，肘部空间 1648mm，极具空间优越性。揽境的尺寸优势不仅体现在前排，第二排、第三排的腿部及头部等空间设计同样充裕，第二排净值空间达 1775mm。揽境全系可选 6 座和 7 座两种版本，6 座版本的第二排为高端电动座椅，第二排座椅之间 230mm 的中央通道使进出第三排从容方便。7 座版本格局多变，在保证后排空间舒适的同时，通过第二、三排座椅的随需放倒，即可获得进深超过 2m 的"纯平"平面，并扩展出高达 2451L 的超大后备厢空间。

在动力层面，揽境采用了大众全球最新动力系统，最高配采用 2.5T V6 发动机，配备全球首款 DQ501 变速器和第六代博格华纳-瀚德四驱系统，提供多种驾驶模式选择，满足现代家庭对全场景舒适的驾驶控制需求。揽境采用 DCC 动态底盘控制系统，可实时采集车轮与车身的相对位置等信息，计算出当前行驶的工况，实现悬架 15 种不同程度的软硬调整变化。揽境是大众全球首款采用 MQB41B 平台+MQB EVO 先进智能电气架构的 SUV，整车配备了更多、更智能的驾驶辅助系统，带来更为迅捷的交互响应速度。IQ.Light 智能前照灯技术让灯光更智慧，当用户在驾车转弯时，随动转向功能会根据方向盘转动角度和车速，调整近光灯水平照射范围，增大转弯视野；会车时智能切换远光灯照射范围，保证对向车辆驾驶员不炫目；雾灯升级为全天候灯，集成在前照灯总成中，在恶劣天气下保证行车安全。揽境还集成了大众品牌先进的 IQ.DRIVE 技术，通过碰撞安全、驾驶辅助和泊车相关等技术，为用户提供智能化移动出行解决方案。

十、SUV 战略收官之作——揽巡

揽巡定位大五座 SUV，这款车型覆盖了一汽-大众中型高端 SUV 到大型 SUV 之间的市场空白，并凭借其硬朗有型的格调外观、精准稳健的驾驶控制感受以及最宽的极致空间，向其所在的细分领域发起进攻。

揽巡的外观设计语言和空间感受都体现了这个名字的内涵。全新的"光明之火"灯光设计就是以火为创意原点，从前脸贯穿至翼子板的灯光饰条，配合家族式日行灯、行李架发光饰条、前后发光的徽标以及贯穿式尾灯，共同组成全身型外饰氛围灯。"光明之火"点亮车身的同时，也传递出耀眼夺目的光芒。揽巡也是大众首款采用全身型外饰氛围灯的车型。行李架、门把手以及照地灯处的幻影光环氛围灯，让揽巡在黑暗中闪烁光辉，彰显出高端科技座驾的风范。外观上，突破传统大众造型设计风格，采用了全新的灵牛外观设计，突出强调肌肉线条感和雄性荷尔蒙的外形。正如其名字一样，要在动与静、力与美之间实现硬朗野性与温润雅致的格调碰撞。在灵牛设计语言之下，揽巡的前脸造型如奔牛一般，横向设计元素突出了前脸的视觉宽度；车身设计结合了一汽-大众 SUV 家族元素，从 A 柱延伸至 D 柱的曲棍球杆造型的镀铬条，搭配黑车顶，视觉上使车身的比例更显修长，具有极高的识别度。整体上呈现出公牛奔跑时的力量感与气势，而又不失灵动。垂岩式尾部造型设计别具一格，一方面从空气动力学角度优化了性能，另一方面又从设计角度巧妙地将行李箱下沿隐藏其中，体块式扰流板进一步凸显了 SUV 强壮属性。与外观的硬核不同，揽巡的内饰强调化繁为简，"现代、简约、科技"是最关键的元素。简约的设计塑造出横向延伸的空间感以及纵向的立体感，结合科技感十足的中控连屏、自由切换的内饰氛围灯、功能性与设计感兼具的功能舱和座椅，整体表达出座舱极具未来感的轻奢主义。

另外，揽巡搭载了大众 IQ.科技配置。例如 IQ.智慧车联可以为用户提供智能语音、智能导航、智享娱乐、智取初心、智联控车等系列功能。人、车、手机无障碍进行互通互联，加强人车双向情感共鸣，为用户打造更加智能化、人性化的智能座舱交互体验，大大方便用户的用车生活。

在中大型 SUV 市场，空间是家庭用户最为看重的关键点。不少车型都推出了七座款，但不合理的空间规划让七座显得格外拥挤。事实上，七座很多时候并不是刚需，不仅要花费更高昂的价格，而且还会对行李舱以及第二排空间造成挤压。揽巡则具备超越同级市场的超长轴距和超宽车身，通过内部空间的极致利用，让大五座车型拥有比七座车型更宽敞舒适的乘坐体验。更进一步的是，揽巡的车身比例并没有因为超越同级的宽度而被破坏。短悬长轴的布局设计让视觉重心始终落在第二排中心区域，为整体设计带来稳定感，同时提升整车运动属性。

揽巡是大众品牌 SUV 集大成之作，其超越同级的空间感受，丰富的驾控体验，炫彩的内饰氛围都将为我国消费者提供更加升级的产品体验。2023 年是揽巡上市后的第一个完整年，相信在强大产品竞争力的支撑下，定能取得消费者的青睐，实现优异的市场表现。

十一、勇立潮头——ID.4 CROZZ & ID.6 CROZZ

2021年,大众品牌ID.家族如期而至,承载着大众品牌电动化的重要使命,经过不到两年的耕耘,ID.家族已在新能源汽车市场树立了自己的品牌形象,构建了属于自己的用户群体。上市至今,两款ID.车型累计销量已达9.3万辆,引领合资品牌阵营在新能源汽车市场前进的步伐(见图9)。当下,电动化与智能化成为汽车产业发展的两大趋势,在这一进程中随之而来的还有用户的焦虑,用户仍然对纯电汽车存在续驶里程和安全方面的担心。准确地洞察到了用户的痛点,大众品牌在打造ID.系列时重点围绕科技智能、续驶里程和整车安全方面进行升级。另外,着手打造为用户全场景服务的补能生态。全方位为用户考虑,使得ID.4 CROZZ成为一台真正高品质、可靠的纯电SUV。

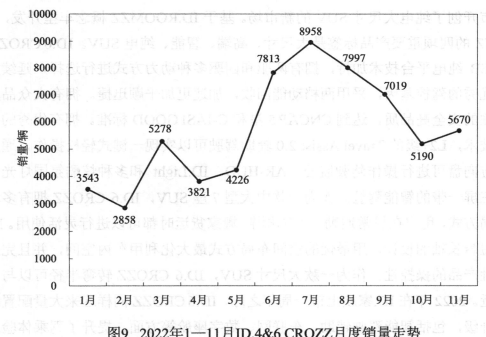

图9 2022年1—11月ID.4&6 CROZZ月度销量走势

ID.4 CROZZ凭借着续驶扎实、安全可靠等产品亮点,赢得用户的认可,成为纯电市场中用户信赖的A级SUV。ID.4 CROZZ拥有高度前瞻性革新设计、人性直观的智能科技、超高电池安全性以及全维安全防护体系、高品质的舒适驾驶控制及可靠续驶,确保使用无忧,体现了大众集团在我国市场上实现电动化战略转型的雄心。ID.4 CROZZ上市后,通过市场和用户的有效反馈,以及对竞争环境的敏锐洞察，不断地进行自我升级优化，提升产品竞争力。2022 年 ID.4 CROZZ 迎来上市一周年，为提升驾乘体验及用车安全，在智能驾驶辅助、车联网、数字座舱等方面进行了多项配置和功能的升级。智能驾驶辅助方面，新增了 IPA 智能泊车辅助系统，提升泊车便利性；新增了 DOW 车门开启预警系统，帮助驾驶员在离车过程中关注周边状态，识别并预警安全隐患；配备了紧急辅助系统，为驾驶员提供更多的安全守护。车联网方面，进行了 MOSC4.0 智慧车联系统的升级，增加手机 APP 远程查看车辆状态等多项功能。数字座舱方面，AR-HUD 及 ID.Light 等升级了更多实用功能。诸多配置和功能的优化均回归驾驶本身，夯实汽车使用过程每个可能被忽视的细节，给予用户更贴心、智能的人性关怀。

ID.6 CROZZ 是一汽-大众继 ID.4 CROZZ 之后推出的又一电动旗舰车型，是大众集团电动化战略的重要一步。大尺寸 SUV 是 SUV 市场新蓝海，ID.6 CROZZ 的上市开创了纯电大尺寸 SUV 的新市场。基于 ID.ROOMZZ 概念车型开发，ID.6 CROZZ 的四项重要产品标签是大尺寸、高端、智能、纯电 SUV。ID.6 CROZZ 通过 MEB 纯电平台技术加持，拥有两驱和四驱多种动力方式进行选择，延续大众品牌优秀的驾控基因，采用两档动能回收，加速更加平顺迅捷。拥有大众品牌一如既往的安全高品质，达到 CNCAP 5 星和 C-IASI GOOD 标准。拥有优秀的智能驾舱技术，L2+级的 Travel Assist 2.0 辅助驾驶可以实现一键式轻松操作，通过电容式方向盘可进行操作驾驶监控。AR-HUD、ID.Light 和多种炫酷氛围灯光调节实现三屏一带的智能驾舱。作为一款中大型 7 座 SUV，ID.6 CROZZ 拥有多种座椅布局方式，用户在日常通勤、家庭出游、搬家货运时都可以进行灵活使用。MEB 平台短悬长轴的设计，用最优的空间布局方式最大化利用车内空间，并且完全没有牺牲产品的操控性。作为一款大尺寸 SUV，ID.6 CROZZ 转弯半径可以与高尔夫相近。2022 年在 ID.家族上市一周年之际，ID.6 CROZZ 同样迎来大量配置和功能的升级，包括智能驾驶辅助、车联网、数字座舱等方面，提升了驾乘体验及用车安全。

此外，2022 年 ID.家族乘势推出 ID.纯享版，是大众品牌完善 ID.家族产品序列、持续为用户打造纯电出行体验的又一布局。通过时尚的外观、卓越的配置和最新的智能驾驶辅助完成了产品的质量升级，满足了新时代消费群体多元化的用车需求。同时，ID.纯享版所呈现的出色性价比，也为追求品质又渴望驾驶乐趣的年轻人提供了更好的选择。

十二、MEB 首台 B 级三厢轿车——Aero B

Aero B 是一汽-大众 ID 家族第三款纯电车型，定位于中大型纯电轿车，该车型最初的原型车为 2018 年在日内瓦国际车展上展出的 ID.VIZZION，其惊艳而又科幻的设计塑造了未来大众 ID 家族的设计风格。ID.VIZZION 后，该车型又进一步开发并衍生出 ID.SPACE VIZZION 概念车型（见图 10），ID.SPACE VIZZION 于 2019 年在洛杉矶车展亮相。

图 10　ID.SPACE VIZZION 概念车型

欧洲 ID. VIZZION 车型的车身形式为瓦罐旅行车。一汽-大众国产版 Aero B 基于 ID.SPACE VIZZION 开发，与欧洲版本不同的是，国产版为 B 级三厢纯电轿车，概念车还原度预计可以达到 90%。

在电动车时代，大众集团积极探索属于电动车型特有的设计风格来展现电动车应有的设计形态。新车 Aero B 沿用了 ID 家族设计路线，采用 ID.Signature 2.0 设计风格，在 ID 家族设计风格上进行再一次创新。简洁逻辑、可靠坚实、纯净亲和是该款车型在设计上坚持的设计风格支撑架构，其中"纯净亲和"是 ID 家族所特有的设计元素，与纯电动车环境友好、安静舒适的体验感受相匹配，呼应全球倡导绿色发展、自然生态有机的理念，体现了大众集团在电动车时代作为全球领先车企在人与自然、人与生态、人与未来方面的思考。

Aero B 传承大众品牌设计语言，利用车身型面的圆融流畅的一体化设计，体现了高端的设计品质感，整体车型线条优雅流畅又不失动感，掀背（fast back）造型在降低风阻的同时又带来了运动与速度的激情，使该车型既具备优秀的空气动力学特性，又具备时尚体验。除此之外，在空间上轴距接近 3m，超大的空间为用户提供超预期的舒适体验。

这款车型将继续沿用 ID 车型命名传统，预计将于 2023 年下半年上市。

新能源汽车市场已进入高速增长阶段，未来也将有更多品牌更多优秀的产品进入并抢夺市场，于 ID.家族而言既是机遇也是挑战。2023 年，ID.家族在深耕细作和持续升级优化的前提下，将为消费者提供更好的体验，在新能源汽车市场上占据更重要的竞争位势。

随着防疫政策的优化，相信 2023 年汽车市场将加速恢复，汽车行业将继续深化智能化和电动化的大势，一汽-大众（大众品牌）将把握行业变革的机遇，进一步丰富产品格局，携强大的燃油汽车和新能源汽车产品矩阵投入市场竞争中，以更好的产品体验更大程度满足客户需求。

（作者：李艳双）

2022 年上汽通用汽车产品市场调研报告

一、上汽通用 2022 年总体市场表现

2022 年，党的二十大胜利召开。从现在起，中国共产党的中心任务就是团结带领全国各族人民全面建成社会主义现代化强国、实现第二个百年奋斗目标，以中国式现代化全面推进中华民族伟大复兴。尽管面对更趋复杂严峻的国际环境和国内新冠疫情新发、多发等多重挑战，我国各地区各部门认真学习贯彻落实党的二十大精神，加力落实稳经济各项举措，国民经济呈现恢复向好态势，全年 GDP 增长率预计达 3.3%。

从汽车市场表现看，尽管疫情多点散发，但是燃油汽车车辆购置税减半政策惠及面广，叠加消费升级，汽车市场整体表现良好，新能源汽车维持高速增长，除此之外汽车出口势头强劲。基于中国汽车工业协会最新发布的数据，2022 年 1—10 月乘用车销量为 1771.2 万辆，比上年同期上涨 9.8%。其中，轿车销量同比上升 13%，SUV 销量同比上升 8.7%，MPV 销量同比下降 9.2%。1—10 月乘用车出口 197.5 万辆，同比增长 57.1%；新能源汽车出口 49.9 万辆，同比增长 96.7%。

2022 年不仅是国家"十四五"发展的攻坚之年，更是上汽通用汽车战略转型的关键一年。聚焦消费者对"电动化、智能化、网联化"全新科技和出行生态的需求，上汽通用汽车加快推进全球领先科技的应用，以科技赋能，为消费者创造更大的价值和更好的体验。

在新能源产品方面，凯迪拉克 LYRIQ 的上市已经吹响了奥特能电动汽车平台出征的"集结号"，基于奥特能平台的别克、雪佛兰旗下新能源产品在 2022 年陆续亮相，并凭借更智能、更安全、更高性能的领先优势，为消费者带来丰富的选择，树立合资品牌电动汽车的技术标杆。

在智能辅助驾驶方面，秉持"极致安全可靠"的理念，上汽通用汽车加速引入功能更强大的全新一代的 Super Cruise 超级智能辅助驾驶系统，加入指令变道、自动变道等新功能。泊车辅助系统迎来升级，新增智能钥匙或手机 APP 遥控泊车功能。

在智能座舱领域，全新一代 VCS 智能座舱系统进入市场，它集成了全球顶级

的硬件配置和行业领先的交互技术，配合5G和V2X车路协同技术，从功能、交互到服务带来智能高效、无缝连接的多位体验和丰富功能。

2022年1—10月上汽通用汽车国内批发总量为862745辆，同比下滑8.9%（见图1），总销量位列行业第六（见图2）。其中，雪佛兰同比增加19.9%，凯迪拉克同比下降11.6%，别克同比下降14.5%。

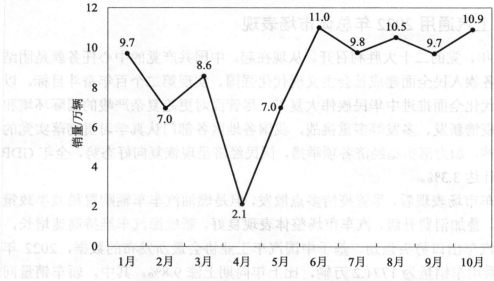

图1　2022年1—10月上汽通用汽车批发销量统计

（注：数据来源于中国汽车工业协会）

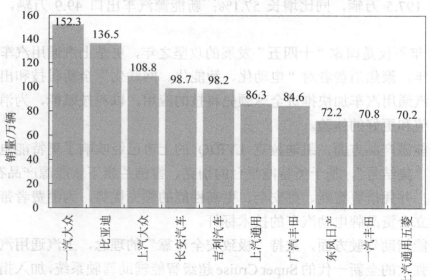

图2　2022年1—10月各厂商乘用车批发销量统计

（注：数据来源于中国汽车工业协会）

二、别克品牌2022年各车型市场表现

在汽车产业变革的重大关口，别克因时因势而变，品牌新标识的发布，昭示着别克将加速转型升级，向着"更电动、更智能、更高端"的方向，开启品牌发展的新格局。依托母公司和上汽通用汽车强大的体系支撑，从2022年到2025年，别克将在中国推出12款全新车型，包括5款全新一代电动车，发力MPV、SUV及轿车等主流新能源汽车市场，其中两款奥特能平台电动车型在2022年与消费者见面，全新都市高能SUV别克昂扬于2022成都车展首发。全新别克GL8世纪和别克Electra-X奥特能平台纯电概念SUV，都采用全新品牌标识、全新设计理念，荟萃前瞻科技，成为新别克的实力印证。

别克品牌在2022年1—10月总批发量为509003辆，同比下降14.5%。别克威朗Pro月均批发量12214辆，GL8月均批发量9491辆（见图3）。

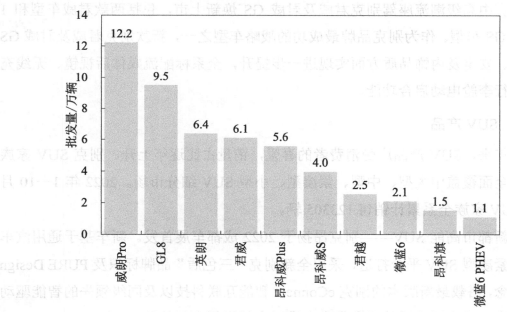

图3　2022年1—10月别克品牌各车型批发量

1. 紧凑级轿车

紧凑级轿车细分市场是我国最大的细分市场。2022年1—10月，别克威朗Pro累计销售122144辆，是别克品牌和上汽通用汽车的"销量担当"。

2022年新智联全能家轿别克威朗Pro和威朗Pro GS焕新上市，共推出两款威朗Pro车型和两款威朗Pro GS车型，搭载最新迭代的别克eConnect智能互联技术，交互体验全面升级。安全同样是全新别克威朗Pro和威朗Pro GS的优势之一，新车荣膺C-NCAP五星安全评级，让每一次出行都没有后顾之忧。国际专业消费者调研机构J.D. Power（君迪）公布的2022年中国新车质量研究（IQS）结果显示，威朗Pro和威朗Pro GS获得中型高端经济型轿车细分市场第一名。

2．中高级轿车

在中高级轿车市场，别克"双君"持续发挥中级车的稳固地位，通过运动与商务的不同定位，迎合不同消费者的需求。自2009年投放以来，别克君威与君越深受消费者喜爱，赢得我国中高级车市场的领先地位。2022年1—10月别克君威销量为60914辆，别克君越销量为25259辆。

别克中高级潮流座驾别克君威及君威GS焕新上市，包括两款君威车型和1款君威GS车型。作为别克品牌最成功的战略车型之一，新款别克君威及君威GS在舒适、安全及内饰品质方面实现进一步提升，全系标配流媒体后视镜、无线充电以及行李舱电动启合功能。

3．SUV产品

近年来，SUV产品广受消费者的喜爱，销量占比逐年上升。别克SUV家族目前已全面覆盖中大型、中型、紧凑型、小型SUV细分市场。2022年1—10月别克SUV家族全系累计销售123305辆。

全新都市高能SUV——别克昂扬于2022成都车展首发。新车基于通用汽车新一代紧凑型SUV平台打造，采用全新别克"三色盾"品牌标识及PURE Design设计理念，搭载最新版本的别克eConnect智能互联科技以及同级领先的智能驱动系统，为注重生活品质的用户带来充满活力的崭新出行体验。

别克品牌SUV家族旗舰车型昂科旗新增六座四驱尊享旗舰型，新车采用2+2+2座舱布局，第二排配备了飞机头等舱的座椅，基于全新高强度骨架，以高品质真皮打孔包覆配合厚实的优质填充物，采用别克专利的DHH垂直双硬度发泡工艺——在垂直方向的不同区域应用多种硬度进行支撑，更均匀合理地分布坐姿压力，兼顾优异的支撑度及长途舒适性。

4. MPV 产品

一直以来，上汽通用在中高端 MPV 市场都处于领先地位。2022 年 1—10 月别克 GL8 累计销量 94912 辆，月均销量 9491 辆。

作为国内 MPV 市场的"现象级"车型，别克 GL8 自面世以来始终聚焦用户的舒适乘坐体验，在设计、动力、安全、科技和工艺品质方面不断突破与创新，以傲视同侪的产品竞争力定义中大型豪华 MPV 市场标准，获得了超过 150 万车主的信赖。在车质网与凯睿赛驰咨询联合举办的《2021 年度中国汽车产品质量表现研究报告》中，别克 GL8 以全方位优异质量脱颖而出，一举摘得"合资品牌 MPV 第一名"的荣誉。

1998 年，以中高档轿车别克"新世纪"为先锋，别克品牌开启了其百年历史上令人瞩目的"中国时代"；今天，秉承 20 多年来在高端 MPV 产品开发上的深厚积淀，别克在现有豪华 MPV 格局之上再拓新境，带来 GL8 世纪，开辟更高端、更豪华的 MPV 全新细分市场，并以"世纪之作"开创豪华 MPV 出行的新纪元。在上海工业设计行业领域具有代表性的"设享奖 EDW" 2022 上海设计创新产品颁奖典礼上，别克世纪捧获产品组"最佳产品设计创新奖"；在《家族企业》杂志和中欧国际工商学院联合主办的"2022 中国家族企业传承主题论坛"上，别克世纪荣获"最受企业家欢迎车型"。

别克品牌启动 eCruise Pro 高级智能辅助驾驶系统 OTA 远程升级后，作为率先搭载这一先进智驾科技的车型，别克 GL8 艾维亚及 GL8 ES 陆尊部分车型新增 ILC 驾驶员指令变道功能，同时，还对 LCC 车道居中智能巡航系统与 TJA 交通拥堵辅助系统的方向盘离手检测时间进行优化，为用户带来更智能、更安全、更高效的出行体验。

5. 新能源产品

作为上汽通用汽车电动化布局的重要落子，别克首款基于奥特能平台的智能纯电 SUV 于 2022 年底亮相，2023 年上半年正式交付。此外，别克第二款基于奥特能平台的全新纯电车型也将于 2023 年发布上市。别克微蓝家族在 2022 年前 10 个月累计销售 31674 辆。

别克品牌纯电概念 SUV——别克 Electra-X，是基于奥特能电动汽车平台开发的别克首款 SUV 概念车,也是未来基于奥特能平台,别克对全新一代纯电量产车型的预演。同步搭载通用汽车多项优势科技:奥特能电动汽车平台凭借"更智能、更安全、更高性能"的优势,带来"生来更强"的电动化驾乘体验;新一代 Super Cruise 超级辅助驾驶系统汇聚尖端科技,覆盖多种出行场景,实现真正便捷、可靠的高阶智能辅助驾驶功能;全新一代 VCS 智能座舱带来无与伦比的沉浸式交互体验。

三、雪佛兰品牌 2022 年各车型市场表现

作为由赛车手创立的汽车品牌,雪佛兰自带"天生强悍"的品牌标签,具有与生俱来的运动基因。自 1911 年诞生以来,已为全球 2.55 亿驾驶者带去富有乐趣的出行体验。在中国市场,雪佛兰品牌以运动轿车为主,SUV 为辅,致力于打造最具运动与探索精神的主流合资品牌,为消费者带来强悍可靠和富有驾驶乐趣的产品。

雪佛兰品牌在 2022 年 1—10 月总批发量为 167032 辆,同比增长 19.9%,各车型批发量见图 4。

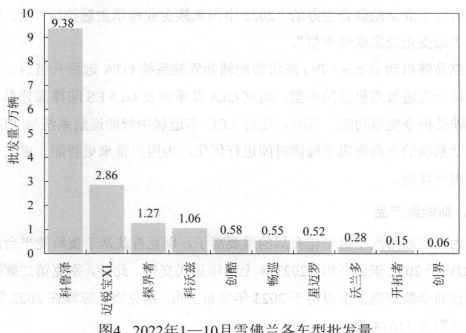

图4 2022年1—10月雪佛兰各车型批发量

1. 新能源汽车产品

雪佛兰现售一款新能源汽车产品——纯电轿车畅巡。作为雪佛兰在中国的首款纯电城际轿跑，畅巡自上市以来凭借时尚动感的造型设计、先进的纯电驱动科技、智能互联科技和稳定可靠的安全科技赢得良好的市场口碑。在2022 CCPC中国新能源汽车续驶里程真实率挑战赛中，畅巡凭借出色续驶表现，位列10万～30万元级第一名，再次印证其518km的真续航里程的含金量。

2. 紧凑级轿车

科鲁泽是雪佛兰在紧凑级轿车市场的重磅产品。2022年9月13日，全新科鲁泽换新上市，共推出3款车型。全新科鲁泽汇集了通用全球优势资源，造型设计、智能互联、科技配置以及动力系统等全面升级，搭载新一代数字科技座舱，以更先进的小雪OS智联系统以及更丰富的科技元素，全系标配53项实用配置，带来越级的舒适感，为家庭消费者提供高品质的用车体验，在入门级家轿细分市场树立了"10万元内首选家轿"新标杆。2022年1—10月累计销量93768辆，位列紧凑级轿车销量前列。

3. 中高级轿车

作为国内中高级运动轿跑的代表，雪佛兰迈锐宝XL传承雪佛兰与生俱来的运动基因，拥有强劲的动力和极富运动性能的底盘调校，获得大量消费者的青睐。作为本赛季"我是车手"超级合作伙伴，迈锐宝XL得到了一定的关注度和市场销量。2022年1—10月迈锐宝XL累计销售28551辆。

4. SUV产品

雪佛兰始终致力于打造更好的SUV。2022年1—10月，雪佛兰SUV总计销售25803辆。

2022年5月23日，雪佛兰全新创酷RS通过线上直播方式正式上市，共推出3款车型，售价10.99万～12.89万元。作为一款面向新生代年轻群体的"钢炮"SUV，创酷RS采用雪佛兰家族全新设计风格，搭载第八代Exotec全新1.5T四缸直喷涡轮增压发动机与全新小雪OS智能车联系统，加上62项全系标配的科技配置，以焕然一新的设计、进阶的动力性能和越级的科技实力为消费者带来更富运动激情的体验。2022年1—10月创酷RS销量为5845辆。

2022年9月19日，雪佛兰新一代紧凑型家用SUV星迈罗正式上市，共推出5款车型。基于对国内主流消费人群的深刻洞察，采用雪佛兰全球新一代设计风格，打造令人心动的车身造型，并搭载悬浮式双联屏新一代运动数字科技座舱。新车全系标配通用第八代Ecotec全新1.5T四缸直喷涡轮增压发动机与CVT智能无极变速器。外观设计秉持雪佛兰"生命力美学"设计理念，突破传统造型，兼具轿车的动感与SUV的硬朗感，更有专为中国新一代主流消费者群体定制的金色车身，极具市场竞争力。

雪佛兰实力中级SUV探界者自上市以来，以高人一档的超强综合实力登陆中国，让中国消费者与全球同步体验纯正美式SUV的强悍性能和无限操控乐趣。2022年1—10月，探界者销量为12678辆。

四、凯迪拉克品牌2022年各车型市场表现

2022年是凯迪拉克诞生120周年，也是进入中国市场的第19年，凯迪拉克始终保持向前的勇气，不断突破陈规，以一次又一次的创新科技，推动汽车行业发展，从过去到现在，从未改变。凯迪拉克首辆纯电车型——锐歌2022年上市交付，凯迪拉克将以此为起点迈向全新纯电未来。

跨界合作方面，凯迪拉克顺应年轻人的喜好，携手索尼旗下PS5，推出以游戏"战神：诸神黄昏"为主题的特别涂装款CT5，并在全国多个城市展开游戏主题互动体验活动，获得了广泛好评。凯迪拉克也与米哈游旗下二次元游戏元神合作，推出CT4、XT4元神联名款，车身增加游戏人物的彩绘及游戏元素涂装，限量销售120辆。这是凯迪拉克"后驱之趣，行家之选"跨界联名活动的首次"破圈"探索，是拓展多元圈层，引领科技潮流生活方式的一次尝试。未来凯迪拉克将与更多的科技及生活品牌联名合作，打造更加多元化的产品，展示凯迪拉克勇于创新、无畏前行的年轻活力。

凯迪拉克始终面向多元化的受众需求，为不同的群体创造更具包容性的产品。2022年1—10月凯迪拉克国内累计销量为164853辆（见图5）。在燃油汽车领域，以"3+3"的新美式豪华产品阵容覆盖豪华车各细分市场。在新能源汽车领域，锐歌也逐渐发挥其豪华旗舰SUV的品牌价值，开启凯迪拉克纯电转型的新篇章。

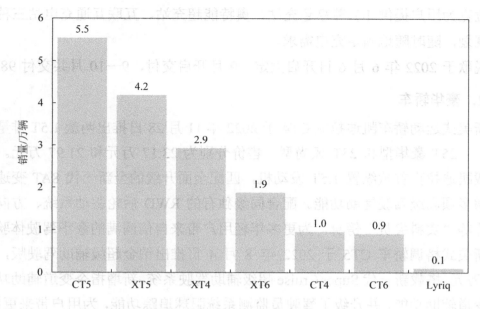

图5　2022年1—10月凯迪拉克各车型销量

1. 新能源产品

豪华纯电中大型 SUV 锐歌的推出，标志着凯迪拉克开启纯电时代。全新品牌徽标、流光星雨直列式 LED 车灯延续招牌设计精髓，黑晶光耀格栅、流光飞翼尾灯以自信独立的姿态，成为又一个标志性视觉元素。内饰搭载 33in 环幕屏与 AKG 录音级音响系统，带来极致豪华的驾乘体验。豪华体验、极致享受正是凯迪拉克的产品追求。

锐歌基于奥特能平台和 Super Cruise 超级驾驶辅助系统打造高性能、安全、智能的极致体验。后驱版续航里程达 653km，四驱版 0~100km/h 加速仅需 4.9s，打造人车合一的操控；无线 BMS、七重核心电池热管理技术、BEV Heat 高效综合热管理系统，保障电池安全。全方位的主动安全预警与辅助系统保障乘客与行人安全。智能化方面，厘米级高精度地图加持的辅助驾驶系统，带来安全惬意的智能驾驶体验，更可以依托 OTA 远程升级不断优化拓展使用场景。全车语音交互，只需动口即可控制音乐、空调、车窗、导航等功能。

针对纯电车型用户的消费习惯，凯迪拉克以用户需求为核心，通过凯迪拉克 IQ APP、纯电 IQ 空间等创新的营销模式，直联每一位用户，打造线上、线下闭环式服务，为用户带来超越期待的购车体验。同时为解决消费者关注的补能问题，凯迪拉克为用户提供 IQ 尊享超充站、奥特能超充站、互联互通充电站三种充电设施规划，随时随地满足充电需求。

锐歌于 2022 年 6 月 6 日开启大定，9 月开启交付，9—10 月共交付 986 辆。

2. 豪华轿车

新美式运动轿车凯迪拉克 CT4 于 2022 年 11 月 28 日推出两款 1.5T 排量全新车型——25T 豪华型和 25T 风尚型，售价分别为 23.17 万元和 21.97 万元。新车型搭载凯迪拉克首款纵置 1.5T 发动机，匹配全面升级的全新一代 8AT 变速器，并新增多项高级驾驶辅助功能。配合同级独有的 RWD 后轮驱动系统、方向盘变速拨片等"实料尖货"傍身，为更多年轻用户带来自信满满的豪华驾驶体验。

新美式格调轿车 CT5 于 2022 年 8 月 4 日推出铂金超级辅助驾驶版，售价 30.67 万元。搭载新一代 Super Cruise 超级辅助驾驶系统，新增指令变道辅助功能、自动变道辅助功能，并升级了驾驶员监测系统眼球追踪功能，为用户带来更智能、更安全、更可靠的智能驾驶体验，进一步满足用户多场景用车需求。CT5 自上市以来深受消费者喜爱，市场占有率稳占细分市场前列。2022 年 1—10 月累计销量 55362 辆。

新美式旗舰轿车 CT6 推出 120 周年限量版，售价 40.57 万元，搭载 34 颗 Bose Panaray 殿堂级扬声器、Pure space 纯净座舱、Super Cruise 超级辅助驾驶系统、ARS 主动后轮转向、MRC 主动电磁感应悬挂等多项旗舰配置，为驾乘者带来殿堂级的聆听盛宴与豪华舒适驾乘体验。

3. 豪华 SUV

2022 年 7 月 6 日，新美式格调 SUV XT5 优化产品系列，新增豪华型四驱（蜂鸟版）车型，售价 38.27 万元。在原有豪华型版本丰富的配置基础上，搭载包含蜂鸟四驱和蜂鸟悬挂的凯迪拉克蜂鸟底盘，进一步提升舒适感和科技感。蜂鸟四驱系统每秒响应上百次，能够从容应对各种复杂路况，带来平顺、舒适的驾乘体验。XT5 作为凯迪拉克豪华 SUV 阵营中的全能担当，自上市以来凭借越级空间、从容驾控和安全科技等强大实力，赢得了广大消费者青睐。2022 年 1—10 月累计销量 41868 辆。

2022 年 6 月 27 日，新美式大型豪华 SUV XT6 推出 120 周年限量版，新增人脸识别启动系统，车主无须携带钥匙，仅通过手机蓝牙唤醒车载信息娱乐系统就能刷脸解锁，抢先体验无钥匙时代。2022年1—10月XT6累计销量18739辆。

未来，凯迪拉克将持续以"科技制胜"的产品开发策略不断提升产品核心竞争力，持续为客户带来全方位的新美式豪华体验，同时优化营销体系。2022年底，共有26家凯迪拉克IQ空间开业，遍布14个主要城市；100家凯迪拉克IQ专区开业，覆盖50个城市。2023年将有超过200家凯迪拉克IQ专区投入运营；到2030年凯迪拉克将全面进入纯电时代。

五、2022年总结及2023年展望

2022年是国家十四五发展的攻坚之年，也是上汽通用战略转型的关键时期。上汽通用汽车秉持高质量发展的战略定力，大力推动业务链创新转型，在技术升级、产品竞争力提升、品牌塑造、营销创新、智能制造、体系布局等方面，实现全方位体系能力提升，公司的销售结构与销售质量不断优化，经营质量持续向好。上汽通用汽车在基本稳住市场销量的同时，推动产品高端化，实现价格上探，取得了阶段性成功。

同时，上汽通用汽车聚焦前沿科技发展和市场未来出行生态需求，发力电动化、智能化、网联化的前瞻战略规划及成果落地，积极探索新业务模式，并取得了重大突破，为企业可持续、高质量发展夯实了基础，为公司加速面向未来的战略转型开启了崭新的篇章。

未来，上汽通用还将加快推进营销创新、服务创新、渠道创新，用新理念、新思维不断优化营销体系、开拓新业务增长点，持续提升三大品牌影响力，为用户带来全生命周期的优质体验，不断满足消费者对智能出行的美好期待。

当前新科技、新理念、新边界被不断突破，产业形态、消费理念、商业模式日新月异，面对前所未有的挑战，上汽通用汽车将继续创新整合全球优势资源，结合自身对中国消费者需求和本土市场环境的洞察和把握，将前沿智能出行科技同步引入中国，在保证高质量发展的同时创新突破，不懈锻造创领未来的核心能力，向着"引领智慧出行，成就美好生活"的愿景扎实迈进。上汽通用汽车计划到2025年在电动化、智能网联化新技术领域总投入700亿元，别克首款基于奥特能平台的大五座纯电SUV已在2022年底亮相，2023年上半年上市交付；雪佛兰首款基于奥特能平台的纯电概念车FNR-XE在2022年科技展望日上全球首秀，雪佛兰首台基于奥特能平台的量产车型将在2023年底前上市交付。加上凯迪拉

克和别克第二款基于奥特能平台的车型也于 2023 年上市，2023 年上汽通用汽车共有 4 款基于奥特能平台的全新车型与消费者见面，未来 5 年三大品牌将累计超过 10 款纯电产品落地。未来两年内，上汽通用汽车还将推出新一代油电强混技术和插电式混合动力技术，进一步丰富绿色节能产品型谱。属于上汽通用汽车的电动化、智能化新未来正在到来！

（作者：霍媛 符逸）

2022年广汽丰田产品市场调查报告

一、整体市场震荡前行，传统合资陷入苦战

新冠疫情已经三年，乘用车市场在2022年仍然饱经波折。外部关系持续承压，整体经济环境疲软，持续不断的芯片供应短缺以及此起彼伏的疫情都让所有汽车从业者疲惫不堪，其中尤以传统合资品牌为甚。

除以上因素外，传统合资品牌还面临着一系列的挑战：国内汽车企业努力依靠新能源汽车实现弯道超车，民族消费意识觉醒下国潮兴起，自主品牌技术品质提高，产品日新月异。这些让各大传统合资品牌纷纷陷入苦战，终端销售更是节节败退。虽有燃油汽车车辆购置税减半政策扶持，但临近2022年年末，随着又一波疫情暴发，经销商库存量更是越来越高，经销商和厂家压力很大。

纵观2022年1—11月整体市场表现（见表1），大盘销量同比萎缩4%，而新能源汽车渗透率大幅增长至26%；从系别来看，自主品牌抢占合资份额，市场占有率达到43%，整体自主品牌新能源汽车比例几乎翻倍，达到50%；合资/外资品牌市场占有率57%，相比上年减少4%，新能源汽车比例有所提升，主要归因于特斯拉销量增长。

表1 2021年1—11月和2022年1—11月乘用车市场销量情况

	品牌	销量/辆		同比增长（%）	市场占有率（%）			新能源汽车比例（%）		
		2021年1—11月	2022年1—11月		2021年1—11月	2022年1—11月	增长	2021年1—11月	2022年1—11月	增长
自主品牌	小计	7163141	7585601	6	39	43	+4	27	50	+23
	比亚迪	613019	1386604	126	3	8	+5	70	99	+29
	长安	833355	790079	−5	4	4	−0	9	20	+11
	吉利	936034	707296	−24	5	4	−1	3	5	+2
	五菱	450479	521959	16	2	3	+1	77	74	−3
	哈弗	659359	423401	−36	4	2	−2	0	0	+0

（续）

品牌			销量/辆		同比增长（%）	市场占有率（%）		增长	新能源汽车比例（%）		增长
			2021年1—11月	2022年1—11月		2021年1—11月	2022年1—11月		2021年1—11月	2022年1—11月	
合资/外资品牌	小计		11430203	10228572	−11	61	57	−4	4	8	+4
	德系	小计	4647504	4183166	−10	25	23	−2	4	7	+3
		大众	2160204	1914990	−11	12	11	−1	4	8	+4
	日系	小计	4220300	3865436	−8	23	22	−1	1	1	0
		丰田 小计	1443303	1621054	12	8	9	+1	1	1	0
		丰田 广汽丰田	707978	886304	25	4	5	+1	1	0	−1
		本田	1359575	1214188	−11	7	7	−0	1	1	0
		日产	936273	708004	−24	5	4	−1	0	3	+3
	美系	小计	1749123	1571756	−10	9	9	0	16	29	+13
		别克	739527	560753	−24	4	3	−1	3	6	+3
		特斯拉	252343	400010	59	1	2	+1	100	100	0
	韩系		496147	310308	−37	3	2	−1	1	0	−1
	欧系		317129	297906	−6	2	2	−0	6	8	+2
总计			18593344	17814173	−4				13	26	+12

注：数据来源于机动车交通事故责任强制保险。

从品牌厂家来看，比亚迪独占鳌头，销量、市场占有率同时实现翻倍；除丰田外，各大主要合资品牌市场占有率均出现不同程度萎缩。

广汽丰田在此大环境下逆势上扬，截至11月底，上险数销量达到88.6万辆，同比增长25%，在公司创业18载，五条生产线紧锣密鼓冲击年产销百万辆的关键年份，创下了公司史上同期最佳销量成绩单。

二、广汽丰田坚守阵地，新车布局助力百万辆销量

为冲击百万辆产销、进一步充实自身产品线以满足各细分市场消费者的需求，2022年广汽丰田投入多款新车，为提升销量提供了新鲜血液；同时，在售车型表现稳健，为企业的行稳致远夯实基础（见图1）。

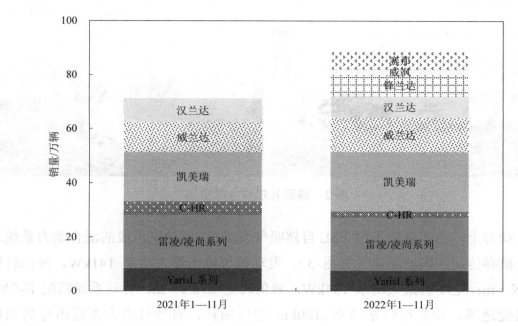

图1 2021年1—11月和2022年1—11月广汽丰田分车型销量构造

2022年1—11月，广汽丰田上险数销量相比上年同期增加17.5万辆，其中全新车型赛那、威飒、锋兰达带来增量16.7万辆。在售车型方面，在高价值TNGA-K平台车型当中，凯美瑞、威兰达共计增长4.5万辆。

1．赛那

广汽丰田赛那（简称赛那）官方指导价格为30.98万~40.58万元。作为丰田全球车型，赛那基于TNGA-K平台打造，定位中大型MPV，此前曾长时间通过平行进口形式出现在国内市场，也是在北美市场喜闻乐见的一款中大型车。

设计风格上，与TNGA产品梯队一脉相承，赛那融入较多年轻化设计元素，梯形进气格栅让前脸视觉重心更靠下，两侧前照灯组造型也十分犀利并搭载LED光源。前脸大气饱满，气场十足，无论商用家用都能彰显存在感。车尾线条排布走向平缓，不失庄重（见图2）。

在尺寸方面，赛那的长/宽/高分别为5165mm/1995mm/1765（1785）mm，轴距为3060mm。空间层面上，赛那在硕大体型下有很高的空间利用率，七人满座也不显拥挤，空间表现在同级别车型中几无对手。而在最为尊贵的第二排座椅上，有着不错的表现，双独立座椅形制十分宽厚，美式大沙发臀感相当舒适，更配备舒适腿托。电滑门设计不但使用方便，立足商务场合也有相当的体面（见图2）。

图 2　赛那外观与内部空间

动力上，赛那搭载了由 2.5L 自然吸气发动机+电动机组成的混合动力系统，完全摒弃传统纯燃油系统（见图 3）。发动机可输出最大功率 141kW，峰值转矩 238N·m；电动机最大功率 134kW，峰值转矩 270N·m。传动系统匹配 E-CVT 无级变速器。该系统带来 5.9L/100km 超低油耗，有效打消大家庭出行的油耗焦虑。

赛那全系标配 LED 日间行车灯、LED 组合尾灯、Toyota Safety Sense 智行安全系统等，可为用户保驾护航（见图 3）。为了给车内营造舒适、愉悦的氛围，赛那还对多媒体娱乐功能下足功夫，搭载了 11.6in 的后排娱乐系统，乘客可通过 Wi-Fi 实现投屏。

图 3　赛那动力系统与安全配置

赛那更提供福祉版车型（见图 4），首批车辆作为 2022 年北京冬奥会合作用车，间接证明了该车的品质和实用性，这也是丰田在国内导入的首款福祉车。

图 4 赛那福祉版

赛那的上市，填补了广汽丰田在 MPV 市场的空缺。从赛那的外观设计、动力系统、空间表现、安全性能来看，各项硬件指标均素质过硬，即使指导价为广汽丰田产品阵列最高位，仍然在上市之初即赢得广大消费者的青睐，订单火爆。

从初期用户调研结果来看，赛那以高层男性、原豪华品牌或丰田车主为主要用户，重视舒适性、空间等家庭需求，同时不失时尚。从用户使用体验来看，外观、空间、质量、驾驶性、经济性等各方面均符合用户期待，只有内饰的科技感、豪华精致程度相比竞品稍逊一筹，期待今后的商品改良跟进。

2. 威飒

威飒售价区间为 21.68 万～30.38 万元。该车以日本 Harrier 和北美 Venza 为原型进行本地化开发，是广汽丰田旗下的全新中型 SUV，定位在汉兰达之下，内部采用 5 座布局。

外观方面，威飒发动机舱盖隆起的线条一直延伸至格栅，颇有丰田品牌性能车"牛魔王"Supra 的影子。狭长的前照灯内部配备双"L 形"LED 日间行车灯，搭配运动感十足的前唇，让威飒展现出凌厉的气势。侧面腰线从轮眉处贯穿至尾灯组，搭配顺滑的车顶曲线更显灵动时尚。此外，威飒前后翼子板营造出了宽体的视觉效果，搭配双五辐式大尺寸轮圈，运动感十足。车尾采用贯穿式 LED 尾灯组搭配小型车顶扰流板，后包围由贯穿镀铬装饰条作为点缀，形成很好的层次感。另外，双边共两出的排气布局也使得威飒具有不错的动感属性（见图 5）。车身尺寸长/宽/高为 4780mm/1855mm/1660mm，轴距 2690mm。

图 5　威飒外观

内饰部分，威飒采用双色内饰设计，整体风格一改丰田往日调性，优雅时尚。悬浮式中控屏以及全液晶仪表均为 12.3in，配备 HUD 抬头显示功能，值得一提的是，天窗还具有调光模式，日常开启遮光板时，也可以避免阳光直射车内，科技感十足（见图 6）。

图 6　威飒内饰与天窗

配置上，威飒配备人脸识别、无线充电、流媒体内后视镜、ICS 智能雷达带辅助制动系统以及主动转向辅助系统等科技配置。主动安全功能方面，搭载丰田 Toyota Safety Sense 智行安全系统，包括 PCS 预碰撞安全系统、DRCC 动态雷达巡航控制系统、LTA 车道循迹辅助系统以及 AHB 自动调节远光灯等功能。

动力方面，威飒提供 2.0L 燃油版与 2.5L 混合动力版两种动力系统。2.0L 自然吸气发动机最大功率为 126kW，峰值转矩为 209N·m，匹配 CVT 无级变速器，并提供前驱/四驱车型；2.5L 混合动力版发动机最大功率为 131kW，峰值转矩为 221N·m，配备 E-CVT 无级变速器与电控四驱系统。

作为丰田产品阵列中的颜值担当，威飒外观、内饰设计优雅时尚，个性亮眼而又不失内敛，结合丰田品牌沉稳积淀，更贴合现代人群个性、理性消费和不过度显山露水却不舍弃自我本色的精神诉求。从初期用户调研结果来看，威飒成功吸引了注重品质、希望表现自我个性的高度理性、追求实用的消费者。

3. 锋兰达

锋兰达官方指导售价区间为 12.58 万~16.98 万元，基于 TNGA-C 平台打造，定位紧凑型 SUV；与雷凌相仿，锋兰达外观也延续了日本版本（卡罗拉 Cross）原汁原味的设计，造型区别于一汽丰田卡罗拉锐放。

外观方面，锋兰达采用近乎封闭式的前格栅设计，两侧前照灯组面积较大，并采用异形设计，内部的 LED 日间行车灯狭长而犀利。前包围采用了大尺寸格栅造型搭配厚重的包边设计，两侧还配有圆形雾灯组。侧面提供双色车漆搭配，并由镀铬饰条勾勒，提升时尚感。前后翼子板微宽出车体，配合厚重的黑色轮眉，使得新车拥有非常不错的宽体视觉效果。车尾配备小型扰流板，尾灯与头灯造型呼应，并使用熏黑设计，拥有不错的辨识度（见图 7）。车身尺寸长/宽/高分别为 4485mm/1825mm/1620mm，轴距为 2640mm。

图 7　锋兰达外观

内饰设计与雷凌大同小异，整体风格年轻时尚。内部空间上，前后排座椅比较舒适，头部空间较好，整体乘坐空间优秀，后排地板平整。车内储物空间表现较佳，行李舱空间非常规整，日常状态下的行李舱容积为 434L，后排座椅还可按 4∶6 比例单独或整体放倒来提升装载能力（见图 8）。

图 8　锋兰达内部空间

动力方面,锋兰达采用 2.0L 自然吸气四缸发动机,最大功率 126kW,最大转矩 205N·m;传动系统方面,与该发动机匹配的是可模拟 10 速的 CVT 无级变速器。此外,未来还将推出混合动力版车型。

作为丰田推出的全球最畅销车型卡罗拉的衍生 SUV,锋兰达是实实在在的一台入门级紧凑型 SUV。其原型被冠以卡罗拉之名,拥有卡罗拉的高性价比,而空间实用性方面则是保持了 SUV 车型的标准,各方面表现都可谓是经济适用车型中的优等生。从锋兰达初期用户调研结果来看,更偏大众化、初显成熟的用户画像正印证了这一点(见表2)。作为投放到广汽丰田个性车型 C-HR 同细分市场的一款大众产品,锋兰达肩负着分担 C-HR 肩上销量担子,在该级别更广阔的市场中发挥丰田应有销量实力,乃至支撑起今后广汽丰田百万辆产销体系的重要使命。

表2 锋兰达初期用户与 C-HR/奕泽用户特征对比

	锋兰达	C-HR/奕泽
基础特征	男性用户占比高(74%) 31~35 岁用户占比高(30%) 大专学历占比高(57%)	男性占比高,但女性用户相对较多(43%) 20~30 岁用户占比高(33%) 本科学历占比高(50%)
购车特征 &需求	收购占比 86%,换购占比 12% 因休闲需要购车 购车关注:外观、操控、安全性 用途:上下班代步	收购用户占比高(96%) 因接送家人、孩子(上班、上学等)需要车(57%) 购车关注:外观、舒适性、质量/做工品质 用途:日常生活代步、接送家人上下班

4. 凯美瑞

2022 款丰田凯美瑞于 2022 年 6 月正式上市,新车增加了 2.0S/2.5S 骑士版车型,2.5L 混合动力车型则增加了一款入门的 2.5HE 精英 PLUS 版。总体上,2022 款凯美瑞的售价区间为 17.98 万~26.98 万元。

骑士版车型采用了专属内外观设计,包含有酷黑前格栅、酷黑外门把手、酷黑 19in 铝合金轮圈、酷黑 LED 组合尾灯、酷黑尾部车标、中控仪表台 S 形亮银色装饰、酷黑运动座椅(织物+合成皮革),整车造型上更加个性(见图9)。配置方面,增加的两款骑士版均对标同排量的风尚版车型,除了上述专属的配置之外,其余配置保持一致。

图 9　凯美瑞骑士版

新增的 2.5HE 精英 PLUS 版则是 2.5L 混合动力的新增入门车型。这款车在配置上与全系入门的 2.0E 精英版较为接近，但增加了前排降噪玻璃、丰田 TSS 智行安全套装（预碰撞安全系统、自适应巡航、自动调节远光灯、车道循迹辅助）这几项功能。

第八代凯美瑞自 2018 年上市以来，凭借当初领先时代的产品竞争力，久经市场考验而热度不减，近年更是连续稳居中高级轿车市场销量冠军，堪称传统合资市场王冠上的宝石。站在时代的交叉点，凯美瑞将继续作为广汽丰田的明星车型，见证今后的市场发展。

5. 威兰达

2022 款威兰达于 2022 年 7 月上市，推出骑士版指导价格区间为 20.58 万～24.88 万元，都市版指导价格区间为 19.08 万～22.08 万元，改款领先版售价区间为 17.38 万～20.78 万元。骑士版增加炫黑个性套件，整体车型风格更为个性抢眼。

外观方面，2022 款威兰达骑士版最大的变化在于增加炫黑个性套件，同时铂青铜投射式 LED 前照灯、回旋镖式 LED 日间行车灯、熏黑 LED 组合尾灯以及黑铬电镀组合尾灯装饰等都是其与众不同之处，而 18in 钢琴黑铝合金轮圈搭配钢琴黑轮眉、钢琴黑环绕式包围、铂青铜环绕式装饰等，也让这款车与普通版车型形成差异。骑士版将提供墨晶黑、铂金珍珠白、铂金珍珠白黑双色三种色彩搭配。

内饰部分，骑士版提供骑士黑、月光灰两种内饰选择，作为特别版车型，车内细节将以铂青铜、钢琴黑专属饰条+缝线点缀（见图 10）。

图 10　威兰达骑士版外观与内饰

三、混合动力比例再创新高，电动加速即将开启

截至 2022 年 11 月，广汽丰田上险数中，混合动力车型销量占比达到 30%，相比 2021 年同期大幅提升 9%（见表 3）。其中，高端车型赛那 100%搭载混合动力系统，汉兰达混合动力车型销量占比则达到 85%。丰田混合动力技术自进入我国市场以来深耕多年，正赢得越来越多消费者的认可与青睐。面向 2023 年，广汽丰田已在 2022 年底广州车展上举行品牌更新技术发布会，发布第五代 THS 混合动力技术，电机功率将会提升，动力体验升级，同时，在智能化方面也将进行升级。

表 3　2021 年 1—11 月和 2022 年 1—11 月广汽丰田各车型混合动力版销量占比情况

（%）

车型	2021 年 1—11 月	2022 年 1—11 月	份额变动情况
赛娜	—	100	—
汉兰达	27	85	+58
威飒	—	32	—
凯美瑞	17	15	-2
威兰达	25	15	-10
C-HR	4	5	+1
雷凌/凌尚系列	33	36	+3
总计	21	30	+9

除此之外，广汽丰田正在加紧推进新能源汽车布局，新能源汽车产能扩建项

目二期（第五生产线）已于 2022 年 12 月在广州市南沙区正式投产，占地面积 74 万 m²，产能规划 20 万辆/年。在该条生产线上，丰田全球首款 e-TNGA 纯电 SUV bZ4X 量产下线。早前，广汽丰田还导入了丰田第二代 MIRAI 开展试点运行。今后，广汽丰田将继续全面扩大纯电动汽车产品阵容，更多产品敬请期待。

（作者：陆俊超）

2022 年广汽本田产品市场调研报告

一、2022 年广汽本田整体市场表现

2022 年上半年，作为汽车供应链枢纽的上海爆发新冠疫情，全国汽车供应链遭受重大打击，产销一度停摆；下半年，各大汽车消费省份如广东、河南等地疫情多点散发，居民出行意愿大幅降低、消费意愿极度延缓。整年以来，供销两端一直面临着较大的压力和挑战。2022 年 1—11 月，根据全国乘用车市场信息联席会数据，狭义乘用车市场批发量达 2092.6 万辆，同比增长 11.7%，体现了汽车企业在逆势中破浪前行的努力；与此同时，狭义乘用车市场终端销量为 1836.9 万辆，同比仅增长 1.8%，与汽车企业批发量有较大差异，说明在较差宏观环境下终端市场的疲软无力，以及由于高库存而导致的店端及厂家的资金链压力。

虽然批发和终端市场在汽车企业的共同努力下仍然保持正增长，但该增长主要由新能源汽车支撑。全国乘用车市场信息联席会数据显示，2022 年 1—11 月，终端市场上新能源汽车市场占有率已经达到 27.4%，累计增长率高达 99.8%；而传统能源汽车市场方面，车辆购置税减半政策并没有发挥出市场预想的效果，市场占有率较同期下滑 14.1%，拖累整体市场增速。

虽然传统能源汽车市场情况不佳，但广汽本田攻坚克难，依托坚实的销售基盘，把握住一切销售机会，充分利用燃油汽车车辆购置税减半政策，在华南地区疫情肆虐的状态下，2022 年 6—11 月累计销量同步增长率回正（见表 1）。2022 年 1—11 月，广汽本田累计销量为 681534 辆，与 2021 年基本持平。其中雅阁、奥德赛、冠道三款中高级车型，更是凭借硬实力逆势实现正增长（见表 2）。

表 1 2022 年 1—11 月实施燃油汽车车辆购置税优惠政策前后广汽本田销量表现

	1—5 月累计销量/辆	1—5 月累计同比增长率（%）	6—11 月累计销量/辆	6—11 月累计同比增长率（%）
批发量	282409	-10.3	399333	4.6

表2 2021年1—11月和2022年1—11月广汽本田批发量情况

车型	2021年11月销量/辆	2022年11月销量/辆	同比增长率（%）	2021年1—11月累计销量/辆	2022年1—11月累计销量/辆	同比增长率（%）
雅阁	25049	19837	-20.8	180869	208453	15.3
飞度	10286	6686	-35.0	87089	60499	-30.5
奥德赛	537	2647	392.9	39848	40712	2.2
凌派	4574	1326	-71.0	41851	25976	-37.9
型格	—	3965	—	—	75967	—
缤智	17875	467	-97.4	155828	94387	-39.4
冠道	1645	3287	99.8	34750	42163	21.3
皓影	16919	7075	-58.2	152209	121696	-20.0
极湃1	—	1002	—	—	3376	—
致在	—	559	—	—	5518	—
绎乐	319	12	-96.2	1860	1295	-30.4
VE1	129	9	-93.0	2213	1492	-32.6
合计	77333	46872	-39.4	696517	681534	-2.2

在追赶产销节奏的同时，广汽本田并不忽视用户的需求，尽最大努力为用户提供更优质、更贴心的服务与产品。凭借有口皆碑的品质制造、领先行业的技术和专业贴心的服务，广汽本田获得了900万用户的认可，连续三年获得新车质量研究（IQS）与销售满意度研究（SSI）第一名，也是中国汽车史上第一个IQS三连冠；并连续两年蝉联售后服务满意度研究（CSI）第一名。

车型方面，雅阁国内交付超过300万辆；缤智达成110万保有用户。广汽本田旗下全新电动品牌e:NP首款产品极湃1于2022年6月正式上市，以"无界"创新，打造"无界体验"，彰显广汽本田电动化、智能化的加速升级。全新车型致在作为本田ZR-V全新全球车的首个发布车型，领先日本和欧洲市场，在国内首先上市，体现本田对中国市场的重视。荣膺两项世界级设计大奖的全新缤智，生来自带空气动力学与"通透设计美学"双重优势，以超高颜值打造属于年轻人的缤纷世界，延续全球小型SUV标杆的强势地位。被众多媒体誉为"最美本田SUV"的皓影也即将迎来换代，除了传承最美SUV基因，在智能化、安全配置、空间等方面将实现全面升级进化。至此，广汽本田SUV矩阵实力进一步跃升。

二、2022年广汽本田在细分市场的产品表现

1. 雅阁的市场表现

作为广汽本田旗舰轿车,雅阁在华23载,历经十代进化,收获超300万国内用户,再破日系中高级轿车的国内用户交付纪录,同时创造了广汽集团和本田在华销售车型率先达成300万辆的用户交付纪录。全新雅阁(见图1)更是构建起了"动力、安全、智导互联"的全领域智能生态,成为中高级轿车智能价值的新典范。在2022年疫情起伏不定,零部件供应存在挑战的背景下,雅阁持续热销,创下了连续5个月销售2万多辆的优异成绩,2022年1—11月累计销量达208453辆,同比增长15.3%,实现高销量基数上的快速增长,令人惊叹。

图1 全新雅阁

2. 皓影的市场表现

以本色之美引领新风向,皓影(见图2)不仅以全新的设计美学掀起国内SUV新美风潮,更涵盖燃油、混合动力、插电式混合动力三大动力系统,拥有优越的驾驶质感与领先的产品价值,为SUV市场树立价值新标杆,在不到三年的时间里,赢得超40万个家庭的选择与信赖。为了更好迎合快速变化的市场需求,皓影

在上市三年后便迎来换代：全新皓影依旧采用针对中国市场的本土化专属设计，继承"最美 SUV"基因，充分表达对中国市场的尊重，并在智能化、安全配置、空间等方面实现全面升级进化，提供七座版本以满足用户的更多场景需求。2022 年 1—11 月，皓影累计销量达 121696 辆，持续领跑合资紧凑型 SUV 市场。

图 2　皓影

3. 飞度的市场表现

作为合资 A0 级轿车市场的领头羊，飞度以独有的运动、亲民等特质，将其车型品牌魅力植根于国内超 130 万粉丝的心中，成为家喻户晓、老少咸宜的一款车。但广汽本田并未原地踏步，为了更好满足不同细分用户群的需求，广汽本田应势推出飞度无限 MUGEN 版，进一步深化飞度的"超跑"品牌号召力，为两厢轿车市场带来更有信仰的文化潮流。飞度无限 MUGEN 版（见图 3）搭载全新运动套件和专属徽标，且拥有专属序列标牌，充分体现广汽本田年轻、活力的一面，迎合有热爱、有信仰的用户需求。2022 年 1—11 月，在合资 A0 级轿车市场整体供应受限的情况下，飞度累计销量达 60499 辆，名列前茅。同时质量与口碑方面深受大众认可，在 58 汽车与 J.D. Power 联合颁布的紫檀奖—2022 中国汽车保值率风云榜中，以 3 年超 63% 的高保值率锁定小型车第一名的位置。

图 3　飞度无限 MUGEN 版

4．缤智的市场表现

在小型 SUV 市场整体供应不足及旧款清库完成的背景下，缤智凭借着全球车的卓越商品价值持续热销，2022 年 1—11 月累计销量为 94387 辆，持续霸占该级别市场头部位置；上市 8 年时间，国内累计销量便已突破 110 万辆，成为国内小型 SUV 市场的常驻"人气王"。另外，自 2020 年起，缤智连续三年登上"紫檀奖"保值率榜单，更在 2022 年荣获 J.D.Power 新车质量研究（IQS）紧凑型 SUV 冠军，成为小型 SUV 级别市场风向标，实力不容小觑。

2022 年 11 月 30 日，广汽本田全新缤智（见图 4）上市，以"AMP UP YOUR LIFE"为设计理念，以通透设计美学加持，实现与都市年轻人的同频互动，延续缤智热销浪潮。

图 4　广汽本田全新缤智

5. 致在的市场表现

作为 Honda Architecture 全新架构下的首款 SUV，致在（见图5）从底层架构就以愉悦驾控为设计方向，塑造出强大的动态性能基底，被许多权威媒体誉为"本田最好开的 SUV"。它具备与皓影相差无几的大车身尺寸和同级别车型最小转弯半径（5.2m），搭载同级别车型少有的 BOSE 豪华音响系统（12 扬声器）、高级卡片式钥匙、10.1in 彩色智能互联屏系统等多项豪华高质感配置，被"感享青年"奉为品质座驾首选，与冠道、皓影、缤智组成强势 SUV 阵营，开启全新的广汽本田 SUV 时代。

图 5　致在

6. 凌派的市场表现

广汽本田中级战略轿车凌派（见图6）在 2022 年 9 月阔步迈入百万辆俱乐部阵营，跻身合资品牌 A+级轿车市场先锋梯队。9 年时光，凌派潜心磨砺、厚积薄发，凭借"运动科技""智能科技"两个超强"外挂"，塑造了激情驾驭、领先智联、尊享款待体验等越级产品竞争力，以"黑马"之姿持续席卷中级轿车市场，为"享法"无限的年轻一代提供更有趣的新潮车生活，成就"更懂中国消费者的车"的市场美名。凌派 e:HEV 的加入，也扩充了广汽本田的混合动力联盟车型，让广汽本田一跃成为国内"电驱混动"路线中车型更多、排量更全、覆盖细分市场更广的企业。

图 6 凌派

7. 奥德赛锐·混合动力的市场表现

作为本田全球战略车型，历经 20 年 5 代进化的奥德赛始终提供深度契合家庭用车需求的满足感，无论是导入 i-MMD 混合动力系统、福祉车设计，还是进化为更年轻化外观，提供更具享受感和智能化的高价值配置，奥德赛一切都从家庭实际用车需求出发，打造更加人性化的 MPV 驾乘体验，成为家用 MPV 市场标杆，累计用户交付突破 70 万辆。2022 年 1—11 月，奥德赛累计销量达 40712 辆，同比逆势增长 2.2%，引领中高端家用 MPV 市场。

随着 MPV 使用场景不断改变和重塑，广汽本田推出奥德赛（ODYSSEY）锐·御享四座版（见图 7），汇聚多项舒适性配置，配合专属精致外观，凭借多维升格的尊享感，以"新格调轻奢商务 MPV"的全新定位，向高端商务市场发起冲击。

图 7 奥德赛锐·御享四座版

8. 型格的市场表现

作为广汽本田全新战略中级车，型格凭借 Honda Architecture 新架构锻造的越级实力，保持热销态势，2022 年 1—11 月销量达 75967 辆，逐渐站稳 A+级运动轿车市场头部阵营。性能实力再进阶，广汽本田趁热打铁，推出首款搭载最新第四代 2.0L i-MMD 混合动力系统的车型——型格 e:HEV（见图 8）。型格 e:HEV 拥有与纯电动汽车同级别的高功率、大转矩电机，在日常行驶的几乎所有场景下基本可以实现电机驱动，让加速和响应更轻快灵敏，完美诠释"电机驱动更混动"。通过 Honda Architecture 新架构与新系统的强强联合，型格 e:HEV 带来前所未有的运动表现，更快、更稳、更远、更静，是当之无愧的"性能混动"，将开辟出全新 A+级混合动力轿车市场。

图 8　型格 e:HEV

9. 冠道

冠道以"旗舰大五座SUV"在中大型SUV市场拥有同级别车型独有的优势，宽奢空间、殿堂级动力和豪华配置等带来超越同级别车型的独特豪华体验，塑造出引领广汽本田 SUV 家族的旗舰品牌形象，是广汽本田对于 SUV 市场精准布局的体现。为感恩回馈 35 万用户的信赖和热爱，广汽本田推出了冠道 240 TURBO CVT 限量纪念版车型（见图 9），升级配备智能电动尾门与 360°全景影像系统两大专属权益包，进一步提升"旗舰大五座"SUV 的豪华感与价值感。2022 年 1—11 月，冠道累计销量达 42163 辆，同比增长 21.3%，反映其强大的产品实力及精准定位。

图 9 冠道 240 TURBO CVT 限量纪念版车型

10. 极湃 1 的市场表现

23 年前,广汽本田首台全球同步车型国产雅阁下线、全国首家 4S 店开业,同步开创了产品与生态的新纪元;23 年后,广汽本田全面发力电动事业,打破自身边界,以极致融合开启电动时代进阶之路。2022 年 6 月,广汽本田旗下全新电动品牌 e:NP 首款产品极湃 1(见图 10)正式上市,在上市不久后便斩获"中国心"十佳新能源汽车动力系统大奖及 2022 年生态汽车白金牌认证。全新的品牌与产品,配套全新工厂、全新渠道、全新车生活体验等,一切以用户体验为中心,广汽本田全力以赴,将产品价值与体验价值进行极致融合,为电动化浪潮带来"无界,由你"的全新价值冲击,进一步彰显广汽本田全面电动化、陪伴更多用户进阶下一个移动梦想的决心。

图 10 极湃 1

三、总结与展望

对于汽车行业来说，2022年是相对惨淡的一年。虽然有600亿元额度的车辆购置税减半政策助力，但由于无法出行、宏观经济面显颓势导致消费意愿降低等因素影响，对冲了政策利好，导致以传统能源车型为主力的汽车市场颓势依旧。新能源汽车市场虽然生机勃勃，但也是四面楚歌：部分曾经的头部企业开始倾颓；一些企业后来居上，但在补贴取消之后，有多少能够继续支撑尚是未知数；2017年和2018年首批真正被用户接纳的新能源车型在进入售后高峰期时，企业的对应与市场的真正反馈值得探讨。

随着进一步优化疫情防控的20条措施出台，社会面的完全放开给经济的提振、消费信心的提升显而易见。预计2023年全年狭义乘用车销量与2022年全年持平。在此背景下，汽车企业依旧需要精打细算，怀抱对消费者与市场的敬畏，用谨慎的乐观心态去经营企业。

流水不争先，只争滔滔不绝。2023年，广汽本田将保持定力，逆势扬帆，乘风破浪，汇聚全价值体系之力，积极布局新车型，加速推动市场发展，为整个车市"提前供暖"贡献力量。同时，继续夯实高质量体系基盘，着力提升供应链的韧性，拓宽电动化新赛道，推动实现企业发展质的有效提升和量的合理增长，全力以赴挑战更高目标。

（作者：毛玉晶）

2022年东风日产产品市场调研报告

一、2022年乘用车市场回顾

2022年1—10月乘用车整车市场销量为1717万辆，相较上年同期增长11%（见图1），高于过去三年同期销量，接近2018年水平。

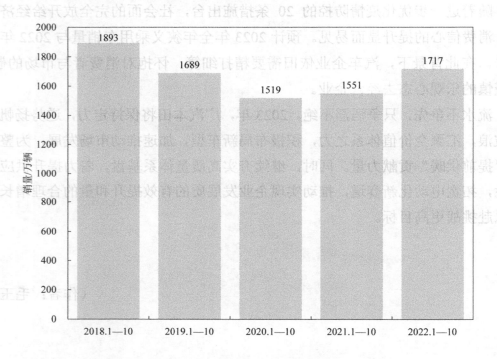

图1 2018—2022年（1—10月）乘用车市场销量

（注：数据来源于全国乘用车市场信息联席会）

这是在多方面因素叠加下出现的结果，有积极方面也有消极方面。其中，燃油汽车车辆购置税减半政策是最大也是最直接的积极影响因素。从图2可以看出，自2022年6月1日政策实施以来带动了长达4个月的销量增长。除此以外，供应链持续改善、终端库存充裕和终端促销等因素也产生积极影响。

不过，从数据看，2022年9月和10月的销量虽然高于上年同期，但是并没有出现"金九银十"的盛况，主要原因是潜在购买者提前购车，透支了"金九银十"的销量，而新增的购车需求增长有限，这显示出新冠疫情导致的消费力或者消费信心处于低位，而这将可能产生较为深刻和长远的负面影响。

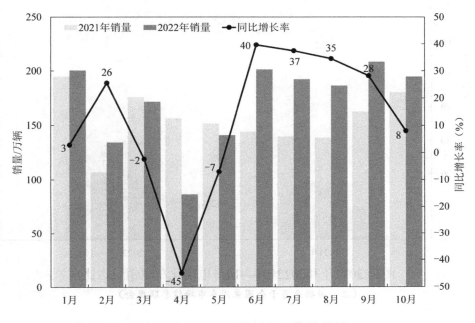

图2 2022年1—10月乘用车月度销量情况

（注：数据来源于全国乘用车市场信息联席会）

分动力总成来看，2022年1—10月，电动化车型销量均有较大的涨幅，其中PHEV/REEV增长125%，BEV增长62%，HEV也不甘示弱，增长46%（见图3）。新能源汽车渗透率为26.5%，达到《新能源汽车产业发展规划（2021—2035年）》提出的到2025年新能源汽车销量占比20%的目标。当前的新能源汽车渗透率显示出我国新能源汽车产业已经形成良好的发展规模，在此基础上，笔者认为还需要加强配套体系的进一步完善，加快新能源汽车产业的市场化进程，实现产业的可持续发展。同时，我国还应利用巨大的市场规模以及产业优势实现标准体系的输出，助力我国掌握电动汽车未来发展的话语权。

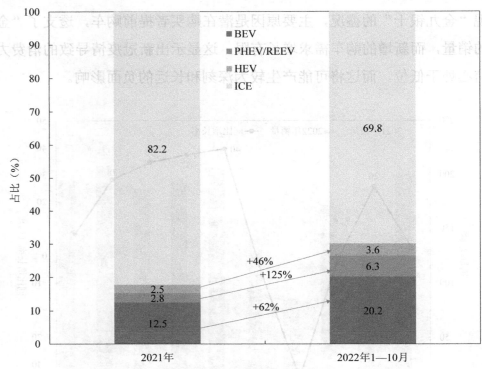

图3 2021年和2022年1—10月电动化车型销量占比

（注：数据来源于全国乘用车市场信息联席会）

二、2022年合资品牌乘用车市场回顾

如前文所述，受燃油汽车车辆购置税减半政策的影响，2022年1—10月整体销量重回疫情前的水平。车辆购置税减半政策的补贴对象是30万元以内且2.0L及以下的非新能源车型，而主流合资品牌的绝大多数车型都落入补贴区间，受益于这一政策，南北大众、南北丰田以及广汽本田均实现了不同幅度的增长（见图4）。总体来看，排名靠前的厂商表现得相对稳健，这是由于在最近几年里，燃油汽车市场悄然萎缩，燃油汽车市场占有率持续向头部品牌集中，强势的品牌已经抢夺了更多的市场份额，这对于弱势的品牌而言，无疑是严峻的挑战。

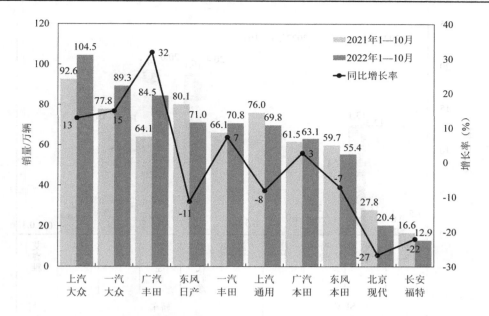

图4　2022年1—10月合资汽车企业（不含豪华和自主品牌）销量及增长率

（注：数据来源于全国乘用车市场信息联席会。上汽大众不含奥迪、一汽-大众不含捷达、东风日产不含启辰、上汽通用不含凯迪拉克。）

三、2022年东风日产市场表现及细分市场研究

1. 2022年东风日产整体市场表现

2021年1—10月和2022年1—10月东风日产分车型批发量如图5所示。东风日产拥有由全新天籁、第14代轩逸、轩逸经典、骐达和新蓝鸟组成的丰富轿车产品线。在疫情带来消费力下降和油价高企的大环境下，轩逸家族凭借其出色的燃油经济性受到广大消费者的喜爱，终端市场出现供不应求的景象。年初日产在第14代轩逸上导入了e-POWER电驱技术，这为消费者提供了更多选择。

全新天籁2018年上市至今，销量不断攀升，2022年月均销量达1.3万辆，稳占合资品牌中级轿车前五名，2022年天籁迎来中期改款，回归舒适稳重格调，其表现值得期待。

中国电动汽车市场风起云涌，早在2014年，东风日产就在中国导入了日产Leaf电动汽车——启辰晨风，这是国内主流合资厂商在电动汽车领域的第一次探索，显现出当时东风日产作为合资第一梯队的领军精神和行业担当。2022年，基于CMF-EV平台打造的艾睿雅成功上市，将再次为合资新能源汽车市场注入全新活力。

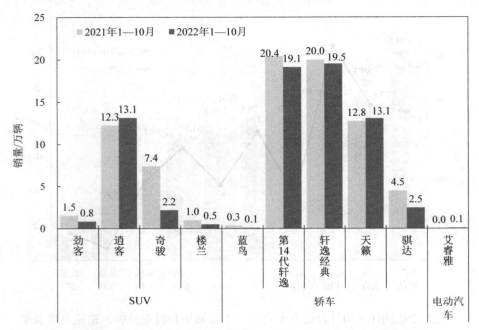

图5 2021年1—10月和2022年1—10月东风日产分车型批发量

（注：数据来源于全国乘用车市场信息联席会）

2. 2022年东风日产新车型介绍

（1）第14代轩逸e-POWER电驱版（见图6） 在日本市场，2018年，Note e-POWER力压丰田普锐斯，成为日本汽车市场混合动力车型榜首。东风日产迅速将e-POWER进行本地化开发后引入国内，搭载在最为畅销的第14代轩逸上，于2021年底成功上市，填补了东风日产混合动力车型的空白，并以此作为开端，未来将陆续导入e-POWER系列产品。

e-POWER整套电气系统基于成熟的聆风电动汽车开发而来，搭载了1.5 kWh闪充闪放锂电池和1.2L汽油发动机。与丰田、本田的混合动力系统不同的是，这台发动机只给锂电池充电或者电动机供电，而电动机是唯一的驱动来源。其实，丰田和本田都尝试过这类混合动力结构，但最终都放弃了，放弃的原因无外乎是这类混合动力结构需要高效的电驱技术来支持。日产推出e-POWER具备了两方面条件：一是日产在开发聆风过程中已经储备了丰富成熟的电气化技术，二是日产e-POWER是2016年发布的，而丰田普锐斯是1997年发布的，20年间电驱技术迅猛发展，已经不可同日而语。搭载了e-POWER电驱技术的第十四代轩逸油耗低至4.1L/100km（NEDC工况），与卡罗拉1.8L HEV的 4.1L/100km油耗在同等水平上。轩逸电驱加速平顺、响应迅速、转矩爆发力大，同时提供运动模式，油门细腻感十足，推背感随心而动，为用户带来激情的驾驶体验和自信的驾驶乐趣。

图 6　第 14 代轩逸 e-POWER 电驱版

（2）艾睿雅（见图 7）　艾睿雅诞生于日产 CMF-EV 纯电动汽车平台而不是燃油汽车平台。众所周知，对于"油改电"的电动车型，平台设计必须兼顾发动机，因此"油改电"车型并没有完全获得电动汽车动力系统紧凑性的好处。CMF-EV 纯电动汽车平台对电动汽车动力系统的紧凑性特点加以合理利用，减少前悬，拓宽轴距，以增加内部空间，平整的电池使得前后排都是贯通平整。艾睿雅电池容量为 90kWh，最长续驶 623km（CLTC 工况）。

 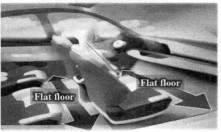

图 7　艾睿雅纯电动汽车外观与内部示意图

从首款电动车 Tama 到量产车型 Leaf 再到基于纯电动汽车平台的艾瑞雅上市，日产经历了 75 年纯电动汽车技术的积淀，这铸就了日产全产业链自研体系的独特品牌优势，而 Leaf 全球累计销量突破 50 万辆，11 年全球累计 210 亿 km 零事故，创造了纯电动汽车行业的安全传奇。日产始终以人为核心，坚持为消费者提供舒适自信的驾驶体验，即便在艾瑞雅电动车型上，这一基因也不会改变。汲取日产 GT-R 车型的 ATTESA E-TS 转矩分配技术，结合用户对乘坐舒适性和自信驾驶的需求，四驱版本的艾瑞雅对动力输出、制动和底盘系统进行精准全轮控制，在任何时候、任何地方都能提供人车合一的舒适、自信驾驶感。

（3）准八代天籁（见图 8） 2022 年 10 月全新天籁迎来中期改款，本次中期改款对天籁重新定位，使其回归到舒适和高级阵营，外观和内饰变化较大，因此赋予"准八代"的称号。外观设计上，准八代天籁换上具备最新设计风格的日产车标，水平横向镀铬条的装饰手法让前脸更加舒展并显得更加稳重，V-Motion 的家族设计与细长车灯连成大 V 形，凸显出时尚感，同时涂黑大 V 以彰显高级感。

内饰方面，新款天籁依旧采用了简洁的布局风格以营造家用柔和的氛围，新款车型加入了棕色内饰。在保持舒适家用基调的同时，改款后的天籁努力提升自身的科技感，例如中控显示屏提升到了 12.3in，增加 64 色氛围灯、手机无线充电面板等科技实用配置，新车的车联网系统也进行了升级，搭载了"日产智联"系统和"ProPILOT 超智驾"驾驶辅助系统。

图 8 准八代天籁外观图和内饰图

四、2023 年展望

虽然抗疫政策的优化和调整将缓解部分地区的经济压力，但经济发展需要较长时间来恢复，这将直接影响城乡居民的收入和消费信心。同时，燃油汽车车辆购置税减半政策到期和新能源汽车补贴的退出将带来购车成本的上涨，加上 2022

年已经透支了2023年的部分购车需求，因此业内人士对2023年乘用车市场总体需求持较为谨慎的态度。

虽然短期内总需求会有阶段性回跌，但笔者认为，2023—2025年我国乘用车市场总体上仍将处于上行周期。

首先，我国经济表现出较强的韧性，大部分地区的城镇居民和农村居民可支配收入均实现了增长，这为汽车市场提供了良好的土壤。

第二，根据2022年9月底公安部和统计局发布的数据，我国当前千人乘用车保有量为220辆，这一数据仍然低于主要发达国家水平，具备发展潜力，尤其在保有量更低的三、四线地区，随着乡村振兴战略的推进和新一轮汽车下乡政策的实施，汽车有望在这些地区加速普及，从而带来一定增量。而对于汽车保有量较高的一、二线城市，不断推出的智能电动汽车新产品将刺激高收入群体的增换购需求。

对于汽车企业来说，需要不断调整销售渠道和产品矩阵以适应城市的线级迁移带来的市场变化和增换购用户的需求，东风日产一方面将稳住燃油汽车基本盘，另一方面以艾睿雅和第十四代轩逸e-POWER电驱技术为开端，加速布局新能源汽车和节能汽车，推出更多符合中国市场消费者需求的产品。

（作者：陈泽茂）

2022 年神龙汽车市场调查报告

2022 年是神龙汽车有限公司成立 30 周年的特殊年份。2022 年 5 月 18 日生日这天，公司在武汉工厂举行成立 30 周年"而立 新生 创未来"形势目标动员大会。全体在武汉的 2000 多名员工以环厂跑的形式，庆祝公司成立 30 周年，迎接新的挑战，共同开启神龙事业新征程。公司双方股东代表东风汽车公司党委常委、副总经理、神龙汽车公司董事长张祖同与 Stellantis 集团全球执委会成员、中国区首席运营官、神龙汽车公司副董事长奥立维分别以视频方式致辞，寄语神龙汽车未来更加精彩，双方表示将一如既往支持公司长久健康发展，投入更多资源、开展更多协同，持续增强公司双品牌的竞争力。

为庆祝公司成立 30 周年，从 2022 年 5 月 16—21 日武汉体育中心亮起灯光秀，每天 19：00—22：00 轮播，传递出美好、真挚的祝福，诠释对公司扎根武汉 30 年的深情厚谊。武汉两江四岸华光璀璨的灯光秀在众多建筑上一同点亮，为神龙加油。

2022 年 11 月 9 日，神龙汽车召开了以"同心、同行、共赢"为主题的供应商沟通会，Stellantis 集团全球执委会成员、中国区首席运营官、神龙汽车公司副董事长奥立维亲临会议现场，表示神龙汽车是 Stellantis 集团在中国唯一的合资制造企业，与东风汽车的合作一直都是 Stellantis 集团在中国的重中之重。这一表述推翻了在 2022 年 10 月 17 日的 2022 年巴黎车展上，Stellantis 集团 CEO 唐唯实对外发表的标致、雪铁龙等旗下品牌在中国实施"轻资产"战略所引起的各种猜测。从"轻资产"到"重中之重"，不难看出 Stellantis 集团对神龙汽车寄予了厚望。为何 Stellantis 集团对神龙汽车的态度会有如此大的前后反差？答案，或许就在于神龙汽车本身。

继 2022 年 9 月销售 14037 辆，同比增长 73% 之后，10 月神龙汽车销售 14589 辆，同比增长 45%，创下年内销量新纪录。而截至 2022 年 10 月，神龙汽车已经连续 23 个月实现销量同比正增长，2022 年 1—10 月累计销量甚至已经超过 2021 年全年，预计 2022 年全年销量将达到 13 万辆，市场占有率将由 2021 年的 0.52%

攀升到 0.63%，实现销量和市场占有率的双增（见图1）。神龙汽车的销量从 2015 年巅峰时期的全年销量 71 万辆，到 2020 年低谷时期的 5.03 万辆，到 2021 年强力突破 10 万辆，再到 2022 年继续攀升至 13 万辆。很显然，近两年逐步复苏回暖的神龙汽车，再次让 Stellantis 集团看到了神龙汽车重回巅峰的希望。

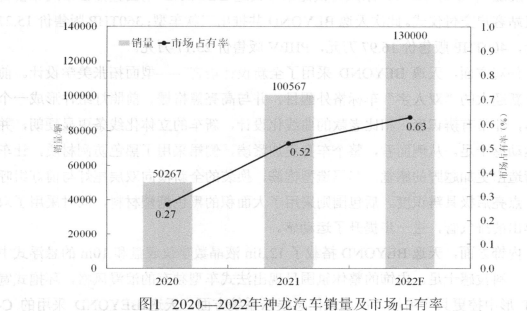

图1　2020—2022年神龙汽车销量及市场占有率

一、深耕传统燃油汽车市场，在逐步缩小的蛋糕里寻求增量

基于股东在战略方面的考虑，神龙汽车公司没有急于大规模进入日渐火爆的私人电动汽车市场，而是继续深耕传统燃油汽车市场，在逐步缩小的蛋糕里寻求增量。2022 年 1—10 月，中国乘用车市场的总体增长率为 11%，而传统燃油汽车市场同比下降了 8%，神龙汽车公司销量的同比增长率达到了 46%，远超总体及细分市场的平均增长率，既跑赢大市场，也跑赢了小市场。在新能源汽车行业渗透率接近 30%，和传统燃油汽车市场逐步萎缩的情况下，公司经营层带着全体员工深耕传统燃油汽车市场，一城一池、一车又一车，凭着血性和韧性，顽强地拼出一条"血路"，奇迹般地取得了 46% 的增长率，是整个行业的 4.2 倍。

从产品策略上看，2022 年神龙汽车公司可用的"子弹"并不多，仅仅投放了两款中期改款车型——雪铁龙天逸 BEYOND 和标致全新 408。但神龙汽车在这两个改款产品上做足了文章，将有限的资源发挥到极致，使得这两款车的产品竞争力不亚于全新车型，产品配置全面升级，真正做到入门即豪华。营销上也采取当下流行的新零售模式，采用 APP 或小程序下定，全网一口价，公正透明，消除用户议价烦恼。两款改款产品都取得了意想不到的效果。

1. 东风雪铁龙天逸 BEYOND

2022 年 8 月 16 日，东风雪铁龙举行天逸 BEYOND 全国直播上市发布会暨武汉站客户交付仪式。此次天逸 BEYOND 共推出三款车型：360THP 版售价 15.27 万元，400THP 版售价 16.97 万元，PHEV 版售价 23.17 万元。

外观方面，天逸 BEYOND 采用了全新设计语言——型面拓张美学设计。前脸全新超大的"双人字"车标格外醒目，并与高亮黑格栅、前照灯组件形成一个整体，非常有辨识度。相比老款的曲线化设计，新车的立体化线条更显硬朗，并且运动感十足。从侧面看，整个车身更加紧凑，侧裙采用了黑色防刮材质，让车辆营造出更加越野的感觉。车尾造型饱满，换装的全新横向双层尾灯与前灯组呼应，点亮后极具辨识度。后包围则采用了大面积的黑色搪塑材料，同时采用了双边单出的排气管，进一步提升了运动感。

内饰方面，天逸 BEYOND 搭载了 12.3in 液晶数字仪表盘和 10in 的悬浮式中控屏，科技感十足。内饰的整体氛围呈现出法式车型独有的浪漫风格，环抱式宽体 T 形中控更具实用性。在车载信息娱乐系统方面，天逸 BEYOND 采用的 C-CONNECT 3.0 BEYOND 交互式智能网联系统，响应速度一流，并且还支持 AR 实景导航、OTA 升级服务、远程控制、人工智能、语音交互等丰富功能。除了强大的车载信息娱乐系统外，天逸 BEYOND 的配置更加丰富，包括高级驾驶辅助系统（ADAS），具备十余项驾驶辅助功能；拥有透明底盘、360°全景泊车影像和陡坡缓降控制（HDC）等功能。而在娱乐功能上，天逸 BEYOND 甚至可以让你秒变麦霸，随时随地手持麦克风舒展歌喉，同时搭载同价位车型少见的 Alcantara 翻毛皮座椅，进一步彰显了豪华感（见图 2）。

图 2　东风雪铁龙天逸 BEYOND

动力方面,天逸 BEYOND 搭载三种动力组合,分别是 1.6T、1.8T 发动机以及插电式混合动力;变速器采用爱信 8AT 手自一体变速器。天逸 BEYOND 还配有标准、雪地、泥地、沙地、"ESP OFF"等五种驾驶模式,满足不同路况下的驾驶需求,为车主提供了更多的驾驶乐趣。

东风雪铁龙最为大家津津乐道的技术就是"魔毯"了,天逸 BEYOND 在操控时的表现可以用优秀来形容。悬架采用雪铁龙品牌独有的 PHC 自适应液压稳定(PHC)技术,可根据路面随时适配不同阻尼。无论何种路况,都能让驾驶者有轻松、轻盈的感觉。悬架的支撑在转弯时表现出色,支撑性十足,让这样一台 SUV 车型有了可以媲美轿车的驾乘感觉。

2. 东风标致新 408

2022 年 8 月 21 日,东风标致以一封致狮粉和索肖社区朋友们的专属信函《纸短情长 见字如晤》,宣布"新法式高品质大家轿"——新 408 正式上市。官方直售价分别为进取版 10.57 万元、追光版 11.47 万元、逐梦版 12.17 万元。

在 2022 年 7 月 27 日预售之后,新 408 以毫不妥协的良心品质、48 项主流配置全系标配和极具诚意的预售价格,获得了用户的肯定,被大家称为"家轿卷王",出手就是"王炸",打造出 A 级家轿爆款新标杆。相关数据显示,新 408 自预售之日起,24 天内订单破万辆!

作为一款新法式高品质大家轿,新 408 以狮魂美学、品质大空间、动感驾趣三大核心竞争力传递出标致品牌"美感、动感、质感"价值的同时,还为广大消费者带来时尚个性、越级享受、澎湃高效的用车体验(见图 3)。

图 3 东风标致新 408 狮魂美学外观

东风标致把用户关注和高频使用的 48 项主流配置作为全系标配,包括 1.6T 全铝双涡管单涡轮增压发动机、爱信 6AT 第三代手自一体变速器、真皮小幅多功能赛车式方向盘、i-Cockpit 唯我座舱、17in 铝合金轮毂、12in 液晶组合仪表、10in 智能高清触控屏、獠牙 LED 日间行车灯、狮眼 LED 前照灯、狮爪 LED 尾灯、百年 CLDR 大师级调校底盘等（见图 4）。

图 4　东风标致新 408 空间及配置

新 408 搭载了全新升级的 Blue-i 3.0 智能网联系统，将为用户提供更加顺畅、高效的智能交互体验。界面风格上，Blue-i 3.0 拥有全新的 UI，采用多卡片式界面展示功能，简约直观、操作便捷。Blue-i 3.0 拥有人性化智能语音交互，带来更加快速的响应和执行。Blue-i 3.0 拥有丰富的应用生态，支持高德地图在线导航和唱吧应用等，应用商城内还有新浪新闻、央视影音、芒果 TV、云听等丰富娱乐休闲应用可在线安装，更有海量快应用小程序拓展，支持樊登读书、星座物语、荔枝博客、三毛游景点讲解、豆果美食、搜狐网、好兔视频等小程序，为用户带来轻松畅快的智能享受。

正如东风标致总经理罗明在信中所说："我们相信坚持的力量，愿你我坚定前行，步履不停，与新 408 一起，去进取，去追光，去逐梦，时间会验证所有的答案，终能遇见更好的我们！"

二、打造超级 APP，强化私域用户运营，助推营销数字化转型

神龙汽车以 2021 年 9 月凡尔赛 C5X 上市为契机，开启了营销转型的新模式。2022 年 3 月 31 日，公司双品牌超级 APP 如期上线（见图 5）。APP 作为支持公司营销领域数字化转型的重要工具和新零售体系的重要运营载体，助力品牌实现线上下单、线下履约的新零售模式闭环；打造汇聚多个能力中心的业务平台，持续沉淀和复用通用业务能力，让业务能力可视、可管、可度量，将共性需求打造成标准化、组件化能力，支撑前端快速创新；构建支撑运营决策的数据平台，搭建

线上触点的埋点数据洞察指标体系，汇聚用户数据，形成用户标签体系和用户画像能力，支撑品牌运营实现以标签及画像为基础的精准营销。

图 5　东风雪铁龙与东风标致超级 APP

APP 通过不断版本迭代，整合官网、公众号、小程序等触点，实现多触点无缝互动，不同渠道 OneID 打通，流量沉淀；从认知、选购到成交、用车，提供全生命周期的客户服务；通过会员体系、等级、权益、加 V 认证等，培养和提高客户品牌忠诚度；通过投票、抽奖、问卷调查、活动等，打造用户社区及内容阵地；打通购车、置换、下定、线上财务流程等，实现客户订单透明化等功能。

APP 上线以来，很快成为用户活动的阵地。以东风标致 APP 为例，创建索肖社区。索肖是法国蒙贝利亚尔市的一座精致小镇，背靠阿尔卑斯山脉。212 年前，标致从这里诞生。东风标致将社区命名为索肖，希望每位入驻的伙伴都能感受到动感时尚的法式魅力。索肖社区始终向所有用户和"狮粉"们开放，并以自由进取的精神，不断创新，与大家一起共同迈向更高品质的生活。

伴随新 408 的上市，东风标致 APP 索肖社区上线了"云展厅"，让大家可以在线品鉴新 408，为大家打造了"活力足球""开心美食""爱心咖啡"等多项活动路线。如果你喜欢足球，可以报名参与索肖社区的全国足球友谊赛；如果你喜欢美食，可以加入中餐厅美食之旅，美食达人带你吃好玩好；如果你喜欢咖啡，可以与东风标致一起探访爱心咖啡园，品味醇香、拓展人生。所有索肖社区的用户，都可以成为"标致全民合伙人"。合伙人每推荐 1 位体验官成功试驾，可获得 200 积分；合伙人推荐用户购车并成功提车 1 台，根据会员等级不同，最高可获得 15000 积分。如果你是东风标致车主用户，可选择接受品牌派单，提供试驾服务，每单可获得 1000 积分。

丰富多彩的用户运营活动产生了极强的涟漪效应，使得私域阵地成为新车销售商机线索的重要来源。以前的商机线索几乎全部来自垂直媒体公域留下的个人资料或其他不同行业合作，数字化转型以后，通过用户运营、品牌直播等私域手段获取的商机线索占到了商机线索总量的 50%左右。

三、新能源汽车聚焦 B 端市场，主打差异化竞争策略

新能源汽车领域，神龙汽车没有贸然进入竞争激烈的 C 端主赛道，而是以 B 端为切入点，主打差异化竞争策略。

2022 年 3 月 28 日，东风富康 ES600 正式上市（见图 6），共推出了出租版、网约版 2 款车型，售价 15.38 万元。作为神龙汽车瞄准 B 端新能源汽车市场专门打造的纯电车型，东风富康 ES600 凭借着好开、好用、好省的产品品质，上市即实现 30000 辆客户订单，得到了全国网约车和出租车用户的充分认可，首批订单 1000 辆于上市当日顺利实现交付。

图 6 东风富康 ES600 充电版上市

东风富康 ES600 的轴距长达 2730mm，能够在接送乘客时提供宽敞的乘坐空间。162mm 的后排腿部空间，提供给乘客较为舒适的伸展空间和临时办公空间。售后政策主要有：非营运类车辆承诺 3 年或 12 万 km 整车质保、三电部分 8 年或 15 万 km 的质保、电芯部分有 5 年或 50 万 km 质保；营运类车辆承诺 1 年或 12

万 km 整车质保、三电包括电芯均承诺 8 年或 60 万 km 质保；为车主提供 7×24h 服务热线及救援，并向所有购买车主提供正常维修超期 48h 后赔偿误工费 200 元/天。

相比于 C 端市场，B 端客户对于换电更有需求，因此神龙与宁德时代合作，推出富康 ES600 组合换电版车型，成为宁德时代 EVOGO（换电品牌）计划第一款轿车车型（见图 7）。2022 年 11 月 18 日，神龙汽车旗下东风富康 ES600 换电版正式量产下线。神龙汽车网络及营销支持部部长陈随州表示，"神龙汽车与宁德时代共同开发了东风富康 ES600 换电版车型，希望通过新的商业模式，在续驶里程、电池衰减、补电便利性、购车成本等用户普遍关注的问题方面，为客户带来出色的解决方案。"

图 7　东风富康 ES600 换电版量产下线

东风富康 ES600 换电版搭载宁德时代三元锂"巧克力"换电块，单块容量为 26.5kW·h，每个换电站可储存 48 个换电块，可满足不同续驶里程的需求，新车续驶里程为 410km，换电仅需 3min，实现加电比加油更方便。这对于网约车、出租车的司机来说，既降低了用户购车成本、节省整车保险费用，也减少了充电时间，节省后的时间可以增加订单量并创造更多的收益。在车电分离的模式下，东风富康 ES600 换电版的车主可以通过遍布全国的 EVOGO 服务网络，以更低廉的使用成本，享受到全天 24h 不间断的换电服务，以及更为便捷可靠的移动电能解决方案和服务。

目前，宁德时代已在合肥、厦门、泉州、贵阳、成都等 10 个城市率先启动 EVOGO 换电服务。计划到 2025 年，将在全国 200 多个城市开展换电服务。

四、持续打造"良心车、放心车、安全车"品质

神龙公司坚持利他主义和长期主义,为客户做好每一款产品,围绕品牌内涵和硬核技术,精准、持续地实施营销动作,让更多客户能更便捷、更真切地体验到"良心车、放心车、安全车"。

神龙产品在很多看不见的地方,采用了毫不妥协的良心用料。以车身材料为例,新408的前立柱、中立柱、车门防撞梁等关键受力部位大量采用1500MPa超高强度热冲压成形钢板,整车高强度钢占比超过70%,有效保证座舱安全,提升车身抗冲击性。新408车身地板针对正面碰撞设计了6道纵向加强梁,将撞击向后面及侧面分散。针对侧面撞击同样设计了6道横向加强梁,六横六纵加强梁最大限度地保障了碰撞发生时乘员的安全。

2022年10月8日,中国汽车技术研究中心有限公司正式公布"2022年中国十佳底盘"评选结果。东风雪铁龙天逸BEYOND凭借传承百年的舒适驾乘与制造工艺,在众多参评车型中脱颖而出,一举斩获"2022年中国十佳底盘"奖项。该奖项评选活动,对乘用车的舒适性、操控性、制动性、安全性及市场/客户反馈等方面进行了全维度测验,车辆各方面的真实性能展露无遗。作为在汽车圈有着"底盘大师"美誉的百年品牌,雪铁龙首创了采用承载式车身的车型,加上独立悬架前驱车、后轮随动转向、四轮独立液压悬架等"黑科技",让车辆自重大幅下降、加速更加轻松、乘坐舒适性更加出色,开创前驱家用车舒适出行的先河。

2022年11月8日,2022中国汽车安全大会公布了中国十佳车身评选榜单,东风标致新408凭借在车身材料、车身工艺、车身结构上的高品质表现,一举斩获"2022中国十佳车身"与"最佳材料"两项大奖。中国十佳车身评选是目前国内标准最高、最权威,也是唯一面向消费者的车身评奖,评委团队由院士领衔,国内外顶级专家、教授组成,从材料、工艺、结构、低碳等维度,针对消费者购车时最关注的安全、舒适、节能等指标进行全方位评价,参与评选车型覆盖国内外主流品牌。

想要全面守护驾乘人员的生命安全,除了"钢筋铁骨",还要有健康环保的车内空间。新408采用了系统化、全方位的绿色材料设计体系,大量使用低挥发、低气味的环保材料及工艺,带来座舱空气质量领先优势。在车漆、座椅材料、侧围内饰板材料、地毯材料等车辆内饰材料的选取上,使用更符合人体健康的环保材料,并采用了环保性更好、稳定性更高的水性胶和热熔胶,从源头上杜绝有害物质的污染,是那些顾家庭、有事业、讲品位、爱生活的品质家庭首选(见图8)。

图 8 东风标致新 408 与东风雪铁龙天逸 BEYOND 获奖情况

在中国汽车技术研究中心有限公司儿童优先（绿色座舱）认证中，东风标致新 408 在车内优质空气、婴童级材料、电磁辐射安全三个维度测评中脱颖而出，成为首款通过儿童优先（绿色座舱）认证的十万元级家庭轿车。

五、深化"五心"守护，树立服务口碑

神龙汽车公司致力于成为"让客户最信赖的汽车企业"，从 2020 年开始实施"五心守护行动"，围绕"买车放心、用车安心、服务贴心、换车开心、一路同心"来服务客户用车全旅程。真诚感恩 600 多万东风雪铁龙、东风标致车主的支持与信任。

2022 年 5 月，时值神龙汽车成立 30 周年之际，东风标致、东风雪铁龙重磅发布"五心守护行动 2.0"活动，持续关注并回应来自客户的声音，加速升级服务举措（见图 9）。在延续之前汽车行业开创性新保障"7153"政策（"7 天可退换车""1 年保价""5 年 15 万 km 整车质保"以及"3 年保值"）的基础上，"五心守护行动 2.0"活动新增"3 年如新"服务，在服务中为客户进一步提供深度内饰清洁、功能低升高等项目，保障客户车辆使用 3 年如新，持续享受用新车的喜悦。"五心守护行动 2.0"活动还全新推出了非豪华品牌车企首创的备件终身质保政策，为爱车的"健康"再加码，同时救援政策升级为终身免费救援，2h 速达。2022 年神龙汽车已累计为超过 2300 位客户提供了免费救援服务。此外"五心守护行动 2.0"活动为客户量身定制专属无忧服务方案，首次保养、定期保养全覆盖，实现全国

地级市服务全覆盖，同时推出老车主专享经济维保方案，让老车主返店享受特别优惠。

图9 "五心守护行动2.0"客户服务活动宣传图

神龙汽车售后服务持续强化线上、线下全触点为客户提供关怀，为客户提供极致透明、共享共创的高体验服务场景。"售后上门取送车""上门维保服务""节假日守护客户出行""客户关爱基金""超级APP""精装无忧车服务""天猫自营直邮""售后专属直播间"等线上、线下全场景融合的创新业态服务，进一步保障客户用车、养车各个环节的服务品质。

在2022年国庆节期间，东风标致、东风雪铁龙开展了第5次高速公路客户关爱活动，在不限品牌的前提下，在88个高速服务站点为超过5800人次提供了免费服务，收获了客户的频频称赞与高度好评。据不完全统计，神龙汽车高速公路客户关爱活动累计服务已超36000人次（见图10）。

图10 神龙公司"五心守护"客户关爱活动

（作者：李锦泉）

2022 年奇瑞主销产品市场调研报告

一、奇瑞品牌整体表现

2022 年国际环境复杂严峻，受俄乌冲突、美联储持续加息等因素影响，世界经济高位通胀，下行乃至衰退风险增加。国内形势同样挑战重重，在需求收缩、供给冲击、预期转弱三重压力持续叠加的形势下，我国坚持稳中求进工作总基调，全面贯彻新发展理念，加快构建新发展格局，推动高质量发展。我国经济迎难而上，劈波斩浪，在全面建设社会主义现代化国家新征程上迈出坚实步伐。

2022 年汽车市场极其艰难，正常的生产和销售秩序面临很大的不确定状态。2022 年曾有部分经销商出现闭店无法营业的艰难局面，11 月末经销商的库存也达到了历史高位。得益于国家燃油汽车车辆购置税减半政策及地方促消费政策的拉动，同时新能源汽车市场高速增长，截至 2022 年 11 月，我国狭义乘用车市场销量 1866 万辆，同比增长 9.0%，其中燃油汽车 1333 万辆，同比下滑 8.0%，新能源汽车 533 万辆，同比增长 102.0%。新能源汽车中 PHEV 增速更高，达到 137 万辆，同比增长 145.7%。燃油汽车销量大幅下滑，而新能源汽车超预期大幅增长，渗透率接近 30%，成为汽车销量增长的新生动力。同时存量竞争态势越发明显，混合动力车型平价替代燃油车型，合资品牌下压自主品牌，市场竞争趋于白热化。

在这样严峻的市场形势下，奇瑞汽车关注客户价值主张，践行客户价值体验，紧跟客户需求，与客户共创产品和生态，优化产品结构，不断提升产品竞争力，持续打造爆款产品。先后推出瑞虎 8 Pro、欧萌达、全新一代瑞虎 7 PLUS、艾瑞泽 8、艾瑞泽 5 GT 等新车型，有效支撑了公司品牌和产品矩阵的纵深发展。2022 年 1—11 月奇瑞品牌共销售 81.7 万辆新车，同比增长 42.1%（见图 1）。

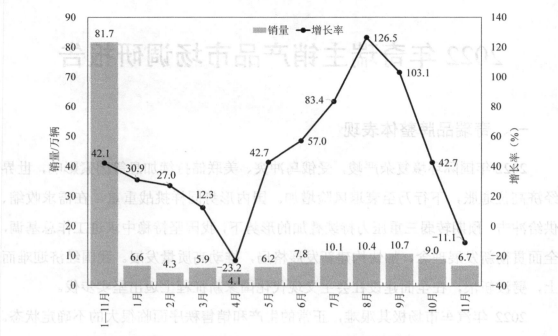

图 1　2022 年 1—11 月奇瑞品牌销量及增长率

（注：数据来源于全国乘用车市场信息联席会批发数）

二、重点产品介绍

1. 瑞虎 8 Pro

瑞虎 8 Pro（见图 2）于 2022 年 5 月 18 日正式上市，新车搭载 2.0T+7DCT、1.6T+7DCT 动力，共推出 9 款配置车型，长/宽/高分别为 4745mm/1860mm/1745mm，轴距为 2710mm，售价区间为 12.69 万～17.19 万元，支持五座、七座两种座椅布局。

图 2　瑞虎 8 Pro

瑞虎 8 Pro 定位"全域动力科技旗舰",主打崇尚科技新生活的泛 90 后年轻家庭人群。瑞虎 8 Pro 是奇瑞集当前技术之大成的"科技旗舰",在颜值、舒适、动力、科技配置上全面升级,将未来科技赋能到瑞虎 8 Pro,成就同级最强大的旗舰科技实力。

颜值方面,瑞虎 8 Pro 采用全新"时空矩阵"设计,X 型格栅和太空战甲矩阵年轻、科技、时尚,具有未来感;LED 前照灯、群星裂变式贯穿尾灯、能量风暴雾灯区等,贴合产品科技方向,打造年轻人的科技"战袍"。

舒适方面,瑞虎 8 Pro 提供同级别独有的"无重力女皇适能座驾",轻松享受极致舒适体验;后排搭载"第二排共享娱乐智慧屏",让后排客户也能享有娱乐盛宴。同时配备 SONY 豪华 10 扬声器加上低音炮、外置和功率放大器,重现音乐厅的声学效果,是音乐爱好者的最爱。视觉方面,瑞虎 8 Pro 整车不光有车内氛围灯,更是拥有 30 万元以内汽车独有的天窗氛围灯,充满科技与浪漫。

动力方面,瑞虎 8 Pro 搭载突破同级 SUV 动力的"中国心"十佳发动机——鲲鹏 1.6T GDI 和 2.0T GDI,以及全场景智能控制四驱系统,开创中国品牌动力科技新高度。每一项动力科技,都是同级别车型中的最佳选择。

科技配置方面,瑞虎 8 Pro 作为一款拥有科技座舱的汽车,搭载 Lion5.0 AI 科技智慧座舱。瑞虎 8 Pro 以人工智能开启人车情感互联,"AI 情感超级交互系统"随心进行人脸识别及无感登陆、全时免唤醒多模式语音交互等操作,搭载同级别车型中独有的 6 大模块,有 15 项情感识别交互功能。同时 L2.5 级自动驾驶功能具备 15 项智能驾驶辅助,帮助驾驶者轻松应对各类驾驶状况。搭载的奇瑞首发 W-HUD 星际飞行式平视显示系统让驾驶更安全、便捷,配合 24.6in 寰宇星云沉浸环绕屏,以先锋科技营造星际旅行般驾驶氛围。

瑞虎 8 Pro 受益于积极的产品调整及竞争力的提升,上市后取得不错的市场表现,助力瑞虎 8 系列销量快速提升(见图 3),成为奇瑞汽车下半年销量增长的强劲动力。

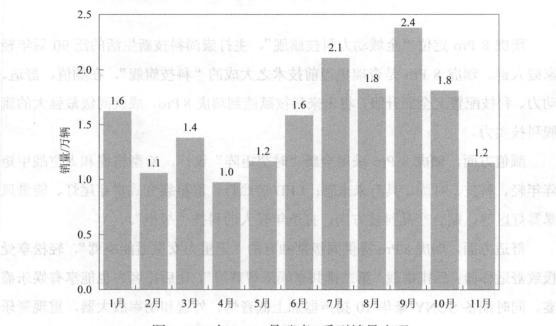

图3 2022年1—11月瑞虎8系列销量表现

（注：数据来源于全国乘用车市场信息联席会批发数）

2. 全新一代瑞虎 7 PLUS

全新一代瑞虎 7 PLUS（见图 4）于 2022 年 11 月 7 日上市，全系搭载 1.6T+7DCT 鲲鹏动力，共 4 款车型，售价区间为 9.99 万～12.19 万元。全新一代瑞虎 7 PLUS 基于之前的瑞虎 7 PLUS 进行全面升级，车长和轴距仍然保持 4500mm 和 2670mm 的黄金尺寸，而车宽由 1842mm 加大到 1862mm，同时车高由 1746mm 降低至 1695mm，整车的协调性进一步提升。

图 4 全新一代瑞虎 7 PLUS

全新一代瑞虎 7 PLUS 定位为"A 级 SUV 产品价值新标杆",主打 20～35 岁、追求潮流乐趣、时尚品质的"现代乐活"人群。凭借颜值、座舱、安全、舒适、动力的标杆实力,全面满足年轻消费者主流需求,带来"A 级 SUV 产品价值新标杆"的驾驶体验。外形由原奔驰设计师领衔设计,中网采用水晶刀锋竖形设计,看起来大气时尚。内饰采用木兰红国潮配色,灵感来自于我国古代巾帼英雄花木兰,非常年轻动感。同时全新一代瑞虎 7 PLUS 全系标配一体式的运动座椅和水晶换挡把手,让视觉体验更加科技、时尚、有驾控感。

全新一代瑞虎 7 PLUS 还打造了 AI 科技智慧座舱,可谓是智慧新标杆,采用了同级别车型中独有的 24.6in 曲面沉浸环绕屏、W-HUD 抬头显示、美颜化妆灯、50W 手机快速无线充电、SONY 8 扬声器豪华音响等配置。

安全性方面,全新一代瑞虎 7 PLUS 采用全球五星安全开发标准,不但满足我国安全标准,还满足澳大利亚、欧洲、拉丁美洲等 NCAP 五星安全设计标准,全系标配 6 个安全气囊、一体化超高强度笼式车身、18 项 L2.5 级智能驾驶辅助功能。

不但如此,全新一代瑞虎 7 PLUS 还打造了舒适新标杆,整车在底盘方面进行全新舒适性升级,对弹簧、减振器、悬架衬套等部件进行优化,使底盘质感更好,驾驶更舒适。除此之外全车搭载六感香氛系统,共有 3 种香味,与大牌奢侈品级香水公司同源,还有 AQS+负离子空气净化、PM0.3 级空调滤芯、双温区自动空调和欧盟级环保工艺用料,五位一体共同打造车内的舒适空间。

动力上,全新一代瑞虎 7 PLUS 搭载同级别车型最强的 1.6T 发动机,匹配德国格特拉克 7 速湿式双离合变速器,最大功率 145 kW,峰值转矩 290N·m,0～100km/h 加速时间为 8.28s,油耗为 6.6L/100km,同时还享受发动机终身质保,可谓是动力新标杆。

凭借颜值新标杆、智慧新标杆、安全新标杆、舒适新标杆、动力新标杆,全新一代瑞虎 7 PLUS 不愧是 A 级 SUV 里的产品"扛把子",是兼顾性能与舒适、高颜值又高智商的全能担当,已经成为年轻人购车的首选车型。全新一代瑞虎 7 PLUS 一经上市就获得了市场认可,助力瑞虎 7 系列销量进一步提升,从市场表现来看,瑞虎 7 系列月均销量超过 1 万辆(见图 5),其中 7—8 月更是月均突破

2万辆。

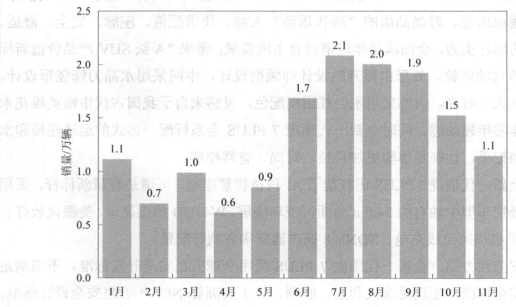

图5 2022年1—11月瑞虎7系列销量表现

（注：数据来源于全国乘用车市场信息联席会批发数）

3. 欧萌达

欧萌达（见图6）于2022年7月12日正式上市，提供1.5T+CVT和1.6T+7DCT两个动力版本，共推出7款车型，长/宽/高分别为4400mm/1830mm/1588mm，轴距为2630mm，售价区间为9.29万～12.69万元。

图6 欧萌达

欧萌达定位为"新世代潮跑SUV"，面向20～35岁的"现代乐活族"和"经济享乐族"，具备超现实潮流美学设计、跨次元硬核驾控、Lion 5.0 AI科技智慧座舱三大核心优势。

欧萌达采用超现实潮流美学设计。作为奇瑞旗下首款全球车，欧萌达的前卫时尚设计充分考虑全球年轻用户偏好。采用了奇瑞最前沿的 Art In Motion 设计理念，实现光影的完美结合，打破了传统的边框设计，彰显自由姿态。车身侧面采用颇受喜欢的超跑设计，溜背造型和极具科幻风格的悬浮式车顶配合高腰线的俯冲式车身，营造出车辆向前的姿态。外后视镜和轮毂加入了熏黑或橙色撞色等别致设计，体现出了活力。车尾线条从尾部向 C 柱隆起，配合大溜背设计在视觉上显得非常紧凑，给人一种蓄势待发的感觉。同时都市流光矩阵式 LED 尾灯进一步增加了外观辨识度。

新时代的年轻人除了追求颜值，还极为注重驾驶乐趣。在动力方面，奇瑞汽车发挥"技术奇瑞"的优势，赋予欧萌达领先同级别车型的"跨次元硬核驾控"实力。整车搭载鲲鹏动力 1.6T GDI+7DCT 动力组合，具有 290N·m 最大转矩和 145 kW 峰值功率，0～100km/h 加速时间仅为 7.8s，性能远优于同级别竞品。这样一来，年轻人无论在城市还是郊野，都可及时体验到强劲驰骋的快感。欧萌达为了进一步满足年轻人的驾驶乐趣，专门配备了超级运动模式，在运动模式的基础上，通过声浪模拟给用户带来沉浸式的驾驶控制体验。此外，前麦弗逊式+后多连杆式的悬架布局，以及出色的底盘调校，能够使欧萌达在常见的碎石、减速带等路面有效过滤多余震感，保持车身稳定性。

除了时尚颜值和超强动力，欧萌达搭载了奇瑞 Lion 5.0 AI 科技智慧座舱，以无处不在的智慧感知，带给年轻人智慧出行的美好与精彩。系统中具备了"AI 情感监测调节系统"，随心进行人脸识别及无感登陆、全时免唤醒多模语音交互等操作，真正做到了让科技有了人性的温度。同时，L2 级自动驾驶系统具备 15 项主被动安全配置，确保用户安心驾驶。而欧萌达元宇宙社区涵盖了用户生活所涉及的兴趣、行业、产品、地域 4 大社群维度，形成一个色彩纷呈的文化群落，让全球用户实现无界交流。

欧萌达的产品竞争力出色，加上 9.29 万元起的售价，获得了不错的市场反馈（见图 7），相信会成为 A0 级 SUV 中的"爆款"，引领年轻人生活新风尚。

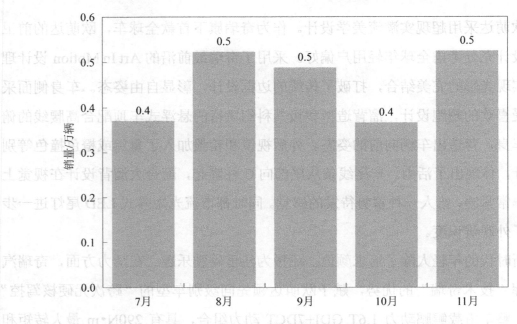

图7　2022年7—11月欧萌达销量表现

（注：数据来源于全国乘用车市场信息联席会批发数）

4. 艾瑞泽8

艾瑞泽8（见图8）于2022年9月26日正式上市，新车搭载1.6T+7DCT动力系统，共推出5款配置车型，长/宽/高分别为4780mm/1843mm/1469mm，轴距为2790mm，售价区间为10.89万～13.29万元，是奇瑞汽车全新轿车平台的首款旗舰车型，具备全面均衡的产品竞争力，是奇瑞汽车为消费者诚意打造的"新时代全优家庭轿车"。

图8　艾瑞泽8

在外观上，艾瑞泽8在Art In Motion的设计理念下，传承艾瑞泽家族的水韵美学，低趴、宽体和溜背的造型，让整车显得更加豪华、大气。前脸采用钻切格栅，豪华大气；侧面凌厉的双腰线设计，加上溜背的造型，让整个车身姿态更加稳重，富有豪华感；尾部飞翼式贯穿尾灯，与两侧的腰线融为一体，让整车显得更宽、更稳重。全车528颗LED灯珠打造惊艳的"凌波流转"灯语。

在内饰上,艾瑞泽8更是体现水韵美学的设计风格,优雅于内,散发出十足豪华质感。同时艾瑞泽8提供了2套豪华内饰,浩瀚蓝内饰典雅精致,沧海灰内饰稳重大气,每一款内饰都能触及年轻人的深度共鸣。

在动力上,艾瑞泽8采用奇瑞1.6T GDI+7DCT鲲鹏动力组合,最大功率145kW,峰值转矩290N·m,0~100km/h加速时间为8s,给用户带来超强动力、超低油耗。为了打造更优异的操控性能,艾瑞泽8全系标配EPS+EPB+AUTO HOLD,2种转向模式和3种驾驶模式,让用户随心享受激情驾驶。

作为一款"新时代全优家庭轿车",艾瑞泽8通过智感安心、智感舒享、智感互联、智感私教四个方面,全力打造"魔方"智享座舱,致力于让用户出行变得更加简单、安全和舒适。智感安心方面,艾瑞泽8基于全球NCAP五星安全标准设计,拥有80%以上高强度钢和在同级别车型中独有的一体式门环结构,三条碰撞吸能路径及前保险杠横梁双吸能盒结构设计,保障在前碰、侧碰和柱碰等情况下座舱结构的完整性,保护驾驶和乘坐人员的安全。艾瑞泽8提供了在同级别车型中独有的10个气囊,全方位提供被动安全防护。智感舒享方面,艾瑞泽8全系标配全景大天窗,拥有同级别车型中超大的透光面积和超大的开启面积。艾瑞泽8配备了SONY品牌8个扬声器系统,通过专属大师级调音,坐在车内也能享受音乐厅般的听觉效果,"乐"在途中。艾瑞泽8也配备了专属的无级炫彩氛围灯,具备三大独特体验:一是独立APP控制;二是可分区控制;三是拥有无级调色、驾驶模式、车速模式、音乐律动等多种模式。智感互联方面,艾瑞泽8采用24.6in悬浮式双联屏,并搭载LION 5.0系统,娱乐、生活、服务全涵盖,驾驶和乘坐体验更精彩。通过HMI 5.0交互、AI情感交互、智能语音、车载信息娱乐系统互联、雄狮生态等智能体验,打造LION 5.0 AI科技智慧座舱。智感私教方面,艾瑞泽8搭载由奇瑞汽车和科大讯飞联合打造的行业首创AI智教系统。以"多""趣""联"三大特点,打造车载教育座舱,给孩子完美的车载陪伴体验。这套系统有近8000种免费听播资源,囊括课内课外、童话寓言、历史国学、趣味百科等,可听、可看、可读,寓教于乐,让孩子兴趣更大。AI智教具备声音定制,可以复刻妈妈声音讲故事,让陪伴变得更有趣。车载信息娱乐系统与智能硬件可以实现关联,使用状态实时同步,随时可以了解孩子的学习进程,同时也可远程控制,一键设置防沉迷功能。

奇瑞艾瑞泽8拥有扎实的驾驶质感、强劲的动力、出色的产品竞争力,并且从艾瑞泽 8 的身上可以看到奇瑞汽车不断提升对细分市场的感知能力与辐射能力。艾瑞泽 8 作为"新时代全优家庭轿车",上市后销量迅速攀升(见图 9),进一步强化奇瑞汽车在 A+级家庭轿车市场的竞争力。

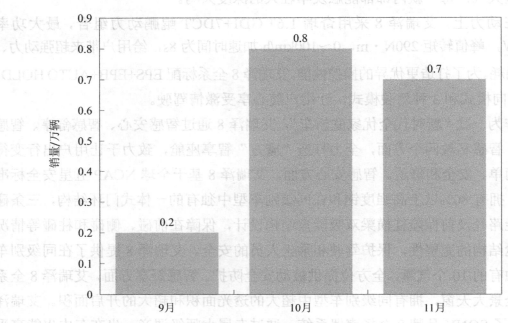

图9　2022年9—11月艾瑞泽8销量表现

(注:数据来源于全国乘用车市场信息联席会批发数)

5. 艾瑞泽 5 GT

艾瑞泽 5 GT(见图 10)于 2022 年 9 月 8 日正式上市,定位为"新一代高品质运动轿车",搭载 1.6T GDI+7DCT 动力系统,共计 3 款配置车型,官方售价区间为 9.99 万~10.89 万元,进一步贴合年轻用户的生活方式,满足年轻群体对运动轿车的追求。

图 10　艾瑞泽 5 GT

作为艾瑞泽 5 家族的全新力作，艾瑞泽 5 GT 在传承艾瑞泽 5 家族的全球品质基因的基础上，以"玩得酷、靠得住"的精神内核，针对动力、安全、品质全面升级，集"运动——劲擎驰骋""安全——绝对防御"以及"品质——越级传承"三大核心优势于一身，更加贴合年轻用户的消费升级需求，是一款满足他们对个性、自由和品质生活需求的车型。

年轻人天生向往"速度激情"，艾瑞泽 5 GT 搭载"最强中国芯"1.6T GDI 鲲鹏动力+7 速湿式双离合变速器动力组合，加载在同级别车型中独有的 GT BOOST 专属驾驶模式，最大功率 145kW，峰值转矩 290N·m，可轻松唤醒用户驾驶激情。澎湃动力下，新车拥有在同级别车型中独有的高能橙固定式双活塞运动大卡钳，极具运动气息。再加上同级领先的 20.5in 智慧双联屏、全系标配高品质 CNSL 副仪表台及游艇式电子换挡，艾瑞泽 5 GT 由内而外拥有运动基因，诠释运动锋芒。

艾瑞泽 5 GT 基于五星安全设计理念打造，拥有一体式笼形车身、关键部位六块超高强度热成型钢，以及在同级别车型中独有的全系标配 6 气囊，以"铮铮铁骨"打造移动安全堡垒，带来全方位安全感。在智能行车方面，新车拥有在同级别车型中领先的 L2+级智能驾驶辅助技术，采用全速 ACC 自适应巡航系统、AEB 自动紧急制动系统等，具有多达 13 项智能驾驶辅助功能，覆盖用户用车全场景，时刻防患于未然。同时，标配的高灵敏度前雷达和倒车雷达可谓"锦上添花"，大幅提升安全行车体验，让用户更加安心和省心。

在智能科技配备方面，艾瑞泽 5 GT 支持自然语音识别、手机互联、远程控制及在线服务等功能，让人车交互场景再次升级。同时，全系标配第三代 PEPS 系统、高品质 CNSL 副仪表台、立体包裹式皮质座椅等配置，提升驾驶过程中的品质感和舒适感。而手机无线充电和 360°鸟瞰式超清全景影像等配置一应俱全，让浓浓的科技品质不彰自显。此外，新车还搭载了北欧级生态健康座舱，搭配全车拥有的多处灵活储物空间，极具人性化，展现了细腻贴心的一面。

从艾瑞泽 5 到艾瑞泽 5 GT，可以看出奇瑞汽车在大单品战略指导下，艾瑞泽 5 家族不断提升对细分市场的感知能力与辐射能力。随着艾瑞泽 5 GT 的正式上市，将进一步完善艾瑞泽 5 家族阵容，强化奇瑞汽车在紧凑型家庭轿车市场的竞争力，以"玩得酷、靠得住"的品牌内核拥抱更多年轻消费者，加速奇瑞品牌年轻化征程，从市场表现来看，艾瑞泽5系列销量稳步增长（见图11）。

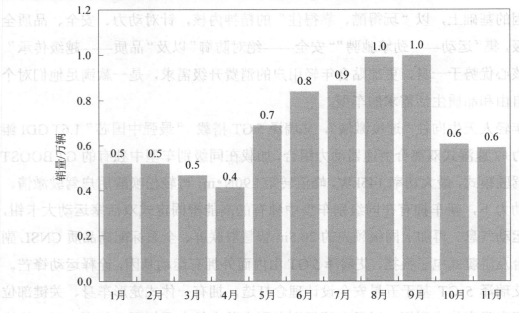

图11　2022年1—11月艾瑞泽5系列销量表现

（注：数据来源于全国乘用车市场信息联席会批发数）

三、结语

  2023年是全面贯彻落实党的二十大精神的开局之年，是大力提振市场信心的一年，是全力推动经济修复的一年。经济工作总基调依然是稳中求进，并强调将全面深化改革开放、更大力度吸引和利用外资，以推动经济运行整体好转，实现质的有效提升和量的合理增长。进入2023年之后，新冠疫情防控形势进一步好转，随着经济的进一步复苏，就业逐步稳定，消费信心提振并逐步恢复，对汽车消费和市场发展的牵引作用将更为明显。2023年是充满希望的一年，奇瑞汽车将进一步拓宽细分市场，拓展新能源汽车新赛道，满足用户多元化的需求。据悉，2023年奇瑞将投放多款精品好车，期待2023年奇瑞汽车能够取得更好的表现，迈向一个更高的台阶。

（作者：房冬冬）

2022年广汽传祺产品市场调研报告

一、广汽传祺总体表现

2022年是行业深度变革、市场格局发生深刻变化的一年，也是广汽传祺三年转型期的第一年。这一年，广汽传祺揭开了混合动力化+智能化双核驱动战略，同时加速向新能源科技企业转型。在新能源汽车市场爆发性增长、传统燃油汽车市场大幅度下降的环境下，传祺承担广汽集团自主品牌战略转型的压舱石任务，实现了燃油汽车"稳存量"和混合动力车"拓增量"的目标，2022年全年批发完成32万辆，同比增长6.6%，逆势而上，跑赢行业大盘。

品牌层面，广汽传祺发布了钜浪混合动力品牌，强化传祺电气化新形象，品牌形象持续向科技感方向延伸。与此同时，广汽传祺品牌高端化进程也持续加速，在产品均价方面，2022年上半年连续5个月突破单车价格超过15万元，最高单月曾突破17万元，超越许多合资品牌；下半年传祺新款M8上市并热销，其中M8宗师价格也突破30万元，成为自主燃油汽车新的价格天花板。

智能化方面，广汽传祺发布了全新进化的ADiGO智驾互联生态系统，包含ADiGO SPACE和ADiGO PILOT两大系统，并紧跟未来移动出行趋势，积极推进"汽车+互联网"创新，进一步提升产品的智能化、网联化水平。

产品层面，广汽传祺从依赖一款明星产品，到逐渐丰富和拓展，实现了"轿车+SUV+MPV"三大市场多点开花，并开启混合动力化切换。2022年以来，以混合动力技术为发展动力，通过开放合作与自主研发，推出"混合动力四大王牌"——影酷、影豹、新一代M8豪华MPV、全新第二代GS8，为用户带来高品质、低油耗、强动力、更安静、超平顺的驾驶和乘坐体验。

二、广汽传祺重点策略和车型情况

2022年，汽车行业发展迎来结构性升级，高端化、个性化和混合动力化趋势明显，广汽传祺也在各个领域深耕细作，取得了亮眼的成绩。

1. 高端化

高端化体现在高价位车型和B级以上市场份额稳步提升（见图1、图2），传祺已借助 M8/GS8 车型顺应高端化发展趋势，完成优势储备。

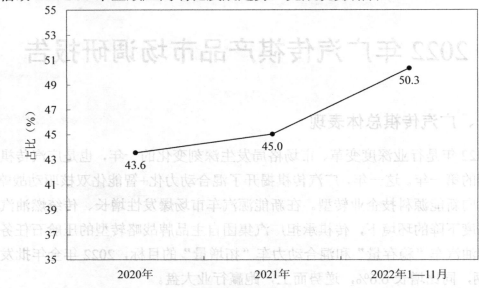

图1 2020—2022年1—11月我国乘用车市场15元万及以上价位段占比情况

（数据来源：中国汽车技术研究中心有限公司终端零售数据）

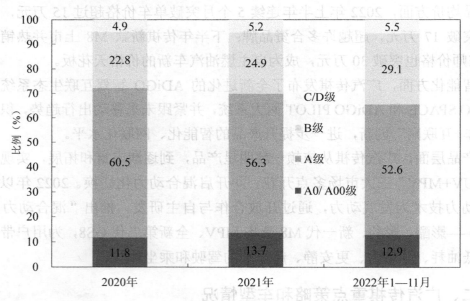

图2 2020—2022年1—11月我国乘用车市场各级别车型占比情况

（数据来源：中国汽车技术研究中心有限公司终端零售数据）

传祺 M8 自 2017 年 12 月上市以来，经过多年耕耘，已成为 MPV 市场自主品牌的标杆。我国 MPV 市场具有容量小，车型较少，A/B 级 MPV 价格段分化的特点。头部B-MPV市场原本主要由GL8、奥德赛、艾力绅等合资品牌占据，但M8的成功上市及运营，打破了这一格局，成为中高端B-MPV市场中销量前三、自主销量第一的车型。

2020年传祺M8大师版的成功上市，是M8系列的又一个里程碑事件。M8大师版不仅丰富了M8产品线，为客户提供了更高端、更多样的选择，也成功突破自主品牌燃油车型的价格天花板，并被客户广泛认可。此外，2021年M8四座版、福祉版上市，不仅体现了传祺在MPV领域的深耕，更加体现了传祺注重客户体验、践行社会责任的努力。2021年传祺M8的销量再创新高，各新增派系受到客户青睐，也进一步强化了传祺深耕MPV领域的决心，未来将继续M8系列的丰富与革新。

2022年11月，传祺M8宗师系列正式上市（见图3），宗师系列定位在大师版之上，凭借领先一个时代的设计以及更豪华、更舒适、更先进的产品竞争力挺进30万元级的MPV市场，上市后受到客户广泛关注和认可。上市不到2个月，累计订单迅速突破1.3万辆，其中，增换购用户中有超60%是豪车品牌车主。可见，传祺M8已成为中国豪华MPV的代表车型。

第一代传祺GS8自2016年10月上市以来，累计收获了22万车主的青睐，成为大七座SUV明星车型。2021年10月，全新第二代传祺GS8登场（见图3），作为广汽GPMA架构首款中大型SUV，第二代GS8以其澎湃强劲的动力、卓越的科技配置、霸气的豪华品味，满足用户对品味的诉求，继续承担中国汽车品牌向高端进阶的使命，用实力引领自主品牌中大型SUV向上突破。作为广汽传祺"混合动力化+智能化"双核驱动战略的首款落地车型，全新第二代GS8双擎系列同样备受市场青睐。2022年1—11月，传祺GS8销量4.3万辆，同比增长超300%，其中双擎系列占比近50%。

M8宗师　　　　　　　　　第二代GS8

图3　M8宗师与第二代GS8

产品方面，传祺 M8 和全新第二代 GS8 作为传祺旗舰车型，牢牢占据各个榜单的榜首位置。在中国汽车流通协会发布的《2022 前三季度中国汽车保值率报告》中，传祺 M8、GS8 分别以 78.81%和 68.16%的三年保值率登顶各细分市场榜单。在 J.D.Power 发布的《2022 中国汽车保值率研究报告》中，M8 和全新第二代 GS8 分获各领域保值率第一。这些成绩表明广汽传祺高端化产品及品质已被市场广泛认可。2023 年，传祺 M8 PHEV、GS8 中期改款等新车型强势布局，将持续推动传祺高端化升级。

2．个性化

伴随用户年轻化趋势，汽车的个性化需求也不断升级。面向年轻群体，广汽传祺于 2022 年 9 月推出了全新未来科技先锋 SUV——影酷（见图 4）。这是一款既追求时尚品位、展现自我个性，又能兼顾家庭需求的科技座驾。

图 4　影酷

外形方面，影酷的核心风格具有一种未来科技感。律动光栅+律动灯语，带来前所未有的视觉冲击和仪式感；"机甲尾翼"扰流板、"量子光能"尾灯及"硬核涡喷"排气等机电产品的深度融合，营造出十足的未来感；车身通过前低后高犹如满弦的姿态和弓箭般蓄势待发的腰线，展现出跃迁的澎湃势能。

配置方面，能力优异的 ADiGO PILOT 以未来智驾体验攻克用车难题。拥有超级泊车、可聚合记忆泊车、遥控泊车、融合泊车、一键泊出等功能，并拥有 L2 级智能驾驶辅助能力，全面提升车辆安全性。ADiGO SPACE 可实现用户与车载信息娱乐系统连续对话，并具备多种感知交互方式，让科技朝着五感方向延伸。硬件配置上，影酷搭载 14.6in 超级大屏、高通骁龙 8155 芯片，更拥有同级独有的 3 个 OMS 乘客监测系统+DMS 驾驶员监控系统，通过融合星灵软硬件架构，让影酷智能座舱的智能实力远超同级。

动力方面，影酷在节能、动力和舒适上均有突出表现。燃油版搭载高效节油的1.5T GDI发动机+7WDCT黄金动力组合，以及超强动力的2.0T GDI发动机+爱信8AT组合。混合动力方面，搭载钜浪混动2.0ATK专用发动机+GMC2.0集成式双电机多档DHT，3.9s即可完成城市常用的0~60km/h加速，且WLTC工况下油耗仅4.76L/100km，比日系品牌混合动力车型油耗都要低。

营销方面，影酷也在个性、潮酷上下足了功夫。影酷上市发布会摒弃传统模式，打造了一台场景化、沉浸式的脱口秀发布。在上市前后，影酷还开展了极限油耗测试、一箱油征服塔克拉玛干无人区、解锁城市全路况大挑战、3000公里环行中国、劈弯挑战赛等活动。面向注重参与感和体验感的年轻人群，影酷持续开展用户共创活动，邀请用户参与到EMKOO概念车的量产功能设计、产品概念及生活方式延展当中来，创办"绘出EMKOO星球"设计大赛等活动，持续打造品牌与用户共创、共享的生态链。

影酷是广汽传祺向新能源科技公司转型的重磅产品，与传祺运动智能轿车影豹组合成"影氏兄弟"，体现了传祺在年轻个性时代的追求，在沟通传播、消费者共识、产品迭代等方面多维度地让用户感知传祺的彻底进化。

3. 混合动力化

当下，碳达峰、碳中和已经成为全球汽车产业的共识。我国能源结构决定了未来车载能源和车用动力呈现多元化的发展趋势，混合动力将是未来实现碳中和的主要技术路线。面向新能源科技企业转型的战略目标，广汽传祺锚定引进+自研两条腿走路的策略，在广汽集团13年混合动力技术积淀的基础上，通过自主研发与开放合作，成立了全新混合动力技术品牌——钜浪混动，打造了双混合动力技术路线。借由钜浪混动的赋能，广汽传祺率先实现了自主品牌在轿车、SUV和MPV的全领域混合动力覆盖，并获得2022年1—11月中国品牌HEV销量冠军（见表1）。

表1 2022年1—11月自主品牌HEV销量排名

排名	品牌	1—11月销量合计/辆
1	广汽传祺	22702
2	吉利汽车	12585
3	长城汽车魏牌	11104
4	上汽通用五菱	7866
5	长城汽车哈弗	5554

注：数据来源于中国汽车技术研究中心有限公司终端零售数据。

（1）正向自研的 GMC 双电机串并联混合动力系统　该系统搭载广汽 2.0ATK 高效阿特金森发动机+钜浪混动 GMC2.0 机电耦合的动力总成，有着"高品质、低油耗、强动力、更安静、超平顺"五大优势。混合动力专用发动机，外加广汽 GCCS 燃烧控制系统、350bar（$1bar=10^5Pa$）高压直喷系统以及低摩擦技术，可保证发动机的高功率输出以及低油耗表现。GMC 双电机串并联混合动力创新集成式双电机多档 DHT，可实现多档多模式驱动和大转矩输出。同时，这套系统经过多次迭代，有很强的扩展性，能涵盖 HEV、PHEV 甚至氢动力系统。作为向新能源科技企业转型的重要落地成果，这套系统接连实现突破性进阶。2022 年 8 月，混合动力专用发动机热效率已经从之前的 42.10%突破至 44.14%，再次刷新了中国品牌发动机最高热效率认证纪录，更加印证钜浪混动的强大实力。

作为搭载该套系统的首款车型，影酷混合动力版以领先一代的混合动力架构+智能能量管理策略，为用户创造全场景高效、节油、静谧、平顺体验。在一箱油征服塔克拉玛干无人区高难度挑战中，以 1711km 超长续驶、3.2L/100km 的超低油耗尽显超强实力。紧接着，又推出了专为年轻人打造的都市轻跑影豹混合动力版，在高难度测试中一箱油最长续驶达到 1537 公里，油耗可低至 3.0L/100km。

（2）吸收丰田最新 THS 混合动力系统　广汽传祺与丰田合作的 THS 功率分流混合动力系统，创新突破实现了涡轮增压发动机和 THS 系统的完美结合。

全新第二代 GS8 双擎系列全球首次搭载广汽自主研发的 2.0TM 发动机+全新第四代增强版 THSⅡ丰田混合动力系统，0～100km/h 加速时间仅为 6.9s，油耗仅为 5.3L/100km，节油率达到 30%以上，一箱油可跑超过 1000km，是强动力与低油耗兼顾的高端 SUV"放心之选"。2022 年 1—11 月，GS8 双擎版终端销量超 2 万辆，成为中国品牌油电混合动力车型销量冠军。2022 年 11 月，传祺 M8 宗师系列双擎版上市，为钜浪混动家族再添一员大将。在开启预订后十天内，选择最顶配车型，即双擎御尊版的用户超过半数。不久之后，M8 也将推出 PHEV 混合动力版，以多样化动力方案为消费者带来多维度的豪华 MPV 用车体验。

当前正处在传统燃油汽车向新能源汽车转型的关键时期，广汽传祺积极响应国家"双碳"目标，凭借深厚技术积淀迅速布局了"电气化+智能化"双核驱动战略，实现了在混合动力技术、混合动力产品、智能科技领域的全面突破。未来，期待全面加速转型的广汽传祺，以更低碳、更高端、更智能的用车体验，引领中国品牌向上发展。

（作者：邬菊英　黄怡青　刘小磊）

2022年吉利汽车产品调研报告

2022年我国汽车市场环境复杂多变，受国际环境和国内新冠疫情的影响，需求收缩、供给冲击、预期转弱三重压力尤为突出。整体汽车市场持续承压，多因素影响下汽车市场疲态贯穿全年，2022年1—5月受全国疫情多地反弹，尤其是上海、吉林等汽车产销重镇受到影响，市场同比降幅逐渐走高，4月市场表现降至低点。6—9月随着国家和地方密集出台各项保流通、促销费政策，尤其是600亿元燃油汽车车辆购置税减半政策的出台，对汽车行业起到一定提振效果，但受制于芯片供给、限电限产及疫情持续影响四川、山东、广东、河南等汽车消费大省等因素，政策拉动效果受到对冲。进入2022年四季度，疫情抬头，整体呈现点多、面广、频发等特征，汽车市场相对静默，11月表现仍不及预期，翘尾未能如期而至。随着疫情防控政策逐渐优化，叠加燃油汽车车辆购置税优惠政策及新能源汽车国家补贴退出，预计12月整体市场将有一定程度恢复，考虑疫情防控措施调整后感染高峰随之临近，同时消费者收入及信心恢复需要一定缓冲期，短期内整体表现或仍将受到一定抑制。大环境下仍有小气候，2022年新能源汽车市场表现远超预期，供给改善叠加油价高位带来新能源汽车市场火爆，比亚迪DMi产能释放引领插电式混合动力市场一骑绝尘，插电式混合动力成新能源汽车增长的重要增量。以特斯拉为首的纯电动汽车市场同样迎来爆发式增长，华为等ICT企业及其他新势力企业纷纷入局，新能源汽车市场竞争格局不断重构。

2022年1—11月，吉利汽车共计销售128.7万辆汽车，同比增长10.1%（见图1）。在整体销量提升的背后，一是多品牌共同发力，品牌协同效应进一步提升。具体来看，吉利品牌（含几何品牌）1—11月累计销量约为102.34万辆，同比增长5%；领克品牌1—11月累计销量约为15.81万辆，同比下滑19%；高端纯电动品牌极氪1—11月累计销量约为6.06万辆，是上年同期的近27倍；换电领域，睿蓝汽车1—11月累计销量约为4.48万辆，加速了吉利汽车换电市场生态布局；二是新能源汽车板块持续向好。得益于整体新能源汽车市场持续火爆、极氪品牌交付量攀升及雷神混合动力产品落地，1—11月吉利汽车旗下纯电动车型销量已超过22.44万辆,同比增幅为369%,插电式混合动力车型销量5.98万辆,同比增幅243%,新能源汽车渗透率22.1%,同比增长16.5%;三是高价值产品占比提升。随着吉利中高端产品销量占比的提升,吉利汽车10万元以下产品的销量占比逐步下降,大大提升了吉利汽车的单车销售收入,带动了单车盈利能力快速改善,同时也在继续重塑吉利的品牌形象,让消费者对吉利的青睐度不断提升。根据吉利2022上半年财务报告,吉利的平均单车销售收入为10.2万元,同比提升了21.1%;平均单车毛利1.6万元,同比增长9.9%。

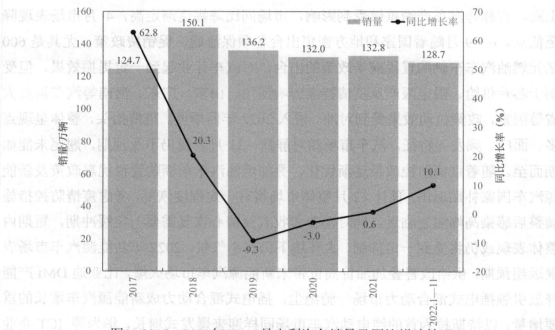

图1 2017—2022年1—11月吉利汽车销量及同比增速情况

一、传统汽车全方位向上,细分市场多点突破

步入4.0全面架构体系造车时代,吉利汽车加速实现储备技术落地,包括架构、动力、智能化等,新技术进一步增强吉利汽车市场竞争优势,降本、增效、提质,为品牌向上赋能。在此背景下,吉利汽车新车型频出,多款车型与合资品牌正面竞争并实现销量突破,同时进一步差异化挖掘细分市场潜力,助力公司销量水平再上新台阶。

1. 星越 L 雷神 Hi·F 油电混合动力版

2022年3月,星越 L 雷神 Hi·F 油电混合动力版上市,新车共推出2款车型,售价17.17万~18.37万元。外观方面,新车整体保留了星越 L 燃油版车型的设计,全新的悬浮式阵列格栅以及数字流光徽标十分突出,两侧发光光源配合同样可以点亮的车标,辨识度很高,下方造型夸张的进气口也进一步加强了该车的运动气息。内饰方面,新车整体依旧延续星越 L 燃油版车型的设计,通过全新的蓝白配色凸显其新能源汽车的身份。IMAX 三联屏仍将是整个车内的亮点所在,3个12.3in 的液晶屏组合起来长度接近1m。内置吉利银河 OS 系统,采用高通8155芯片,支持 FOTA 升级,具有常用的语音控制、车联网等功能。动力方面,星越 L 雷神 Hi·F 油电混合动力版搭载1.5T 发动机组成的混合动力系统,发动机最大功率110kW,峰值转矩225N·m。系统综合功率180kW,综合转矩达到545N·m、传动系统搭载3挡电驱变速器(DHT Pro),0~100km/h 加速仅需7.9s,油耗仅为4.3L/100km,加满一箱油可以跑1300km(见图2)。

图2 星越 L 雷神 Hi·F 油电混合动力版

星越 L 雷神 Hi·F 油电混合动力版正式开启吉利品牌的混合动力之路,与星越 L 燃油版共同征战传统 A+级 SUV 市场,车系整体销量连续6个月破万辆,遥遥领先竞品,位居传统能源汽车自主品牌 A+级 SUV 榜首,高质量增长势不可挡(见图3)。

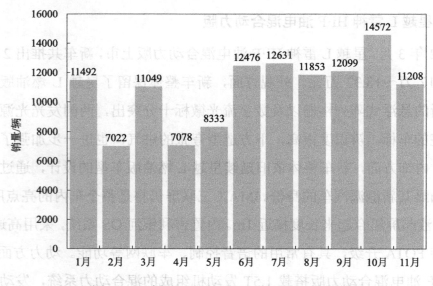

图3 2022年1—11月星越L ICE&HEV销量情况

2. ICON 巧克力版

在 SUV 市场同质化的今天，ICON 可以称为"特例"，上市之初就意欲打破"同质化""跟风式"造车风潮，引领未来全球车，重新定义 SUV 和人车生活，在当下提前享受未来，2020 年上市以来累计销量 6.7 万辆。2022 年 8 月吉利 ICON 巧克力上市，新车推出醇巧版和醇臻版两款车型，售价为 10.99 万～12.99 万元，作为 ICON 的改款车型，新车外观、内饰、动力等多处做出了明显提升。外观方面，新车前脸设计简洁，使用分体式前照灯，中网采用类似"回"字形的造型，两侧是前照灯，LED 日间行车灯修长，并与上部中网连成一体，隐藏式的 A、B、C 柱使得车身呈现悬浮式车顶，轮圈的样式也很别致，车门还使用了隐藏式门把手。车尾同样可以找到"回"字形设计元素，同时尾灯内的构造也呼应了这一主题。内饰使用大量软质材料包裹，整体质感进一步提升。新车采用 10.25in 全液晶仪表盘与 12.3in 中控屏相连接的双联屏设计，车载信息娱乐系统配备 FACE CONNECT 人脸识别智启系统、全新一代银河 OS 智能车载信息娱乐系统、540°全景影像系统带底盘透视功能、DTS 沉浸式影院音场。新车配备了 L2 级智能驾驶辅助系统，具备 ICC 智能领航系统、ACC 全速自适应巡航系统和 LKA 车道偏离辅助系统、ELK 紧急车道保持辅助、TSR 交通标识智能识别、AEB 预碰撞安全系统等 17 项主动安全功能。动力方面，新车采用 1.5T 涡轮增压四缸发动机，替换之前的 1.5T 三缸发动机，最大功率 133kW，最大转矩 290N·m；传动方面，与之匹配的是 7 速湿式双离合变速器（见图 4）。

图 4 吉利 ICON 巧克力

吉利 ICON 巧克力上市之后重塑用户定位，通过市场调研及大数据分析，聚焦都市年轻受众及女性用户群体，有的放矢，在车型内外配色、车型配置等方面处处照顾目标群体，如 LED 化妆镜照明灯、540°透明底盘及 L2 级驾驶辅助功能等。重塑产品定位，重新定义新车色，提升消费者参与感，精准把握用户需求，精简款型至 2 款。重塑产品形象，赋予"巧克力"昵称，拉近消费者距离，开启色彩营销，赋予产品亮眼新形象。自 8 月上市以来，ICON 走出一条漂亮的逆势增长曲线，成为 A0 级细分市场靓丽风景线（见图 5）。

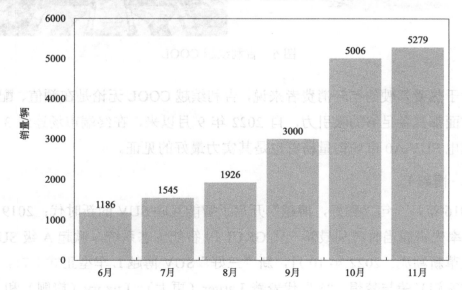

图5 2022年6—11月吉利ICON销量情况

3. 缤越 COOL

吉利缤越是吉利品牌年轻化的代表车型，是专为年轻人量身打造的高颜值、高品质、高性能的"中国钢炮"，给年轻人带来更个性、更纯粹、可玩性更高的机械性能乐趣，自 2018 年上市以来已累计突破 60 万辆，长期跻身小型 SUV 细分市场月销量前三名。2022 年 8 月，吉利缤越再进化，推出缤越 COOL，新车继续基于 BMA 平台打造。外观方面，前脸换装了全新的"狂暴"进气格栅，强化运动属性；在车尾，新车配备大尺寸扰流板，与后包围处的扩散器以及双边共四出式排气布局结合在一起，性能感十足。内饰方面，吉利缤越 COOL 采用了"能量觉醒"设计理念，通过棱角分明的线条勾勒，光影效果突出。从细节来看，新车配备 10.25in+12.3in 的悬浮一体式双联屏（可实现双屏互动和三指飞屏功能），让这款车更具科技感。动力方面，新车搭载吉利 1.5TD 发动机（四缸），其最大功率为 133kW，峰值转矩为 290N·m。传动方面，与之匹配的是全新一代 7 速湿式双离合变速器（见图 6）。

图 6 吉利缤越 COOL

对于热爱驾驶的年轻消费者来说，吉利缤越 COOL 无论是在颜值、配置还是动力方面都具备足够的吸引力，自 2022 年 9 月以来，在终端市场连续 3 个月位居非纯电 SUV-A0 市场销量榜首也是其实力最好的见证。

4. 博越 L

2016 年，一句"你好，博越"开启了智能互联 SUV 的新时代；2019 年，博越 Pro 率先搭载当时吉利最新一代 GKUI 19 智能生态系统，掀起 A 级 SUV 智能化发展革新潮流。2022 年 10 月，新"三好"SUV 博越 L 车型正式上市，新车延续博越家族光荣与梦想，"L"代表着 Larger（更大）、Luxury（旗舰）和 Legend（王者归来），寓意"智能 SUV 革新者"。

和博越相比,博越 L 车身尺寸有了全面提升,长/宽/高分别为 4670mm/1900mm/1705mm,轴距 2777mm,和同平台的星越 L 相比只小了一圈。外观方面,新车采用名为"数字交响 科技美学"的全新设计,也是基于 Vision Starburst 概念车打造的首款量产车,新车还采用了全新的发光徽标,进一步提升新车的辨识度,成为目前吉利家族最为年轻并且具备科技感的车型。内饰部分,新车采用全液晶仪表盘搭配 13.2in 悬浮式纵向布局的曲面触摸中控屏幕,同时内置吉利银河 OS Air 版,采用高通 8155 芯片,将车内空间打造出非常科技化的氛围(见图 7)。动力方面,新车将搭载 2.0T 涡轮增压发动机以及 1.5T 四缸发动机,其最大功率分别为 160kW 和 133kW,峰值转矩分别为 325N·m 和 290N·m。传动方面,全系匹配的是 7 速双离合变速器。雷神混合动力 Hi·F 版动力系统由一台 1.5T 发动机+单电机组成,其中 1.5T 发动机最大功率 110kW,峰值转矩 225N·m,电动机最大功率为 100kW,峰值转矩 320N·m,与之匹配的是 3 挡 DHT Pro 变速器,在保持燃油经济性的同时,提升了高速工况下的动力性能,可实现综合油耗 4.2L/100km,超长续驶 1300km。

图 7　吉利博越 L

作为吉利的重磅战略车型,博越 L 汇集了 CMA 架构、雷神智能混合动力、GEEA2.0 电子电气架构和 NOA 高阶智驾辅助系统等吉利最强造车科技,将与博越、博越 X 一同组建成新博越家族矩阵,同时与星越 L 形成差异化的双旗舰阵容,带着全新的使命,向紧凑型 SUV 市场发起新一轮冲击,助力吉利汽车重回紧凑型 SUV 第一阵营。

5. 领克06

领克06定位于新都市机能SUV，机甲于型，机能于内，是美观与功能的统一体，以高功低耗的黄金动力、功能设计的舒适空间、满满的智能黑科技和注重品质的用车体验智胜同级，让豪华品质回归主流，满足用户更多需求。2022年9月新款领克06正式上市，新车被命名为领克06 Remix，新车基于BMA evo基础模块架构打造，在外观设计、车载信息娱乐系统等方面进行了升级，燃油版更换为四缸发动机，并提供插电式混合动力版供消费者选择。

领克06 Remix传承领克06优良基因，持续引领A0 SUV高端新体验。设计Remix，新车整体设计基于全球都市灵感演化，上格栅采用12组三片式刀锋饰条装饰，而下格栅则采用19个直瀑式的鳍片，整体兼具功能与美感；体验Remix，中控屏全系升级为12.3in，丰富的车载信息娱乐系统应用生态，搭载全新智能语音管家"希克斯"，支持62项多场景智能语言控制以及6种声音等，用得方便，看得过瘾，玩得尽兴；智享Remix，搭载21项智能驾驶辅助系统，为用户带来更便捷、更智能、更安全的用车体验；安全Remix，以前瞻科技打造高标准安全体系，为出行提供多重安全守护（见图8）。

图8 领克06

二、混合动力纯电双双发力，打造行业新标杆

整体市场新能源渗透率持续加速，吉利汽车积极拥抱行业变革，从"蓝色吉利行动"到"两个蓝色吉利行动计划方案"的升级转型，正是基于全球汽车产业变革及应用环境变化而形成的新方向。吉利汽车始终基于技术突破实现在新能源领域的发力，混合动力领域全新打造雷神Hi·X混合动力系统，在发动机、变速器以及控制策略等方面相较于竞争对手更具备优势，同时以4.0时代架构造车的车型为依托，在混合动力领域实现销量快速提升。在纯电领域，浩瀚架构与极氪品牌的融合为消费者打造出具备竞争力的高端智能纯电车型，和吉利已有的几何品

牌形成"高低差组合拳",完善产品布局,助力公司品牌与销量双突破。

1. 帝豪 L 雷神 Hi·P

吉利汽车在 2021 年 10 月正式发布"雷神动力"全球动力科技品牌以及"雷神智擎 Hi·X"世界级模块化智能混合动力平台,2022 年雷神产品积极落地,成为吉利的"雷神之年"。帝豪 L 雷神 Hi·P 作为重磅产品之一于 2022 年 4 月正式上市,成为吉利搭载 1.5TD-3DHT 雷神智擎系统的首款轿车。车身尺寸长/宽/高为 4735mm/1815mm/1495mm,轴距为 2700mm,与帝豪 L 基本相当。外观方面帝豪 L 雷神 Hi·P 整体沿用现款帝豪 L 的设计风格,能量矩阵前格栅灵感来源于敦煌熔岩塔式光热电站,更能体现产品科技感,采用与燃油版车型不同材质及颜色的车标也更凸显其新能源车型的特点。尾部方面,贯穿式尾灯由 258 颗 LED 光源组成,并将吉利品牌标识融入其中;下包围镀铬饰条的造型与尾灯样式相呼应,整体设计注重层次感的塑造。新车采用全新的森林绿双拼内饰,配备 10.25in 全液晶仪表、12.3in 悬浮式中控大屏以及雷神专属电子挡把。配置方面,新车集成 AQS 空气质量管理系统、负离子净化器、车规级 CN95 空调滤芯、抗菌多功能方向盘等配置,大大提升驾乘体验。同时,新车还配备 L2 辅助驾驶系统,其中 ELKA 紧急车道保持辅助增加了对向来车及马路边缘碰撞风险识别功能,AEB-P 预碰撞安全系统则新增两轮车场景识别。动力方面,帝豪 L 雷神 Hi·P 采用雷神智擎 Hi·X 混合动力技术,搭载 1.5TD 涡轮增压发动机,最大功率为 133kW,最大转矩为 290N·m,传动系统匹配的是 3 挡混合动力电驱变速器(DHT Pro)。官方数据显示,其满油情况下最大续驶为 1300km,0~100km/h 加速时间仅需 6.9s,亏电油耗为 3.8L/100km。同时,该车可支持 FOTA 升级,并拥有多达 20 种智能驾驶模式(见图 9)。

图 9　帝豪 L 雷神 Hi·P

2. 星越 L 增程电动版

作为吉利品牌电气化发展全新力作,星越L增程电动版于2022年11月正式上市,新车共推出2款车型,综合补贴后售价为23.97万~25.37万元。新车是首款基于 e-CMA 智能超电架构打造的"雷神增程电动车",同时拥有"纯电、混电、增程电"三大电动技术,标配"城市纯电、长途增程、快速充电、露营外放电"四大电动属性,全面覆盖用户对于电动出行的所有需求。作为插电式混合动力车型,新车基本沿用燃油版外观内饰设计风格,同时封闭式前格栅、可点亮的品牌徽标,更凸显其新能源车型属性。动力方面,新车搭载由1.5T发动机(最大功率150kW)+电动机组成的混合动力系统。同时,新车将标配41.2kWh的CTP平板电池,WLTC工况下纯电续驶里程为207.5km。此外,星越L增程电动版标配独有的"双电机串联锁定"功能,用户可选择完全"增程电动"模式出行。热效率高达43.32%的增程器让增程电动里程达1250km。标配三挡变频电驱 DHT Pro,通过雷神智能能量管理技术,实现全速域并联、电驱三挡变速,电混综合续驶最高可达1300km,实际使用过程中相比纯电动车,星越L增程电动版可以同时享受加油的便利,完全消除了里程焦虑;相比增程电动车,星越L增程电动版拥有并联电混系统和三挡变频电驱 DHT Pro,能耗更低(见图10)。

图10 星越L增程电动版

星越 L 增程电动版以创新与更优作为衡量标准，不只是强调某一项功能的极致，而是从动力、续驶、油耗等各个方面做到比最好还要更好，赋能给用户更佳的电动体验，打破了电动车所谓"好"与"贵"的定义。是一台没有里程焦虑的电动车，引领插电式混合动力车型体验新纪元。

3．领克 01 EM-P/09 EM-P

2022 年 6 月，领克正式发布了源于雷神智能混合动力技术平台并结合领克潮流出行理念打造的领克智能电混 Lynk E-Motive 技术，该技术在性能与节能之间做到了更好的平衡，在保证燃油经济性的同时还可以让新车更具驾驶乐趣。领克智能电混可实现使用场景的全覆盖。其涵盖 3 款高热效、高性能混合动力发动机，两款高效率混合动力变速器，匹配多款不同规格高性能车用动力蓄电池和两款高功率后驱电机；提供 EM-F（HEV）、EM-P（PHEV）两种动力形式，预计到 2025 年，领克全系产品都将搭载领克智能电混技术，实现全系产品电气化。

在 2022 成都车展上，领克 01 EM-P 迎来了正式上市，新车共推出 3 款车型，售价区间为 19.98 万～22.78 万元。至此，领克 01 家族也正式形成了由燃油汽车领克 01、油电混合动力车领克 01 EM-F、插电式混合动力车领克 01 EM-P 共同组成的产品矩阵。领克 01 EM-P 是集合了领克全新一代电子电气架构和 CMA 基础模块架构打造的新产品，搭载 3 档双电机混合动力电驱 DHT Pro、高热效率混合动力专用发动机 DHE15、高效电池模块以及智能管理系统等核心部件，尽可能做到操控性能和用车经济性的融合。新车继承领克高端品质和优秀操控基因，聚焦新能源用户的核心痛点，为用户带来安全、有趣、无焦虑的用车体验（见图 11）。

图 11 领克 01 EM-P

2022 年 10 月，领克 09 EM-P 远航版上市，新车共推出 2 款车型，售价区间为35.58万~36.58万元。作为SPA豪华架构下的首款超级混合动力车型，领克09 EM-P搭载领克智能电混Lynk E-Motive，专为追求长续驶及高性能、高安全的用户打造，能够满足全场景用车需求。领克09 EM-P远航版采用了P1+P2+P4电机的混合动力最强驱动布局，搭载Drive-E 2.0TD T5发动机、3挡DHT Pro混合动力专用变速器，可提供380kW超跑级功率，844N·m超高转矩输出，满油满电的情况下，新车的0~100km/h加速时间仅为5.9s。在续驶里程方面同样有着出色的表现，新车搭载一块容量为40.1kWh的三元锂电池，WLTC工况下续驶里程为150km，WLTC/CLTC综合续驶里程分别可以达到1100km/1430km，同时新车最大的升级就是加入了最大功率为70kW的直流快充接口，28min就能将电量从20%补充至80%。全系提供6座和7座两种座椅布局，满足消费者多样性需求（见图12）。

图12 领克09 EM-P

4. 极氪001

2022年纯电市场的黑马非极氪001莫属，自开启交付以来，"极氪速度"持续引领高端智能纯电品牌"第三赛道"。在2022年10月以后，月交付量连续两个月破万辆，累计交付66611辆，持续刷新中国高端智能纯电品牌首款车型及新势力品牌交付速度纪录。极氪001平均大定订单金额超过33.6万元，连续4个月获得30万元以上中国品牌豪华纯电车型销量冠军，同时极氪品牌净推荐度（NPS）高达93%，持续抢占高端市场，已然成为30万元以上中国品牌豪华纯电"标杆级"车型（见图13）。

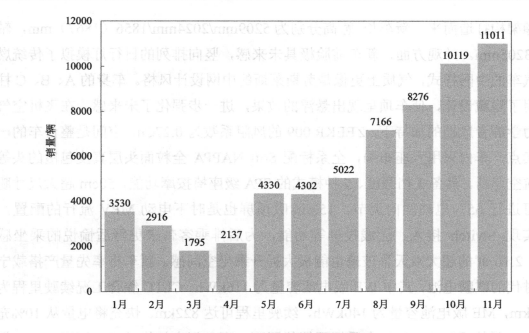

图13 2022年1—11月极氪001销量情况

极氪001的成功离不开以下几方面：一是精准的产品定位，上市之初极氪便联手众多"大V"、通过各种渠道全面铺开了宣传攻势，树立起"豪华猎装轿跑"的产品形象，而非简单赋予产品"纯电""高端""年轻""智能"等泛泛标签，直击年轻消费者需求。二是极致的用户思维，在全市场芯片短缺的背景下，为更好地提升用户体验，2022年7月11日,极氪汽车CEO安聪慧宣布将对所有极氪001的用户免费升级搭载高通8155计算平台的全新智能座舱，再次引爆整体市场，同时极氪基于所有车主和意向用户的选购大数据分析，以及零售端极氪伙伴的线下调研，推出完全基于用户思维打造的"ME版"车型，将"宠粉"进行到底。三是强大的体系支持，在服务网络覆盖上，极氪仅用不到1年的时间，就实现了超过300家的优质服务网络，覆盖31省市自治区、208座城市。在补能体系的建立上，极氪能源自建充电站已突破全国106城570多个站，仅1年时间突破100城500站，刷新国内电动汽车品牌自建站速度，第三方充电网络已覆盖全国336座城市近36.7万余个充电终端。

5. 极氪009

2022年11月，极氪汽车的第二款车型——极氪009正式上市。新车共推出2款车型，售价区间为49.9万~58.8万元，新车定位纯电中大型MPV，基于SEA

浩瀚架构打造而来。新车长/宽/高分别为5209mm/2024mm/1856（1867）mm，轴距3205mm。外观方面，新车前脸极具未来感，竖向排列的日行灯模拟了传统燃油汽车的中网样式，气质上更像是劳斯莱斯的中网设计风格。车身的A、B、C柱采用了隐藏设计，使车顶呈现出悬浮的效果，进一步强化了未来感。在飞机空气动力学静音风挡的加持下，ZEEKR 009的风阻系数为0.27Cd。空间是整台车的一大卖点，车内采用六座布局，全系标配Soft NAPPA全粒面头层真皮包覆的头等舱航空座椅，具备3挡强度、5种模式的SPA级座椅按摩功能，50cm超大尺寸腿托可进行65°电动四向调节。15.6in吸顶屏也是时下电动MPV流行的配置，可实现Switch接入、无线投屏等功能，为后排乘客带来更舒适愉悦的乘坐感受。2.16㎡的超大双天幕玻璃也能极大提升乘坐空间感。新车将率先量产搭载宁德时代的麒麟电池，其中WE版电池容量为116kWh，CLTC综合工况续驶里程为702km，ME版电池容量为140kWh，续驶里程可达822km。快充将电量从10%充至80%最快需时28min。全系标配智能四驱，配备闪电切换技术，同时dTCS智能防滑系统、全自动空气悬架系统、CCD电磁减振系统也均为全系标配，为消费者带来尊崇的驾驶乘坐体验（见图14）。

图14　极氪009

未来，极氪009不会用交易量来衡量产品是否成功，而是把产品打造到最好，交付到用户的手上，用户是否点赞才是评价市场表现的标准。

6. 几何 G6/几何 M6

2022年11月，几何 G6/M6 正式上市，"G"和"M"两个字母分别源自 Geely 和 Geometry，意味着几何汽车"向新不止、智能由我、科技为人"的造车理念。其中几何 G6 共推出 4 款车型，售价区间为 14.98 万~18.68 万元；几何 M6 共推出 4 款车型，售价区间为 14.98 万~18.68 万元。两款新车分别定位纯电轿车和纯电 SUV 市场，均采用了几何全新的"光语未来"家族式设计风格，融合当下主流设计元素，如可点亮的光语新生盾徽、贯穿式灯带等。车载信息娱乐系统方面，两款新车全系标配基于 Harmony OS 开发的几何超电智能座舱，以"连接"为核心，通过设计、情感、体验、信任四个维度，构建用户与高阶智能体验之间的连接，带给用户高价值感、高智能化的纯电产品（见图15和图16）。动力系统方面，两车电机最大功率为 150kW，最大转矩为 310N·m，电池容量分别为 53kWh 和 70kWh，几何 G6 CLTC 续驶里程分别为 480km 和 620km，几何 M6 CLTC 续驶里程分别为 450km 和 580km。

图15 几何 G6

图16 几何 M6

几何 G6 和几何 M6 两款车型的推出，进一步丰富了几何品牌的产品种类，同时为了最大化实现新能源产品的渠道覆盖，从2022年下半年开始，吉利 G/L 双网和几何经销商网络彼此交叉销售部分新能源产品，从而实现了渠道补强，为销量持续加速攀升铺平了道路。这意味着，未来消费者可以在更多线下渠道看到并体验到吉利的新能源车型。

7. 睿蓝 9

2022 年 6 月，睿蓝汽车品牌正式发布，睿蓝汽车是为换电而生的汽车品牌，未来将依靠技术优势，加速在换电领域的布局，多维度探索换电模式发展新路径，成为"换电轻出行普及者"。预计 2022 年年底，睿蓝生态伙伴将完成 200 余座换电站的投站，全面打通线上+线下相融合的渠道模式。在产品层面，睿蓝汽车将依托自研技术，在未来 3 年至少推出 6 款换电汽车以覆盖全域车型，通过多元产品矩阵的迭代升级，不断为用户带来换电出行新体验。

睿蓝 9 作为睿蓝旗下首款换电 SUV，定位纯电中大型 SUV，车身尺寸长/宽/高分别为 4845mm/1890mm/1778mm，轴距达 2825mm，外观方面采用独创的都市印象主义造型理念，封闭式的前脸设计，贯穿式的日间行车灯带融入熏黑的进气口，横向的效果营造了不错的视觉张力，内饰方面配备 12.3in 的悬浮中控屏和 12.3in 的全液晶仪表盘，内置银河 OS 车载信息娱乐系统，不仅 OTA 功能丰富，而且操作便捷。平底式三辐方向盘搭配当下流行的贯穿式空调出风口，呈现出时尚年轻的视觉效果。新车还支持驾驶模式、ACC 自适应巡航、电子驻车制动等 L2 级驾驶辅助系统，提供 6 座、7 座车型选择，座椅布局采用 2+2+2 或 2+3+2 设计，满足不同消费者的需求。车用动力蓄电池方面，配备 66.57kWh 的胶囊干电池，支持充电和换电两种方式，纯电续驶里程达 470km（见图 17）。

图 17　睿蓝 9

三、2023 年展望

2023 年复苏将成为主基调，但同时我国市场环境仍面临挑战。国际环境依然复杂多变，全球主要经济体或将由滞胀步入衰退，外需大概率回落，国内疫情防控政策逐渐优化，但经济恢复动能依然偏弱，稳定就业、提升预期、扩大内需依然会成为2023年主旋律。从行业供给来看，原材料价格高企、油价走势难料、芯片结构性短缺等依然存在，造车成本仍存在诸多不确定性；从行业政策来看，2023年车购税减半政策及新能源国家补贴政策暂不明朗，汽车行业政策或仍将以地方刺激消费政策为主；从行业需求来看，疫后需求复苏拐点已至，但消费者收入及预期恢复仍存在缓冲期，或将影响2023年第一季度甚至上半年的需求恢复。

汽车行业竞争格局持续变化：一是随着新能源汽车供给及消费者接受度进一步提升，新能源汽车渗透率将进一步提升，乘用车市场信息联席会预测，2023年中国新能源乘用车批发销量可达到840万辆，增幅达30%。二是增换购比例进一步增加，汽车企业需关注增换购政策及需求变化，一方面90后、00后人群总量相对较少，首购人口红利减弱，另一方面随着以旧换新政策、车辆使用生命周期及消费升级等因素影响，增换购需求更加明显。三是自主品牌份额永久性增长，不同于之前借势小排量政策补贴及SUV增长红利的短暂增长，此轮自主品牌份额增长一方面得益于在新能源汽车市场的强势表现，另一方面以吉利"中国星"系列为代表的自主品牌产品综合竞争力进一步提升，可直面竞争合资品牌车型。

2023年吉利汽车将继续秉承"让世界充满吉利"的使命，践行"智能吉利2025"战略，推动吉利汽车加速向智能化时代转型，打造成为科技引领型汽车企业，坚持高质量发展，坚定技术创新引领，坚定与用户同行，引领中国品牌进入智能移动新时代。

（作者：马振国）

2022年荣威及MG产品市场调查报告

一、2022年乘用车市场概况

2022年，国内经济再度受到新冠疫情强烈冲击，乘用车市场下行至2020年水平，预估全年总销量2027万辆，同比下降3.9%。为应对疫情冲击，政府于2022年中出台燃油汽车车辆购置税减半政策，取得了显著效果——燃油汽车市场6—8月明显恢复。但随着8月底9月初疫情再度于全国范围内卷土重来，2022年汽车市场未出现"金九银十"现象。2022年1—11月，乘用车市场累计销量1796.6万辆，同比下降4.5%，2020—2022乘用车市场销量走势见图1。

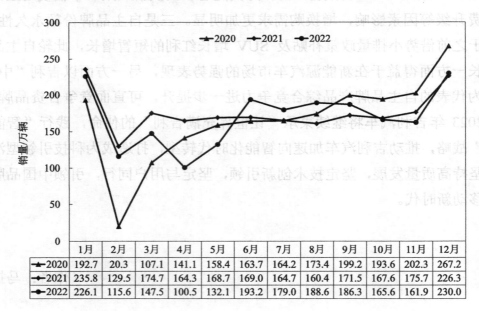

图1　2020—2022年乘用车市场销量走势

从结构看，2022年乘用车市场开启了深刻变革，即主流市场开始大范围转向新能源市场。在明星企业和热门产品拉动下，双非限城市占比提升，首购群体明显增多，11月新能源汽车市场渗透率已超30%。但是主流燃油汽车市场依然规模庞大，仍具备较大购买潜力。

综上,2022年乘用车市场表现总结如下:第一,疫情是影响汽车市场的最直接因素,居民消费信心在长期疫情影响下,持续下滑至历史低位,主流家用市场受到打击。第二,年中出台的燃油汽车车辆购置税减半政策明显刺激了需求,第三季度燃油汽车市场表现普遍较好。第三,新能源汽车市场热度依旧,2022年1—11月同比增长率达到85.8%,月度渗透率节节攀升,其中11月新能源汽车市场渗透率攀升至33%,再度创下历史新高(见图2)。

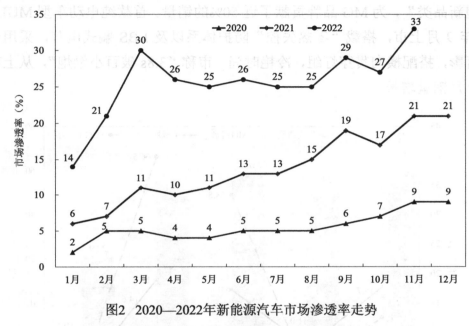

图2　2020—2022年新能源汽车市场渗透率走势

(注:数据来源于机动车交通事故责任强制保险)

二、2022年上汽乘用车市场表现

2022年1—11月,上汽乘用车累计销量33万辆,其中新能源销量7.3万辆(见表1)。

表1　2021—2022年1—11月上汽乘用车整体及新能源销量　(单位:万辆)

	2021年1—11月销量	2022年1—11月销量
上汽乘用车	47.7	33.1
上汽乘用车新能源	9.2	7.3
荣威	33.1	22.9
MG	14.6	10.1

注:数据来源于机动车交通事故责任强制保险。

分品牌来看，荣威品牌2022年1—11月累计销量为22.9万辆（见图3）。第三代RX5自2022年8月上市以来，带动RX5系列产品销量稳步增长，轿车市场的i5与Clever等系列产品表现稳定，MPV市场iMAX8也在中大型细分市场取得了前十的位置。

MG品牌2022年1—11月累计销量为10.1万辆。MG5凭借炫酷外形设计、"8s破百的猎弯之王"动力操控等基因深受年轻消费者喜爱，打造了年轻人的"潮跑新品类"，为MG品牌贡献了近50%的销量。首款纯电动车型MULAN于2022年9月上市，搭载"零热失控"防护体系以及LBS躺式电芯，采用天鹅座灵感背影，搭配横向贯穿灯组，冷艳时尚，市称"3.8s破百小钢炮"，从上市起连续三个月销量增长。

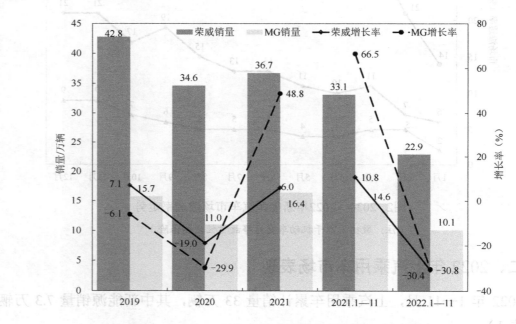

图3 2019—2022年上汽乘用车分品牌销量走势

（注：数据来源于机动车交通事故责任强制保险）

此外，MG作为上汽乘用车海外出口的品牌担当，2022年1—11月累计出口批发量为39.4万辆，同比增长49%，超过2021年全年的批发量（见图4）。其中，MG4（国内车名为MG MULAN）荣获了E-NCAP欧洲五星安全认证，作为"中国汽车工业首款全球车"，已在近30个欧洲国家正式上市，每月新增订单超过1万辆。另外，MG ZS在澳大利亚、智利、泰国等市场稳定在细分市场前列。

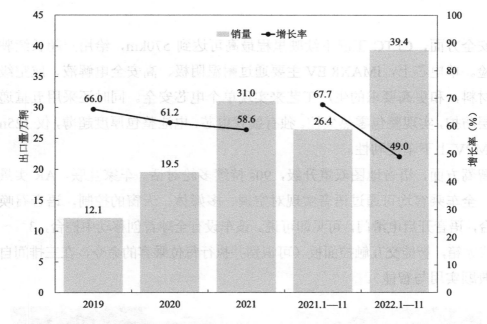

图4 2019—2022年上汽乘用车MG出口销量及增长率

三、重点车型介绍

1. 荣威 iMAX8 EV

2022年8月20日，荣威 iMAX8 EV 正式上市，共推出白银版、黄金版、头等舱铂金版、头等舱钛金版、头等舱钻石版五款配置，售价区间为25.98万～35.98万元。

外观方面，前脸中网采用龙麟黑钻格栅封闭式设计，进一步突出了前脸的霸气姿态，整个格栅拥有66片钻石切割工艺饰片，寓意我国传统文化的吉祥顺意。iMAX8 EV 将提供驭光银、珠光白、星云蓝、荣麟灰4款车色可选。采用双侧声控电滑门+感应电尾门，电滑门拥有多种开启方式：轻触开启、拉手开启、语音开启。用户可使用腿部感应开启尾门，还可调节开启的高度。配合超低地台，用户可以优雅轻松上车，同时提升车厢垂直空间利用率（见图5）。

空间方面，第二排采用飞机头等舱舒压航空座椅，坐享航空级宽适空间，德国 Bader 打孔真皮座椅，旗舰级零重力软套装，第二排座椅靠背和腿托均63°设计，30cm 超宽头枕，超大角度电动调节，可以缓解颈部压力，还配备加热通风功能。第三排 200mm 超长前后滑动功能搭配后备席魔术空间，提供无界宽敞内部空间。

安全方面，CLTC 工况下续驶里程最高可达到 570km，给用户超长续驶的安心体验。单电芯上，iMAX8 EV 主要通过耐温阴极、高安全电解液、航空级热阻隔等材料，和更高要求的生产工艺来实现单个电芯安全。同时还采用五重递进式的多层防护，实现整包零热失控。独有躺式电芯，电池整包厚度超薄，仅 125mm，实现 MPV 上下车便利性。

智驾方面，语音地图双重升级，90s 持续多轮对话、车家互联、AR 实景驾驶辅助；全车乘客均可通过语音实现对空调、多媒体、天窗的控制，语音召唤移动中控台，语音开启电滑门，可见即可说。该车设有全球首创移动中控台，3°～55°集成式冰箱，智能交互触控面板（可识别并执行每位乘客的命令，在三排间自由移动，兼顾实用与智能）。

图 5　荣威 iMAX8 EV 外观及内饰

2. 第三代荣威 RX5 和超混 eRX5

2022 年 8 月 5 日，"峰云起·国潮兴"中国荣威品牌技术平台发布会上，伴随着"珠峰机电一体化架构"（以下简称"珠峰架构"）的发布，基于其打造的重磅车型全新第三代荣威 RX5 和超混 eRX5 正式上市并全面启动交付，真正做到"上市即交付"。

全新第三代荣威 RX5 共推出 6 款配置，官方指导价 11.79 万～15.59 万元；超混 eRX5 共推出 3 款配置，官方指导价 15.39 万～16.59 万元。新车提供丝绒银、北极蓝、珠光黑、珠光白、云锦灰等 5 种车身颜色，搭配活力棕、典雅黑两款内饰配色，满足用户个性化需求。

全新第三代荣威 RX5/超混 eRX5 以同级别车型中 2765mm 的最长轴距和 1890mm 最宽车身，不仅彰显出越级宽体气势，也实现了更高的"得房率"，即使在满载情况下,每一名家庭成员也能拥有舒适的驾乘体验。高达 1200mm 的舱内垂直空间与 388mm 的单侧肘部空间,令驾乘人员更加舒展自如。

新车开创东方美学交互系统,原创山水 UI 视觉主题,并首创二十四节气场景,将古诗词中对节气的描述还原到绮丽山水场景中,作为沉浸模式桌面。独创山水纹水晶电子排挡,更藏有激光雕刻大江大河纹样,演绎"国潮"之美(见图 6)。

图 6 第三代荣威 RX5 & 超混 eRX5 外观及内饰

"双源多核"的珠峰架构,提供 5 种发动机加自动变速器驱动系统以及 5 种发动机加电机驱动系统共 10 种动力组合,既能"一点就走",又能"宁静致远"。全新第三代荣威 RX5/超混 eRX5 提供燃油、超混"双车方案",满足用户多场景出行需求,实现"超感驾控性能"的全面进阶。

全新第三代荣威 RX5 传承"双十佳"动力总成优秀基因,采用全新 GS61 1.5T VTGI 缸内直喷涡轮增压发动机与新一代 DM21 PLUS 自动变速器,运用多项豪华品牌同源技术,性能全面升级,最大功率达 138kW,峰值转矩达 300N·m,NEDC 标准下油耗仅为 6.0L/100km,在同级别车型中最低。

在超级电驱 EDU G2 PLUS 的加持下,全新第三代荣威超混 eRX5 的 0~

100km/h 加速时间为 6.9s，权威媒体实测成绩仅为 6.7s，满油满电状态下综合油耗低至 1.4L/100km，打造没有里程焦虑的出行经济学，实力演绎"15 万元级别混合动力 SUV 天花板"。近期，吉尼斯节油挑战世界纪录保持者、我国荣威车主李晨阳驾驶超混 eRX5，在满油满电的状态下实测极限续驶达到 1483km，彰显硬核产品实力。

作为首款搭载 NGP 智能导航辅助驾驶功能的燃油车型，全新第三代荣威 RX5 NGP 智驾版配备 800 万像素 120°前视摄像头、厘米级高精定位模块、超声波雷达、毫米波雷达、周视摄像头、环视摄像头等 28 个传感器，具备 360°全方位环境感知能力，并在 3 颗地平线自研高性能 AI 芯片的驱动下，实现业界领先的规划决策与执行控制能力。

安全性是珠峰架构与生俱来的 DNA。全新第三代荣威 RX5/超混 eRX5 基于 C-NCAP 五星、双侧 25%小偏置碰撞优秀标准进行设计开发，关注每一名驾乘人员的安全。整车高强度钢占比高达 79%，结合高相容性与高效率型的先进碰撞载荷路径设计，为用户的出行保驾护航。

3. MG7

作为 MG 黑标首款旗舰车型，MG7 采用优雅先锋主义设计理念，以一眼着迷的高级感、动力操控兼备的运动性能、越级配置带来多维感官豪华享受，打造出至美顶格轿跑。

外观上，完美诠释"优雅式运动"，MG7 采用纯正跑车感前脸构形，配合全新数字猎瞳前照灯和豹爪矩阵格栅，从细节处展现 MG7 先锋设计追求；无框车门、三段式主动电动尾翼、外翻式全景天窗，超跑风范尽显。俯冲车头形态、溜背设计加上宽体低趴造型，营造出稳健且极具力量感的狩猎姿态（见图 7）。

图 7 MG7 外观

内饰上，MG7 采用奢享格调座舱，33in 一体式悬浮触摸屏，49in AR-HUD 抬头显示仪，Bose Premium 系列音响系统配 14 个 BOSE 高性能扬声器。赤霞朱内饰采用 Dinamica®麂皮绒材质，质感细腻。孔雀森林内饰，复古的莫兰迪色调，让乘坐者邂逅甄选质感（见图 8）。

图 8　MG7 座舱及内饰

动力操控上，MG7 搭载上汽第三代蓝芯 2.0T 高性能黑标发动机，荣获"中国心"2022 年度十佳发动机。此发动机为 XPOWER 车队的同源发动机，在 2022 年的 TCR ASIA 和 CTCC 比赛中斩获多个冠军。MG7 凭借 2.0T+9AT 的强大动力，可输出 192kW 峰值功率，405N·m 最大转矩，0~100km/h 加速时间仅为 6.5s。MG7 同时拥有多项越级操控配置，如同级别车型中唯一的 E-LSD 电子限滑差速器、mCDC 智能可调电控悬架，也开创了车界独有的 X-mode 竞速模式，支持 150 多种自定义驾驶模式，内置赛道地图和直线挑战模式，为用户带来个性化沉浸式赛道驾驶体验。

4. MULAN

MG MULAN 于 2022 年 9 月 13 日正式上市，是基于上汽星云纯电平台开发的首款纯电动车型，国内、海外同步销售。首批上市四款车型，售价区间为 12.98 万~18.68 万元，续驶分别支持 425km、520km 及 460km（四驱版本）。

外观上，采用电感聚焦式前脸，通过凌厉线条尽显纯电气场，灵动科技矩阵前照灯，满足科技质感；以天鹅座为设计灵感的背影，采用新型焊接工艺的横向贯穿灯组，视觉效果震撼，镂空双幅尾翼一如天鹅展翅。车长 4287mm，轴距 2705mm，达到了 0.63 的轴长比，让乘客享受更多的车内空间（见图 9）。

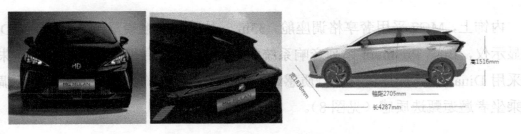

图 9　MG MULAN 外观及尺寸

MG MULAN 基于真纯电架构让操控随心所欲。全系主后驱布置，搭配前麦弗逊后五连杆独立悬架；拥有 490mm 的超低质心高度和 50∶50 的轴荷比；四驱版最大功率 315kW，转矩 600N·m，0～100km/h 加速时间低至 3.8s（见图 10）。

图 10　MG MULAN 宣传图

MG MULAN 拥有全球标准的安全体系。基于 Euro NCAP 五星标准研发，采用了折弯式副车架、平推式防撞结构设计等车身安全配置；拥有 360°柱撞电池防护及"零燃科技"电池安全保障；主动安全方面也配备了 AEB 自动紧急制动辅助、ACC 自适应巡航、ICA 智能巡航辅助、360°全景影像等精选安全辅助装置，从而保障安全出行、实现智在掌控。

四、2023 年展望

2023 年，宏观经济仍将面临复杂严峻的挑战，国外环境持续动荡，存在经济危机爆发风险。2023 年乘用车市场总量方面预计会在 2022 年低基数基础上实现小幅增长，结构上预计将继续进行主流市场电动化的深刻变革，但依然面临一定成本压力。一方面国家补贴退出，另一方面原材料价格将持续位于高位，新能源车型迫于成本压力,很可能将普遍涨价,届时新能源车型的整体竞争力也将被同步削弱,这是 2023 年此轮变革中的重要挑战。2023 年,燃油汽车势能将继续减弱,引发一系列变局。第一,自主品牌插电式混合动力车以其合理的价位、优越的体验,在 2022 年抢占了大批自主品牌燃油车用户和部分合资品牌燃油车用户后,将在 2023 年与合资品牌燃油汽车正面交锋,或引发合资品牌燃油汽车价位继续下沉。第二,在新能源化趋势越发清晰的背景下,依然选择燃油汽车的用户将进一步趋于保守,预计走量车型逐步退化至少数品类,也意味着燃油汽车成功打造新款爆品与个性化车型的难度将大幅提高。

2023 年是变革之年,汽车市场将迎来深刻的结构调整,消费者认知也将快速更新。虽然外部环境艰难,挑战重重,但也应看到市场机遇在同步大量涌现。上汽乘用车也将积极迎接挑战,把握机遇,始终以最优质的产品和体验,推动品牌持续向上,助力我国自主品牌更上一层楼。

(作者:刘尔田 宋礼秀)

2022年长安汽车产品市场调查报告

2022年12月初,受疫情影响在大部分城市,居民主动减少外出,商户暂停营业,城市公交客运流量减少。面对短暂的萧条景象,似乎很难让人对2023年的汽车市场有较高的预期。但就此彻底看空2023年汽车市场也大可不必,既要承认现实的困难,也要相信市场的韧性。根据宏观环境的变化、经济的复苏和消费信心的恢复预期,本调研报告将简单回顾2022年汽车市场,分享判断2023年行业趋势的观点,介绍长安汽车经营情况和未来举措。

一、2022年行业简要回顾

2022年行业处于销量波动周期的回落阶段,但逆周期的政策工具调节减弱了周期影响。根据长安汽车的预测模型分析,自我国加入WTO以来,汽车市场经历了两轮产业周期,这其中包括了五轮波动周期(以年增长率波动定义每轮波动4~5年),进入2020年以来,我国汽车市场正在进行第三轮产业周期(以新能源汽车为驱动)的第一轮波动,2022年正处于这轮增长波动的回落期,叠加经济下行压力不断加大和疫情对汽车消费和供应链的冲击,2022年上半年的行业增长动能已明显不足,随着国家出台的优惠政策起到了逆周期调节的效果,预计2022年行业同比增长在2.5%左右。

政策刺激边际效益递减,2022年三季度之后需求不及预期,但出口是行业亮点。2022年乘用车市场不同于以往在三季度之后销量不断攀升的节奏,优惠政策作用递减,自9月以后市场零售表现不及预期,环比逐月下降,但中国品牌乘用车继续延续提升的态势,新能源汽车不断创出新高;商用车呈现低位徘徊的趋势,市场销量低于过去两年水平;出口保持较高水平,据海关总署的数据统计,2022年1—11月出口增长率为68%,出口前十名国家中墨西哥、菲律宾市场表现强劲,新能源汽车出口前三大市场为比利时、英国和泰国。

二、2023年行业趋势预测

本调研报告首先对2023年的汽车市场总量和节奏进行分析预测，然后研究2023年汽车产业所面临的政策环境、新能源动力结构、智能化趋势、竞争特点和海外市场等。

1. 行业走势节奏总体判断

2023年增速下滑，政策是变量，年内销量走势先抑后扬。我们从行业周期规律和全国新冠病毒感染进程两个维度来观察。

第一，从周期和政策看，预计本轮行业走势周期5年（2020—2024年），新冠疫情起始年2020是本轮周期的启动低点，经过2021年的需求修复之后，2022年行业增速已经开始回落，大概率2023汽车市场继2022年后，行业增速会进一步下滑。若优惠政策在2023年延续，其促进需求的作用将会进一步减弱，在此情形下，预计2023年行业总体销量与2022年持平，略微增长1%以内；如果优惠政策在2023年取消并叠加新能源汽车补贴政策取消，预计2023年汽车市场将会出现负增长。

第二，新冠病毒感染在全国的进程影响市场节奏：静待感染高峰期，平稳信心恢复。来自防疫专家的预测：全国范围感染越过峰值的时间窗口大概在2023年1月底。根据这个峰值时间点，从购车人群看对行业的影响：一是中小商户，考虑到居民对二次感染顾虑以及尚未感染人群主动减少外出，2023年一季度餐饮、娱乐、影院、商场等非刚需的线下服务型商业，都将处于严重亏损状态，中小商户面临一波倒闭潮，相关从业者收入也会大幅下降。来自调研数据看，从事服务业的中小商户业主是购车需求的主力之一，他们在2023年大概率推迟或取消购车或换车计划。二是从业于中大型企业的购车人群，由于经济恢复需要时间，2023年一季度国内大部分中大型企业经营效益也会面临挑战，对于已购置车辆的中产人群来说，面对未来的不确定性也没有足够的意愿去置换新车。三是来自刚性需求的首购和增购人群，出行安全成为在疫情期间无车人群特别焦虑的问题，购置一辆代步车成为刚需，特别是单身年轻人尤其是女性，由于新能源汽车国家补贴将于2022年年底到期，2022年已提前释放了2023年年初的新能源汽车需求。

总体看，预计2023年汽车市场将会出现先抑后扬的走势，2023年一季度车市将会相对低迷，在无特殊政策加持的情形下，预计销量较2022年同期降低5%

左右，第二季度后，随着全民免疫屏障的形成，天气转暖，居民外出流量增加，预计经济将开始恢复活跃，更重要的是人民对未来经济的信心会重新建立，汽车需求将在二季度末、三季度初逐步恢复。

2. 政策趋势

推动汽车绿色、智能转型。供给端：汽车碳达峰、碳中和路线图将出台，智能网联汽车实施准入管理，自动驾驶商业化运营将有序放开，电动化转型继续加速。需求端：通过车辆购置税优惠、停车场和充电桩建设、老旧车型淘汰、全面取消二手车限迁和支持个人信贷消费，将新能源汽车新购和换购作为促进消费的重要抓手。

3. 新能源汽车与动力类型趋势

我国汽车市场总量低速发展与新能源汽车高速发展对比分明，动力结构"碎片化"与产业规模化并存。我国新能源汽车行业已进入爆发增长期，预计2023年销量930万辆，同比增长50%左右；2025年新能源渗透率将增至60%左右。在新能源汽车市场中，预计XEV以其经济性取代传统燃油汽车趋势日益明显，这主要是基于两点：一是影响BEV突破的三大因素短期依然存在：用户体验（低温性能、补能便利、安全）、企业盈利、矿资源供应。二是XEV以其技术特征有可能替代ICE，同时享受BEV优秀性能体验和低使用成本，并且解决了里程焦虑等问题，符合用户诉求。

4. 智能化产业趋势

智能化或科技化可能成为品牌核心标签。在智能汽车中，智能驾驶以及智能座舱是变化最快的领域，这也是用户体验最直接的价值环节。在智能驾驶领域，经过多年的发展实践后，行业普遍共识是高阶智能驾驶商业闭环仍需时日，大部分企业纷纷回归理性，聚焦用户场景打造优秀的L2+智驾系统；在智能空间领域，成为各品牌用户体验最直接的争夺点，也是品牌差异化体验的主战场，打造各自品牌智能空间核心体验点，如声音情景模式、交互拓展、系统速度、生态服务、影音娱乐等。

5. 竞争趋势

四大势力同台竞争，ICT企业或将成为传统汽车企业最大竞争对手。汽车市场四大势力包括中国品牌、外资品牌、造车新势力、ICT 企业，其中中国品牌把握新能源市场战略机遇，继续发挥新能源技术、智能生态本地化、成本管控的优势，在乘用车市场的占有率将持续提升，预计 2023 年市场占比达到 55%，未来 5 年占比达到 68%。外资品牌：合资汽车企业的红利已经减弱，一线品牌加速新能源转型，二线品牌面临淘汰，2023 年预计会有更多合资汽车企业股权出现变动，这对于国内消费者和汽车厂商都是受益者，前者可以买到技术更先进、价格却更划算的产品，后者则可以获得更多市场份额。新势力：从树立品牌阶段转向规模化发展阶段，规模、盈利将是未来追求目标。ICT 企业：进入产品变现阶段，有创新商业模式，或将成为传统汽车企业最强劲的竞争对手。

6. 海外市场趋势

出口继续增长但速度放缓，我国汽车企业对外合资合作有望拓展。我国汽车出口海外已不是新闻，据中国汽车工业协会统计，2022 年 1—11 月我国汽车企业出口 278.5 万辆，同比增长 55.3%，已超上年全年的 202 万辆，鉴于全球经济在 2023 年的衰退预期，海外需求减弱，预计 2023 年中国汽车出口增量会有所放缓，预计出口增长率在 30%左右。另外，在全球汽车技术智能化、电动化的趋势下，我国汽车产业处于相对领先的位置，叠加我国的工程师红利、精益管理等促进因素，逐渐向全球进行产品输出、技术输出、资本输出，我国汽车企业在海外市场有望从出口导向逐渐发展到产业投资导向，2023 年有可能出现以"中国车企出技术，国外车企出市场"模式在海外实现合资合作。目前中国的汽车供应链已先行于全球化布局，如中国锂电池产业链在全球分工下的成长，这为我国汽车企业实现全球布局打好了基础，届时我国品牌大有可能跻身"跨国巨头"之列。

三、长安汽车经营情况和对未来的探索

1. 整体经营情况

长安汽车拥有 38 年造车历史，全球拥有 14 个生产基地、33 个整车、发动机和变速器生产工厂，作为我国汽车的代表之一，要成为世界级品牌，不仅要延续 2022 年的热销浪潮，还要加快向智能低碳出行科技公司转型的步伐。

2022 年是长安汽车成立 160 周年，也是长安汽车全面转型和集中爆发的一年，产品、技术和营销全面爆发，文化传承和创新也迎来了新阶段。2022 年 1—

11月，长安汽车累计销量2090357辆，其中自主品牌销量1656078辆，同比增加1.51%。值得注意的是，自主品牌新能源汽车2022年11月销量33130辆，同比增加193.81%，2022年1—11月累计销量226015辆，同比增加140.51%。自主品牌海外销量159918辆，同比增加47.36%。截至2022年第三季度末，长安汽车营业收入853.52亿元，同比增长7.77%；实现归母股东净利润69亿元，同比增长130%。长安汽车现在销量结构中超过70%是自主品牌，利润70%来自自主品牌，自主品牌已成为企业利润的支柱，这是长安汽车可持续发展的基础。

2. 长安汽车对未来的探索

在2022年4月的全球伙伴大会上，长安汽车提出了新目标——到2025年，长安汽车总销量达到400万辆，其中，长安品牌300万辆，新能源汽车销量达到105万辆，占比达到35%；到2030年，长安汽车销量达到550万辆，其中，长安品牌450万辆，新能源汽车销量达到270万辆，占比达到60%，海外销量占比达到30%。此外，长安汽车在2027年实现碳达峰，2045年实现碳中和。

长安汽车坚决贯彻落实国家"双碳"战略，致力于为用户带来美好的绿色智慧出行体验。为此，长安持之以恒地追求和探索，坚定实施"第三次创业——创新创业"，以新能源"香格里拉"计划和智能化"北斗天枢"计划为主线，加快向智能低碳出行科技公司转型，并取得一系列阶段性进展。

在新品牌打造方面，长安汽车联合华为、宁德时代打造全球化的情感智能高端品牌——阿维塔，单车定价40万元以上，其中包括60万元的限量版，上市推广原来计划5个场次，结果单场推广订购而空，说明中国消费者对于新品牌、新技术的喜爱；同时长安还发布了全新数字纯电品牌——长安深蓝；全新智能品牌——"诸葛智能"等。

就具体产品看，长安汽车投放了深蓝SL03、UNI-K iDD、UNI-V iDD、欧尚Z6 iDD、Lumin、阿维塔11等电气化产品，并收获了节节攀升的销量数据以及越发清晰的电动化品牌形象。其中深蓝SL03上市33min订单破万辆，上市初期订单快速突破4万辆，截至2022年11月底累计交付1.63万辆，阿维塔11累计收到订单超2万辆。长安认为，在较长的时间周期内，PHEV、REEV等将与BEV产品共存，因此2023年将有多款PHEV产品投放市场。

在新技术领域里面，长安汽车持续加大研发投入，包括人才结构调整，已拥有近5000人的智能化、新能源、软件领域研发团队。加速打造新平台，包括自主可控的智能电动网联汽车平台CHN；首个覆盖纯电、增程、氢燃料等多动力构型的全电EPA平台和智能电动超级数字化平台架构——SDA平台。

回顾160年发展历史，长安汽车从诞生之初就承担了民族工业自强的使命，经历三次创业，长安汽车不断突破、超越、进化、革新，未来长安汽车将继续坚定打造"新汽车+新生态"，全力推动第三次创业，向智能低碳出行科技公司转型，全力向世界一流汽车品牌迈进，助力建设现代产业体系，推动中国制造业高端化、智能化、绿色化发展，为实现"汽车强国梦"贡献长安力量！

（作者：蔡景平　金凌志）

专题篇

李覯集

汽车行业数字化转型实践与展望

针对2022年汽车行业的数字化转型升级，行业关注点已经不在于"为什么"，而是在于"如何做"。新冠疫情加快了我国数字化转型升级的进程，汽车行业通过了供应链韧性的考验，而且在电动化、智能化、网联化的过程中将产业发展升级到了一个全新的高度。

一、2022年汽车行业数字化转型实践

汽车行业数字化转型是一个涉及面广、内涵丰富的大课题，本文将从产业链中游的整车企业视角，重点围绕产品数字化、运营数字化、生态数字化三个层面，观察2022年汽车行业数字化转型的实践与趋势。

1. 产品数字化

在全国乘用车市场信息联席会与安路勤联合发布的新四化指数中，2022年10月的智能化指数为44.3，相比1月的31.6大幅提升了12.7；网联化指数为58.8，相比1月的48.6提升了10.2。这两个指数代表具备智能化、网联化条件的车型销量在乘用车总体市场中所占的份额，但不重复计算。新四化指数在2022年逐月提升，而没有出现前两年的波动起伏现象，微观上说明汽车产业正在逐步走出"缺芯"影响，宏观上说明以智能化、网联化为代表的汽车产品数字化已经势不可挡。

（1）智能驾驶渗透率持续提升　根据工信部公布的数据，2021年我国具备L2级辅助驾驶功能的乘用车新车市场渗透率达到23.5%，2022年上半年则提升到了32.4%，销量达到288.1万辆。中国智能网联汽车产业创新联盟（CAICV）预计2022年中国乘用车具备L2级辅助驾驶功能的新车渗透率将达到34%。

高级驾驶辅助系统（ADAS）是汽车行业内的又一热词，这是因为ADAS功能覆盖范围主要是L0~L2级辅助驾驶，该范围内驾驶主体仍为驾驶员，系统辅助人类执行动态驾驶任务。2022年L2级别辅助驾驶车辆的增长率高于L1级别的车辆。根据盖世汽车的数据，从2021年6月开始，L2级辅助驾驶渗透率持续

高于 L1 级,成为主要的辅助驾驶方案;2022 年 3 月,国内新车 L2 级配套量接近 41.6 万辆,当月渗透率近 30%。2022 年 L2 级辅助驾驶开始出现在 10 万元级车型中,如比亚迪海豚、吉利缤瑞、长安 CS55、几何 M6/G6,无论是在燃油汽车还是电动汽车中,都可以寻觅到具备 L2 级辅助驾驶功能的产品,只不过都是顶配款才搭载。

(2)L2+级和L2++级成为新车宣传主流　2022 年,广汽 AION LX、长城沙龙机甲龙、小鹏 G9 等新车都发布了 L2+或 L2++级功能。NOA（navigation on autopilot）领航辅助是 L2+级辅助驾驶的代表功能,包括高速 NOA 和城市 NOA。2022 年前三季度我国搭载高速 NOA 功能的乘用车装配量达到 13.9 万辆,同比增长 387.0%,同期城市 NOA 实现零的突破,在小鹏 P5、小鹏 G9 等车型上落地。

由于责任界定等问题,未来汽车企业可能会选择跨过 L3 级（有条件自动驾驶）,从 L2+/L2++级直接进入 L4 级。在功能方面,L2+和 L2++级相比 L2 级辅助驾驶增加的主要功能有:高速公路辅助、交通拥堵辅助（TJA）、自主判断驶入/驶出高速的时机以及自主判断超车的时机等。

(3)环境感知硬件展开"军备竞赛"　车载感知系统主要包括环境感知系统、车身感知系统与网联感知系统三大部分。其中,环境感知系统主要负责车辆从外界获取信息,如附近车辆、车道线、行人、建筑物、交通标志、信号灯等,其硬件传感器主要有四类:车载摄像头、毫米波雷达、激光雷达、超声波雷达。

在 2022 年上市的新势力品牌车型中,对环境感知系统的追捧提升到了一个新的层次,对激光雷达、摄像头数量的宣传营造了一个类似军备竞赛的氛围（见表1）。但其实这些量产车型仍然是 L2+级功能,冗余部分就是成本浪费。用户的体验是最重要的,但是体验是不容易被认可的。也许是因为智能驾驶处在行业的成长期,尚未进入成熟期,消费者的认知还没有完全建立。犹如"享受纯正的驾驶乐趣"在现实中只有一个百年汽车品牌成功将这一定位嵌入消费者心中。

表 1　2022 年部分新势力上市的顶配车型环境感知系统硬件

车型	上市时间	顶配售价	环境感知系统硬件
问界 M7	2022 年 7 月	37.98 万元	4 颗感知摄像头 4 颗环视摄像头 12 颗超声波雷达 3 颗毫米波雷达

（续）

车型	上市时间	顶配售价	环境感知系统硬件
长城沙龙机甲龙	2022年8月	48.8万元	4颗激光雷达 7颗高清摄像头 5颗毫米波雷达 4颗高清环视摄像头 12颗超声波雷达
理想L9	2022年8月	45.98万元	1颗128线激光雷达 6颗800万像素摄像头 5颗200万像素摄像头 1颗毫米波雷达 12颗超声波雷达
小鹏G9	2022年9月	46.99万元	12颗摄像头 12颗超声波雷达 5颗毫米波雷达 2颗M1激光雷达

2. 运营数字化

在2022年疫情散发不断的情况下，汽车企业加速运营数字化转型。汽车企业对研发、制造、供应链、营销、服务等传统业务的运营正在通过数字化手段重新做一遍。传统业务运营在数字化加持下，正在呈现出全新的面貌。

（1）产品营销运营，元宇宙发布会方兴未艾　元宇宙概念在2021年兴起，汽车作为一个大号的智能终端，具备沉浸式体验的基础，正在成为元宇宙重要的载体之一。2022年有汽车企业选择通过注册元宇宙商标抢占赛道，在第一季度就有上汽、合众、东风、蔚来、福特、奇瑞、小鹏、理想、长城、一汽、比亚迪、吉利等超10家汽车企业注册了元宇宙相关商标。

2022年，元宇宙在汽车行业中最为显著的业务场景当属产品营销与用户运营。2022年有多场产品发布会通过元宇宙形式进行，1月6日，广汽埃安打造了2022年首场元宇宙新车发布会，在发布会上宣布AION LX PLUS正式上市；3月18日，一汽奔腾在百度希壤元宇宙平台发布新车奔腾B70S，发布会当日的直播观看量高达347万人次；4月9日，东风风行T5 EVO上市发布会在网络上进行，东风风行联名中国漫画《伍六七》，首创基于中国漫画元宇宙的汽车上市发布会；9

月5日，一汽集团举行了红旗品牌元宇宙盛典暨新能源设计美学发布会，其特点是企业领导通过虚拟形象在发布会中亮相。

（2）数字化工厂运营，助力制造环节低碳化　汽车制造工厂的数字化建设如火如荼，人工智能、数字孪生、大数据、5G通信以及新一代信息技术在制造环节的应用已成趋势。借助新能源汽车的发展，每新建一座汽车工厂，就是一次智能制造的升级。2022年，汽车制造商在工厂规划方面，除了智能化、数据化、定制化，更多地在考虑"低碳化"，因为"双碳"目标节点要求越来越迫切。碳足迹、碳关税这些即将在国际范围实施的新举措，将促使汽车产业在制造环节加速向低碳化转型升级。汽车制造企业正在聚焦绿色能源与绿色生产，并尽可能地缩短物流运输路线。

2022年6月，华晨宝马全新兴建的里达工厂在沈阳投入运营。里达工厂运行BMW iFACTORY理念，是宝马集团第一座从一开始就完全在虚拟环境进行规划和模拟的工厂，从厂区规划、建筑设计、生产线布局到设备调试，全部在Epic Games虚幻引擎3D创作平台创建数字孪生模型并进行模拟，构建了"元宇宙工厂"。在大规模定制化方面，可实现在车辆生产的6天前更改订单车的某些配置元素。

（3）新服务运营体系，通过线上、线下融合的数字化系统提供全周期服务　伴随着新能源汽车的发展，新汽车服务体系正在加速构建。汽车服务的价值链大幅延伸，对用户的服务已经超出车的范围，正在以用户场景为驱动，深入人-车-生活的各类场景中，并发挥出汽车后市场的长尾效应，如周边产品、车商城、补能服务、车友会等。线上、线下结合是新服务体系的特点，通过对每一个用户的OneID数据化管理，实现"千人千面"与"千车千面"。

2022年，长安汽车正式运营UNI Service服务品牌，可为2000万长安品牌的保有客户提供更智慧主动的服务。一是在线上体验方面，整合车载信息娱乐系统端、客户端、顾问端、厂端，打通全链路、全服务场景。二是在线下体验方面，新增品牌体验空间、工坊、自造空间三种服务业态。三是在场景打造方面，基于智慧云诊断技术，推出各项主动服务，即以客户为中心，打通app、车载信息娱乐系统、顾问、厂家四个端口提供管家式服务。在汽车品牌的服务体系中，小鹏汽车重点加强物流、交付、专属服务三个环节，截至2022年6月，小鹏汽车服务中心达到200个，遍布全国136个城市；除了线下服务网点之外，小鹏汽车还构筑了以数字售后、移动服务与在线专属群为核心的线上服务体系。

3. 生态数字化

2022年是汽车行业生态建设向纵深推进的一年。2021年是政府和企业谋篇布局的一年，"十四五"汽车产业规划与企业发展规划纷纷出台。以2020年11月国务院办公厅印发的《新能源汽车产业发展规划（2021—2035年）》为标志，汽车产业顶层设计工作暂时告一段落，接下来就是政府层面、行业层面、企业层面等汽车产业生态的各个参与方将规划实施落地的新阶段。

（1）政府层面，加强数据安全与创新监管 数据安全，对于汽车行业至关重要。在安全与商业之间，必须坚守安全第一的底线原则。2020年8月，工信部批准发布了行业标准YD/T 3751—2020《车联网信息服务 数据安全技术要求》，规定了在车联网服务过程中全生命周期数据保护的总体要求和具体标准。2021年8月，工信部印发《关于加强智能网联汽车生产企业及产品准入管理的意见》，从加强数据和网络安全管理、规范软件在线升级、加强产品管理、保障措施等方面提出了11项具体意见。2022年岁末，蔚来"用户数据遭窃取并被勒索"事件凸显出新汽车时代的数据安全体系并非高枕无忧。2022年3月，工信部印发《车联网网络安全和数据安全标准体系建设指南》，提出到2023年底初步构建起车联网网络安全和数据安全标准体系。2022年7月，中华人民共和国国家互联网信息办公室（简称国信办）公布了《数据出境安全评估办法》，规定了数据出境安全评估的范围、条件和程序，后续汽车企业需要对其数据出境活动做出策略性的调整和规划。国家部委层面出台的一系列政策，彰显了对数据安全的管理正在走向体系化与标准化。

2022年2月，国家市场监督管理总局（简称市场监管总局）等五部委联合发布了《关于试行汽车安全沙盒监管制度的通告》。同年12月，市场监管总局发布了《市场监管总局办公厅关于启动汽车安全沙盒监管试点申报的通知》。通知表示，市场监管总局研究制定了《汽车安全沙盒监管实施方案（试行）》和《汽车安全沙盒监管技术目录清单（试行）》，现正式启动试点申报工作。沙盒监管制度起源于英国对金融创新的监管，目前美国、德国、日本、韩国等20多个国家和地区正在金融、汽车、能源等领域积极推进实施。我国在汽车安全监管领域试行沙盒监管制度，不仅顺应了汽车科技高速发展的趋势，而且能够进一步平衡创新应用与风险防控两方面的冲突，更好地保障消费者的人身和财产安全。

（2）整车企业层面，加大自研力度布局智能网联生态 汽车操作系统向上可提供软件稳定运行的环境,向下可控制硬件系统,在汽车生态体系中具有举足轻重的战略意义。2022 年国内外汽车企业加快了操作系统自研的步伐。2022 年 6 月,广汽集团发布了在星灵架构下的普赛 OS,将会应用到广汽的自主品牌传祺乘用车与埃安纯电动汽车上。2022 年,丰田汽车公司宣布计划于 2025 年推出自研的 Arene 操作系统;大众集团宣布计划到 2025 年将自研车载软件的比例提升至 60%;梅赛德斯-奔驰预计将于 2024 年发布自研的 MB.OS 操作系统完整版。在智能驾驶生态建设方面,整车企业更加重视内部孵化企业的建设。2022 年 6 月,吉利旗下的吉咖智能机器人有限公司在苏州正式开业,致力于为乘用车和商用车提供智能驾驶整体解决方案。同年 12 月,吉利体系内的亿咖通科技在纳斯达克实现借壳上市。

2022 年年初,汽车企业造手机成为一个"出圈"热点。2022 年 4 月,马斯克在推特置顶了招聘智能手表与手机专家的信息;7 月,吉利旗下的湖北星纪时代科技有限公司宣布获得魅族科技 79.09%的股份;同年 7 月,蔚来的李斌再次确认了蔚来正在布局手机业务;8 月,上汽集团和 OPPO 签约成立"生态域联合实验室"。汽车企业造手机,可以看作是对"手机企业造汽车"的防御策略,但更重要的是,汽车智能应用需求正在促使手机生态与车载信息娱乐系统生态的深度融合。

(3)在 ICT(信息通信技术)和互联网公司层面,更加重视汽车场景为数字化业务赋能 云平台是汽车数字化运行生态的基础设施。2022 年 7 月,亚马逊云科技宣布将围绕"自动驾驶、车联网、软件定义汽车"三大场景,加入汽车赛道;8 月,微软发布面向汽车和移动出行领域的整体解决方案,以 Azure 云服务为基础加大在自动驾驶、智能座舱领域的投入;在 11 月开幕的 2022 云栖大会上,阿里云业务的"汽车云"正式亮相,基于云、钉钉、达摩院、瓴羊等核心技术能力,提供汽车全生命周期的技术支持,形成"自动驾驶云""智造云""营销云"三大解决方案。11 月,华为云发布"1+3+M+N"的全球汽车产业云基础设施布局方案。同时,华为云与多家汽车产业客户及伙伴发起"共创自动驾驶开放产业链行动倡议",共同构筑具有国际竞争力的开放创新生态。

ICT 和互联网公司深度进入汽车业务的愿望愈发强烈,"致力于成为领先的智能网联汽车增量部件供应商"的"初心"正在演变为全产业链投入。2022 年,问界 M5/M7 进入华为线下门店中,虽然车尾上仍有"赛力斯"三个字,但在消费者看来,"华为标签"更为深入人心。华为不仅布局了上游供应链,更在深度实践下游渠道链。2022年7月，华为推出了 HarmonyOS 3.0，其中的一个重要场景就是车载信息娱乐系统。华为宣称推动手机生态与车载信息娱乐系统生态融合的鸿蒙3.0有三大特点：海量应用无缝上车、应用服务无缝直达；应用体验自适应、车载信息娱乐系统硬件直接用；易上手、好操作，手机与车载信息娱乐系统用户体验保持一致。

2022年，众多智能驾驶公司深入推动L4级自动驾驶的示范运营，并开始启动收费模式。2022年6月，小马智行PonyPilot+在广州市南沙区正式启动收费运营，同一天在武汉市经开区，百度Apollo的自动驾驶出行服务平台"萝卜快跑"开启当地商业化试点，面向公众提供付费出行服务。此前，"萝卜快跑"已经分别在北京、上海、广州、深圳、重庆、武汉、合肥、成都等十多个城市落地。

二、2023年汽车行业数字化转型展望

2023年，智慧城市、智慧交通、车路协同、元宇宙、数字孪生、增强现实、虚拟现实、碳中和这些汽车科技热词将距离我们越来越近，汽车行业数字化转型升级将促进汽车生态高度融合到智能社会大生态中。

1. 产品数字化

展望2023年的汽车产品数字化，智能驾驶渗透率将会继续提升。预计2023年L2级辅助驾驶功能渗透率将突破40%，有望在2025年突破50%。预计至2025年，中国乘用车L1~L2级ADAS渗透率达75%。

2023年有望成为激光雷达大规模商业化应用的元年。预计原先搭载到30万元以上车型"曲高和寡"的激光雷达在2023年将会下移动到20万元级车型。随着激光雷达的成本拐点逐步到来，也为大规模商用打造了坚实的基础。当前混合固态的激光雷达平均价格约在8000元，预计到2023年成本有望下探到4000元左右。激光雷达是车载摄像头与毫米波雷达的有效补充，将是L3级及以上自动驾驶的必备传感器。关于环境感知系统硬件的路线之争，在2023年会缩小"分歧"，保障行驶安全这一"初心"将会成为主流选择。

根据《节能与新能源汽车技术路线图2.0》，智能网联乘用车里程碑事件是2025年前后实现高速公路有条件自动驾驶、高速公路高度自动驾驶、代客泊车高度自动驾驶等功能，其核心是网联协同感知。车路协同自动驾驶是在单车智能自动驾驶的基础上，通过车联网将"人-车-路-云"交通参与要素有机地联系在一起，

助力自动驾驶车辆在环境感知、计算决策和控制执行等方面的能力升级，加速自动驾驶应用成熟。2023年，随着5G网络的日渐成熟，我们预计会看到更多"车-路-云-网-图"协同发展的汽车数字化经典案例。

2. 运营数字化

展望2023年的运营数字化，元宇宙、VR（虚拟现实）/AR（增强现实）、数字孪生、6G（第六代移动通信标准）等各类新型数字化技术应用将会进一步普及，在研发、制造、供应链、销售、营销等运营场景中，将会看到越来越多的线上、线下融合的实际应用。

汽车将是元宇宙时代的重要入口。一是在生产制造场景中，元宇宙工厂的信息将实现前所未有的高效流动，消费者可以通过数字研发空间按需定制，供应链里的所有工厂都将成为一个整体，生产活动通过上下游的生产情况实时进行调整，真正实现零误差和零浪费。二是在智能座舱场景中，DMS（driver monitor system，驾驶员监测系统）将通过对驾驶员的头部感知、眼动感知、驾驶员识别、疲劳检测、视线感知追踪/分神提醒等多种技术集成，提升汽车安全系统水平。三是在营销与销售场景中，元宇宙技术将打通虚拟与现实，举办更多的网上车展，并结合线上与线下场景实现虚实共生的消费，增加消费者的沉浸式体验。

在VR/AR技术应用方面，随着元宇宙概念的火热，VR与AR将在四大场景中得到广泛应用。一是汽车研发场景中的造型设计阶段、工程设计阶段和仿真试制阶段。二是在汽车制造场景中，VR技术应用在投产前的装配线测试阶段以及AR技术应用在生产制造环节。三是在汽车销售场景中，VR应用在选车看车、产品试驾等环节。四是在汽车驾驶场景中，AR-HUD技术的应用。

在数字孪生技术应用方面，越来越多的整车及零部件企业正在走进数字孪生的世界。数字孪生在汽车行业的应用将更加广泛，涉及研发、生产和个性化服务等多个环节，绝大多数整车及零部件企业都在逐步应用数字孪生技术提升研发效率、产品制造水平，并实现成本节约。

6G的全球竞赛已拉开帷幕，未来3~5年将是6G研发的关键窗口期。5G技术能够让汽车全面智能化，6G将实现几乎没有时延的车联网通信。6G将在自动驾驶、智能制造、VR/AR等方面为汽车产业的数字化转型升级进一步增档提速。

3. 生态数字化

展望 2023 年的生态数字化，自建、联盟、跨界三种模式的演义将更加精彩。整车企业会以更大的力度，加强对内部智能生态公司的投入，如：长城汽车的毫末、奇瑞汽车的雄狮、上汽集团的零束、广汽集团的巨湾等，对于自主整车企业"掌握灵魂"的认识将更加深刻。同时，L4 级无人驾驶汽车将在更多一、二线城市开展示范运营。

值得一提的是，到 2023 年 10 月，华为"三年不造车"的期限届满。相信华为一定会继续给汽车行业带来更多"惊喜"，因为有一种汽车生态叫"华为生态"：微笑曲线前段的技术研发、供应链，以及曲线后段的渠道链、品牌建设、应用生态等，华为都已经具备了，就看华为是否愿意自己建设工厂在中段的制造环节打通全链路了。

造手机的公司忙着造汽车，造汽车的公司想着造手机。2023 年，小米、苹果、三星（再加上华为）等传统手机厂商，将会给汽车行业带来更多的进展发布与内容输出。2023 年，预计蔚来手机、吉利手机、上汽手机将会亮相甚至上市销售，汽车的消费电子属性将进一步增强。进入汽车智能座舱内，全旅程放下手机使用车载信息娱乐系统，将是汽车智能网联工程师们追求的终极梦想。

（作者：穆天宇）

新能源汽车爆发式增长凸显动力蓄电池回收利用亟须加强

当前我国新能源汽车产业呈现新车销量高速增长、车用动力蓄电池装机量攀升的良好局面,不过车用动力蓄电池具有自身特殊性,对回收利用提出了更高要求。虽然车用动力蓄电池回收利用政策体系已经基本搭建,但仍亟须加强,否则在未来几年将会对新能源汽车产业发展形成实质拖累。

一、新能源汽车动力蓄电池回收利用工作亟须加强

车用动力蓄电池爆发式增长提升了回收利用工作的迫切性。2022年1—10月我国新能源汽车实现销量528万辆,同比增长1.1倍;新能源汽车保有量超过1149万辆。新能源汽车的爆发式增长带来动力蓄电池的更快增长:根据中国汽车动力电池产业创新联盟的数据,2022年1—10月我国动力蓄电池产量159.8GWh,同比增长250.0%;装车量107.5GWh,同比增长168.1%。在2019年工信部组织编写的《新能源汽车动力蓄电池回收利用调研报告》中公布我国新能源汽车动力蓄电池累计配套量超过131GWh,当前一年的配套量已经超过此前若干年的累积规模。可以预期未来几年车用动力蓄电池的保有量将持续较快扩大,电池退役量也将快速增长。

车用动力蓄电池的特殊性需要回收利用规范有序。相比燃油汽车,新能源汽车动力蓄电池因其特殊性,回收利用在全球都属于难题:安全层面,动力蓄电池处置不当会出现触电隐患和爆燃隐患;环境层面,动力蓄电池中存在重金属和有毒液体,不经专业回收处理会产生重金属污染、氟污染与水污染;资源层面,动力蓄电池的正极材料中含有锂、镍、钴、锰、稀土等金属,回收利用价值高。这一系列的特殊性决定了车用动力蓄电池的回收利用必须规范有序。

当前车用动力蓄电池回收利用存在"劣币驱逐良币"乱象。2021年我国电池回收利用企业数量达到近3000家,但其中符合工信部制定的《新能源汽车废旧动力蓄电池综合利用行业规范条件》的企业仅有47家。业内估计,到2021年底报废

的车用动力蓄电池约有 24 万 t，其中只有不到 5 万 t 能由这 47 家企业回收。当前，行业内存在大量"小作坊"式的非正规回收企业，以比合规企业更高的价格在市场上购买车用动力蓄电池，粗暴拆解后提取贵金属牟利，造成的环境污染则由社会承担。未来随着报废新能源汽车中私人用户的增多，移交退役电池的用户将更多地从租赁公司与保险公司等法人单位向私人用户转变，在现有回收利用政策下，"价高者得""劣币驱逐良币"等情况将愈演愈烈。

二、车用动力蓄电池回收利用政策缺少激励机制

已建立的车用动力蓄电池回收利用政策缺少强制力。政府高度重视新能源汽车动力蓄电池的回收利用：2020 年 4 月，第十三届全国人民代表大会常务委员会第十七次会议修订通过《中华人民共和国固体废物污染环境防治法》，明确提出车用动力蓄电池等产品的生产者应当按照规定以自建或委托等方式，建立与产品销售量相匹配的废旧产品回收体系。2018 年由工信部、科技部、环境保护部、交通运输部、商务部、质检总局、能源局联合印发《新能源汽车动力蓄电池回收利用管理暂行办法》，明确了汽车生产企业承担动力蓄电池回收的主体责任，相关企业在动力蓄电池回收利用各环节履行相应责任。但是，由于我国前期新能源汽车市场规模较小，回收利用规模更加有限，现阶段已出台制度全部为规范管理和引导性文件，而非强制性的。

现有车用动力蓄电池回收利用的监测工具有待加强。车用动力蓄电池的回收利用具有主体分散、地域分散的特点，必须利用数字化管理工具。2018 年工信部发布《新能源汽车动力蓄电池回收利用溯源管理暂行规定》，要求对动力蓄电池生产、销售、使用、报废、回收、利用等全过程进行信息采集，以对各环节主体履行回收利用责任情况实施监测。但是，在报废、回收和利用环节，漏报、少报、缓报、不报的情况屡屡发生。根据《中国新能源电池回收利用产业发展报告（2021）》，截至 2020 年底，全国共有 310 余家回收拆解企业、60 余家梯次利用企业和 60 余家再生利用企业完成了国家溯源平台的注册，仅占近 3000 家回收利用企业中的一小部分；累计上传 3.4 万 t 废旧动力蓄电池信息，其中约 2.5 万 t 已再生处置，相比业内普遍估计的 20 余万 t 的整体规模，绝大部分报废电池不知所终。

新能源汽车用户将报废车辆交给正规回收机构的激励不足。车用动力蓄电池

的特殊性造成在其回收环节面临评估难、定价难、存储难、运输难等问题；在再利用环节面临技术不成熟、标准不完善、环保成本高等难点。应对这些难题需要正规回收利用企业扩大投入、形成规模，才能产生正向循环。但是，我国目前在车用动力蓄电池回收环节缺少激励性措施，车主往往将报废新能源车出售给车贩子代办报废手续，车用动力蓄电池也借此流入非正规企业。除此之外，我国私家车没有强制报废政策，但是车用动力蓄电池中含有重金属和有毒液体，电池过度充、放电也会增加梯次利用难度，新能源车主延迟报废造成的环境污染风险不逊于燃油汽车。

先导市场经验表明"约束管理+激励机制"可以促进回收利用政策目标的实现。报废车与废电池的回收是基于用户个体的市场化行为。先导市场经验表明，回收利用政策是否配套激励机制，会明显影响回收效率。以日本报废车为例，其价值受钢材行情影响变化很大，钢材价格高时汽车免费报废、价格低时收费报废，这导致日本每年有十几万辆车被非法遗弃；2005年日本出台《日本汽车循环利用法》，要求汽车消费者在购车时缴纳"回收处理费"，该法实施后日本汽车循环利用率几乎达到100%。美国废电池回收的经验同样值得借鉴：政府通过制定环境保护标准进行约束管理；电池协会制定"押金制度"，电池使用者在购买时缴纳押金给协会，在交回电池给正规回收机构时获得押金返还；废旧电池回收企业以协议价将提纯的原材料卖给电池生产企业。通过押金制度，美国实现了近90%的废电池回收率。

三、车用动力蓄电池回收利用应出台强制性措施并加强政策引导力度

1. 出台强制性措施，提升政策约束力

建议加快制定《新能源汽车动力蓄电池回收利用管理办法》，进一步细化车用动力蓄电池回收利用各环节的监管要求，明确地方政府的监管职责，加强对违规回收、违规拆解等行为的处罚。同时，可通过鼓励举报违法行为的方式，尽快处罚通报一批造成严重环境污染的"小作坊"典型案例，遏制当前电池回收利用环节的乱象持续蔓延。

2. 引入区块链等新兴技术手段，加强监管力度

区块链的信息记录方式是将数据打包成块，同时加上时间戳，形成链式结构，

与电池从生产、销售、使用、退役到回收再利用的流程高度匹配。以时间戳为记录依据，可以有效区分各个环节的企业上报权责，防止数据篡改，易于追溯失责企业。配合基于区块链的溯源系统，建议出台强制性措施，明确对有关主体落实溯源管理责任不力的处罚。同时，可以通过将"溯源系统"与《报废机动车回收证明》发放等环节挂钩，督促相关主体落实溯源管理责任。

3. 建立激励机制，提高相关企业与个人的积极性

2019年《海南经济特区禁止生产销售使用一次性不可降解塑料制品条例（公开征求意见稿）》中已经借鉴先导市场经验，提出了"押金制度"。建议我国在车用动力蓄电池领域率先试点"押金制度"等激励机制，一方面有助于提高回收比例，培育正规化、规模化的回收利用企业；另一方面鼓励用户将达到使用限制的新能源车及时报废，避免过度使用或随意丢弃引起环境污染。借助基于区块链的溯源系统，可以实现"一份押金对一块电池"的数字化监管，降低非法集资风险。

总而言之，建议通过加强监管、建立激励机制等措施，促进车用动力蓄电池回收利用产业良性发展，助力新能源汽车健康稳定发展和汽车产业转型升级。

（作者：包嘉成 李婷）

新冠疫情下新能源汽车的区域市场分析

自 2020 年开始，我国新能源汽车市场总体呈现快速增长态势，但区域间的增长态势呈现一定差异。这种差异一方面受地方经济发展水平差异的影响，另一方面受新冠疫情冲击等影响。笔者认为，2023 年新能源汽车区域市场发展分化态势仍将持续。东部地区、一线城市等经济发达地区在疫情影响减弱后，新能源汽车销量增速会出现较强反弹。中部地区及部分二、三线城市由于新冠疫情导致居民购买力和消费信心受损，销量增长速度会低于东部地区。部分西部地区、东北地区及少部分三线城市由于疫情因素及居民购买力增长基础较弱，将抑制新能源汽车销量的快速增长。

一、近五年新能源汽车的区域市场运行特征

1. 新能源汽车市场渗透率在 2020 年后迅速上升，但区域间存在差距

如图 1 和图 2 所示，2020 年后新能源汽车市场渗透率开始迅速攀升，呈现普涨趋势。

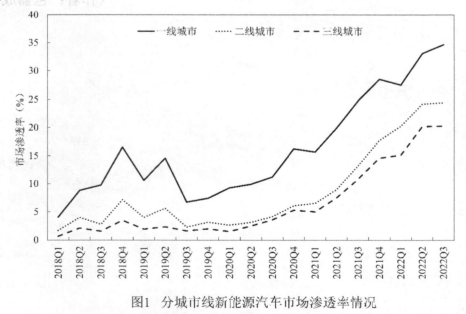

图1　分城市线新能源汽车市场渗透率情况

（注：数据来源于乘用车上险数据，国家信息中心）

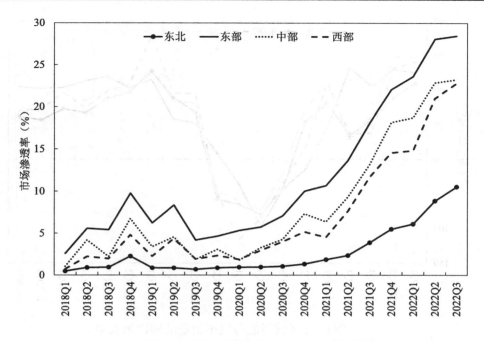

图2 分区域新能源汽车市场渗透率情况

（注：数据来源于乘用车上险数据，国家信息中心）

截至 2022 年第三季度，东部地区市场渗透率已接近 30%，一线城市市场渗透率已接近 35%。受自然条件、经济增速较低及防疫政策等因素限制，东北地区的新能源汽车市场渗透率增长较慢；从不同城市线看，受汽车牌照、限购限行政策影响，一线城市新能源汽车市场渗透率显著高于二、三线城市，且差距存在扩大趋势。2020 年新冠疫情暴发后，二线和三线城市市场渗透率差距亦有逐渐拉大的趋势。

2. 部分地区疫情抑制了新能源汽车销量增长

从 2021 年开始，新能源汽车销量同比增长率开始呈缓慢回落态势。分地区看，除东北地区外，其他地区新能源汽车的销量均受新冠疫情的影响导致同比增长率回落，其中，中部地区回落幅度最大，达到 108.3%（见图3）。分城市线看，2022 年第三季度与 2021 年第一季度相比，一、二、三线城市同比增长率分别回落 65.56%、70.68%、96.10%，三线城市回落幅度最大（见图4）。

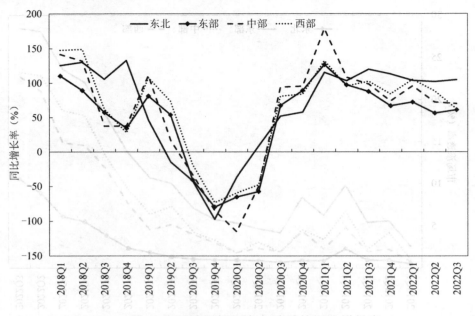

图3 分区域新能源汽车销量的同比增长率

（注：数据来源于乘用车上险数据，国家信息中心）

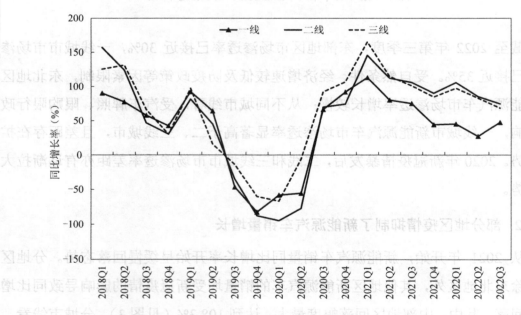

图4 分城市线新能源汽车销量的同比增长率

（注：数据来源于乘用车上险数据，国家信息中心）

3. 新能源汽车销量增长率在城市线间出现分化体现了二、三线城市居民收入差距拉大

2020—2022年第三季度，从新能源汽车分级别的市场占有率看，A级车及以下为主要市场，占有率为67.6%；其次为B级车市场，占有率为26.5%，C级车及以上市场占有率仅为5.8%。如表1所示，2022年第三季度相比于2021年第一季度，A级及以下新能源汽车销量在二、三线城市下滑更大，因此，二、三线城市新能源汽车销量增长率下降过快是因其A级及以下新能源汽车销量增长率下降过快所致。值得关注的是，C级及以上新能源汽车销量在二、三线城市逆势快速增长，折射出疫情后二、三线城市的居民收入差距显著拉大，消费者购买力分化加剧，不利于二、三线城市新能源汽车市场的恢复。

表1 2022年第三季度与2021年第一季度新能源汽车销量增长率差 （%）

城市线	A级及以下	B级	C级及以上
一线	−40.48	−112.95	−7.04
二线	−79.23	−99.78	43.73
三线	−110.56	−35.24	18.46

注：数据来源于乘用车上险数据，国家信息中心。

二、近年新能源汽车区域销量分化原因分析

1. 新冠疫情对不同城市的冲击力度显著影响当地汽车市场销量表现

由于2021与2020年我国新冠疫情不断在多地散发，对乘用车消费产生较大影响。如图5所示，新冠发病率（对数）与城市乘用车销量增长率呈显著的负相关关系，新冠发病率每增加1%，销量增长率平均下降约0.04%。以黑河、绥化、呼伦贝尔、阿拉善等为代表的三线城市，因疫情不断而严重拖累了当地乘用车市场的恢复。

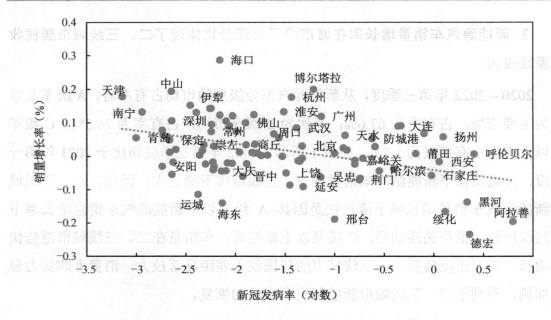

图 5 新冠发病率与乘用车销量增长率

（注：数据来源于乘用车上险数据，各地卫生健康委员会，国家信息中心。图中仅标注部分城市名称）

2. 疫情下居民可支配收入增速下降、消费意愿转弱是制约新能源汽车销量增长的根本原因

乘用车销量增速与居民可支配收入增速关系密切，居民可支配收入持续增长是乘用车等耐用品消费的重要条件。一方面，居民可支配收入的持续增长为家庭消费创造购买力条件；另一方面，居民可支配收入的持续增长也有助于形成良好的收入增长预期，保持居民较高的消费意愿。如图 6 所示，2021 年开始，受新冠疫情影响，我国居民可支配收入同比增速大幅回落。为了促进居民乘用车消费，中央与地方出台了一系列促进新能源汽车消费的政策，但我国新能源汽车销量增速仍出现较大幅度回落，说明居民购买力和消费信心受损严重。分地区看，2020年第一季度至 2022 年第三季度，我国六大区域⊖的人均可支配收入的平均增长率从高到低分别为：华东（6.6%）、西南（5.8%）、华北（5.1%）、中南（5.1%）、西北（3.5%）和东北（3.3%），各地区居民可支配收入增长情况与地区新能源销量走

⊖ 中南地区包含河南、湖北、湖南、广东、广西、海南；东北地区包含辽宁、吉林、黑龙江；华北地区包含北京、天津、河北、山西、内蒙古；华东地区包含上海、江苏、浙江、安徽、福建、江西、山东；西北地区包含陕西、甘肃、青海、宁夏、新疆；西南地区包含重庆、四川、贵州、云南、西藏。

势基本一致。

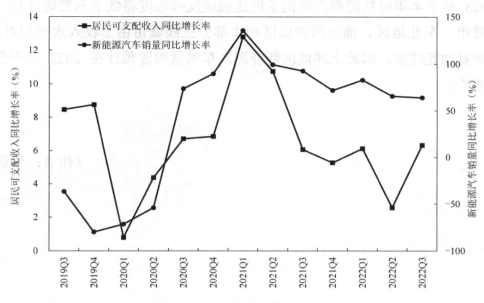

图6 居民人均可支配收入同比增长率与新能源汽车销量同比增长率

（注：数据来源于乘用车上险数据，国家统计局，国家信息中心）

三、2023年新能源汽车区域市场展望

1. 疫情管控政策放松利好各地区新能源汽车销量增长

2022年12月7日，国务院应对新型冠状病毒肺炎疫情联防联控机制综合组发布了《关于进一步优化落实新冠肺炎疫情防控措施的通知》（以下简称"通知"），针对新冠疫情发展的新情况优化了多项防疫措施，为各地区经济恢复和乘用车消费创造了政策条件，各地区新能源汽车销量增速将随经济活力恢复而逐步恢复。

2. 疫情发展不确定性、人口流动性差异将促使新能源区域市场延续分化态势

由于疫情发展的不确定性因素仍存在，加之不同地区人口流动性差异，将导致各地区疫情形势和经济恢复情况存在显著差异，2023年新能源汽车区域市场可能将延续分化趋势。中国疾病预防控制中心数据显示，以北京、上海、广东为代表的东部和一线城市已于2023年1月底结束第一波大流行。由于东部地区、一线城市、二线城市购买力受损相对较小，新能源汽车销量可能在2023年第一季度

后率先恢复；中部地区和大部分三线城市，由于在疫情期间居民收入受损较大，在 2023 年下半年前新能源汽车销量增速触底反弹幅度将低于东部地区及一线、二线城市。东北地区、部分西部地区和少部分三线城市由于收入水平相对较低，经济恢复动能较弱，因此上述地区新能源汽车销量增速预计在 2023 年不会出现快速增长。

（作者：牛碧珵）

基于大数据与需求洞察的汽车消费者审美趋势分析

纵观近年来的汽车设计风格，尤其在新能源汽车领域，外观、内饰造型风格推陈出新，呈现丰富多彩的景象。汽车风格林林总总，汽车企业需要审视这些风格，发现这些变化，并通过大数据线索和消费者偏好洞悉汽车消费者的审美趋势，在这个多元、多变的市场把握新的机遇。

一、汽车风格愈发多样，十大审美风格流行

汽车风格愈发多样，特斯拉 Model Y、蔚来 ET5 和 ET7 彰显极简之美；宝马 VISION M NEXT、极氪 001、飞凡 MARVEL R、智己 L7 追求科技之美；欧拉闪电猫、宝骏 KiWi EV、五菱 NanoEV、大众 ID.3 展现出萌趣之美；长城机甲龙、坦克 700 凸显强悍之美；名爵 Cyberster、路特斯 EMIRA、广汽传祺影豹、宝马 M4 尽显速度之美；奔驰 VISION AVTR、长安 UNI-V 定位未来之美；荣威鲸、几何汽车 EX3 功夫牛体现自然之美；魏牌圆梦和欧拉芭蕾猫等主打复古之美；红旗 L-Concept 彰显尊贵之美；广汽传祺 M8 豪华 MPV 推出"云山珠水"内饰，从"云山叠翠"和"珠水流光"自然景观中汲取灵感，展现国风之美，而全新荣威 RX5 和超混 eRX5 也在诠释国风之美。

二、消费者对不同汽车风格的关注焦点及趋势变化

1. 十大审美风格的消费者关注焦点

从消费者对十大风格的关注因素来看（见图1），速度之美对动力关注度较高；强悍之美对外观关注度最高；极简之美和科技之美的关注度反映在外观上的比例较低，在内饰上的比例更高；萌趣之美对外观关注较高，而对空间的关注度相比其他风格要高很多；自然之美最重内饰，而对舒适性的关注度相比其他风格更高。

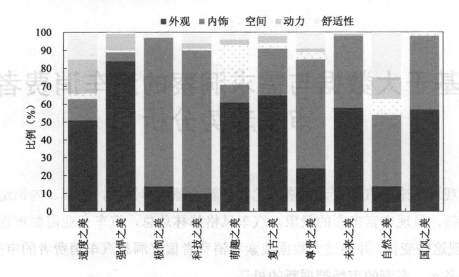

图1 消费者对十大风格的关注因素差异

（注：数据来源于国信汽车口碑大数据，2014—2022年合并）

2. 关注焦点的年度变化

1）科技之美和极简之美的关注度聚焦在内饰，对外观的关注度有所提升。未来之美和国风之美的关注度焦点从内饰转移到外观（见图2）。

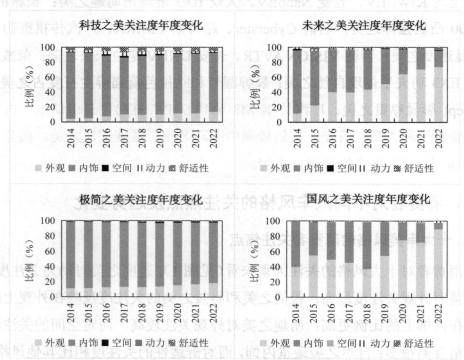

图2 科技之美、未来之美、极简之美、国风之美的关注度年度变化

2)复古之美、尊贵之美、萌趣之美和自然之美的关注焦点趋于稳定。复古之美更看重外观,其次是内饰,关注度变化不大;尊贵之美更看重内饰,其次是外观,对舒适性的关注度也较高,整体上关注结构变化不大;萌趣之美最看重外观,其次是对空间的关注度较高,对内饰也有一定的关注度,关注度结构有一定波动,但整体比较稳定;自然之美最关注内饰,近几年对舒适性的关注度次之,关注度结构趋于稳定(见图3)。

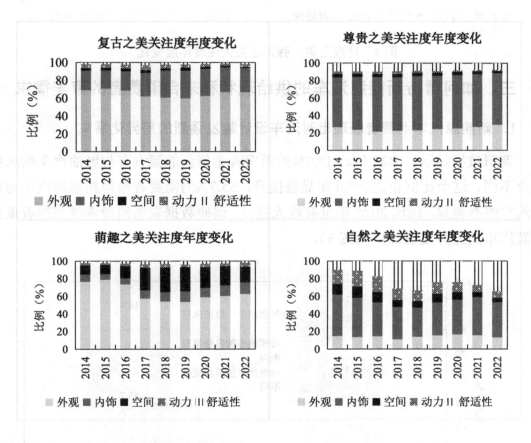

图3 复古之美、尊贵之美、萌趣之美、自然之美关注度年度变化

3)速度之美和强悍之美,对于外观的关注度较高,对于动力的关注度较稳定,整体高于对内饰的关注度(见图4)。

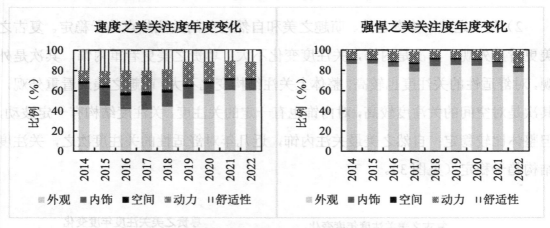

图4 速度之美、强悍之美关注度年度变化

三、如何看待新能源汽车的供给现状和来自消费者的审美需求

1. 新能源汽车消费者表现出对汽车设计越发强烈的差异化需求

调研数据显示，2022年近18.9%的消费者希望新能源汽车与燃油汽车的风格完全不同，这个比例相比2020年显著提升；55.7%的消费者希望新能源汽车与燃油汽车略有差异，相比2020年也有较大提升，调研数据表明消费者越来越看重新能源汽车的差异化设计（见图5）。

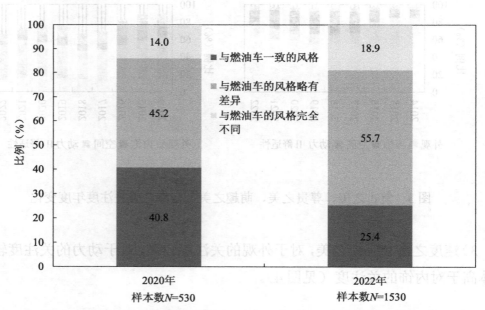

图5 2020年和2022年消费者对新能源汽车和燃油汽车的差异化需求

2. 从目前供给端现状看，新能源汽车与燃油汽车在外观上存在一定差异

从供给端已有产品的外观来看，新能源汽车前脸和车身都与燃油汽车有一定的差异。

结合汽车五官特征学习的结果，在前脸上，新能源汽车更多采用前照灯贯穿设计，前照灯的造型也尝试更加多变；雾灯区域相比燃油汽车变小或消失；灯具更加集成化，体现在前照灯、日行灯和雾灯集成在一起；灯区总面积大，格栅区的面积变小、重心上扬；风窗玻璃更大；后视镜更小；前舱盖造型相比燃油汽车更简洁平滑（见图6）。

图6 基于图片机器学习的新能源汽车与燃油汽车前脸造型设计差异示意

结合汽车车身特征学习的结果，从车身来看，新能源汽车前后悬更短，风窗玻璃更下压，座舱比例更大，这种座舱式设计对第三生活空间更重视，能增加内部空间。

3. 目前新能源汽车与燃油汽车的部分差异点已经得到消费者认可

从特征学习发现的众多差异点中，经过调研发现，贯穿式前照灯最受消费者认可，前照灯造型更多变、接受度也较高（见图7）。

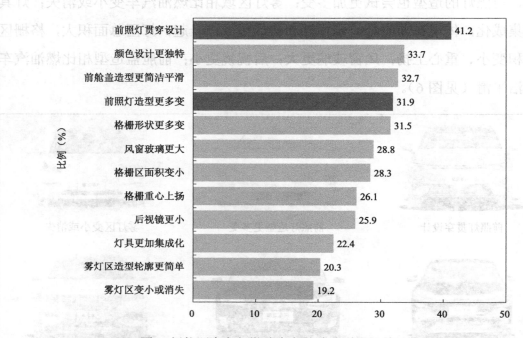

图7　新能源汽车与燃油汽车前脸造型设计差异偏好度

四、利用十大审美工具，抓住审美趋势，把握新能源美学机会

调研数据显示（见图8），自然、科技、未来、速度成为新能源汽车的四大绝对优势审美主题，是主流机会所在；而萌趣和复古作为小众趋势，新能源相较于燃油汽车也有较大相对优势，存在潜在机会。

具体来讲，以自然、科技、未来审美为例：自然之美的审美主题，可以考虑和谐常规、平滑的型面和线条元素（见图9），在色彩上呈现纯净感，比如基础色、浅色无闪烁。采用健康、环保材质，居家类设计，还需要强化环保的视觉化呈现手段，使消费者更直观、清楚地感受到设计层面的环保理念。

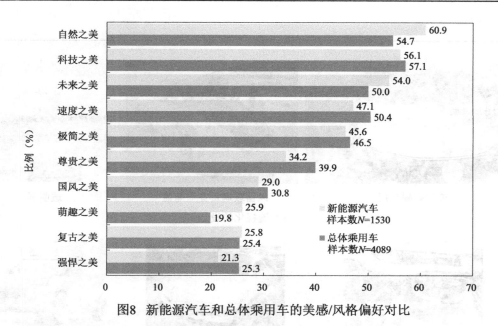

图8 新能源汽车和总体乘用车的美感/风格偏好对比

（注：调研问题为汽车外观和内饰可以体现为以下各种美感或风格，在您的购车预算下，您更喜欢汽车体现哪种美感或风格？）

图9 自然之美建议外观型面线条示意

科技之美、未来之美方面，应该重视信息编码的外在显现，通过各类参数化设计实现；关注非物质化的设计语言，比如通过片状化、透视化、柔软拉伸的设计来实现，表达出不一样的科技和未来感（见图10）。

透明蝴蝶车门　　　　　　风窗玻璃贯穿前舱盖　　　　　　透明屏

a）透视化的设计

平直开阔的台面设计　　　　大量薄片化的设计

b）片状化的设计　　　　　　　　　　　　　　c）柔软拉伸的设计

图 10　科技之美、未来之美建议设计语言示意

五、总结

本文基于近几年新能源汽车的设计风格特点和定位，关注到十大审美风格；基于大数据与消费者需求，针对十大审美主题分析了各审美主题下汽车消费者的审美变化趋势及关注焦点的变化。并结合十大审美工具，围绕新能源汽车的供给现状和消费者需求展开分析，力求找出新能源汽车在审美上的机会点及策略，为汽车企业做好新能源汽车主题风格的设计、抓住新能源汽车市场的审美机会提前做好准备。

（作者：杜华睿　张婧　黄玉梅）

换电补能方式的发展前景预判

在新能源汽车进入普及期的大背景下，换电模式由于具备高效补能的核心优势，成为行业热点。本文将全面分析换电产业链的发展现状，并分场景判断换电模式的未来前景。

一、换电模式的发展现状

换电模式是指电动汽车通过更换车用动力蓄电池，实现能源补给的模式。换电汽车企业、换电运营商、电池资产公司是换电产业链上的三个主要环节。

1. 换电汽车企业

当前，布局换电车型的汽车企业都是国内品牌，自主品牌为主，新势力品牌为辅。其中，自主品牌多以运营车市场作为切入点，新势力品牌多以私家车市场作为切入点。换电试点城市以汽车企业总部或工厂所在地为主（见表1）。

表1 近几年部分换电车型的投放情况

类型	车型	品牌	上市时间/年	级别	投放区域
对公	E70 换电版	东风风神	2021	A NB	武汉等
	风行 S50EV 换电版	东风柳汽	2021	A NB	温州
	D60EV 换电版	东风启辰	2021	A NB	广州
	Ei5 快换版	上汽荣威	2021	A NB	上海
	逸动 EV460 换电版	长安	2021	A NB	重庆
	红旗 E-QM5	一汽红旗	2022	B NB	长春
	奔腾 NAT 换电版	一汽奔腾	2022	A MPV	未知
	哪吒 U Pro 换电版	哪吒	2022	A SUV	济南等
	枫叶 60S、80V	吉利睿蓝	2021—2022	A NB & MPV	重庆等
对私	全系	蔚来	2018—2022	B & C	全国
	睿蓝 9	吉利睿蓝	2022	B SUV	全国
	R7	飞凡	2022	C SUV	全国

从技术路径上看,换电技术主要分两类(见表2)。主流技术是电池整包换电,在换电车辆保有量中占比超过九成,是北汽、蔚来等绝大多数汽车企业的选择;小众技术是模块分箱换电,在换电车辆保有量中占比约一成。

表2 换电技术的两大路径

路径	电池整包换电	模块分箱换电
含义	将电动汽车底盘上的车用动力蓄电池包整体进行更换	将电池包做成若干个标准化、可拆卸的车用动力蓄电池块逐个更换
应用车型	蔚来全系、北汽EU系列等	宁德时代EVOGO等
优势	安全性高,不约束车型设计	电池包尺寸易于统一化
劣势	电池包尺寸统一化难度大	安全性低,约束车型设计

2. 换电运营商

总体来看,换电运营商可分为专门的第三方企业、汽车企业、电池企业三类背景(见表3)。

表3 换电运营商的三类背景

背景	专门的第三方企业	汽车企业	电池企业
企业举例	奥动	蔚来NIO POWER	宁德时代EVOGO
进入时间	2016年	2018年	2022年
合作伙伴	北汽新能源、东风启辰、上汽等汽车企业	国网、红星美凯龙、中石化等资源优势企业	一汽奔腾NAT、爱驰U5等汽车企业
主要市场	出租车	蔚来全系车型	网约车
技术路径	底盘换电	底盘换电	分箱换电

换电运营商的主要工作是投建与运营换电站。从建设来看,据中国充电联盟统计,截至2022年12月末,我国已累计建成换电站1973座,其中蔚来占比超六成,奥动近三成,两者是市场绝对主力。从运营情况来看,当前由于换电站点建设成本较高、换电补能需求又相对有限,总体上行业处于亏损状态。但从细分市场、地区来看,利润表现又有所分化:对于营运车市场,在部分车站匹配良好的地区,换电站能够以较高负荷运营,已经实现了良好的经济效益(如厦门);而在

私家车市场,由于换电需求体量较低,仍在持续亏损。

3. 电池资产公司

电池资产公司是换电车型车用动力蓄电池的实际拥有者,是换电模式的关键环节。2020年8月20日成立的武汉蔚能电池资产有限公司(简称蔚能公司),是我国换电行业的第一家电池资产公司,其股东涵盖了政府、主机厂、电池厂、社会资本等各方面。蔚来汽车出售汽车时,电池包将直接出售给蔚能公司,消费者只购买车身,然后以租赁的方式获得电池的使用权并支付一定月租。

当前电池资产管理公司的收入主要来源于电池租金。按照蔚来汽车75kW·h电池成本7万元和现行租金价格980元/月来测算,电池资产公司基本实现盈亏平衡。未来,电池资产业务实现盈利,有两方面因素可期:一是随着技术进步,电池价格进一步降低;二是电池梯次利用的经济价值可以变现,车用动力蓄电池退役后残值率提升。

二、换电模式的前景

在换电模式的诸多优势中,高效补能是其核心。因为无论电池容量大小,电池更换都能在短时间内完成,解决了纯电动汽车用户充电时间长的痛点。但是,一方面用户总耗时还需考虑寻找、等待时间,只有寻找、等待、补能三段时间之和短于快速充电,才能得到换电、充电孰优孰劣的结论;另一方面,长期来看,只有具备盈利模式的场景才有发展潜力。因此,总的来看还要进一步判断在可以实现合理盈利的前提下,换电模式是否依旧能比充电更好地满足购车用户对补能时效的要求。

由于车辆线路固定程度、用户对快速补能的需求强度、车辆电池规格统一难度三个指标分别代表着换电站布局的难易、换电需求量多少、单一换电站可以服务的车辆规模大小,是决定换电站运营盈利水平的关键因素,因此可以按照这三个维度,将车辆场景划分为六大类(见图1)。

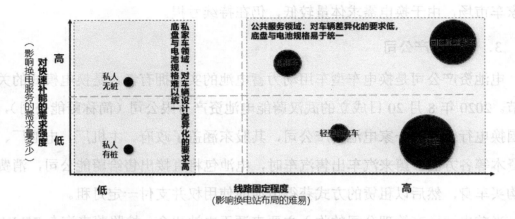

图 1　车辆场景划分

（注：圆圈面积代表各类车型的日均耗电量大小）

对于坐标轴下方"私人有桩、公交车、轻型物流车"三类场景，由于车辆日行驶里程较短，电池续驶里程足够覆盖，一般慢充即可满足需求，因此更加适合充电模式（见表4）。

表 4　三类更加适合充电模式的车辆场景

项目	私人有桩	公交车	轻型物流车
日行里程	约 50km	约 200km	约 200km
车辆续驶里程	约 400km	约 250km	约 250km
行驶时段	早晚高峰	早上 5:30 出车，22:30 收车	白天
充电时段	晚上下班后或周末在家里慢充	白天在始发/终点站等待期间快速充电，晚上在公交场站停放的 7h 慢充充满	白天在固定卸货点利用卸货时间充电，晚上在专用场站慢充充满

对于坐标轴上方的三类高效补能刚需车辆场景，则需综合考虑换电站运营盈利性与车辆补能时效性两方面，即在实现合理盈利水平的情况下，如果换电能比充电更好地满足用户需求，那么换电模式将具有更好的发展前景。主要判断结论如下：

（1）园区重型货车　园区重型货车与换电模式技术特点高度吻合。一方面，园区重型货车主要是在港口、矿区、工厂等场所作业，行驶范围较小（单程 10km 左右），非常利于换电站点布局；另一方面，园区重型货车工作强度很大，日行驶总里程可达 300km 左右，对应日耗电量约 450kW·h，可以保障换电站点盈利。

根据测算，当单站匹配的重型货车车队规模≥20辆时，换电站即可达到能源行业合理盈利水平。同时在换电模式下，园区重型货车每月单车可比充电模式多盈余约4500元。综上，在园区重型货车场景下，换电模式未来可期。

（2）出租车　首先，出租车用户需求多样化，并且对高效补能有刚性需求，对于他们来说时间就是金钱；其次，车辆通常是定制车型、品牌相对集中，电池标准化难度较低，单一换电站可以服务于更多车辆，用户群体不受限，利好盈利性；第三，出租车日常行驶范围集中，主要在机场、CBD（中央商务区）等客流密集区载客，换电站可以有针对性地选址，精简站点数量，进一步提升单站盈利水平。此外，作为生产工具，大多数驾驶员对车用动力蓄电池归属唯一性、排他性需求较弱，更加符合换电模式的技术特点。

根据测算，如果单一城市出租车全部更换为电池共享的换电车型，那么在保证换电站实现合理盈利性的基础上，每月单车可比充电多盈余近千元。因此，对于出租车来说，换电模式具有发展空间。

（3）私人无桩　长期可盈利性是换电模式在私人市场可持续发展所面临的主要挑战：一方面，私人用户有多样化需求，导致各车型电池包尺寸不同，单一换电站只能服务于部分车型；另一方面，私家车行驶范围分散，换电站需要"广撒网式"布点，同样不利于盈利。

根据测算，在私人无桩场景下，对于普通品牌来说，如果共享同一规格车用动力蓄电池的换电车型规模能达到一定量级，那么换电模式的补能总耗时将优于快速充电，是换电模式的潜在应用场景。而对于高端品牌来说，领先的大功率快速充电技术或将带来比换电模式更好的补能体验。

此外，结合目标用户特征、技术发展趋势以及所处市场环境来看，偏低端的普通品牌推广换电私人车型的可能性相对更大。首先，CTC（电池底盘一体化）技术、800V超快速充电技术等一定程度上与换电技术方向相悖，而这些技术在偏低端的10万~15万元普通品牌私家车型搭载的可能性相对较小；另一方面，在当前电池原材料成本大幅上涨的背景下，主机厂对10万~15万元价位段车型电池的降本需求更加强烈，而换电模式可以统一车用动力蓄电池规格，从而放大电池生产的规模经济性，因此这部分主机厂更有动力进入换电市场。

（作者：王波阳子）

电动智能时代如何基于用车场景定义用户的创新体验

一、电动智能时代下,打造爆款的难度不断增加

回想过去一年,有几款新车在你脑海中留下了深刻印象?既叫好又叫座的爆品越来越少恐怕是行业的普遍感受,连擅长产品定义的新势力企业也不再有往日出品即爆品的底气(见图1)。

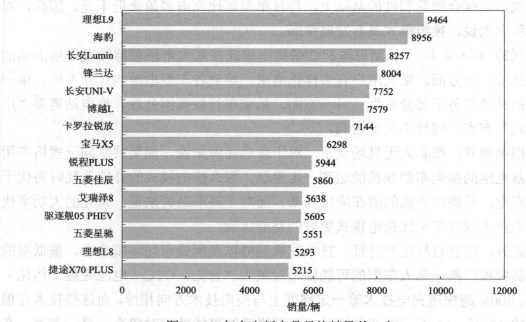

图1 2022年上市新产品月均销量前15名

究其原因,可以总结为以下几点:一是经历了2020—2021年又一轮新概念市场的挖掘和占有之后,有潜力的蓝海市场越来越难以寻找。二是中国汽车市场经过20多年的摸爬滚打和萃取历练,产业和供应链的发展愈发成熟,生存下来的企业在大部分能力上都处于同一起跑线,技术变得不再稀缺,企业领先的时效在变短,产品的差异和差距在缩小。与此同时,在消费升级、生活方式扩展和科技体验持续渗透下(见图2),用户"嗨点"提升,比以往任何时间都更需要体验创新

和感性沟通，从国家信息中心对用户汽车观的持续追踪来看，体验需求的占比不断提升（见图3）。总结一句话：市场不缺产品，缺的是让用户激动的产品。

图2　消费升级、生活方式扩展和科技体验渗透趋势

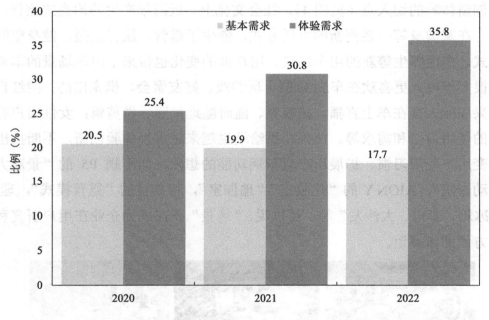

图3　历年用户汽车观的变化

另外一个难以产出爆品的重要原因，是企业定义产品时缺少跨部门的统一认知和一以贯之的策略。很多汽车企业在定义产品时依旧延续了供给为王时代下的协作方式，从产品规划、设计、研发、制造到营销，各部门在做决策时更多基于长期以来的经验和站位形成的认知模型，导致产品在开发过程中无法形成统一的目标，很难达到惊艳的效果。

二、新时代下，"场景"思维在产品开发过程中的价值凸显

如何做好"用户思维"时代下的体验定义、打造爆款呢？笔者认为答案是"场景"。

一方面，一个"场景"承载了足够细致的信息量，它包含了人物、时间、空间、事件、行为、情绪和感受，可以形成一组画面。在这组画面中，能够获得两个方面的关键信息：一是用户本身的社会学特征、过往经历以及现实处境，从而对用户形成更加深刻的理解和代入感。二是用户用车过程中的关键点和独特性，使其"痛点""痒点"和"爽点"都能完整呈现。有了这两方面的信息，可以将人的属性和用车需求紧密连接，在企业内部形成统一的认知和定义目标。

另一方面，社会文化、用户群体、前沿技术的快速变化，使"新场景"成为定义创新体验的切入点（见图4）。社会文化上，近两年产生的治愈式旅行、佛系生活、在家健身等一系列新的生活方式，催生了露营、旅行拍摄、健身空间、影院模式、车内养生等新的用车场景。用户群的变化也带来了用车场景的丰富和细分，很多年轻人更喜欢在车上K歌、玩游戏、好友聚会、携宠出游；网红自媒体等新兴职业人群在车上直播、拍视频、随时随地拍照、做剪辑；女性用户有一些独特的使用习惯和需求等。此外，供给端也越来越重视体验创新，不断推出新场景改变用户使用习惯、扩展用户对车辆功能的想象，如小鹏P5的"景观大床""移动影院"，AION Y的"化妆室""瑜伽室"，特斯拉的"露营模式"，理想L9的"冰箱、彩电、大沙发"等。可以说，"场景"正在成为企业在用户研究和产品定义方面的新赛道。

图4 供给端的场景及体验创新案例

三、如何基于用车场景定义用户的创新体验

从场景到功能体验的洞察过程主要分为三个步骤：首先要确定面向谁来定义体验；其次是寻找能够影响他们购车决策的关键场景；最后基于场景产出拥有足够吸引力的创意体验。

1. 确定定义用户体验的目标群体

人的社会处境、价值观、生活方式不同，所产生的需求也不同，因此必须明确待研究的目标用户。如设计一款杯子，显然在工地上风吹日晒的工人和在办公室喝下午茶的精致白领，对杯子的要求不同。

如何寻找一款车型的目标用户？首先可以通过细分市场对目标用户进行初步界定，可以是某个级别、某个价位、某种燃油类型等，也可以从年龄、性别等人群属性出发。其次选择合适的分类变量对以上圈定的用户做细分，研究目的不同往往需要选取的分类指标也不同，其核心是找到影响场景和需求的关键差异。比如研究越野车，可以根据越野难度的不同进行细分；研究女性可以根据年龄和阶层进行细分等。人群细分讲求尺度，既不能太细而千人千面，又不能太粗而无法指导具体策略，因此要深刻理解研究目的，在分类指标上做合理的取舍与合并。

确定了目标用户，接下来要对用户进行全面洞察，建立人的特征与用车需求的链接，要深入了解用户的过往经历和社会处境，以便更好地理解他们的价值观，进而理解他们的情感动机、生活方式，最终链接他们的用车需求。

2. 寻找影响购车决策的场景

首先需要深入洞察目标用户的用车场景，最常用的手段是在用户用车现实中，直接询问用户在主要用途下的行为、相应感受、"痛点"和期待。但这种直接询问的方式往往效果有限，为了有更深入的、超出预期的洞察，一般可以采用以下三种方式加以强化：一是研究人员在初步了解用户的基础特征以后，可以尝试代入用户处境和其用车过程，让自己成为用户，代入后可以形成场景假设，然后在用户端补充验证。二是准备与关键场景相关的前沿功能，测试用户态度，如是否需要、什么场景下可能会用到、重要度如何。三是进行深访后的实车复现，即现场展示访谈过程中提及的重要场景和用车过程，并对"痛点"、需求进行再回忆和补充，强化对用户关键场景的认知。

除此之外，也可以从前沿趋势中寻找新场景和新需求，通过对社会文化和生活方式进行追踪和洞察，与目标用户及其用车场景链接，比如针对健康养生的生

活方式，探寻在目标用户中是否具有相应的趋势，如果有则洞察他们的养生方式，以及他们期待车上如何满足这样的养生需求。

通过以上方式搜集到的场景和需求数量很多，但这些需求的重要程度是存在差异的，如何筛选才能获得影响购车决策的关键场景呢？国家信息中心构建了场景和需求的分析模型，通过场景和需求的重要程度来评价。

场景的重要程度通过场景覆盖率、场景发生频率、场景重要度三个指标进行评价（见图5）。一般高频且对用户很重要的场景应该重点关注，而发生频率相对低，但很重要的场景对企业来说也是机会，同样需要关注。比如对于女性白领，下班后角色转换（接孩子、与朋友聚会、健身休闲等）的场景虽然频率不高，但重要性却很高，做好这个场景的体验就能很好地取悦她们。

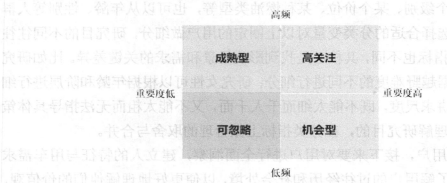

图 5　场景分析模型

而关键需求的筛选，则是通过需求重要度、需求满足率和体验满意度进行评价（见图6）。重要度高且满足率高、目前体验已经较好的方面，是必备型需求；重要度高但满足率低、体验差的方面是企业打造差异取胜的关键，应该尤其关注。

图 6　需求分析模型

分析不同人群、细分市场下这些指标的差异和年度变化，可以获得某类市场高频、高重要度、差异化、趋势性的场景和需求,支持企业针对不同市场制定策略。

3. 定义关键场景下的创新体验

创意的参与者必须是有相关场景体验、很极致的用户,以及相关专业、甚至跨领域的专家。围绕前文所述关键场景去讨论具体的且可以落地的创意点和体验原则,其中体验原则涉及一些关键细节,如在什么位置,通过什么方式交互,采用什么造型和尺寸等。

为了打开脑洞、产出更多创意,笔者建议采用一些辅助手段。比如列举一些概念车的创意案例作为刺激物,或者现场体验已经经过深度改装、本身就具备了很多新鲜功能的车型;还可以借助跨行业专家的跨界思维,引入一些其他商业领域的创意方案,比如针对出游可以找房车专家,针对孩子可以找母婴用品专家,针对女性可以找奢侈品专家等。

如有必要,还可以借助专业画师将共创会讨论的成果形成创意草图,更好地输入给产品开发人员(见图7)。

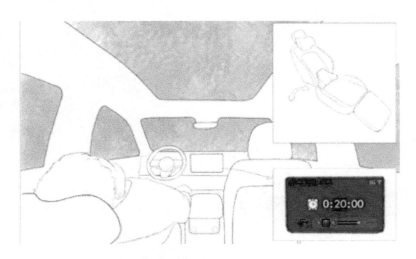

图7 创意草图示例—小憩模式

当完成了若干功能的定义后,最后对这些功能包装组合,可以形成产品概念和卖点包,支撑企业的营销宣传。

四、总结

在如今技术平权且用户愈发重视体验的电动智能化时代，以用户为中心已成为企业运营和制胜的关键。而场景作为一种跳出单纯的工程思维、让整个产品策划过程充分以用户为中心的新思维模式，其价值正在显现。相信未来场景研究将会更好地助力企业进行产品创新，从而在竞争中脱颖而出。

（作者：张晓聪　张桐山）

附录

附

录

附录 A 与汽车行业相关的统计数据

本附录各表中全国性的数据均未包括香港、澳门特别行政区及台湾省的数据。

表 A-1 主要宏观经济指标（绝对额）

指　　标	2014年	2015年	2016年	2017年	2018年	2019年	2020年	2021年
现价国内生产总值（GDP）/亿元	643563.1	688858.2	746395.1	832035.9	919281.1	986515.2	1013567.0	1143669.7
全社会固定资产投资/亿元	373637	405928	434364	461284	488499	513608	527270	552884
社会消费品零售总额/亿元	271896.1	300931	332316.3	366261.6	380986.9	408017.2	391980.6	440823.2
出口总额/亿美元	23422.9	22734.7	20976.3	22633.5	24866.8	24994.8	25899.5	33630.2
进口总额/亿美元	19592.4	16795.6	15879.3	18437.9	21357.3	20784.1	20659.6	26871.4
财政收入/亿元	140370.0	152269.2	159605.0	172592.8	183359.8	190390.1	182913.9	202554.64
财政支出/亿元	151785.6	175877.8	187755.2	203085.5	220904.1	238858.4	245679.0	245673.00
城镇家庭人均可支配收入/元	28843.9	31194.8	33616.2	36396.2	39250.8	42358.8	43833.8	47411.9
农村家庭人均可支配收入/元	10488.9	11421.7	12363.4	13432.4	14617.0	16020.7	17131.5	18930.9
全国零售物价总指数（上年=100）	101.0	100.1	100.7	101.1	101.9	102.0	101.4	101.6
居民消费价格指数（上年=100）	102.0	101.4	102.0	101.6	102.1	102.9	102.5	100.9

注：数据来源于 2022 年的《中国统计年鉴》。

表 A-2 主要宏观经济指标（增长率）

指　　标	2014年	2015年	2016年	2017年	2018年	2019年	2020年	2021年
国内生产总值（GDP）增长率（%）	8.5	7.0	8.4	11.5	10.5	7.3	2.7	12.8
全社会固定资产投资增长率（%）	13.5	8.6	7.0	6.2	5.9	5.1	2.7	4.9
社会消费品零售总额增长率（%）	12.0	10.7	10.4	10.2	4.0	7.1	-3.9	12.5
出口总额增长率（%）	6.0	-2.9	-7.7	7.9	9.9	0.5	3.6	29.8
进口总额增长率（%）	0.5	-14.3	-5.5	16.1	15.8	-2.7	-0.6	30.1
财政收入增长率（%）	8.6	8.5	4.8	8.1	6.2	3.8	-3.9	10.7
财政支出增长率（%）	8.3	15.9	6.8	8.2	8.8	8.1	2.9	0.0
城镇家庭人均可支配收入（现价）增长率（%）	7.0	8.2	7.8	8.3	7.8	7.9	3.5	8.2
农村家庭人均年纯收入（现价）增长率（%）	17.9	8.9	8.2	8.6	8.8	9.6	6.9	10.5
全国零售物价总指数（上年=100）增长率（%）	-0.4	-0.9	0.6	0.4	0.8	0.1	-0.6	0.2
居民消费价格指数（上年=100）增长率（%）	-0.6	-0.6	0.6	-0.4	0.5	0.8	-0.4	-1.6

附录 A 与汽车行业相关的统计数据

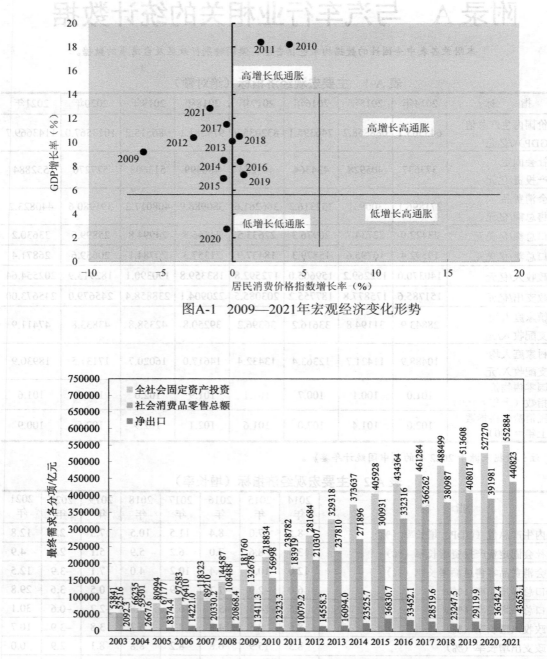

图A-1 2009—2021年宏观经济变化形势

图A-2 2003—2021年社会消费品最终需求变动情况

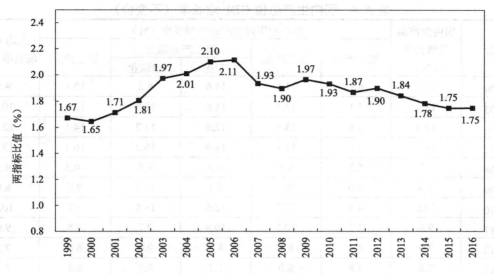

图A-3 1999—2016年城乡居民储蓄存款年末余额
与社会消费品零售总额比值图

表 A-3 现价国内生产总值

年份	国民总收入/亿元	国内生产总值/亿元	各产业国内生产总值/亿元					人均国内生产总值/元
			第一产业	第二产业	第二产业细分		第三产业	
					工业	建筑业		
2004	161415.4	161840.2	20904.3	74285.0	65774.9	8720.5	66650.9	12487
2005	185998.9	187318.9	21806.7	88082.2	77958.3	10400.5	77430.0	14368
2006	219028.5	219438.5	23317.0	104359.2	92235.8	12450.1	91762.2	16738
2007	270704.0	270092.3	27674.1	126630.5	111690.8	15348.0	115787.7	20494
2008	321229.5	319244.6	32464.1	149952.9	131724.0	18807.6	136827.5	24100
2009	347934.9	348517.7	33583.8	160168.8	138092.6	22681.5	154765.1	26180
2010	410354.1	412119.3	38430.8	191626.5	165123.1	27259.3	182061.9	30808
2011	483392.8	487940.2	44781.5	227035.1	195139.1	32926.5	216123.6	36277
2012	537329.0	538580.0	49084.6	244639.1	208901.4	36896.1	244856.2	39771
2013	588141.2	592963.2	53028.1	261951.6	222333.2	40896.8	277983.5	43497
2014	644380.2	643563.1	55626.3	277282.8	233197.4	45401.7	310654.0	46912
2015	685571.2	688858.2	57774.6	281338.9	234968.9	47761.3	349744.7	49922
2016	742694.1	746395.1	60139.2	295427.8	245406.4	51498.9	390828.1	53783
2017	830945.7	832035.9	62099.3	331580.5	275119.3	57905.6	438355.9	59592
2018	915243.5	919281.1	64745.2	364835.2	301089.3	65493.0	489700.8	65534
2019	983751.2	986515.2	70473.6	380670.6	311858.7	70648.1	535371.0	70078
2020	1005451.3	1013567.0	78030.9	383562.4	312902.9	72444.7	551973.7	71828
2021	1133239.8	1143669.7	83085.5	450904.5	372575.3	80138.5	609679.7	80976

表 A-4 国内生产总值 GDP 增长率（不变价）

年份	国内生产总值增长率（%）	各产业国内生产总值增长率（%）					人均 GDP 增长率（%）
		第一产业	第二产业	第二产业细分		第三产业	
				工业	建筑业		
2004	10.1	6.1	11.1	11.6	8.2	10.1	9.5
2005	11.4	5.1	12.1	11.6	16.0	12.4	10.7
2006	12.7	4.8	13.5	12.9	17.2	14.1	12.1
2007	14.2	3.5	15.1	14.9	16.2	16.1	13.6
2008	9.7	5.2	9.8	10.0	9.5	10.5	9.1
2009	9.4	4.0	10.3	9.1	18.9	9.6	8.9
2010	10.6	4.3	12.7	12.6	13.8	9.7	10.1
2011	9.6	4.2	10.7	10.9	9.7	9.5	9.0
2012	7.9	4.5	8.4	8.1	9.8	8.0	7.1
2013	7.8	3.8	8.0	7.7	9.7	8.3	7.1
2014	7.4	4.1	7.2	6.7	9.6	8.3	6.8
2015	7.0	3.9	5.9	5.7	7.3	8.8	6.4
2016	6.8	3.3	6.0	5.7	7.7	8.1	6.2
2017	6.9	4.0	5.9	6.2	3.9	8.3	6.3
2018	6.7	3.5	5.8	6.1	4.8	8.0	6.3
2019	6.0	3.1	4.9	4.8	5.2	7.2	5.6
2020	2.2	3.1	2.5	2.4	2.7	1.9	2.0
2021	8.1	7.1	8.2	9.6	2.1	8.2	8.0

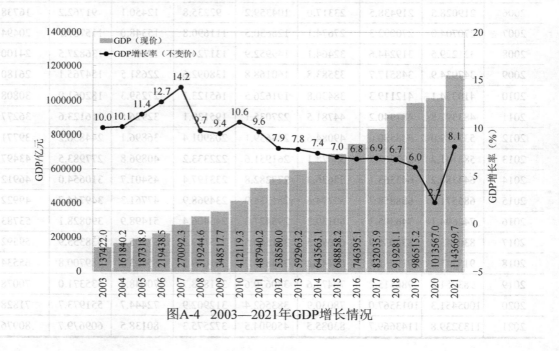

图 A-4 2003—2021 年 GDP 增长情况

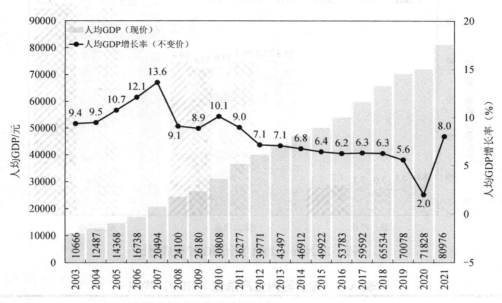

图A-5 2003—2021年人均GDP变化情况

图A-6 2003—2021年GDP及人均GDP增长率变化情况

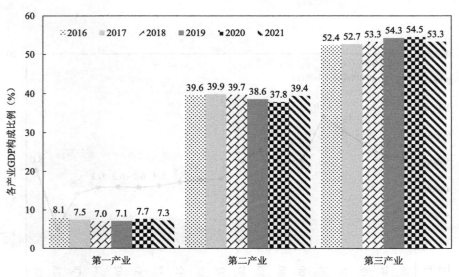

图A-7 2016—2021年全国GDP构成对比

表 A-5 现价国内生产总值（GDP）构成

年份	国内生产总值占比（%）	各产业国内生产总值占比（%）				
		第一产业	第二产业	第二产业细分		第三产业
				工业	建筑业	
2003	100.0	12.3	45.6	40.3	5.5	42.0
2004	100.0	12.9	45.9	40.6	5.4	41.2
2005	100.0	11.6	47.0	41.6	5.6	41.3
2006	100.0	10.6	47.6	42.0	5.7	41.8
2007	100.0	10.2	46.9	41.4	5.7	42.9
2008	100.0	10.2	47.0	41.3	5.9	42.9
2009	100.0	9.6	46.0	39.6	6.5	44.4
2010	100.0	9.3	46.5	40.1	6.6	44.2
2011	100.0	9.2	46.5	40.0	6.7	44.3
2012	100.0	9.1	45.4	38.8	6.9	45.5
2013	100.0	8.9	44.2	37.5	6.9	46.9
2014	100.0	8.6	43.1	36.2	7.1	48.3
2015	100.0	8.4	40.8	34.1	6.9	50.8
2016	100.0	8.1	39.6	32.9	6.9	52.4
2017	100.0	7.5	39.9	33.1	7.0	52.7
2018	100.0	7.0	39.7	32.8	7.1	53.3
2019	100.0	7.1	38.6	31.6	7.2	54.3
2020	100.0	7.7	37.8	30.9	7.1	54.5
2021	100.0	7.3	39.4	32.6	7.0	53.3

表 A-6　各地区生产总值（现价）　　　（单位：亿元）

地区	2012年	2013年	2014年	2015年	2016年	2017年	2018年	2019年	2020年	2021年
北京	17879.4	19500.6	21330.8	23014.6	25669.1	28014.9	30320.0	35371.3	36102.6	40269.6
天津	12893.9	14370.2	15726.9	16538.2	17885.4	18549.2	18809.6	14104.3	14083.7	15695.0
河北	26575.0	28301.4	29421.2	29806.1	32070.5	34016.3	36010.3	35104.5	36206.9	40391.3
山西	12112.8	12602.2	12761.5	12766.5	13050.4	15528.4	16818.1	17026.7	17651.9	22590.2
内蒙古	15880.6	16832.4	17770.2	17831.5	18128.1	16096.2	17289.2	17212.5	17359.8	20514.2
辽宁	24846.4	27077.7	28626.6	28669.0	22246.9	23409.2	25315.4	24909.5	25115.0	27584.1
吉林	11939.2	12981.5	13803.1	14063.1	14776.8	14944.5	15074.6	11726.8	12311.3	13235.5
黑龙江	13691.6	14382.9	15039.4	15083.7	15386.1	15902.7	16361.6	13612.7	13698.5	14879.2
上海	20181.7	21602.1	23567.7	25123.5	28178.7	30633.0	32679.9	38155.3	38700.6	43214.9
江苏	54058.2	59161.8	65088.3	70116.4	77388.3	85869.8	92595.4	99631.5	102719.0	116364.2
浙江	34665.3	37568.5	40173.0	42886.5	47251.4	51768.3	56197.2	62351.7	64613.3	73515.8
安徽	17212.1	19038.9	20848.8	22005.6	24407.6	27018.0	30006.8	37114.0	38680.6	42959.2
福建	19701.8	21759.6	24055.8	25979.8	28810.6	32182.1	35804.0	42395.0	43903.9	48810.4
江西	12948.9	14338.5	15714.6	16723.8	18499.0	20006.3	21984.8	24757.5	25691.5	29619.7
山东	50013.2	54684.3	59426.6	63002.3	68024.5	72634.2	76469.7	71067.5	73129.0	83095.9
河南	29599.3	32155.9	34938.2	37002.2	40471.8	44552.8	48055.9	54259.2	54997.1	58887.4
湖北	22250.5	24668.5	27379.2	29550.2	32665.4	35478.1	39366.6	45828.3	43443.5	50012.9
湖南	22154.2	24501.7	27037.3	28902.2	31551.4	33903.0	36425.8	39752.1	41781.5	46063.1
广东	57067.9	62164.0	67809.9	72812.6	80854.9	89705.2	97277.8	107671.1	110760.9	124369.7
广西	13035.1	14378.0	15672.9	16803.1	18317.6	18523.3	20352.5	21237.1	22156.7	24740.9
海南	2855.5	3146.5	3500.7	3702.8	4053.2	4462.5	4832.1	5308.9	5532.4	6475.2
重庆	11409.6	12656.7	14262.6	15717.3	17740.6	19424.7	20363.2	23605.8	25002.8	27894.0
四川	23872.8	26260.8	28536.7	30053.1	32934.5	36980.2	40678.1	46615.8	48598.8	53850.8
贵州	6852.2	8006.8	9266.4	10502.6	11776.7	13540.1	14806.5	16769.3	17826.6	19586.4
云南	10309.5	11720.9	12814.6	13619.2	14788.4	16376.3	17881.1	23223.8	24521.9	27146.8
西藏	701.0	807.7	920.8	1026.4	1151.4	1310.9	1477.6	1697.8	1902.7	2080.2
陕西	14453.7	16045.2	17689.9	18021.9	19399.6	21898.8	24438.3	25793.2	26181.9	29801.0
甘肃	5650.2	6268.0	6836.8	6790.3	7200.4	7459.9	8246.1	8718.3	9016.7	10243.3
青海	1893.5	2101.1	2303.3	2417.1	2572.5	2624.8	2865.2	2966.0	3005.9	3346.6
宁夏	2341.3	2565.1	2752.1	2911.8	3168.6	3443.6	3705.2	3748.5	3920.6	4522.3
新疆	7505.3	8360.2	9273.5	9324.8	9649.7	10882.0	12199.1	13597.1	13797.6	15983.6

表 A-7 各地区生产总值占全国比例 （%）

地区	2012年	2013年	2014年	2015年	2016年	2017年	2018年	2019年	2020年	2021年
北京	3.10	3.10	3.12	3.36	3.29	3.31	3.31	3.59	3.57	3.54
天津	2.24	2.28	2.30	2.41	2.29	2.19	2.06	1.43	1.39	1.38
河北	4.61	4.49	4.30	4.35	4.11	4.02	3.94	3.56	3.58	3.55
山西	2.10	2.00	1.86	1.86	1.67	1.83	1.84	1.73	1.74	1.99
内蒙古	2.75	2.67	2.60	2.60	2.32	1.90	1.89	1.75	1.71	1.80
辽宁	4.31	4.30	4.18	4.18	2.85	2.76	2.77	2.53	2.48	2.42
吉林	2.07	2.06	2.02	2.05	1.89	1.76	1.65	1.19	1.22	1.16
黑龙江	2.37	2.28	2.20	2.20	1.97	1.88	1.79	1.38	1.35	1.31
上海	3.50	3.43	3.44	3.66	3.61	3.62	3.57	3.87	3.82	3.80
江苏	9.38	9.39	9.51	10.23	9.92	10.14	10.12	10.11	10.15	10.23
浙江	6.01	5.96	5.87	6.26	6.06	6.11	6.14	6.33	6.38	6.46
安徽	2.99	3.02	3.05	3.21	3.13	3.19	3.28	3.77	3.82	3.78
福建	3.42	3.45	3.52	3.79	3.69	3.80	3.91	4.30	4.34	4.29
江西	2.25	2.28	2.30	2.44	2.37	2.36	2.40	2.51	2.54	2.60
山东	8.67	8.68	8.68	9.19	8.72	8.57	8.36	7.21	7.22	7.30
河南	5.13	5.10	5.11	5.40	5.19	5.26	5.25	5.51	5.43	5.18
湖北	3.86	3.92	4.00	4.31	4.19	4.19	4.30	4.65	4.29	4.40
湖南	3.84	3.89	3.95	4.22	4.04	4.00	3.98	4.03	4.13	4.05
广东	9.90	9.87	9.91	10.62	10.37	10.59	10.63	10.93	10.94	10.93
广西	2.26	2.28	2.29	2.45	2.35	2.19	2.23	2.16	2.19	2.17
海南	0.50	0.50	0.51	0.54	0.52	0.53	0.53	0.54	0.55	0.57
重庆	1.98	2.01	2.08	2.29	2.27	2.29	2.23	2.40	2.47	2.45
四川	4.14	4.17	4.17	4.38	4.22	4.37	4.45	4.73	4.80	4.73
贵州	1.19	1.27	1.35	1.53	1.51	1.60	1.62	1.70	1.76	1.72
云南	1.79	1.86	1.87	1.99	1.90	1.93	1.95	2.36	2.42	2.39
西藏	0.12	0.13	0.13	0.15	0.15	0.15	0.16	0.17	0.19	0.18
陕西	2.51	2.55	2.58	2.63	2.49	2.59	2.67	2.62	2.59	2.62
甘肃	0.98	0.99	1.00	0.99	0.92	0.88	0.90	0.88	0.89	0.90
青海	0.33	0.33	0.34	0.35	0.33	0.31	0.31	0.30	0.30	0.29
宁夏	0.41	0.41	0.40	0.42	0.41	0.41	0.41	0.38	0.39	0.40
新疆	1.30	1.33	1.36	1.36	1.24	1.28	1.33	1.38	1.36	1.40
合计	100	100	100	100	100	100	100	100	100	100

表 A-8　各地区生产总值增长率　　　　　　　　　　　　　　　　（%）

地区	2012年	2013年	2014年	2015年	2016年	2017年	2018年	2019年	2020年	2021年
北京	7.7	7.7	12.6	7.9	11.5	9.1	8.2	16.7	1.2	8.5
天津	13.8	12.5	16.4	5.2	8.1	3.7	1.4	−25.0	1.5	6.6
河北	9.6	8.2	10.6	1.3	7.6	6.1	5.9	−2.5	3.9	6.5
山西	10.1	8.9	11.1	0.0	2.2	19.0	8.3	1.2	3.6	9.1
内蒙古	11.5	9.0	15.1	0.3	1.7	−11.2	7.4	−0.4	0.2	6.3
辽宁	9.5	8.7	13.5	0.1	−22.4	5.2	8.1	−1.6	0.6	5.8
吉林	12.0	8.3	13.7	1.9	5.1	1.1	0.9	−22.2	2.4	6.6
黑龙江	10.0	8.0	10.6	0.3	2.0	3.4	2.9	−16.8	1.0	6.1
上海	7.5	7.7	9.5	6.6	12.2	8.7	6.7	16.8	1.7	8.1
江苏	10.1	9.6	13.7	7.7	10.4	11.0	7.8	7.6	3.7	8.6
浙江	8.0	8.2	11.1	6.8	10.2	9.6	8.6	11.0	3.6	8.5
安徽	12.1	10.4	15.4	5.5	10.9	10.7	11.1	23.7	3.9	8.3
福建	11.4	11.0	14.3	8.0	10.9	11.7	11.3	18.4	3.3	8.0
江西	11.0	10.1	16.1	6.4	10.6	8.1	9.9	12.6	3.8	8.8
山东	9.8	9.6	11.5	6.0	8.0	6.8	5.3	−7.1	3.6	8.3
河南	10.1	9.0	11.4	5.9	9.4	10.1	7.9	12.9	1.3	6.3
湖北	11.3	10.1	16.0	7.9	10.5	8.6	11.0	16.4	−5.0	12.9
湖南	11.3	10.1	16.0	6.9	9.2	7.5	7.4	9.1	3.8	7.7
广东	8.2	8.5	11.3	7.4	11.0	10.9	8.4	10.7	2.3	8.0
广西	11.3	10.2	14.1	7.2	9.0	1.1	9.9	4.3	3.7	7.5
海南	9.1	9.9	15.8	5.8	9.5	10.1	8.3	9.9	3.5	11.2
重庆	13.6	12.3	18.9	10.2	12.9	9.5	4.8	15.9	3.9	8.3
四川	12.6	10.0	14.9	5.3	9.6	12.3	10.0	14.6	3.8	8.2
贵州	13.6	12.5	18.6	13.3	12.1	15.0	9.3	13.3	4.5	8.1
云南	13.0	12.1	14.6	6.3	8.6	10.7	9.2	29.9	4.0	7.3
西藏	11.8	12.1	15.1	11.5	12.2	13.9	12.7	14.9	7.8	6.7
陕西	12.9	11.0	17.3	1.9	7.6	12.9	11.6	5.5	2.2	6.5
甘肃	12.6	10.8	13.8	−0.7	6.0	3.6	10.5	5.7	3.9	6.9
青海	12.3	10.8	15.8	4.9	6.4	2.0	9.2	3.5	1.5	5.7
宁夏	11.5	9.8	16.8	5.8	8.8	8.7	7.6	1.2	3.9	6.7
新疆	12.0	11.0	14.4	0.6	3.5	12.8	12.1	11.5	3.4	7.0

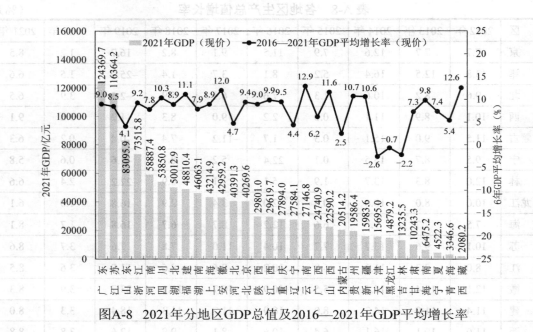

图A-8 2021年分地区GDP总值及2016—2021年GDP平均增长率

图A-9 2016—2021年三大地区GDP份额对比

表 A-9 全部国有及规模以上非国有工业企业总产值（当年价）

企业分类	项 目	2016年	2017年	2018年	2019年	2020年	2021年
国有及国有控股工业企业	企业单位数/个	19022	19022	19250	20683	22072	25180
	工业总产值/亿元	—	—	—	—	—	—
	工业增加值/亿元	—	—	—	—	—	—
私营工业企业	企业单位数/个	214309	215138	235424	243640	286430	325752
	工业总产值/亿元	—	—	—	—	—	—
	工业增加值/亿元	—	—	—	—	—	—
"三资"工业企业	企业单位数/个	49554	47458	47736	43588	43026	43455
	工业总产值/亿元	—	—	—	—	—	—
	工业增加值/亿元	—	—	—	—	—	—

表 A-10 历年各种经济类型固定资产投资 （单位：亿元）

年 份	合计	国有经济	集体经济	个体经济	其他经济
2008	157421.4	48704.9	6297.3	7190.8	95228.4
2009	224598.8	69692.5	8483.0	8891.7	137531.6
2010	278121.9	83316.5	10041.9	9506.7	175256.8
2011	311485.1	82494.8	10245.1	10483.2	208262.0
2012	374694.7	96220.2	11973.7	11588.7	254912.1
2013	446294.1	109849.9	13312.4	12420.1	310711.7
2014	512020.7	125005.2	15188.9	12602.5	359224.1
2015	561999.9	139711.3	15447.8	12439.3	394401.5
2016	606465.7	129038.5	8928.5	12110.5	495988.2
2017	641238.4	139073.3	7678.5	11804.0	482682.6
2018	488499.0	—	—	—	—
2019	513608.0	—	—	—	—
2020	527270.0	—	—	—	—
2021	552884.0	—	—	—	—

注：根据经济普查、投资统计制度方法改革以及统计执法检查、统计督察等因素，对2003年以来的全社会固定资产投资总量及增速，固定资产投资(不含农户)总量及增速，民间投资总量及增速，第一、第二、第三产业投资总量及增速进行了修订。本表只对2018年（含）后的固定资产投资合计数据进行修订。

表 A-11 2012—2021 年各地区工业产值占地区生产总值的比例　　　　　　（%）

地　区	2012 年	2013 年	2014 年	2015 年	2016 年	2017 年	2019 年	2020 年	2021 年
全　国	38.8	37.5	36.2	34.1	32.9	33.1	31.6	30.9	32.6
北　京	18.4	18.0	17.6	16.1	15.7	15.3	12.0	11.7	14.1
天　津	47.5	46.3	45.0	42.2	38.0	37.0	31.2	29.7	33.3
河　北	47.1	46.4	45.3	42.4	41.7	40.4	32.8	31.9	34.9
山　西	49.7	46.1	42.9	34.1	31.8	37.2	38.6	38.1	45.0
内蒙古	48.7	47.0	44.5	43.4	39.9	31.7	32.0	32.0	38.6
辽　宁	46.7	45.2	44.2	39.3	30.6	31.2	32.8	31.6	33.9
吉　林	46.8	46.4	46.5	43.5	41.1	40.5	28.5	28.4	29.0
黑龙江	38.3	35.2	31.8	26.9	23.7	21.0	24.2	23.0	24.6
上　海	35.2	32.7	31.2	28.5	26.8	27.4	25.3	25.0	24.8
江　苏	44.2	42.7	41.4	39.9	39.4	39.6	38.0	36.7	38.4
浙　江	44.2	41.9	41.7	40.1	39.5	37.6	36.6	35.1	36.7
安　徽	46.6	46.2	45.4	42.1	41.3	40.4	30.9	30.1	30.5
福　建	43.4	43.2	43.3	41.6	40.6	39.4	38.1	35.9	36.4
江　西	45.0	44.8	43.6	41.4	39.0	38.9	36.2	34.8	36.4
山　东	45.6	43.9	42.6	41.1	40.6	39.5	32.3	31.6	32.8
河　南	50.7	46.4	45.2	42.8	42.1	41.4	33.9	32.3	31.9
湖　北	43.8	40.9	40.2	39.0	38.4	36.8	35.1	32.8	31.4
湖　南	41.2	40.6	39.8	37.9	35.9	35.0	29.3	29.6	30.7
广　东	45.2	43.0	43.0	41.6	40.4	39.3	36.6	35.1	36.3
广　西	40.5	38.8	38.7	37.8	37.2	31.4	24.9	23.6	24.6
海　南	18.3	14.9	14.7	13.1	11.9	11.8	11.1	9.7	10.6
重　庆	43.7	36.2	36.3	35.4	34.9	33.9	28.2	28.0	28.3
四　川	44.2	43.7	41.5	36.7	33.6	31.3	28.7	27.6	28.6
贵　州	32.4	33.2	33.9	31.6	31.6	31.5	27.1	25.8	27.3
云　南	33.5	31.8	30.4	28.3	26.3	25.0	22.8	22.3	24.1
西　藏	7.9	7.5	7.2	6.8	7.5	7.8	7.8	7.6	9.1
陕　西	47.4	46.3	45.2	40.8	39.2	39.7	37.3	33.8	37.8
甘　肃	36.6	34.0	33.1	26.2	24.4	23.6	26.6	25.4	27.8
青　海	47.3	43.0	41.4	37.0	35.1	29.6	27.6	26.1	28.5
宁　夏	37.5	36.2	35.4	33.6	33.3	31.8	33.9	32.7	37.1
新　疆	38.0	34.6	34.3	29.4	27.7	29.9	28.4	26.3	29.4

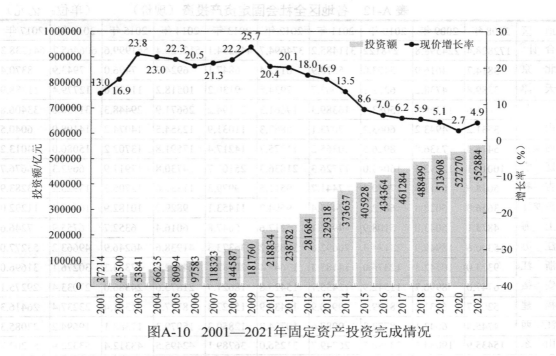

图A-10 2001—2021年固定资产投资完成情况

	2002	2003	2004	2005	2006	2007	2008	2009	2010	2011	2012	2013	2014	2015	2016	2017
东部地区	24934	33061	41648	51488	62525	75251	91511	113078	138955	155980	183567	216113	244986	266253	277852	296087
中部地区	10044	12795	16917	22268	29090	38604	50866	68629	86500	96106	117697	141390	163010	179708	199357	204729
西部地区	6158	9710	11913	15018	18383	23469	30452	42892	52667	59399	73431	88791	104025	116039	129257	140423

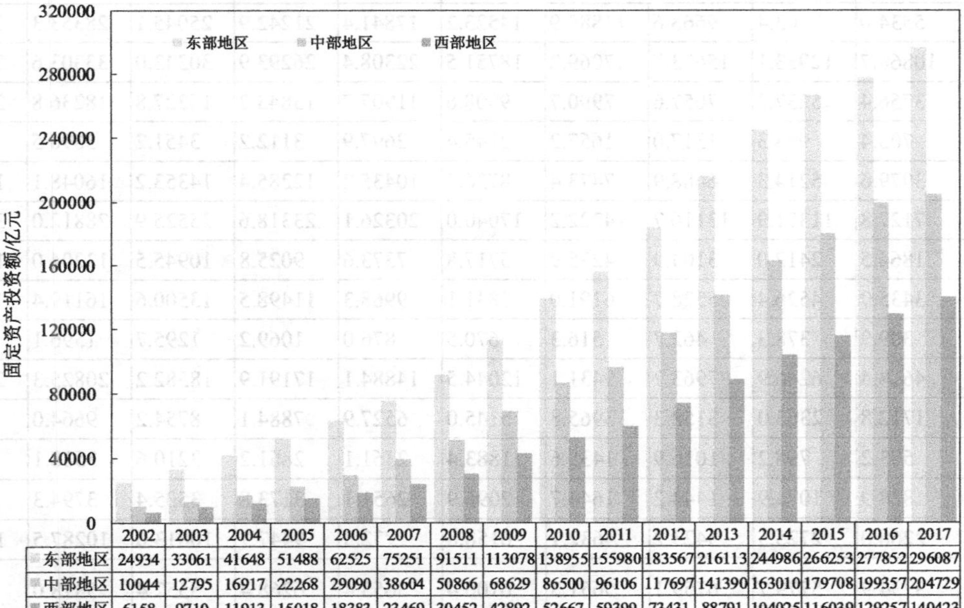

图 A-11 2002—2017 年三大地区固定资产投资变化图

表 A-12　各地区全社会固定资产投资（现价）　　　（单位：亿元）

地区	2008年	2009年	2010年	2011年	2012年	2013年	2014年	2015年	2016年	2017年
合计[①]	172828.4	224598.8	278122	311485.2	374694.7	446294.1	512020.0	561999.6	606465.7	641238.3
北京	3814.7	4616.9	5403.0	5578.9	6112.4	6847.1	6924.2	7496.0	7943.9	8370.4
天津	3389.8	4738.2	6278.1	7067.7	7934.8	9130.2	10518.2	11832.0	12779.4	11288.9
河北	8866.6	12269.8	15083.4	16389.3	19661.3	23194.2	26671.9	29448.3	31750.0	33406.8
山西	3531.2	4943.2	6063.2	7073.1	8863.3	11031.9	12354.5	14074.2	14198.0	6040.5
内蒙古	5475.4	7336.8	8926.5	10365.3	11875.7	14217.4	17591.8	13702.2	15080.1	14013.2
辽宁	10019.1	12292.5	16043.0	17726.3	21836.3	25107.7	24730.8	17917.9	6692.3	6676.7
吉林	5038.9	6411.6	7870.4	7441.7	9511.5	9979.3	11339.6	12705.3	13923.2	13283.9
黑龙江	3656.0	5028.8	6812.6	7475.4	9694.7	11453.1	9829.0	10182.9	10648.4	11292.0
上海	4823.1	5043.8	5108.9	4962.1	5117.6	5647.8	6016.4	6352.7	6755.9	7246.6
江苏	15300.6	18949.9	23184.3	26692.6	30854.2	36373.3	41938.6	46246.9	49663.2	53277.0
浙江	9323.0	10742.3	12376.0	14185.3	17649.4	20782.1	24262.8	27323.3	30276.1	31696.0
安徽	6747.0	8990.7	11542.9	12455.7	15425.4	18621.9	21875.6	24386.0	27033.4	29275.1
福建	5207.7	6231.2	8199.1	9910.9	12439.9	15327.4	18177.9	21301.4	23237.4	26416.3
江西	4745.4	6643.1	8772.3	9087.6	10774.2	12850.3	15079.3	17388.1	19694.2	22085.3
山东	15435.9	19034.5	23280.5	26749.7	31256.0	36789.1	42495.5	48312.4	53322.9	55202.7
河南	10490.6	13704.5	16585.9	17769.0	21450.2	26087.5	30782.2	35660.3	40415.1	44496.9
湖北	5647.0	7866.9	10262.7	12557.3	15578.3	19307.3	22915.3	26563.9	30011.7	32282.4
湖南	5534.0	7703.4	9663.6	11880.9	14523.2	17841.4	21242.9	25045.1	28353.3	31959.2
广东	10868.7	12933.1	15623.7	17069.2	18751.5	22308.4	26293.9	30343.0	33303.6	37761.7
广西	3756.4	5237.2	7057.6	7990.6	9808.6	11907.7	13843.2	16227.8	18236.8	20499.1
海南	705.4	988.3	1317.0	1657.2	2145.4	2697.9	3112.2	3451.2	3890.5	4244.4
重庆	3979.6	5214.3	6688.9	7473.4	8736.2	10435.2	12285.4	14353.2	16048.1	17537.0
四川	7127.8	11371.9	13116.7	14222.2	17040.0	20326.1	23318.6	25525.9	28812.0	31902.1
贵州	1864.5	2412.0	3104.9	4235.9	5717.8	7373.6	9025.8	10945.5	13204.0	15503.9
云南	3435.9	4526.4	5528.7	6191.0	7831.1	9968.3	11498.5	13500.6	16119.4	18936.0
西藏	309.9	378.3	462.7	516.3	670.5	876.0	1069.2	1295.7	1596.1	1975.6
陕西	4614.4	6246.9	7963.0	9431.3	12044.5	14884.1	17191.0	18582.2	20825.3	23819.4
甘肃	1712.8	2363.0	3158.3	3965.8	5145.0	6527.9	7884.1	8754.2	9664.0	5827.8
青海	583.2	798.2	1016.9	1435.6	1883.4	2361.1	2861.2	3210.6	3528.1	3883.6
宁夏	828.9	1075.9	1444.2	1644.6	2096.9	2651.1	3173.8	3505.4	3794.3	3728.4
新疆	2260.0	2725.5	3423.2	4632.1	6158.8	7732.3	9447.7	10813.6	10287.5	12089.1
不分地区	3734.9	5779.7	6759.1	5651.3	6106.4	5655.4	6268.4	5552.4	5378.0	5220.3

注：各年数据分别来源于 2009—2018 年《中国统计年鉴》，2018 年后《中国统计年鉴》不再公布各省数据。

① 2020 年国家统计局对 2003 年以后的社会固定资产投资总额进行了修订，因此本栏数据与表 A-1 不同。

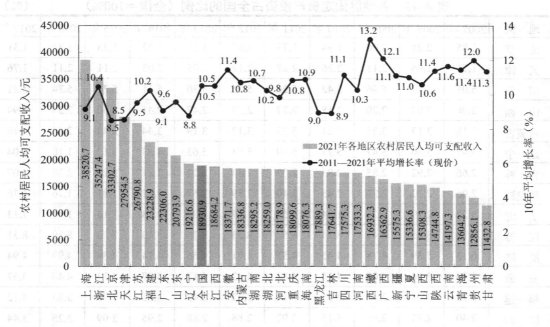

图A-12 2021年各地区农村居民人均可支配收入

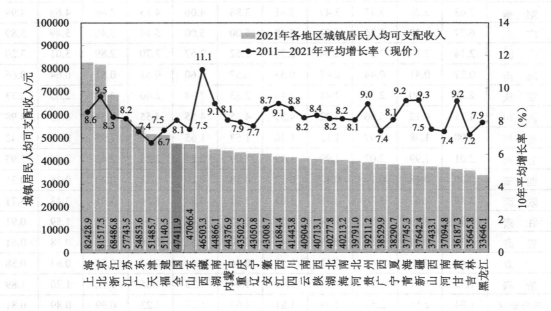

图A-13 2021年各地区城镇居民人均可支配收入

表 A-13 各地区固定资产投资占全国的比例（全国＝100%） （%）

地区	2007年	2008年	2009年	2010年	2011年	2012年	2013年	2014年	2015年	2016年	2017年
北京	2.85	2.21	2.06	1.94	1.79	1.63	1.53	1.35	1.33	1.31	1.31
天津	1.71	1.96	2.11	2.26	2.27	2.12	2.05	2.05	2.11	2.11	1.76
河北	5.01	5.13	5.46	5.42	5.26	5.25	5.20	5.21	5.24	5.24	5.21
山西	2.08	2.04	2.20	2.18	2.27	2.37	2.47	2.41	2.50	2.34	0.94
内蒙古	3.18	3.17	3.27	3.21	3.33	3.17	3.19	3.44	2.44	2.49	2.19
辽宁	5.41	5.80	5.47	5.77	5.69	5.83	5.63	4.83	3.19	1.10	1.04
吉林	2.66	2.92	2.85	2.83	2.39	2.54	2.24	2.21	2.26	2.30	2.07
黑龙江	2.06	2.12	2.24	2.45	2.40	2.59	2.57	1.92	1.81	1.76	1.76
上海	3.22	2.79	2.25	1.84	1.59	1.37	1.27	1.18	1.13	1.11	1.13
江苏	8.93	8.85	8.44	8.34	8.57	8.23	8.15	8.19	8.23	8.19	8.31
浙江	6.13	5.39	4.78	4.45	4.55	4.71	4.66	4.74	4.86	4.99	4.94
安徽	3.70	3.90	4.00	4.15	4.00	4.12	4.17	4.27	4.34	4.46	4.57
福建	3.12	3.01	2.77	2.95	3.18	3.32	3.43	3.55	3.79	3.83	4.12
江西	2.40	2.75	2.96	3.11	2.92	2.88	2.88	2.95	3.09	3.25	3.44
山东	9.13	8.93	8.47	8.37	8.59	8.34	8.24	8.30	8.60	8.79	8.61
河南	5.83	6.07	6.10	5.96	5.70	5.72	5.85	6.01	6.35	6.66	6.94
湖北	3.15	3.27	3.50	3.69	4.03	4.16	4.33	4.48	4.73	4.95	5.03
湖南	3.03	3.20	3.43	3.47	3.81	3.88	4.00	4.15	4.46	4.68	4.98
广东	6.77	6.29	5.76	5.62	5.48	5.00	5.00	5.14	5.40	5.49	5.89
广西	2.14	2.17	2.33	2.54	2.57	2.62	2.67	2.70	2.89	3.01	3.20
海南	0.37	0.41	0.44	0.47	0.53	0.57	0.60	0.61	0.61	0.64	0.66
重庆	2.28	2.30	2.32	2.41	2.40	2.33	2.34	2.40	2.55	2.65	2.73
四川	4.11	4.12	5.06	4.72	4.57	4.55	4.55	4.55	4.54	4.75	4.98
贵州	1.08	1.08	1.07	1.12	1.36	1.53	1.65	1.76	1.95	2.18	2.42
云南	2.01	1.99	2.02	1.99	1.99	2.09	2.23	2.25	2.40	2.66	2.95
西藏	0.20	0.18	0.17	0.17	0.17	0.18	0.20	0.21	0.23	0.26	0.31
陕西	2.49	2.67	2.78	2.86	3.03	3.21	3.34	3.36	3.31	3.43	3.71
甘肃	0.95	0.99	1.05	1.14	1.27	1.37	1.46	1.54	1.56	1.59	0.91
青海	0.35	0.34	0.36	0.37	0.46	0.50	0.53	0.56	0.57	0.58	0.61
宁夏	0.44	0.48	0.48	0.52	0.53	0.56	0.59	0.62	0.62	0.63	0.58
新疆	1.35	1.31	1.21	1.23	1.49	1.64	1.73	1.85	1.92	1.70	1.89
不分地区	1.84	2.16	2.57	2.43	1.81	1.63	1.27	1.22	0.99	0.89	0.81

注：2018年后已不公布相关数据。

表 A-14　2021 年分地区货物进出口总额（按收发货人所在地分）

（单位：亿美元）

地　区	进出口	出口	进口
合　计	60501.7	33630.2	26871.4
北　京	4709.9	947.1	3762.9
天　津	1325.7	599.7	726.0
河　北	838.5	469.0	369.5
山　西	345.3	211.4	133.9
内蒙古	191.4	74.0	117.4
辽　宁	1194.6	512.5	682.1
吉　林	232.6	54.7	177.8
黑龙江	308.5	69.3	239.3
上　海	6285.2	2432.3	3852.9
江　苏	8064.7	5034.6	3030.1
浙　江	6409.3	4661.0	1748.3
安　徽	1070.0	633.7	436.3
福　建	2852.5	1673.4	1179.1
江　西	770.2	567.7	202.4
山　东	4538.7	2718.4	1820.3
河　南	1270.1	777.8	492.3
湖　北	830.8	543.0	287.8
湖　南	924.0	652.0	272.0
广　东	12795.7	7818.6	4977.1
广　西	917.2	454.5	462.7
海　南	227.5	50.7	176.8
重　庆	1238.2	800.0	438.2
四　川	1474.3	884.1	590.2
贵　州	101.3	75.4	25.9
云　南	486.8	273.4	213.4
西　藏	6.2	3.5	2.7
陕　西	735.6	396.9	338.7
甘　肃	76.1	15.0	61.1
青　海	4.9	2.6	2.3
宁　夏	33.2	27.1	6.1
新　疆	243.0	197.0	46.0

表 A-15 各季度各层次货币供应量

年份	季 度	广义货币供应量 M2		狭义货币供应量 M1		流通中的现金 M0	
		季末余额/亿元	同比增长率（%）	季末余额/亿元	同比增长率（%）	季末余额/亿元	同比增长率（%）
2015	第1季度	1275332.78	9.88	337210.52	2.91	61949.81	6.21
	第2季度	1333375.36	10.23	356082.86	4.27	58604.26	2.90
	第3季度	1359824.06	13.13	364416.90	11.37	61022.97	3.70
	第4季度	1392278.11	13.34	400953.44	15.20	63216.58	4.91
2016	第1季度	1275332.78	0.00	411581.31	22.05	64651.21	4.36
	第2季度	1490491.83	11.78	443634.70	24.59	62818.89	7.19
	第3季度	1516360.50	11.51	454340.25	24.68	65068.62	6.63
	第4季度	1550066.67	11.33	486557.24	21.35	68303.87	8.05
2017	第1季度	1599609.57	25.43	488770.09	18.75	68605.05	6.12
	第2季度	1631282.53	9.45	510228.17	15.01	66977.68	6.62
	第3季度	1655662.07	9.19	517863.04	13.98	69748.54	7.19
	第4季度	1676768.54	8.17	543790.15	11.76	70645.60	3.43
2018	第1季度	1739859.48	8.77	523540.07	7.11	72692.63	5.96
	第2季度	1770178.37	8.51	543944.71	6.61	69589.33	3.90
	第3季度	1801665.58	8.82	538574.08	4.00	71254.26	2.16
	第4季度	1826744.22	8.94	551685.91	1.45	73208.40	3.63
2019	第1季度	1889412.14	8.60	547575.54	4.59	74941.58	3.09
	第2季度	1921360.19	8.54	567696.18	4.37	72580.96	4.30
	第3季度	1952250.49	8.36	557137.95	3.45	74129.75	4.04
	第4季度	1986488.82	8.74	576009.15	4.41	77189.47	5.44
2020	第1季度	2080923.41	10.14	575050.29	5.02	83022.21	10.78
	第2季度	2134948.66	11.12	604317.97	6.45	79459.41	9.48
	第3季度	2164084.80	10.85	602312.12	8.11	82370.87	11.12
	第4季度	2186795.89	10.08	625580.99	8.61	84314.53	9.23
2021	第1季度	2276488.45	9.40	616113.17	7.14	86543.64	4.24
	第2季度	2317788.36	8.56	637479.36	5.49	84346.97	6.15
	第3季度	2342829.70	8.26	624645.68	3.71	86867.09	5.46
	第4季度	2382899.56	8.97	647443.35	3.49	90825.15	7.72
2022	第1季度	2497688.34	9.72	645063.80	4.70	95141.92	9.94
	第2季度	2581451.20	11.38	674374.81	5.79	96011.17	13.83
	第3季度	2626600.92	12.11	664535.17	6.39	98672.06	13.59
	第4季度	2664320.84	11.81	671674.76	3.74	104706.03	15.28

注：1. 自2011年10月起，货币供应量包括住房公积金中心存款和非存款类金融机构在存款类金融机构的存款。
2. 自2022年12月起，"流通中的现金M0"包含流通中数字人民币。
3. 数据来源于中国人民银行调查统计司网站。

表 A-16　各地区农村居民家庭人均可支配收入　　（单位：元）

地区	2012年	2013年	2014年	2015年	2016年	2017年	2018年	2019年	2020年	2021年
全国平均	7916.6	9429.6	10488.9	11421.7	12363.4	13432.4	14617.0	16020.7	17131.5	18930.9
北京	16475.7	17101.2	18867.3	20568.7	22309.5	24240.5	26490.3	28928.4	30125.7	33302.7
天津	14025.5	15352.6	17014.2	18481.6	20075.6	21753.7	23065.2	24804.1	25690.6	27954.5
河北	8081.4	9187.7	10186.1	11050.5	11919.4	12880.9	14030.9	15373.1	16467.0	18178.9
山西	6356.6	7949.5	8809.4	9453.9	10082.5	10787.5	11750.0	12902.4	13878.0	15308.3
内蒙古	7611.3	8984.9	9976.3	10775.9	11609.0	12584.3	13802.6	15282.8	16566.9	18336.8
辽宁	9383.7	10161.2	11191.5	12056.9	12880.7	13746.8	14656.3	16108.3	17450.3	19216.6
吉林	8598.2	9780.7	10780.1	11326.2	12122.9	12950.4	13748.2	14936.0	16067.0	17641.7
黑龙江	8603.9	9369.0	10453.2	11095.1	11831.9	12664.8	13803.7	14982.1	16168.4	17889.3
上海	17803.7	19208.3	21191.6	23205.2	25520.4	27825.0	30374.7	33195.2	34911.3	38520.7
江苏	12202.0	13521.3	14958.4	16256.7	17605.6	19158.0	20845.1	22675.4	24198.5	26790.8
浙江	14551.9	17493.9	19373.3	21125.0	22866.1	24955.8	27302.4	29875.8	31930.5	35247.4
安徽	7160.5	8850.0	9916.4	10820.7	11720.5	12758.2	13996.0	15416.0	16620.2	18371.7
福建	9967.2	11404.9	12650.2	13792.7	14999.2	16334.8	17821.2	19568.4	20880.3	23228.9
江西	7829.4	9088.8	10116.6	11139.1	12137.7	13241.8	14459.9	15796.3	16980.8	18684.2
山东	9446.5	10686.9	11882.3	12930.4	13954.1	15117.5	16297.0	17775.5	18753.2	20793.9
河南	7524.9	8969.1	9966.1	10852.9	11696.7	12719.2	13830.7	15163.7	16107.9	17533.3
湖北	7851.7	9691.8	10849.1	11843.9	12725.0	13812.1	14977.8	16390.9	16305.9	18259.0
湖南	7440.2	9028.6	10060.2	10992.5	11930.4	12935.8	14092.5	15394.8	16584.6	18295.2
广东	10542.8	11067.8	12245.6	13360.4	14512.2	15779.7	17167.7	18818.4	20143.4	22306.0
广西	6007.6	7793.1	8683.2	9466.6	10359.5	11325.5	12434.8	13675.7	14814.9	16362.9
海南	7408.0	8801.7	9912.6	10857.6	11842.9	12901.8	13988.9	15113.1	16278.8	18076.3
重庆	7383.3	8492.6	9489.8	10504.7	11548.8	12637.9	13781.2	15133.3	16361.4	18099.6
四川	7001.4	8380.7	9347.7	10247.4	11203.1	12226.9	13331.4	14670.1	15929.1	17575.3
贵州	4753.0	5897.8	6671.2	7386.9	8090.3	8869.1	9716.1	10756.3	11642.3	12856.1
云南	5416.5	6723.6	7456.1	8242.1	9019.8	9862.2	10767.9	11902.4	12841.9	14197.3
西藏	5719.4	6553.4	7359.2	8243.5	9093.8	10330.2	11449.8	12951.0	14598.4	16932.3
陕西	5762.5	7092.2	7932.2	8688.9	9396.4	10264.5	11212.8	12325.7	13316.5	14744.8
甘肃	4506.7	5588.8	6276.6	6936.1	7456.9	8076.1	8804.1	9628.9	10344.3	11432.8
青海	5364.4	6461.6	7282.7	7933.4	8664.4	9462.3	10393.3	11499.4	12342.5	13604.2
宁夏	6180.3	7598.7	8410.0	9118.7	9851.6	10737.9	11707.6	12858.4	13889.4	15336.6
新疆	6393.7	7846.6	8723.8	9425.1	10183.2	11045.3	11974.5	13121.7	14056.1	15575.3

表 A-17　各地区城镇居民家庭人均可支配收入　　　（单位：元）

地区	2012年	2013年	2014年	2015年	2016年	2017年	2018年	2019年	2020年	2021年
全国平均	24564.7	26955.1	28843.9	31194.8	33616.2	36396.2	39250.8	42358.8	43833.8	47411.9
北京	36468.8	40321.0	48531.8	52859.2	57275.3	62406.3	67989.9	73848.5	75601.5	81517.5
天津	29626.4	32293.6	31506.0	34101.3	37109.6	40277.5	42976.3	46118.9	47658.5	51485.7
河北	20543.4	22580.4	24141.3	26152.2	28249.4	30547.8	32977.2	35737.7	37285.7	39791.0
山西	20411.7	22455.6	24069.4	25827.7	27352.3	29131.8	31034.8	33262.4	34792.7	37433.1
内蒙古	23150.3	25496.7	28349.6	30594.1	32974.9	35670.0	38304.7	40782.5	41353.1	44376.9
辽宁	23222.7	25578.2	29081.7	31125.7	32876.1	34993.4	37341.9	39777.2	40375.9	43050.8
吉林	20208.0	22274.6	23217.8	24900.9	26530.4	28318.7	30171.9	32299.2	33395.7	35645.8
黑龙江	17759.8	19597.0	22609.0	24202.6	25736.4	27446.0	29191.3	30944.6	31114.7	33646.1
上海	40188.3	43851.4	48841.4	52961.9	57691.7	62595.7	68033.6	73615.3	76437.3	82428.9
江苏	29677.0	32537.5	34346.3	37173.5	40151.6	43621.8	47200.0	51056.1	53101.7	57743.5
浙江	34550.3	37850.8	40392.7	43714.5	47237.2	51260.7	55574.3	60182.3	62699.3	68486.8
安徽	21024.2	23114.2	24838.5	26935.8	29156.0	31640.3	34393.1	37540.0	39442.1	43008.7
福建	28055.2	30816.4	30722.4	33275.3	36014.3	39001.4	42121.3	45620.5	47160.3	51140.5
江西	19860.4	21872.7	24309.2	26500.1	28673.3	31198.1	33819.4	36545.9	38555.8	41684.4
山东	25755.2	28264.1	29221.9	31545.3	34012.1	36789.4	39549.4	42329.2	43726.3	47066.4
河南	20442.6	22398.0	23672.1	25575.6	27232.9	29557.9	31874.2	34201.0	34750.3	37094.8
湖北	20839.6	22906.4	24852.3	27051.5	29385.8	31889.4	34454.6	37601.4	36705.7	40277.8
湖南	21318.8	23414.0	26570.2	28838.1	31283.9	33947.9	36698.3	39841.9	41697.5	44866.1
广东	30226.7	33090.1	32148.1	34757.2	37684.3	40975.1	44341.0	48117.6	50257.0	54853.6
广西	21242.8	23305.4	24669.0	26415.9	28324.4	30502.1	32436.1	34744.9	35859.3	38529.9
海南	20917.7	22928.9	24486.5	26356.4	28453.5	30817.4	33348.7	36016.7	37097.0	40213.2
重庆	22968.1	25216.1	25147.2	27238.8	29610.0	32193.2	34889.3	37938.6	40006.2	43502.5
四川	20307.0	22367.6	24234.4	26205.3	28335.3	30726.9	33215.9	36153.7	38253.1	41443.8
贵州	18700.5	20667.1	22548.2	24579.6	26742.6	29079.8	31591.9	34404.2	36096.2	39211.2
云南	21074.5	23235.5	24299.0	26373.2	28610.6	30995.9	33487.9	36237.7	37499.5	40904.9
西藏	18028.3	20023.4	22015.8	25456.6	27802.4	30671.1	33797.4	37410.0	41156.4	46503.3
陕西	20733.9	22858.4	24365.8	26420.2	28440.1	30810.3	33319.3	36098.1	37868.2	40713.1
甘肃	17156.9	18964.8	21803.9	23767.1	25693.5	27763.4	29957.0	32323.4	33821.8	36187.3
青海	17566.3	19498.5	22306.6	24542.3	26757.4	29168.9	31514.5	33830.3	35505.8	37745.3
宁夏	19831.4	21833.3	23284.6	25186.0	27153.0	29472.3	31895.2	34328.5	35719.6	38290.7
新疆	17920.7	19873.8	23214.0	26274.7	28463.4	30774.8	32763.5	34663.7	34838.4	37642.4

表 A-18　2021 年底各地区分等级公路里程　　　　　（单位：km）

地区	公路里程	等级公路	其中			等外公路
			高速	一级	二级	
合　计	5280708	5061899	169071	128162	426417	218809
北　京	22320	22320	1177	1400	4012	—
天　津	15307	15302	1325	1431	2031	5
河　北	207170	207112	8084	7450	22130	58
山　西	144617	143667	5763	2841	16020	950
内蒙古	212603	208632	6985	8984	20817	3972
辽　宁	131588	127173	4348	4245	18940	4415
吉　林	108691	104783	4315	2233	9767	3909
黑龙江	168354	145455	4520	3291	12573	22899
上　海	13082	13082	851	480	3893	—
江　苏	158036	158036	5023	16038	24161	—
浙　江	123885	123885	5200	8105	10860	—
安　徽	237411	237388	5146	6171	13874	23
福　建	111031	97876	5810	1504	11742	13155
江　西	211101	205655	6309	3186	12612	5446
山　东	288143	288123	7477	12521	26638	21
河　南	271570	264606	7190	4862	30086	6963
湖　北	296922	292721	7378	7569	25015	4201
湖　南	241940	231019	7083	3054	16386	10921
广　东	222987	222779	11042	12421	19374	208
广　西	160637	153292	7348	1890	15634	7345
海　南	41046	40891	1265	501	2065	155
重　庆	184106	171559	3839	1209	9553	12548
四　川	398899	384891	8608	4617	17534	14008
贵　州	207190	188797	8010	1459	10670	18392
云　南	300890	281614	9947	1715	13209	19276
西　藏	120132	100820	407	587	1089	19312
陕　西	183414	173045	6484	2180	10359	10370
甘　肃	156583	152434	5540	1166	11035	4148
青　海	86152	74669	3503	598	9116	11483
宁　夏	37577	37568	2079	2003	4263	9
新　疆	217326	192708	7014	2450	20961	24618

表 A-19 历年货运量及货物周转量

年 份	货运量/万 t 全社会	货运量/万 t 公路	公路比例（%）	货物周转量/亿 t·km 全社会	货物周转量/亿 t·km 公路	公路比例（%）
2004	1706412	1244990	72.96	69445	7840.9	11.29
2005	1862066	1341778	72.06	80258	8693.2	10.83
2006	2037060	1466347	71.98	88840	9754.2	10.98
2007	2275822	1639432	72.04	101419	11354.7	11.20
2008	2585937	1916759	74.12	110300	32868.2	29.80
2009	2825222	2127834	75.32	122133	37188.8	30.45
2010	3241807	2448052	75.52	141837	43389.7	30.59
2011	3696961	2820100	76.28	159324	51374.7	32.25
2012	4100436	3188475	77.76	173804	59534.9	34.25
2013	4098900	3076648	75.06	168014	55738.1	33.17
2014	4167296	3113334	74.71	181668	56846.9	31.29
2015	4175886	3150019	75.43	178356	57955.7	32.49
2016	4386763	3341259	76.17	186629	61080.1	32.73
2017	4804850	3686858	76.73	197373	66771.5	33.83
2018	5152732	3956871	76.79	204686	71249.2	34.81
2019	4713624	3435480	72.88	199394	59636.4	29.91
2020	4729579	3426413	72.45	202211	60171.8	29.76
2021	5298499	3913889	73.87	223600	69087.7	30.90

注：数据来源于 2022 年的《中国统计年鉴》。

图 A-14 2004—2021 年公路货运地位变化曲线图

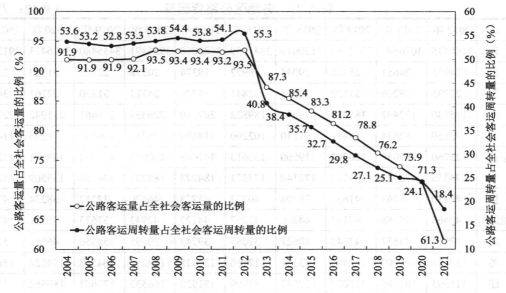

图A-15 2004—2021年公路客运地位变化曲线图

表 A-20　历年客运量及客运周转量

年份	客运量/万人		公路比例（%）	客运周转量/亿人·km		公路比例（%）
	全社会	公路		全社会	公路	
2004	1767453	1624526	91.91	16309.1	8748.4	53.64
2005	1847018	1697381	91.90	17466.7	9292.1	53.20
2006	2024158	1860487	91.91	19197.2	10130.8	52.77
2007	2227761	2050680	92.05	21592.6	11506.8	53.29
2008	2867892	2682114	93.52	23196.7	12476.1	53.78
2009	2976898	2779081	93.35	24834.9	13511.4	54.40
2010	3269508	3052738	93.37	27894.3	15020.8	53.85
2011	3526319	3286220	93.19	30984.0	16760.2	54.09
2012	3804035	3557010	93.51	33383.1	18467.5	55.32
2013	2122992	1853463	87.30	27571.7	11250.9	40.81
2014	2032218	1736270	85.44	28647.1	10996.8	38.39
2015	1943271	1619097	83.32	30058.9	10742.7	35.74
2016	1900194	1542759	81.19	31258.5	10228.7	32.72
2017	1848620	1456784	78.80	32812.8	9765.2	29.76
2018	1793820	1367170	76.22	34218.2	9279.7	27.12
2019	1760436	1301173	73.91	35349.2	8857.1	25.06
2020	966540	689425	71.33	19251.5	4641.0	24.11
2021	830257	508693	61.27	19758.1	3627.5	18.36

表 A-21　各地区公路货运量　（单位：万 t）

地区	2012年	2013年	2014年	2015年	2016年	2017年	2018年	2019年	2020年	2021年
合计	3188475	3076648	3332838	3150019	3341259	3686858	3956871	3435480	3426413	3913889
北京	24925	24651	25416	19044	19972	19374	20278	22325	21789	23075
天津	27735	28206	31130	30551	32841	34720	34711	31250	32261	34527
河北	195530	172492	185286	175637	189822	207340	226334	211461	211942	227203
山西	73150	82834	88491	91240	102200	114880	126214	100847	98206	114698
内蒙古	125260	97058	126704	119500	130613	147483	160018	110874	109002	132847
辽宁	174355	172923	189174	172140	177371	184273	189737	144556	138569	152596
吉林	47130	38063	41830	38708	40777	44728	46520	37217	38274	47675
黑龙江	47465	45288	47173	44200	42897	44127	42943	37623	35521	42086
上海	42911	43877	42848	40627	39055	39743	39595	50656	46051	52899
江苏	153698	103709	114449	113351	117166	128915	139251	164578	174624	186708
浙江	113393	107186	117070	122547	133999	151920	166533	177683	189582	213653
安徽	259461	284534	315223	230649	244526	280471	283817	235269	243529	259044
福建	59431	69876	82573	79802	85770	95599	96576	87317	91137	110777
江西	113703	121279	137782	115436	122872	138074	157646	135554	141899	181024
山东	296754	227746	230018	227934	249752	288052	312807	266124	267230	291196
河南	251772	162040	179680	172431	184255	207066	235183	190883	193632	226447
湖北	97136	100945	116279	115801	122656	147711	163145	143549	114346	161310
湖南	166670	156269	172613	172248	178968	198806	204389	165096	176442	198423
广东	189034	261273	257136	255995	272826	288904	304743	239744	231170	267489
广西	135112	124677	134330	119194	128247	139602	153389	142751	145323	169019
海南	16600	10290	11015	11279	10879	11223	12052	6770	6853	7608
重庆	71272	71842	81206	86931	89390	95019	107064	89965	99679	121185
四川	158396	151689	142132	138622	146046	158190	173324	162668	157598	171377
贵州	44892	65100	78017	77341	82237	89298	95354	76205	79412	89154
云南	63239	98675	103161	101993	109487	124064	135321	117145	115620	129090
西藏	1042	1778	1871	2077	1906	2148	2363	3969	4039	4502
陕西	104593	105566	119343	107731	113363	123721	130823	109801	116057	122716
甘肃	39517	45072	50781	52281	54761	60117	64271	58228	61272	69665
青海	9700	9588	11030	13233	14047	14871	15685	11722	10835	14083
宁夏	32646	32502	34318	36995	37421	31659	31757	34360	34216	37506
新疆	51954	59620	64758	64505	65139	74760	85029	69290	40305	54309

注：各年数据分别来源于 2013—2022 年的《中国统计年鉴》。

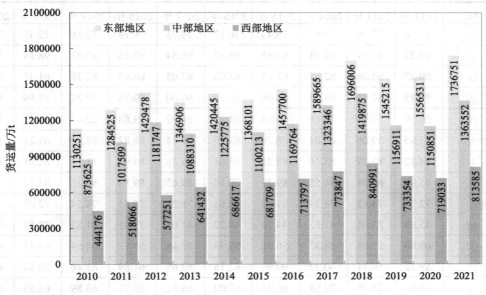

图A-16 2010—2021年三大地区公路货运量变化曲线图

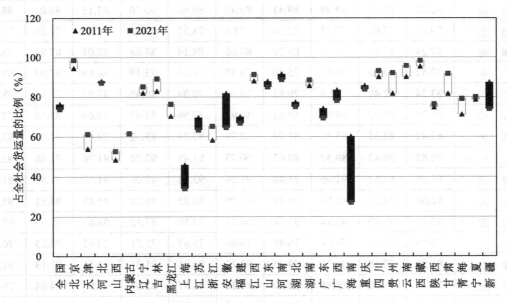

图A-17 2011年和2021年公路货运量占本地区全社会货运量的比例变化情况

表 A-22　各地区公路货运量占本地区全社会货运量的比例　　（%）

地 区	2012年	2013年	2014年	2015年	2016年	2017年	2018年	2019年	2020年	2021年
全国平均	77.78	75.06	75.97	75.43	76.17	76.73	76.79	72.88	72.45	73.87
北 京	95.27	95.74	95.73	94.85	96.32	96.34	97.15	97.88	98.14	98.51
天 津	60.27	62.36	62.57	62.63	65.02	67.03	66.47	62.38	61.43	61.18
河 北	89.23	87.11	88.25	88.69	90.14	90.60	90.78	87.22	85.69	86.98
山 西	50.59	53.08	53.66	56.4	61.17	60.62	59.68	52.47	51.62	52.70
内蒙古	65.95	59.06	66.04	68.24	69.95	69.14	68.82	58.83	61.21	61.51
辽 宁	84.32	83.59	85.16	85.21	85.66	85.26	84.95	81.10	82.81	85.14
吉 林	85.99	84.94	86.58	89.33	90.50	89.63	89.19	86.16	85.34	88.97
黑龙江	72.76	74.13	78.34	81.13	80.08	78.24	77.81	74.54	72.99	76.36
上 海	45.63	52.05	47.62	44.70	44.22	41.04	37.01	41.82	33.17	34.17
江 苏	69.86	57.05	58.35	56.96	57.98	58.46	59.72	62.64	63.12	63.36
浙 江	59.12	56.81	60.27	60.90	62.16	62.65	61.89	61.48	63.14	65.13
安 徽	83.04	71.78	72.58	66.71	67.07	69.52	69.77	63.89	65.03	64.53
福 建	70.46	72.28	73.89	71.87	71.27	72.30	70.52	64.96	64.77	66.69
江 西	89.39	89.72	90.72	88.56	88.96	89.40	90.45	89.80	90.30	91.11
山 东	88.95	86.23	86.98	87.05	87.51	88.09	88.36	85.98	84.29	84.96
河 南	92.52	87.67	89.48	89.41	89.41	89.98	90.50	87.15	88.04	88.61
湖 北	79.01	77.06	77.13	75.24	75.5	78.52	79.85	76.30	71.28	75.11
湖 南	87.24	84.68	85.01	86.25	86.66	88.14	88.88	87.01	87.84	88.40
广 东	73.82	74.86	74.86	75.46	74.37	73.63	73.19	66.89	67.09	69.20
广 西	83.74	82.49	82.4	79.61	79.78	79.94	80.45	77.99	77.53	78.19
海 南	61.76	59.39	46.61	50.61	49.94	52.56	54.68	36.69	33.15	27.18
重 庆	82.42	82.35	83.39	83.72	82.79	82.24	83.32	79.64	81.91	83.81
四 川	90.85	90.42	89.37	89.67	90.73	91.48	92.50	91.76	91.68	92.98
贵 州	85.26	89.54	91.06	91.48	91.86	92.78	93.00	91.37	91.86	91.92
云 南	92.00	94.58	95.04	94.78	94.79	95.95	96.20	95.45	95.51	95.62
西 藏	92.49	96.10	97.74	97.74	96.71	97.50	97.12	98.62	98.73	98.23
陕 西	76.50	74.56	76.01	76.46	76.06	75.87	75.51	70.95	70.23	76.37
甘 肃	86.22	87.58	88.72	89.75	90.27	90.81	91.31	91.54	91.13	91.53
青 海	71.94	71.70	75.35	82.90	83.21	82.97	82.97	77.85	74.84	79.04
宁 夏	79.40	79.44	83.08	86.79	86.50	82.91	81.60	80.83	79.85	79.92
新 疆	88.37	89.11	89.73	91.27	90.52	88.58	87.21	82.07	69.72	73.88

表 A-23　各地区公路货物周转量　　　　　　（单位：亿 t·km）

地区	2012年	2013年	2014年	2015年	2016年	2017年	2018年	2019年	2020年	2021年
合计	59534.9	55738.1	61016.6	57955.7	61080.1	66771.5	71249.2	59636.4	60171.9	69087.7
北京	139.8	156.2	165.2	156.4	161.3	159.2	167.4	275.7	265.7	274.4
天津	318.2	313.7	349.0	345.2	372.5	398.0	404.1	599.4	640.1	672.7
河北	6133.5	6577.9	7019.6	6821.5	7294.6	7899.3	8550.2	8027.2	8103.3	8650.1
山西	1202.2	1278.6	1363.2	1374.8	1452.1	1758.7	1907.8	2691.6	2785.0	3225.7
内蒙古	3299.8	1872.7	2103.5	2240.0	2423.6	2764.5	2985.6	1954.5	1888.8	2218.5
辽宁	2675.4	2792.0	3074.9	2850.7	2936.8	3058.6	3152.3	2662.5	2548.3	2719.5
吉林	974.1	1100.0	1190.8	1051.2	1084.8	1151.6	1189.2	1262.8	1294.8	1523.8
黑龙江	929.0	972.9	1008.5	929.3	904.8	913.5	810.7	795.2	694.0	815.8
上海	288.2	352.4	300.8	289.6	282.0	297.9	299.3	839.2	684.6	1037.3
江苏	1452.4	1790.4	1978.5	2073.0	2140.3	2377.9	2544.4	3234.8	3524.5	3687.8
浙江	1525.6	1322.1	1419.4	1513.9	1626.8	1821.2	1964.1	2082.1	2210.0	2637.0
安徽	7266.8	6544.0	7392.4	4721.9	4915.7	5179.7	5451.6	3267.6	3412.2	3727.9
福建	771.1	821.4	974.8	1020.3	1094.7	1214.1	1289.5	962.5	1021.7	1233.2
江西	2559.8	2829.0	3073.3	3022.7	3147.5	3433.0	3759.9	3040.3	3247.1	3960.1
山东	7059.2	5494.8	5711.4	5877.0	6071.4	6650.2	6859.7	6746.2	6784.0	7517.6
河南	6863.0	4488.0	4822.4	4542.7	4838.5	5341.7	5893.9	5299.8	5572.6	7026.3
湖北	1565.4	2046.3	2340.6	2380.6	2506.9	2741.9	2955.5	2268.1	1639.9	2196.2
湖南	2392.5	2329.5	2578.9	2553.5	2686.6	2990.6	3114.9	1316.7	1350.6	1461.2
广东	2434.9	3003.4	3113.8	3108.8	3381.5	3636.9	3890.3	2564.0	2524.2	2980.5
广西	1878.3	1857.2	2068.5	2122.6	2248.5	2456.7	2683.1	1470.9	1486.9	1873.4
海南	109.4	75.4	81.5	78.7	76.1	78.6	84.6	40.8	41.3	44.7
重庆	731.9	695.9	797.8	851.2	935.4	1069.0	1152.8	952.6	1055.5	1155.8
四川	1325.2	1273.1	1510.5	1480.6	1565.3	1676.8	1815.0	1527.6	1617.7	1789.8
贵州	464.6	610.6	776.9	782.5	873.2	1008.6	1146.5	548.5	609.8	726.3
云南	702.5	922.0	1002.3	1077.5	1173.1	1360.4	1489.2	1015.2	1101.5	1377.6
西藏	27.9	81.5	86.0	96.1	94.5	105.8	116.8	114.5	116.7	118.9
陕西	1744.6	1685.0	1917.5	1826.8	1925.8	2118.2	2301.4	1731.4	1831.1	1818.7
甘肃	894.6	811.2	992.6	912.1	949.6	1048.9	1119.0	979.6	1020.3	1197.4
青海	281.0	202.8	234.4	222.1	236.0	253.4	275.7	126.3	124.6	160.5
宁夏	700.1	509.4	530.5	571.8	577.6	500.2	398.2	437.4	483.7	577.7
新疆	823.8	928.5	1037.3	1060.5	1102.2	1306.7	1476.7	801.8	491.1	681.3

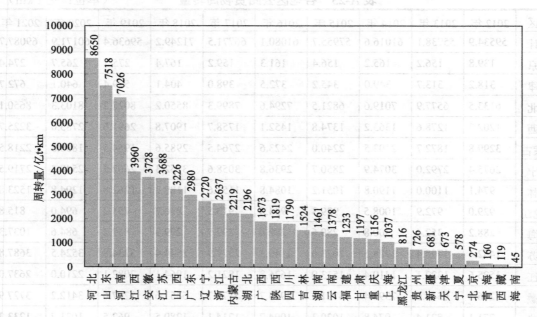

图A-18 2021年各地区公路货物周转量

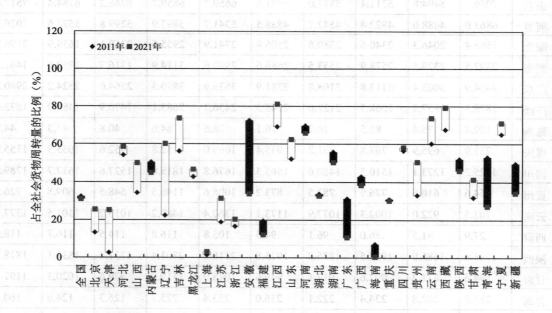

图A-19 2011年和2021年公路货物周转量占全社会货物周转量的比例变化情况

表 A-24 公路货物周转量占全社会货物周转量的比例（分地区） (%)

地区	2012年	2013年	2014年	2015年	2016年	2017年	2018年	2019年	2020年	2021年
全国平均	34.3	33.2	32.8	32.5	32.7	33.8	34.8	29.9	29.8	30.9
北京	14.0	14.9	15.9	17.4	19.5	16.6	16.2	25.3	25.7	25.5
天津	4.1	10.1	9.7	13.7	16.2	18.3	18.0	22.5	24.6	25.1
河北	57.8	56.4	55.3	56.8	59.2	59.0	61.6	59.2	59.0	58.6
山西	36.0	35.6	36.7	40.0	40.7	42.0	42.5	49.2	48.8	50.1
内蒙古	56.2	42.0	47.1	53.5	55.8	53.7	53.4	41.7	41.4	45.0
辽宁	23.1	23.3	25.1	24.3	24.2	24.0	29.6	29.8	47.0	60.1
吉林	61.0	65.4	69.9	73.8	73.4	70.4	69.8	70.0	69.4	73.7
黑龙江	46.4	50.4	55.7	60.1	59.0	55.1	50.6	49.2	43.8	46.8
上海	1.4	2.5	1.6	1.5	1.5	1.2	1.1	2.8	2.1	3.0
江苏	18.4	18.0	19.0	25.1	28.0	26.3	28.4	32.5	32.3	31.3
浙江	16.6	14.8	14.9	15.3	16.6	18.0	17.0	16.8	17.9	20.4
安徽	74.0	53.1	54.8	45.4	45.1	45.3	46.2	31.9	33.3	33.7
福建	19.9	20.9	20.4	18.7	18.0	17.9	16.9	11.6	11.3	12.1
江西	74.6	77.7	80.3	80.5	80.8	81.4	83.0	78.8	81.0	81.1
山东	63.7	67.1	69.2	69.8	68.3	68.4	68.2	66.4	65.4	62.4
河南	72.3	61.8	65.2	65.4	65.5	64.9	65.6	61.2	63.1	65.8
湖北	35.3	43.1	42.5	42.0	42.3	43.2	44.3	37.0	31.0	32.6
湖南	60.2	60.8	62.3	65.6	66.2	69.5	71.0	50.8	51.9	50.4
广东	25.5	32.5	21.0	20.9	15.5	13.0	13.7	9.4	9.3	10.6
广西	45.7	48.2	50.6	52.3	52.8	53.3	53.8	36.9	35.7	38.4
海南	7.1	12.1	5.5	6.7	7.2	9.1	9.7	2.5	1.1	0.5
重庆	27.6	30.3	30.7	31.4	31.5	31.7	32.0	26.4	29.9	30.0
四川	59.2	56.6	61.3	62.0	62.5	62.2	61.6	56.3	56.5	58.1
贵州	39.6	47.2	53.9	56.7	58.9	60.9	63.8	44.4	48.2	50.6
云南	62.5	67.7	69.3	71.9	73.3	74.5	75.5	65.4	69.7	73.7
西藏	60.4	78.8	77.9	80.3	75.8	77.6	77.9	74.1	74.6	79.2
陕西	54.7	52.7	54.5	56.0	55.9	56.3	57.2	49.7	49.5	46.1
甘肃	38.0	34.3	39.5	41.0	43.8	43.0	42.9	39.2	40.5	41.5
青海	53.3	44.9	46.2	49.9	49.6	48.8	50.0	31.7	30.0	27.1
宁夏	65.7	58.4	63.4	70.0	70.4	66.4	63.4	67.2	69.3	71.1
新疆	51.0	51.7	55.2	59.8	61.1	60.0	59.5	41.2	28.7	34.1

表 A-25　2010—2021 年底全国民用汽车保有量　（单位：万辆）

年份	全社会民用汽车保有量①			营运汽车保有量②			私人汽车保有量①		
	合计	载客汽车	载货汽车③	合计	载客汽车	载货汽车③	合计	载客汽车	普通载货汽车
2010	7801.83	6124.30	1597.55	1132.32	83.13	1050.19	5938.71	4989.5	931.52
2011	9356.32	7478.37	1787.99	1263.75	84.34	1179.41	7326.79	6237.46	1067.43
2012	10933.09	8943.01	1894.75	1339.89	86.71	1253.19	8838.60	7637.87	1175.63
2013	12670.14	10561.78	2010.62	1504.73	85.26	1419.48	10501.68	9198.23	1275.49
2014	14598.11	12326.70	2125.46	1537.93	84.58	1453.36	12339.36	10945.39	1352.78
2015	16284.45	14095.88	2065.62	1473.12	83.93	1389.19	14099.10	12737.23	1330.65
2016	18574.54	16278.24	2171.89	1435.77	84.00	1351.77	16330.22	14896.27	1401.16
2017	20906.67	18469.54	2338.85	1450.22	81.61	1368.62	18515.11	17001.51	1478.40
2018	23231.23	20555.40	2567.82	1435.48	79.66	1355.82	20574.93	18930.29	1605.10
2019	25376.38	22474.27	2782.84	1165.49	77.67	1087.82	22508.99	20710.58	1753.66
2020	27340.92	24166.18	3042.64	1171.54	61.26	1110.28	24291.19	22333.81	1907.28
2021	29418.59	26015.84	3258.47	1231.96	58.70	1173.26	26152.02	24074.19	2022.34

注：小轿车包括在载客汽车中。
① 汽车保有量分为载客汽车、载货汽车及其他汽车，此表中其他汽车省略。
② 在 2000—2004 年为全国运输汽车(含营运和非营运汽车)，自 2005 年起为全国营运汽车保有量(不含非营运汽车)。公路部门营运汽车总计中含公路部门直属企业营运汽车。
③ 从 2013 年起，公路营运载货汽车包括货车、牵引车和挂车，统计口径发生变化。

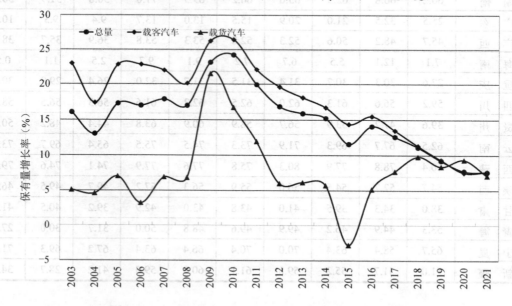

图A-20　2003—2021年全社会民用汽车保有量增长情况

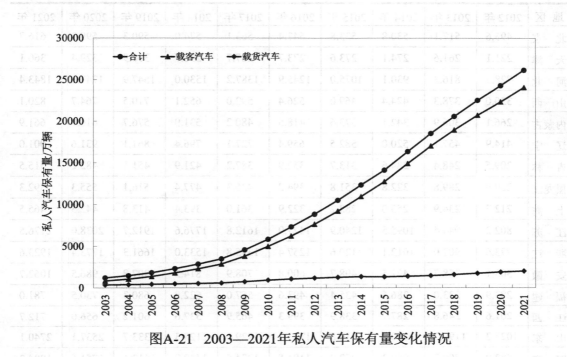

图A-21 2003—2021年私人汽车保有量变化情况

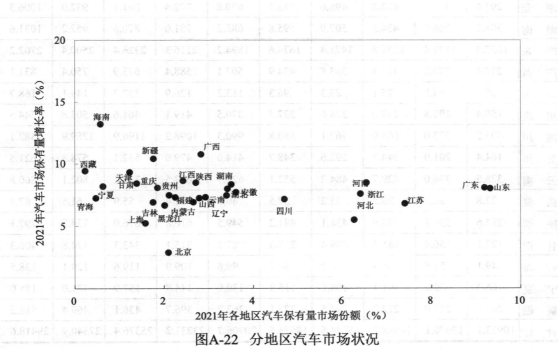

图A-22 分地区汽车市场状况

表 A-26　各地区历年民用汽车保有量　　　　　　　　（单位：万辆）

地区	2012年	2013年	2014年	2015年	2016年	2017年	2018年	2019年	2020年	2021年
北京	493.6	517.1	530.8	533.8	547.4	563.1	574.0	590.3	599.3	616.7
天津	221.1	261.6	274.1	273.6	273.7	287.7	298.7	308.9	329.4	360.1
河北	728.5	816.3	930.1	1075.0	1245.9	1387.2	1530.0	1647.9	1747.3	1843.4
山西	330.0	378.3	424.4	469.0	526.4	592.0	652.1	710.5	764.7	820.1
内蒙古	266.1	306.9	342.1	373.6	418.5	480.2	531.9	576.7	616.9	661.9
辽宁	414.9	457.1	520.0	582.5	659.4	727.1	796.4	861.1	931.6	1001.0
吉林	209.5	248.4	284.6	313.7	352.9	387.2	421.9	451.1	482.2	515.5
黑龙江	259.9	289.8	322.8	351.8	394.2	435.3	477.4	516.1	555.3	592.3
上海	212.7	234.9	255.0	282.2	322.9	361.0	393.4	413.8	442.3	465.5
江苏	802.2	944.4	1095.5	1240.9	1427.9	1612.8	1776.6	1912.7	2038.0	2176.5
浙江	773.6	902.0	1012.1	1120.6	1257.4	1395.8	1533.0	1661.3	1773.4	1923.6
安徽	303.1	358.7	422.5	498.7	600.8	708.9	814.2	907.8	986.5	1062.7
福建	283.9	333.0	386.6	435.4	493.6	557.0	622.8	680.3	730.5	781.0
江西	201.6	246.8	287.7	338.9	399.3	465.9	537.6	601.2	656.0	712.7
山东	1027.2	1199.7	1350.3	1510.8	1723.3	1929.6	2128.3	2333.7	2537.1	2740.1
河南	582.0	700.7	969.3	952.0	1104.5	1274.5	1449.7	1612.1	1751.6	1884.3
湖北	293.6	354.4	422.2	498.6	588.7	679.8	772.4	861.1	932.0	1006.3
湖南	308.1	366.7	434.5	507.9	595.8	683.2	781.0	870.6	952.2	1031.6
广东	1037.4	1177.4	1331.8	1471.4	1674.6	1894.2	2116.3	2326.4	2500.4	2702.2
广西	227.4	276.3	316.5	363.8	424.9	502.1	588.4	673.9	750.4	831.1
海南	55.5	64.8	75.1	83.3	96.3	113.2	126.9	137.2	149.1	168.7
重庆	159.4	192.8	237.0	278.6	327.5	370.5	419.1	461.6	503.8	544.5
四川	493.2	573.0	666.9	767.1	880.8	990.3	1098.2	1196.9	1289.9	1382.1
贵州	164.4	201.0	244.7	292.6	348.7	414.0	479.0	532.1	578.3	621.5
云南	328.5	374.0	429.7	484.2	552.1	622.7	677.5	742.1	802.1	860.8
西藏	22.8	26.7	29.5	33.2	37.5	40.9	51.4	55.9	61.5	67.3
陕西	284.6	336.1	384.9	438.1	491.2	549.5	616.8	676.0	734.7	797.1
甘肃	129.1	156.4	185.3	239.4	277.3	287.5	315.1	343.3	374.8	406.3
青海	49.1	58.8	68.8	78.2	88.7	99.6	109.9	119.6	129.1	138.5
宁夏	66.4	79.2	91.1	100.9	115.3	130.9	144.8	157.9	171.0	185.0
新疆	203.8	237.0	272.2	294.5	327.1	363.2	396.7	436.1	469.4	518.2
合计	10933.1	12670.1	14598.1	16284.5	18574.5	20906.7	23231.2	25376.4	27340.9	29418.6

表 A-27 各地区民用货车保有量 （单位：万辆）

地区	2012年	2013年	2014年	2015年	2016年	2017年	2018年	2019年	2020年	2021年
北 京	23.70	25.71	28.91	30.59	33.01	36.67	39.99	47.59	51.60	56.84
天 津	22.19	24.34	27.09	27.63	29.47	31.94	33.56	35.66	37.32	39.25
河 北	153.42	150.01	143.54	146.64	163.32	174.34	193.37	211.00	227.35	241.22
山 西	56.78	58.29	59.11	57.18	59.51	63.94	70.25	76.40	83.37	90.88
内蒙古	47.72	49.96	51.17	49.23	51.42	55.97	61.00	66.47	72.61	80.02
辽 宁	82.22	73.51	80.04	82.66	87.12	90.19	94.12	99.20	108.36	114.69
吉 林	36.99	40.23	42.22	41.00	41.91	41.29	44.57	46.92	50.63	54.00
黑龙江	55.86	58.14	61.77	60.31	61.37	61.07	64.74	68.39	74.07	79.34
上 海	20.73	20.14	19.56	19.49	21.86	30.81	32.87	33.07	31.79	33.58
江 苏	89.29	96.79	97.17	90.39	94.17	105.65	116.24	126.02	140.00	152.49
浙 江	105.02	112.36	111.56	104.00	112.87	124.53	136.78	147.47	161.41	172.66
安 徽	74.23	79.94	86.15	87.56	91.86	99.79	111.87	121.52	132.64	140.16
福 建	57.49	62.36	66.48	65.50	64.43	68.35	74.77	79.32	85.47	90.22
江 西	47.01	54.56	58.40	59.96	60.33	65.13	73.19	79.42	85.38	91.64
山 东	159.88	176.22	175.39	165.06	186.74	210.72	236.85	263.04	295.58	318.13
河 南	109.61	120.78	165.63	129.72	132.91	144.63	162.22	176.85	190.05	193.19
湖 北	62.69	68.62	72.73	70.16	69.71	74.32	84.35	93.48	101.19	107.22
湖 南	58.17	61.17	66.40	67.40	68.37	66.92	74.67	81.77	89.53	95.39
广 东	169.86	178.89	181.81	174.9	183.02	196	217.91	237.50	259.49	281.75
广 西	49.20	55.74	57.22	58.71	62.12	68.45	75.88	83.21	93.31	101.56
海 南	11.12	12.14	13.02	12.66	13.35	14.32	15.67	16.95	18.62	20.27
重 庆	31.56	34.44	36.94	37.42	38.86	40.26	44.29	43.33	50.56	53.56
四 川	83.77	87.99	91.02	89.57	91.86	95.97	105.21	114.25	126.23	136.21
贵 州	36.72	41.5	47.77	50.33	52.40	56.49	62.13	66.06	71.63	74.76
云 南	77.88	78.46	80.94	81.72	86.63	94.43	94.63	105.52	117.40	125.47
西 藏	8.33	9.80	10.96	12.05	13.18	13.98	16.33	18.48	19.84	21.04
陕 西	45.54	47.88	49.86	51.42	51.87	56.04	62.61	63.33	69.34	77.21
甘 肃	35.42	39.89	43.79	45.39	48.65	51.86	55.54	59.21	64.52	69.17
青 海	11.77	12.79	13.82	14.24	14.94	16.17	17.54	19.04	21.15	23.00
宁 夏	19.41	22.35	24.45	24.11	26.09	28.39	30.62	33.34	36.61	39.62
新 疆	51.18	55.61	60.55	58.64	58.55	60.24	64.05	69.02	75.58	83.93
合 计	1894.75	2010.62	2125.46	2065.62	2171.89	2338.85	2567.82	2782.84	3042.64	3258.47

表 A-28 各地区民用客车保有量 （单位：万辆）

地区	2012年	2013年	2014年	2015年	2016年	2017年	2018年	2019年	2020年	2021年
北京	464.86	486.14	496.92	498.13	509.39	520.83	527.96	536.66	541.16	554.71
天津	197.30	235.56	245.4	244.22	242.50	253.99	263.27	271.27	289.94	318.54
河北	568.13	660.24	780.56	923.33	1077.06	1207.34	1330.39	1429.81	1511.94	1593.30
山西	270.80	317.56	362.84	409.41	464.57	525.67	579.32	631.24	678.02	725.43
内蒙古	215.94	254.46	288.62	322.04	364.68	421.72	468.21	507.31	541.00	578.34
辽宁	328.63	379.92	436.52	496.09	568.46	633.15	698.36	757.81	818.90	881.69
吉林	170.94	206.55	240.74	271.03	309.27	344.06	375.39	402.10	429.29	459.00
黑龙江	201.42	228.94	258.34	288.69	330.13	371.57	409.87	444.77	478.15	509.66
上海	185.71	207.99	228.58	256.26	293.85	328.17	358.37	378.50	408.14	429.39
江苏	706.27	840.53	991.13	1143.57	1326.73	1499.72	1652.10	1777.89	1887.90	2012.75
浙江	664.08	785.00	895.99	1012.46	1140.31	1266.84	1391.32	1508.30	1605.96	1744.44
安徽	225.98	275.84	333.37	408.16	505.88	605.79	698.45	781.86	848.95	916.98
福建	224.45	268.59	318.06	367.79	427.11	486.46	545.63	598.34	642.07	687.55
江西	152.73	190.11	227.02	276.48	336.39	398.10	461.45	518.60	567.14	617.17
山东	860.89	1016.85	1168.25	1339.12	1529.79	1711.66	1883.47	2061.35	2230.50	2409.10
河南	467.49	574.84	750.08	817.06	966.58	1124.7	1281.65	1428.48	1553.96	1682.88
湖北	227.76	282.29	345.84	424.70	515.17	601.48	683.57	762.34	824.93	892.75
湖南	247.99	303.54	365.66	437.81	524.72	613.37	703.07	785.14	858.48	931.63
广东	861.60	992.39	1144.18	1290.57	1485.65	1691.96	1891.30	2080.96	2231.96	2410.46
广西	175.77	217.94	256.99	302.56	360.24	431.16	509.85	587.41	653.60	725.92
海南	43.75	52.10	61.52	70.07	82.34	98.22	110.54	119.56	130.43	147.58
重庆	125.42	156.54	198.38	239.43	286.85	328.42	372.88	416.17	450.98	488.48
四川	406.08	481.5	572.33	673.91	785.3	890.61	988.77	1077.97	1158.40	1239.90
贵州	126.47	158.03	195.17	240.35	294.26	355.32	414.49	463.59	504.02	544.04
云南	248.76	293.55	346.66	400.17	462.96	525.58	580.12	633.44	681.18	731.34
西藏	14.16	16.75	18.3	20.88	24.03	26.60	34.31	36.90	41.15	45.73
陕西	235.61	284.52	331.64	383.03	435.7	489.63	549.94	608.01	660.34	714.28
甘肃	92.32	114.92	139.91	167.55	202.09	233.73	257.52	281.89	307.80	334.50
青海	36.65	45.28	54.26	63.16	72.9	82.56	91.42	99.58	106.85	114.28
宁夏	45.94	55.78	65.55	75.77	88.21	101.5	113.07	123.40	133.07	143.93
新疆	149.08	177.52	207.89	232.10	265.1	299.62	329.34	363.61	389.99	430.08
合计	8943.01	10561.78	12326.70	14095.88	16278.24	18469.54	20555.40	22474.27	24166.18	26015.84

表 A-29　2021 年各地区私人汽车保有量　　（单位：万辆）

地　区	汽车总计	载客汽车	载货汽车	其他汽车
合　计	26152.02	24074.19	2022.34	55.49
北　京	523.52	491.81	29.59	2.13
天　津	309.54	288.25	20.51	0.78
河　北	1686.89	1516.22	166.85	3.81
山　西	734.21	681.94	50.77	1.49
内蒙古	610.49	549.33	59.56	1.60
辽　宁	887.00	819.02	66.24	1.74
吉　林	464.84	427.07	36.86	0.92
黑龙江	537.03	478.93	57.08	1.02
上　海	362.91	362.07	0.56	0.28
江　苏	1853.37	1781.91	67.70	3.77
浙　江	1697.84	1593.87	102.28	1.68
安　徽	937.34	862.58	72.61	2.15
福　建	675.27	618.77	55.64	0.87
江　西	640.06	587.94	50.89	1.23
山　东	2442.78	2245.77	190.82	6.19
河　南	1731.02	1604.64	122.51	3.87
湖　北	907.30	835.16	69.78	2.36
湖　南	960.30	882.21	75.94	2.15
广　东	2366.16	2213.50	149.45	3.20
广　西	764.02	690.83	71.48	1.71
海　南	146.80	132.69	13.83	0.28
重　庆	481.58	451.67	29.09	0.82
四　川	1218.23	1134.16	81.78	2.28
贵　州	574.29	511.79	61.21	1.30
云　南	796.36	687.73	106.69	1.93
西　藏	57.81	40.04	17.57	0.20
陕　西	720.40	665.15	53.25	2.01
甘　肃	347.72	298.55	48.07	1.10
青　海	116.82	99.95	16.34	0.53
宁　夏	167.69	135.32	31.62	0.75
新　疆	432.44	385.34	45.75	1.34

表 A-30 　历年汽车产量　　　　　　　　　　　（单位：辆）

年份	汽车产量合计	其中					
		载货汽车	越野汽车	其中：轻型越野汽车	客车	轿车	汽车底盘
1988	646951	364000	36384	35978	50922	36798	136234
1989	586935	342835	48934	48291	47639	28820	103896
1990	509242	269098	44719	44348	23148	42409	90574
1991	708820	361310	54018	53371	42756	81055	122873
1992	1061721	460274	63373	61747	84551	162725	199162
1993	1296778	623184	59257	57057	142774	229697	171769
1994	1353368	613152	72111	70317	193006	250333	169106
1995	1452697	571751	91766	89765	247430	325461	162713
1996	1474905	537673	77587	73233	267236	391099	167651
1997	1582628	465098	59328	56547	317948	487695	178644
1998	1629182	573766	43608	38423	431947	507861	206325
1999	1831596	581990	36944	33602	418272	566105	229113
2000	2068186	668831	41624	35508	671831	607455	252063
2001	2341528	803076	41260	33247	834927	703525	317946
2002	3253655	1092546	43543	34232	1068347	1092762	425601
2003	4443522	1228181	86089	78622	1177476	2037865	381116
2004	5070452	1514869	79600	72245	1243022	2312561	398351
2005	5707688	1509893	—	—	1430073	2767722	381183
2006	7279726	1752973	—	—	1657259	3869494	442201
2007	8883122	2157335	—	—	1927433	4797688	558673
2008	9345101	2270207	—	—	2037540	5037334	530271
2009	13790994	3049170	—	—	3270630	7471194	596657
2010	18264667	3920363	—	—	4768414	9575890	791635
2011	18418876	2898046	—	—	4746156	10137517	637157
2012	19271808	2802110	—	—	2691613	13257833	520252
2013	22116825	3468501	—	—	6547552	12100772	581944
2014	23722890	3195901	—	—	8045937	12481052	553563
2015	24503326	2491337	—	—	9968838	11630895	412256
2016	28118800	2405300	—	—	491700	12111300	—
2017	29015434	2587741	—	—	479664	11937820	—
2018	27809196	2794127	—	—	453963	11465782	—
2019	25750650	2724763	—	—	442207	10214669	—
2020	25225242	3164576	—	—	434653	9789120	—
2021	26082220	2928065	—	—	491771	9907528	—

注：本表不含改装车产量；轿车产量已包含切诺基 BJ2021。

图A-23 2003—2021年汽车产量变化情况

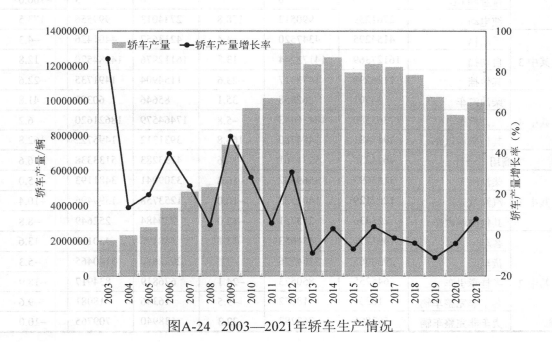

图A-24 2003—2021年轿车生产情况

表 A-31 2021年全国汽车产销分类构成

车 型		产 量			销 量		
		2021年/辆	2020年/辆	同比增速(%)	2021年/辆	2020年/辆	同比增速(%)
汽车总计		26082220	25225242	3.4	26274820	25311069	3.8
乘用车合计		21407962	19994081	7.1	21481537	20177731	6.5
其中1	基本型乘用车（轿车）	9907528	9189120	7.8	9934278	9275048	7.1
	多用途乘用车（MPV）	1072577	1011344	6.1	1055234	1054026	0.1
	运动型多功能乘用车（SUV）	10030372	9398405	6.7	10100723	9460622	6.8
	交叉型乘用车	397485	395212	0.6	391302	388035	0.8
其中2	排量≤1.0L	64120	181830	−64.7	82891	214236	−61.3
	1.0L<排量≤1.6L	11755466	12476696	−5.8	11817903	12609695	−6.3
	1.6L<排量≤2.0L	6240329	5815836	7.3	6260895	5828909	7.4
	2.0L<排量≤2.5L	434990	410825	5.9	436124	412889	5.6
	2.5L<排量≤3.0L	151146	99976	51.2	149540	93242	60.4
	3.0L<排量≤4.0L	652	18406	−96.5	171	19201	−99.1
	排量>4.0L	0	0	—	0	3	−100.0
	纯电动	2761259	990512	178.8	2734013	999556	173.5
其中3	手动挡	4154295	4347520	−4.4	4213657	4401426	−4.3
	自动挡	16127369	14173244	13.8	16112976	14284570	12.8
	其他挡	1126298	1473317	−23.6	1154904	1491735	−22.6
其中4	柴油汽车	84901	62858	35.1	85646	60389	41.8
	汽油汽车	17365580	18436443	−5.8	17464579	18621620	−6.2
	其他燃料汽车	3957481	1494780	164.8	3931312	1495722	162.8
商用车合计		4674258	5231161	−10.6	4793283	5133338	−6.6
其中1	柴油汽车	3183693	3569822	−10.8	3309041	3481193	−5.0
	汽油汽车	1267129	1407588	−10.0	1253758	1399496	−10.4
	其他燃料汽车	223436	253751	−12.0	230484	252649	−8.8
其中2	客车	491771	434653	13.1	488498	430110	13.6
	货车	2928065	3164576	−7.5	2972680	3140465	−5.3
	半挂牵引车	645255	850573	−24.1	676819	834917	−18.9
	客车非完整车辆	16361	18072	−9.5	16346	18081	−9.6
	货车非完整车辆	592806	763287	−22.3	638940	709765	−10.0

表 A-32 历年低速货车产销情况　　　　（单位：辆）

年份	产销量	低速货车合计	低速货车	三轮汽车
2014	产量	2926147	423729	2502418
2014	销量	2923534	422645	2500889
2015	产量	3023503	432381	2591122
2015	销量	3010985	428088	2582897
2016	产量	2991734	373202	2618532
2016	销量	2990730	373587	2617143
2017	产量	—	—	2383588
2017	销量	—	—	2383697
2018	产量	—	—	1778502
2018	销量	—	—	1778502
2019	产量	—	—	1264488
2019	销量	—	—	1261029
2020	产量	—	—	1344713
2020	销量	—	—	1338647
2021	产量	—	—	1247500
2021	销量	—	—	1242802

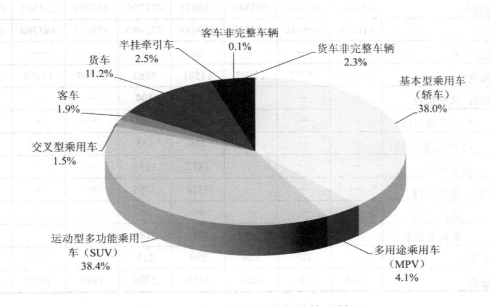

图 A-25　2021年分车型产量构成情况

表 A-33　能源生产总量及其构成

能源构成		2012 年	2013 年	2014 年	2015 年	2016 年	2017 年	2018 年
能源生产总量/万 t		351041	358784	361866	362000	346000	358500	377000
原油/万 t	进口	27103	28174	30837	33549	38101	41957	46189
	出口	243	162	60	286	294	486	263
成品油/万 t	进口	3982	3959	3000	2990	2784	2964	3348
	出口	2429	2851	2967	3615	4831	5216	5860
原油产量/万 t		20748	20992	21143	21456	19771	19151	18911

注：2019 年后《中国汽车工业年鉴》已不再更新相关数据。

表 A-34　历年分车型汽车进口数量　　　（单位：辆）

品　种	2011 年	2012 年	2013 年	2014 年	2015 年	2016 年	2017 年	2018 年
总计（含底盘品种）	1038622	1132031	1195040	1425846	1100867	1076904	1246515	1134681
一、乘用车	1011871	1108730	1179979	1411561	1091386	1062509	1228346	1115151
1. 大客车（30 座以上）	—	2526	2386	1031	899	737	1073	5
2. 中型客车（10～30 座）	5196	5196						378
3. 旅行车（9 座以下）	162911	179508	230915	344179	264340	206190	224796	181027
4. 其他机动小客车	—	25868	20282	8822	—	—	—	—
5. 越野车	430886	456362	505343	588921	471750	465739	528361	448400
6. 轿车	410270	446992	423439	469639	352460	377373	447740	485724
7. 机坪客车				66	—	—	—	—
二、载货汽车	19453	19452	11197	11501	7062	11549	15459	14315
柴油：总重<5 t	—	—	—	83	104	—	—	—
5 t≤总重<14 t	—	—	—	102	108	—	—	—
14 t≤总重<20 t	—	—	—	146	135	—	—	—
总重≥20 t	—	—	—	1812	1138	—	—	—
汽油：总重<5 t	—	—	—	7374	3295	—	—	—
总重≥5 t	—	—	—	40	96	—	—	—
未列名货车	—	—	—	1944	2186	—	—	—
三、专用车	—	235	224	298	211	179	170	232
四、底盘	1888	1088	1254	1455	2208	1937	1467	1665

注：2019 年后《中国汽车工业年鉴》已不再更新相关数据。

表 A-35 历年汽车进口数量及金额

年份	汽车进口数量/辆			进口金额合计/万美元	汽车配件金额/万美元
	总量	其中			
		载货汽车	轿车		
2007	314130	7980	139867	2676775	1421523.8
2008	409769	10171	154521	3222993	1268125
2009	420696	8201	164837	3419834	1457311
2010	813345	14977	343653	5818595	2116655
2011	1038622	19453	410270	6527468	2218233.4
2012	1132031	19452	446992	7992432	2572334
2013	1195040	11197	423439	8422289	2836174
2014	1425846	11501	469639	10040689	3213662
2015	1100867	7062	352460	7884149	2740113
2016	1076904	11542	377373	8130206.4	3635713.2
2017	1246515	15459	447740	8983901.7	3882149.0
2018	1134681	14315	485724	5051430	—

注：1. 2019 年后《中国汽车工业年鉴》已不再更新相关数据。

2. 本表将进口汽车散件归入进口整车中，车身归入零部件中。

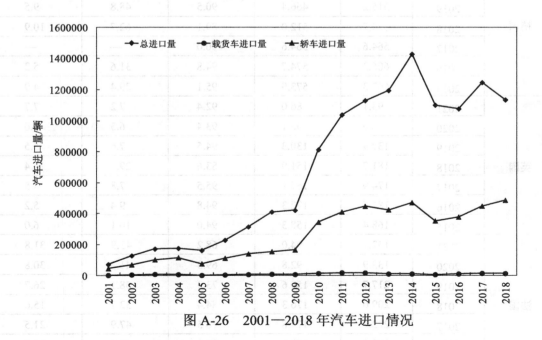

图 A-26 2001—2018 年汽车进口情况

表 A-36　主要国家历年汽车产量及品种构成

国别	年份	总产量/万辆	乘用车		商用车	
			产量/万辆	占总产量（%）	产量/万辆	占总产量（%）
美国	2021	915.4	631.1	68.9	284.4	31.1
	2020	880.2	613.4	69.7	266.8	30.3
	2019	1088.5	746.0	68.5	342.5	31.5
	2018	1218	802.6	65.9	415.4	34.1
	2017	1119	803.4	71.8	315.6	28.2
	2016	1219.8	915.6	75.1	304.2	24.9
	2015	1207.5	927.3	76.8	280.2	23.2
日本	2021	784.7	661.9	84.4	122.8	15.6
	2020	806.8	696.0	86.3	110.8	13.7
	2019	968.4	832.9	86.0	135.5	14.0
	2018	920.4	835.8	90.8	84.6	9.2
	2017	969.4	834.8	86.1	134.6	13.9
	2016	920.5	787.4	85.5	133.2	14.5
	2015	927.7	783.0	84.4	144.7	15.6
德国	2021	439.9	309.6	70.4	39.3	8.9
	2020	390.6	351.5	90.0	39.1	10.0
	2019	515.2	466.4	90.5	48.8	9.5
	2018	574.7	512.0	89.1	62.7	10.9
	2017	564.6	564.6	100.0	—	—
	2016	606.3	574.7	94.8	31.6	5.2
	2015	603.3	573.9	95.1	29.4	4.9
英国	2021	93.1	86.0	92.4	7.2	7.7
	2020	98.6	92.1	93.4	6.5	6.6
	2019	137.9	130.3	94.5	7.6	5.5
	2018	181.7	151.9	83.6	29.8	16.4
	2017	174.9	167.1	95.5	7.8	4.5
	2016	181.7	172.3	94.8	9.4	5.2
	2015	168.4	158.3	94.0	10.1	6.0
法国	2021	137.9	94.0	68.2	43.9	31.8
	2020	133.9	92.8	69.3	41.2	30.8
	2019	217.7	159.6	73.3	58.1	26.7
	2018	209.0	176.3	84.4	32.7	15.6
	2017	222.7	174.8	78.5	47.9	21.5
	2016	208.2	162.6	78.1	45.6	21.9
	2015	197.2	155.5	78.9	41.7	21.1

(续)

国别	年份	总产量/万辆	乘用车 产量/万辆	乘用车 占总产量（%）	商用车 产量/万辆	商用车 占总产量（%）
意大利	2021	79.6	44.2	55.6	35.3	44.4
意大利	2020	77.7	45.2	58.2	32.5	41.8
意大利	2019	91.5	54.2	59.2	37.3	40.8
意大利	2018	106.0	67.1	63.3	38.9	36.7
意大利	2017	114.2	74.3	65.1	39.9	34.9
意大利	2016	101.4	71.3	70.3	30.1	29.7
意大利	2015	101.4	66.3	65.4	35.1	34.6
加拿大	2021	111.6	109.9	98.5	1.7	1.5
加拿大	2020	137.7	136.2	98.9	1.5	1.0
加拿大	2019	192.2	180.5	93.9	11.7	6.1
加拿大	2018	202.6	193.2	95.4	9.4	4.6
加拿大	2017	219.4	217.6	99.2	1.8	0.8
加拿大	2016	236.9	235.6	99.5	1.3	0.5
加拿大	2015	228.3	226.9	99.4	1.4	0.6

注：1. 资料来源于《FOURIN 世界汽车统计年鉴》，与世界汽车组织（OICA）相关统计数据有所不同，仅供参考。

2. 加拿大未发布2017年和2020年轻型商用车数据，参考中大型商用车数据。美国、加拿大含基于乘用车平台的 SUV 和 MPV。日本的轻型商用车仅指宽1.7m 以下、高 2.0m 以下、长 4.7m 以下的商用车和客车。

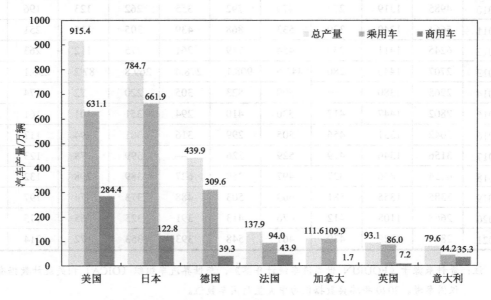

图A-27 2021年国外主要国家汽车产量及品种构成情况

表 A-37　1990—2021 年国外主要国家商用车产量　　（单位：千辆）

年份	美国	日本	法国	西班牙	巴西	德国	意大利	英国	俄罗斯	瑞典
1990	3703	3539	474	320	251	292	231	257	929	61
1991	3444	3484	423	305	255	356	245	217	807	75
1992	4119	3069	438	331	276	330	209	248	518	63
1993	4917	2734	319	262	291	237	150	193	650	58
1994	5649	2753	383	321	334	262	194	228	254	82
1995	5635	2585	424	375	333	307	245	233	192	102
1996	5749	2482	443	471	346	303	227	238	179	96
1997	6196	2484	479	552	392	345	254	238	—	115
1998	6452	1994	351	609	329	379	290	227	188	133
1999	5648	2585	424	375	333	307	245	233	192	—
2000	7235	1781	418	667	322	395	316	185	—	—
2001	6293	1053	395	614	215	248	265	181	170	113
2002	7227	948	367	585	194	346	303	191	—	35
2003	7535	1747	365	166	275	361	292	189	—	117
2004	7759	1792	439	609	454	378	309	209	275	140
2005	7606	1783	401	654	506	407	313	206	286	145
2006	6843	1728	446	699	519	421	319	206	325	134
2007	6857	1651	465	694	548	504	373	215	376	162
2008	4929	1648	423	599	659	514	315	203	321	—
2009	3495	1072	239	358	584	245	182	91	125	87
2010	4985	1319	272	474	792	355	262	123	196	147
2011	5661	1240	330	533	868	439	305	115	251	154
2012	6245	1411	239	454	719	261	275	112	263	—
2013	2707	1440	280	443.6	908.1	278.4	269.8	87.2	256.1	—
2014	2965	1380	—	500	823	305	220	72	174	—
2015	2802	1447	417	530	410	294	351	101	161	—
2016	3042	1331	456	505	299	316	301	94	117	—
2017	3156	1346	479	529	326	—	399	78	123	—
2018	4154	846	327	497	359	627	389	298	132	—
2019	3385	1355	581	603	503	488	373	76	197	168
2020	2668	1108	412	476	413	391	325	65	175	132
2021	2844	1228	439	461	548	393	353	72	214	161

注：资料来源于《FOURIN 世界汽车统计年鉴》，与世界汽车组织（OICA）相关统计数据有所不同，仅供参考。2020 年瑞典数据仅为中大型商用车数值。

附录 B 国家信息中心汽车研究与咨询业务简介

国家信息中心（简称 SIC）于 1986 年开始从事汽车市场研究与咨询工作，至今已有 38 年的历史，目前这项工作由国家信息中心信息化和产业发展部负责。

一、主体业务

国家信息中心汽车研究与咨询业务主要分为三大板块。

1. 产业研究板块

聚焦汽车产业链、汽车新四化和汽车产品与技术三个研究方向。

（1）汽车产业链研究　聚焦产业链上下游的关键环节进行研究，包括但不限于汽车产业零部件供应模式与配套关系、汽车新零售、汽车出口前景与机会、二手车市场发展前景与经营模式等方面开展研究。针对汽车产业出现的重大问题开展研究，如汽车产业兼并重组研究、合资企业可持续发展研究、持股比例放开、汽车社会等，同时还开展了地方汽车产业规划方面的研究。

（2）汽车新四化研究　重点方向和领域：新能源汽车、智能汽车、车联网及汽车共享。

自 2013 年起，SIC 全面系统地开展了对新能源汽车的研究，包括 BEV、PHEV、FCEV，对新能源汽车的产业发展状况、企业、产品与技术、政策环境、充电设施、产业链发展、关键技术等方面持续进行月度跟踪与分析。每年开展新能源汽车消费者的需求调研，了解用户的逐年演变趋势及其对新能源汽车需求的变化，并对未来 5~10 年新能源汽车总体市场和细分市场规模进行预测。在市场预测的基础上，帮助企业发现市场机会，确定用户及产品定位。

自 2016 年以来开展了智能网联汽车的研究，对汽车的智能化和网联化的相关技术研发、配置搭载、成本走势、应用场景、消费者需求重点、接受度及使用评价等进行了持续跟踪研究，对智能网联汽车的应用前景进行预判。同时开展了共享出行研究，对共享出行市场总规模、细分领域规模进行判断，对各种商业模式的现状、优劣势及发展前景进行研究与预判，为企业开发共享出行产品以及市场进入策略提供建议。

（3）汽车产品与技术研究　及时跟踪了解全球市场最新产品与技术的发展动态，把握汽车产品与技术的发展趋势。分析研究国内市场产品的表现，产品竞争力以及新产品上市对市场的影响。研究产品生命周期管理规律，并对企业产品生命周期管理进行评估，研究基于场景开发产品的新模式。

2. 市场预测研究板块

市场预测研究是 SIC 最具代表性的业务，起步早，影响力大，主要包含六大业务模块。

（1）乘用车中长期市场研究　从 1999 年开始 SIC 每年都要对乘用车市场进行中长期预测，2000 年与美国通用合作引入系统动力学模型进行中长期预测，并启动了以大样本的全国消费者需求动向调查为模型提供输入变量。这项工作持续至今。为了做好、做准中长期预测，SIC 还做了大量的国际比较研究，总结先导国家汽车市场发展规律来指导中国市场的预测工作。其中 R 值理论、两个高速期理论、市场饱和点研究等在业内产生了巨大的影响。此外对细分市场的预测、二手车对新车市场的影响、汽车报废规律、新能源汽车的渗透规律等方向也展开了持久而深入的研究。

（2）乘用车短期市场研究　自 2003 年开始成立专门的研究小组对乘用车市场进行了短期预测。该小组目前为多家企业提供服务，通过持续跟踪产品与市场动态，以及每月持续对 700 多家经销商的调查，了解当期市场的发展变化情况，发现乘用车市场运行的新特点和新变化，探求导致市场变化的原因，评价各企业、各车型在市场中的表现，并对未来各月的乘用车市场走势做出预测。

（3）商用车市场研究　主要研究商用车整体市场、细分市场（重型、中型、轻型、微型货车、皮卡（客货两用汽车）和大型、中型、轻型、微型客车九大车型）和专用车市场，分析跟踪影响这些市场发展的关键因素，研究这些因素对商用车市场的传导机制和规律，并对未来市场走势做各种时间维度的预测。

（4）豪华车与进口车市场研究　对超豪华车、豪华车和进口车的整体市场进行月度跟踪分析与中长期预测分析，并对这些车分级别、分车型、分豪华程度、分产地等细分市场进行分析和预测。近年来强化了高收入人群、汽车新四化对豪华车市场影响的研究，以及品牌建设对车辆销量和溢价的影响研究。

（5）区域市场研究　区域市场包括大区、省、地级市等多个层次。该项研究主要帮助企业解决三方面问题：一是制定销售网络发展规划；二是年度销售任务分配；三是制定区域营销策略。目前区域市场研究的车型范围包括乘用车和商用车，研究的内容包括地区市场分级、地区市场特征研究、地区市场的短期与中长期预测、地区市场营销方式研究、地区市场专题研究等。

（6）经济与政策研究　经济与政策仍是影响市场的关键因素。该项研究不仅支撑所有预测业务，也面向客户提供每月宏观经济、相关政策及重大社会事件的跟踪分析，研究它们对汽车市场的影响，研究各种政策出台的背景、目的、作用对象，并对政策效果进行评价。

3. 消费者研究板块

消费者研究板块主要研究对象聚焦在消费者、产品和品牌三个方面，研究消费者的特征、消费者分类及未来变化趋势、消费特征与趋势、消费者对产品的认知与需求偏好、消费者对品牌的认知与评价等。重点实现两个目的，一是大量积累消费者数据，把握消费者动态。通过每年持续进行全面的、大样本、广覆盖的消费者调研，积累基础数据，为企业的战略规划、前瞻设计服务。二是对应企业产品开发的全流程——产品战略规划、概念设计、产品开发、生产上市准备、上市前验证、上市后验证，为企业产品设计开发提供定制化服务。

（1）消费者研究　通过一年一度的 NCBS 调查和需求动向调查进行常规的消费者信息收集，了解各类消费者汽车保有和购买情况、购买和使用行为、消费者需求偏好、用户人群特征等。基于这些基础调查数据，可以进行各种人群各种维度的挖掘和分析。为更好地服务于企业产品开发的需要，SIC 于 2013 年完成了乘用车用户的人群分类研究，这几年持续改进迭代，并进一步对十类人群进行再细分，该成果被许多企业广泛应用在车型开发、用户定位上。对于年轻消费者和低线市场消费者 SIC 也持续关注，每两年进行一次年轻消费者调查，帮助企业把握年轻化的方向。持续进行三线市场、县域市场和农村市场消费者研究，研究这些市场消费者的购车意愿、潜力和需求特征。此外，从宏观层面还研究了中国未来消费趋势和消费者生活方式，以把握消费大势和深入洞察消费者需求背后的动机。

（2）产品研究　SIC 开发了一整套服务于企业产品规划与研发的基础性调研体系，包括产品特征目录体系研究、产品设计和审美偏好研究、产品配置需求研究等，通过该体系能比较完整地提供产品企划阶段关于产品信息的基本输入。SIC 通过联合研究的方式持续开展产品特征目录、产品设计和审美偏好、产品配置需求调研，逐年积累了大量的消费者对产品特征认知及变化的数据，对需求偏好、配置需求及变化的数据，可以为企业新产品开发设计提供输入。针对企业个案需求，在产品市场机会研究、产品概念设计、商品定义、产品上市前后验证、产品生命周期管理、品牌诊断等方面进行研究，为企业开发、改进产品，提升品牌价值提供输入。

（3）品牌研究　包括品牌监测诊断、品牌定位和品牌支撑体系研究。品牌监测诊断是通过调查了解消费者对品牌的认知度、喜爱度、购买意向等，客观中立地衡量各品牌的品牌绩效、形象健康度和品牌溢价，最终为企业找出品牌建设中存在的差距和问题提供帮助，为企业提升品牌价值提供支持。品牌定位研究是在消费者细分的基础上，考虑各细分人群的成长性、规模和市场竞争强度选择目标人群，根据目标人群的价值观、内心诉求、生活方式等来确定品牌的功能形象和个性形象。品牌支撑体系研究是从消费者的角度出发，构建消费者的品牌意识体系，研究品牌对消费者产品购买决策的影响机制及影响程度。

（4）商用车调查研究　立足货运产业链，围绕竞争力和需求两大视角展开调查，输出分货运产业链的产品及营销解决方案。SIC 有 300 余家物流系统核心资源，可以支撑各类商用车的深度调研。

SIC 每年执行约 8 万个定量样本，执行 400 余场用户座谈会和 1000 余位用户的深访或家访。大量鲜活的一手信息对我们理解用户、理解市场具有极大的帮助。SIC 在全国 340 个城市有长期合作的调查代理，涵盖 1~6 级城市。他们有丰富的汽车市场调查经验和很强的执行力。

二、汽车市场研究的支撑体系

1. 模型方法

自开展汽车研究和咨询业务以来，SIC 非常重视研究手段的建设，通过合作和自主研发等方式研发了一批汽车市场研究与预测模型。

在预测板块，六个研究模块分别针对自己的研究需要开发了各自的预测模型，如乘用车中长期组的"中国汽车工业发展模型"是与美国通用公司合作研制的,已经运行 20 多年。乘用车年度预测 TSC 模型、分收入段家庭乘用车需求预测模型、细分市场中长期预测模型、乘用车饱和点预测模型、二手车总量与细分市场预测模型等都是自主研发的。乘用车短期组开发了 TSCI 模型、乘用车市场先行指数预测模型等。区域市场研究组开发了用于区域市场中长期预测的 S 曲线模型、用于短期预测的 TSCI 模型、用于细分市场预测的固定效应模型和限购限行城市预判模型等。商用车组开发了商用车市场景气指数预测模型、基于货运分担率的轻型商用车预测模型、中重货车运能缺口模型等。豪华车组开发了豪华车市场总量与细分市场预测模型、超豪华市场预测模型、进口车市场预测模型等。

消费者研究板块开发了人群细分模型、产品意识研究体系、产品偏好研究体系、产品满意度模型、配置与客户价值分析模型、基于欲望和资源的消费研究体系、企业产品表现评估模型、品牌意识体系、品牌健康度模型、品牌形象评估模型、产品生命周期管理模型等。

产业研究板块开发了技术创新扩散模型、基于场景的新能源汽车预测模型、智能网联汽车预测模型、居民移动出行预测模型等。

SIC 一直积极鼓励员工创新,从 2011 年开始每年举办一次创新大赛,每年征集到各个研究领域的新方法、分析框架和模型等 20 余项。这些方法大都和日常业务、项目研究紧密联系,部分方法在国内相关领域都处于领先水平。这些方法不仅提升了我们的研究水平,同时为拓展汽车行业研究新业务、不断满足客户新需求提供了可靠的保障。

2. 数据库系统

为了支撑 SIC 汽车市场研究的需要,满足部分汽车厂商的数据需求,SIC 的汽车行业相关数据库建设也逐步完善,形成了汽车市场数据库、汽车产品数据库、汽车企业数据库、汽车用户数据库、汽车相关政策数据库、宏观环境数据库六大类数据库系统。近年来还不断开发大数据资源,构建了产品和品牌口碑大数据分析系统,这一系统与产品数据库、用户数据库、市场数据库实现贯通,极大地提升了数据价值,有效地支撑了各类研究的需要。

3. 资源系统

SIC 建立了 12 大资源系统，分别是政府关系系统、专家关系系统、经销商关系系统、跨国公司关系系统、横向关系系统、国内厂商关系系统、大用户系统、零部件厂商关系系统、汽车整车厂商关系系统、媒体关系系统、新业态关系系统以及后产业链关系系统，这些系统能随时帮助我们获取第一手信息，让我们及时了解市场的动态情况，帮助我们深入挖掘事件背后的原因。SIC 针对各资源系统定期组织了如下活动。

（1）每月定期做经销商调查　针对乘用车和商用车的经销商做调查，了解当月的市场情况及变化原因，为 SIC 的月度市场评估分析与预测服务。

（2）定期召集汽车市场研讨会　从 1992 年起，国家信息中心每年在年中和年底召集两次国内汽车厂家及行业市场分析专家参加的"宏观经济与汽车市场形势分析会"，目前这个会议已经成为汽车界了解汽车市场发展趋势，互换对市场的看法，进行各种信息交流的平台。

（3）定期组织跨国公司交流平台的活动　国家信息中心从 2006 年起开始搭建乘用车跨国公司交流平台，2008 年又成立了商用车跨国公司交流平台。全球主要的汽车跨国公司均加入了交流平台。两个平台每个季度分别开展一次活动，研讨当前的宏观经济形势和汽车市场形势。

（4）每月邀请专家讲座　通过请进来和走出去的方式每月与多名专家进行交流，借助外脑及时跟踪了解经济、政策、市场动态及专家对形势的判断。

（5）参加政府组织的各种会议　参加国家发展和改革委员会、工业和信息化部、商务部等汽车主管部门组织的有关规范和促进中国汽车市场发展的研讨会、政策分析会、五年规划会等，为政府制定政策出谋划策。

三、汽车市场研究团队

SIC 的汽车市场研究团队带头人是国家信息中心徐长明副主任，他自 1986 年开始从事汽车市场研究，见证了中国汽车行业的整个发展过程，对中国汽车市场有着深刻的认识和理解，是目前国内知名的汽车市场研究专家之一。

SIC 汽车市场研究团队是一支上百人的高素质团队，97% 的员工拥有硕士以上学历，且 80% 以上毕业于国内外知名大学，如清华大学、北京大学、中国人民大学、南开大学、北京师范大学、香港大学、英国帝国理工大学、美国哥伦比亚大学、伦敦政治经济学院、英国林肯大学、日本东北大学、德国明斯特大学等。他们不仅具有经济、计量经济、管理、数学、心理学、统计学、社会学、汽车、法律等专业知识，60%的人更具备五年以上的汽车市场研究经验。正是这支专业与经验相结合的团队才使我们能够持续保持较强的研究能力、学习能力和创新能力。

四、机构特色与服务模式

SIC 是国家发展和改革委员会下属的事业单位，背靠政府是我们的一大特色。SIC 作为国家经济智囊之一，经常参与国家经济政策的研究与制定，对政府目标和政策意图有更深的理解。特色二是事业单位本身的性质为我们开展研究工作、开展各类机构的调研提供了便利条件。特色三是注重培养研究人员的国际视野。每年通过走出去的方式考察国际市场、参观国外先进的工厂约 40 人次，每年通过请进来的方式邀请国外研究机构、汽车企业的专家约 100 人次进行专题交流。特色四是预测、产业和消费者研究三个板块可以相互支撑融合，共同解决企业的综合性研究需求。

SIC 的汽车咨询业务面向政府和企业两类客户，服务模式有两种，一是一对一的咨询服务，我们根据客户的研究需求定制研究方案，为客户解决所关心的问题。二是采取联合研究的方式，每年由我们确定十几个研究课题，征集感兴趣的企业开展共同研究。

我们始终坚持客观、公正、实事求是的态度，以专业、敬业的精神服务于客户，助力客户成功，做客户忠实的事业伙伴。

国家信息中心通信地址和联系电话
地址：北京市西城区三里河路 58 号　国家信息中心大楼 A 座 704 房间
邮编：100045　　　　　　　　　　　　传真：010-68557465
电话：010-68558704　　010-68558531　　E-mail：panzhu@sic.gov.cn